Die Prospekthaftung der organisierten und grauen Kapitalmärkte

AF874741

Europäische Hochschulschriften
Publications Universitaires Européennes
European University Studies

Reihe II
Rechtswissenschaft

Série II Series II
Droit
Law

Bd./Vol. 3503

PETER LANG
Frankfurt am Main · Berlin · Bern · Bruxelles · New York · Oxford · Wien

Heinrich H. Förster

Die Prospekthaftung der organisierten und grauen Kapitalmärkte

PETER LANG
Europäischer Verlag der Wissenschaften

Die Deutsche Bibliothek - CIP-Einheitsaufnahme

Förster, Heinrich H.:

Die Prospekthaftung der organisierten und grauen Kapitalmärkte / Heinrich H. Förster. - Frankfurt am Main ; Berlin ; Bern ; Bruxelles ; New York ; Oxford ; Wien : Lang, 2002
(Europäische Hochschulschriften : Reihe 2, Rechtswissenschaft ; Bd. 3503)
Zugl.: Gießen, Univ., Diss., 2002
ISBN 3-631-39849-2

D 26
ISSN 0531-7312
ISBN 3-631-39849-2

© Peter Lang GmbH
Europäischer Verlag der Wissenschaften
Frankfurt am Main 2002
Alle Rechte vorbehalten.

Das Werk einschließlich aller seiner Teile ist urheberrechtlich geschützt. Jede Verwertung außerhalb der engen Grenzen des Urheberrechtsgesetzes ist ohne Zustimmung des Verlages unzulässig und strafbar. Das gilt insbesondere für Vervielfältigungen, Übersetzungen, Mikroverfilmungen und die Einspeicherung und Verarbeitung in elektronischen Systemen.

www.peterlang.de

Vorwort

Die vorliegende Arbeit ist am Fachbereich Rechtswissenschaft der Justus-Liebig-Universität Gießen im Sommersemester 2002 als Dissertation angenommen worden.

Zum Zwecke der Veröffentlichung ist die Monographie überarbeitet und ergänzt worden. Literatur und Rechtsprechung wurden, soweit möglich, bis April 2002 nachgetragen. Bevorstehende Gesetzesänderungen durch das Vierte Finanzmarktförderungsgesetz sind, soweit sie die Prospekthaftung betreffen, an den entsprechenden Stellen angesprochen. Die durch die Schuldrechtsreform vorgenommenen Änderungen in Bezug auf die Verjährungsregeln sind in ihren Auswirkungen auf die bürgerlichrechtliche Prospekthaftung nachgearbeitet worden.

Mein erster Dank gilt meinem Doktorvater Professor Dr. Jens Ekkenga für die Betreuung des Promotionsverfahrens. Ihm verdanke ich vielfältige Anregungen und Hilfen. Herrn Professor Dr. Horst Hammen danke ich für Übernahme des Zweitgutachtens sowie für wertvolle Hinweise.

Für die kritische Durchschicht des ersten Manuskripts danke ich meinen Freunden Dr. Stephan Dreismann, Dr. Detlef Geldmacher, Dr. Marc Lehnen, Norbert Pütz und Patrick Strösser. Sie haben sich trotz eigener Belastungen dieser Arbeit unterzogen.

Besonderen Dank schulde ich meiner Mutter. Nach dem sehr frühen Tod meines Vaters hat sie meine beiden Schwestern und mich großgezogen und mich in allen meinen Ausbildungswünschen unterstützt. Beiden widme ich diese Arbeit.

Aachen, im Mai 2002 — Heinrich H. Förster

Inhaltsübersicht

Inhaltsverzeichnis

Abbildungsverzeichnis

Abkürzungsverzeichnis

a. A.	andere Ansicht
Abs.	Absatz
AcP	Archiv für die civilistische Praxis, Zeitschrift
a. F.	alte Fassung
AG	Aktiengesellschaft Die Aktiengesellschaft, Zeitschrift Amtsgericht
AgV	Arbeitsgemeinschaft der Verbraucherverbände e. V.
AktG	Aktiengesetz
a. M.	am Main
Amtsbl.	Amtsblatt der Europäischen Gemeinschaft
Art.	Artikel
Aufl.	Auflage
AuslInvestmG	Auslandinvestment-Gesetz
Az.	Aktenzeichen
BAWe	Bundesamt für den Wertpapierhandel
BB	Betriebs-Berater, Zeitschrift
BBankG	Gesetz über die Deutsche Bundesbank
BDI	Bundesverband der Deutschen Industrie e. V.
BFuB	Betriebswirtschaftliche Forschung und Praxis, Zeitschrift
BGB	Bürgerliches Gesetzbuch
BGBl.	Bundesgesetzblatt
BGH	Bundesgerichtshof
BGHZ	Entscheidungssammlung des Bundesgerichtshofes in Zivilsachen
BIS	Bank for International Settlements
BMF	Bundesministerium der Finanzen
BMW	Bundesministerium für Wirtschaft
BörsG	Börsengesetz
BörsZulV	Börsenzulassungs-Verordnung
BR-Drucks.	Bundesrats-Drucksache
BSK	Börsensachverständigenkommission beim Bundesministerium der Finanzen
BT-Drucks.	Bundestags-Drucksache
BuB	Bankrecht und Bankpraxis
BVI	Bundesverband Deutscher Investment-Gesellschaften e. V.
bzl.	bezüglich

c. i. c.	culpa in contrahendo
Co.	Compagnie
DAI	Deutsches Aktieninstitut e. V.
DASA	Daimler-Chrysler Aerospace AG
	ehemals Deutsche Aerospace AG
DAX	Deutscher Aktienindex
DB	Der Betrieb, Zeitschrift
DepotG	Depotgesetz
d. h.	das heißt
DIHT	Deutscher Industrie- und Handelstag
Diss.	Dissertation
DM	Deutsche Mark
DStR	Deutsches Steuerrecht, Zeitschrift
DSW	Deutsche Schutzvereinigung für Wertpapierbesitz e. V.
DTB	Deutsche Terminbörse
DZWiR	Deutsche Zeitschrift für Wirtschaftsrecht
E.	Entwurf
e. a.	et alii
EGV	Vertrag zur Gründung der Europäischen Gemeinschaft
Einl	Einleitung
EU	Europäische Union
Eurex	European Exchange
EuroEG	Euro-Einführungsgesetz
e. V.	eingetragener Verein
EWG	Europäische Wirtschaftsgemeinschaft
EWiR	Entscheidungen zum Wirtschaftsrecht
EZB	Europäische Zentralbank
f	folgende
FAZ	Frankfurter Allgemeine Zeitung für Deutschland
ff	fortfolgende
FN	Fußnote
FS	Festschrift
FWB	Frankfurter Wertpapierbörse
GG	Grundgesetz
GK	Gemeinschaftskommentar
GmbH	Gesellschaft mit beschränkter Haftung
GuV	Gewinn- und Verlustrechnung
GVG	Gerichtsverfassungsgesetz

HGB	Handelsgesetzbuch
h. M.	herrschende Meinung
Hrsg.	Herausgeber
IAS	International Accounting Standards
IBIS	Inter-Banken-Informations-System seit 1991 Integriertes-Börsenhandels-Informations-System
i. d. F.	in der Fassung
i. d. R.	in der Regel
i. e. S.	im engeren Sinne
i. S. d.	im Sinne der, des
i. S. v.	im Sinne von
i. V. m.	in Verbindung mit
i. w. S.	im weiteren Sinne
JEP	Journal of Economic Perspectives
Jg.	Jahrgang
JoF	Journal of Finance
JuS	Juristische Schulung, Zeitschrift
JZ	Juristen Zeitung, Zeitschrift
KAGG	Gesetz über Kapitalanlagegesellschaften
KapAEG	Kapitalaufnahmeerleichterungsgesetz
Kennz.	Kennziffer
KG	Kommanditgesellschaft
KGaA	Kommanditgesellschaft auf Aktien
KK	Kölner Kommentar zum Aktiengesetz
KonTraG	Kontroll- und Transparenzgesetz
KWG	Gesetz über das Kreditwesen
LG	Landgericht
Mio.	Millionen
Mrd.	Milliarden
MüKo	Münchner Kommentar zum Bürgerlichen Gesetzbuch
m. w. N.	mit weiteren Nachweisen
Nasdaq	National Association of Securities Dealers Automated Quotations System
n. F.	neue Fassung
NJW	Neue Juristische Wochenschrift, Zeitschrift
No.	Number

Nr.	Nummer
Nrn.	Nummern
N. V.	Naamlooze Vennootschap
NZG	Neue Zeitschrift für Gesellschaftsrecht
OECD	Organisation für wirtschaftliche Entwicklung und Zusammenarbeit
oHG	offene Handelsgesellschaft
o. Jg.	ohne Jahrgang
OLG	Oberlandesgericht
OTC	Over-The-Counter
o. V.	ohne Verfasser
QJE	Quarterly Journal of Economics, Zeitschrift
RG	Reichsgericht
RGBl.	Reichsgesetzblatt
RGZ	Entscheidungssammlung des Reichsgerichtes in Zivilsachen
RN	Randnummer
RWB	Rheinisch-Westfälische Börse zu Düsseldorf
S.	Satz
	Seite
SEC	Securities and Exchange Commission
sec.	section
Smax	Small Cap Exchange
SOFFEX	Swiss Options and Financial Futures Exchange
sog.	sogenannte
Sp.	Spalte
SPD	Sozialdemokratische Partei Deutschlands
StGB	Strafgesetzbuch
StückAG	Stückaktiengesetz
StVG	Straßenverkehrsgesetz
u.	und
u. a.	unter anderem
US-$	United States Dollar
US-GAAP	United States Generally Accepted Accounting Principles
usw.	und so weiter
UWG	Gesetz gegen den unlauteren Wettbewerb
v.	von

VerkProspG	Verkaufsprospektgesetz
VerkProspVO	Verkaufsprospekt-Verordnung
vgl.	vergleiche
Vol.	Volume
Vorbem v	Vorbemerkung vor
WiSt	Wirtschaftswissenschaftliches Studium, Zeitschrift
WM	Wertpapier-Mitteilungen, Zeitschrift
WP	Das Wertpapier, Zeitschrift
WpHG	Wertpapierhandelsgesetz
WpK-Nr.	Wertpapierkennummer
WuB	Entscheidungssammlung zum Wirtschafts- und Bankrecht
Xetra	Exchange electronic trading
z. B.	zum Beispiel
ZBB	Zeitschrift für Bankrecht und Bankwirtschaft
ZfgK	Zeitschrift für das gesamte Kreditwesen
ZGR	Zeitschrift für Unternehmens- und Gesellschaftsrecht
ZHR	Zeitschrift für das gesamte Handelsrecht und Wirtschaftsrecht
ZIP	Zeitschrift für Wirtschaftsrecht
ZPO	Zivilprozeßordnung
zugl.	zugleich

Erster Teil: Einleitung

Die für die organisierten Kapitalmärkte maßgebliche spezialgesetzlich geregelte Prospekthaftung ist nicht zuletzt durch die mit dem Dritten Finanzmarktförderungsgesetz vorgenommenen Änderungen wieder mehr in den Blickpunkt des Interesses gerückt. Der Gesetzgeber beabsichtigt mit dem mittlerweile vom Bundestag verabschiedeten Vierten Finanzmarktförderungsgesetz erneut Änderungen an der Prospekthaftung vorzunehmen. Die Prospekthaftung beschreibt einen Schadensersatzanspruch, den ein Prospekt, eine Publikation von Anlageinformationen, auslösen kann.[1]

In das Interesse einer größeren Öffentlichkeit ist die Prospekthaftung durch die Geschehnisse am Handelssegment Neuer Markt seit der zweiten Jahreshälfte 2001 gerückt. Im Zusammenhang mit den vermehrten großen Kursverlusten flossen auch Fragen der Prospekthaftung in die einschlägigen Diskussionen bei der Zuweisung von Verantwortlichkeiten ein. Bei Unternehmen wie Ad Pepper Media, Gigabell, Teles, Advanced Medien, Metabox und Softmatic wurden in der aktuellen Tagespresse Bezüge zu fehlerhaften Prospekten hergestellt. Der jüngste Fall betrifft das Unternehmen Comroad. Dort haben sich die Gerüchte bestätigt, daß das Unternehmen fast die gesamten angegebenen Umsätze durch Scheingeschäfte nur vorgetäuscht hat.

Selbst die „Volksaktie" Deutsche Telekom, deren Börsengang 1996 einen wesentlichen Beitrag zum Start der Entwicklung einer Aktienkultur in Deutschland geleistet hat, ist in den Fokus von Aktionärschützern geraten. Im Zusammenhang mit der dritten Aktientranche vom Juni 2000 ist von der Deutschen Schutzvereinigung für Wertpapierbesitz ein Gutachten in Auftrag gegeben worden, in dem geprüft wird, ob durch falsche Wertansätze bei Immobilien Prospektfehler vorgelegen haben. Aufgrund des derzeitig im Ergebnis noch nicht hinreichend geklärten Sachverhalts sei in Bezug auf eine Klage aus Prospekthaftung jedoch Abwarten geboten.[2]

Bis zu den Änderungen durch das Dritte Finanzmarktförderungsgesetz wurde die Prospekthaftung als „Papiertiger"[3] bezeichnet. Damit wurde auf recht plakative Weise die damalige Verfassung eines für das Vertrauen in den Finanzplatz Deutschland wichtigen Instruments beschrieben, dessen praktische Bedeutung nur gering war. Vor den ersten Klagen wurde die Prospekthaftung gar als „schlichtweg überflüssig"[4] bezeichnet. Soweit ersichtlich, gibt es sieben Fälle,

---

1 Siehe für einen weitergehenden Überblick Zweiter Teil A.

2 Vgl. DSW, Risiken und Erfolgsaussichten, 2001, S. 3.

3 Schäfer zitiert in Papendick, Welt am Sonntag 2.3.1997, S. 58.

4 Frohne, Prospektpflicht, 1974, S. 37.

in denen vermeintlich fehlerhafte Prospekte Schadensersatzklagen von Anlegern aus spezialgesetzlich geregelter Prospekthaftung ausgelöst haben.[5]

Das Erwachen der „Prospekthaftung aus ihrem Dornröschenschlaf"[6] begann mit dem Fall der „Beton- und Monierbau AG". Der zweite Fall der Prospekthaftungsklagen betraf das Scheitern der sog. „Bond-Anleihen". Im dritten Fall war die „Sachsenmilch AG" betroffen. Entgegen den beiden vorher aufgeführten Fällen wurde ein Anspruch aus Prospekthaftung jedoch verwehrt. Der vierte Fall betraf die „Elsflether Werft AG". Im fünften Fall ist ein noch nicht rechtskräftiges Urteil zur „Mode Holding München AG" ergangen. Der sechste Fall steht im Zusammenhang mit dem spektakulären Konkurs der niederländischen „N. V. Koninklijke Nederlandse Vliegtuigenfabriek Fokker". Schadensersatz aus Prospekthaftung wurde den Klägern indes verwehrt. Im siebten und jüngsten Prospekthaftungsfall geht es um die Philipp Holzmann AG. Der Rechtsstreit am LG Frankfurt a. M. betrifft die neue Rechtslage und befindet sich noch im Stadium der mündlichen Verhandlung.

Trotz der zum Teil erfreulichen Ergebnisse für die geschädigten Anleger zeigt insbesondere der Vergleich mit der bürgerlichrechtlichen Prospekthaftung die unzureichende Ausgestaltung der alten Fassung der spezialgesetzlichen Prospekthaftung. Die Entwicklung der bürgerlichrechtlichen Prospekthaftung durch den Bundesgerichtshof war eine Reaktion auf die enorme Streitanfälligkeit der Individualpublizität und führte zu einer institutionalisierten Haftung der Prospektverantwortlichen. Obwohl es ökonomisch im Sinne einer verursachungsgerechten Zuteilung von Kosten richtig wäre, auch bei der spezialgesetzlichen Prospekthaftung die Prospektverantwortlichen in Haftung zu nehmen, greift der Anlegerschutz in diesem Bereich überwiegend über die Haftung für fehlerhafte Anlageberatung. Damit zeigt sich ein Mangel des institutionellen Rahmens des Finanzplatzes Deutschland.

Dabei ist der Finanzplatz[7] selber ein wichtiger Wirtschaftsfaktor, denn er bedeutet Arbeitsplätze, Steuereinnahmen und Know-how.[8] In hochentwickelten Volkswirtschaften nimmt die relative Bedeutung des Produktionsfaktors Kapital gegenüber den Faktoren Arbeit und Boden zu. Aufgrund der Restriktionen, denen die Faktoren Arbeit und Boden unterliegen, ist gerade der effiziente Einsatz des Faktors Kapital für das volkswirtschaftliche Wachstum bedeutsam. Die Deutsche Bundesbank attestiert dem deutschen Kapitalmarkt als Teil des Finanzmarkts eine gestiegene Effizienz in den vergangenen Jahren.[9] Auch der

5 Siehe zu den Details der einzelnen Fälle sowie zu Nachweisen Zweiter Teil D.

6 Assmann, Prospekthaftung, 1985, S. 11.

7 Der unbestimmte Begriff Finanzplatz umfaßt dabei mehr als den Finanzmarkt. (Siehe zum Finanzmarkt Zweiter Teil C.) Er wird hier allgemein als die Basis der Erstellung von Finanzdienstleistungen aller Art verstanden.

8 Vgl. Kohlhaussen, WM 1998, 20, 20.

Gesetzgeber hat die Bedeutung des Finanzplatzes erkannt und seit 1990 nun mehr schon das Vierte Finanzmarktförderungsgesetz auf den Weg bebracht.

Aber auf dem Weg zu größerer Wettbewerbsfähigkeit des Finanzplatzes bleibt noch viel zu tun. So ist in Deutschland eine Aktienkultur nicht ausreichend ausgebaut und gefestigt. Zwar ist der Anteil der Aktienbesitzer gemessen an der Gesamtbevölkerung in Deutschland insbesondere in der ersten Jahreshälfte 2000 aufgrund volumenstarker Neuemissionen auf 9,8 % angestiegen.[10] Doch auch wenn die Besitzer von Aktienfonds in die Betrachtung einbezogen werden, bleiben die 17,7 %[11] weit hinter vergleichbaren Zahlen z. B. für die Vereinigten Staaten zurück. Dort lag der Anteil der Aktionäre an der Gesamtbevölkerung 1996 bei 23,2 % ohne und bei 43,0 % mit Investmentfondsanteilen.[12]

Im Zusammenhang mit einer mangelnden Aktienkultur sind die bisherigen gesetzlichen Vorhaben zu einer kapitalgedeckten Altervorsorge zu kritisieren. Mittlerweile gibt es neben den bislang bekannten Möglichkeiten einer betrieblichen Direktzusage, Unterstützungskasse, Pensionskasse und Direktversicherung auch Pensionsfonds, die durch das am 1. Januar 2002 in Kraft getretene Altersvermögensgesetz möglich werden.[13] Die Rechtsstruktur dieser Pensionsfonds räumt dem Arbeitnehmer aber lediglich eine Gläubigerstellung ein, statt ihm die Rechte eines Eigentümers zu verschaffen. Damit ähneln sie stärker einer klassischen Kapitallebensversicherung als echten „Pension Funds“ angelsächsischer Prägung. Insofern gilt immer noch, was in einem Entschließungsantrag[14] bei der Einführung der sog. „Altersvorsorge-Sondervermögen“[15] durch das Dritte Finanzmarktförderungsgesetz beschlossen wurde: echte Betriebspensionsfonds sollen erst später verwirklicht werden.[16] Die Chance einer weiteren Belebung der Aktienkultur durch die Förderung einer verstärkten direkten Beteiligung von Privatpersonen am Markt für Eigenkapital wurde somit nicht genutzt.

Schließlich wird die Wettbewerbsfähigkeit des Finanzplatzes durch die Steuerreform 2000 beeinflußt. Diese ist am 1. Januar 2001 durch das Steuersenkungsgesetz ergänzt um das Steuersenkungsergänzungsgesetz in Kraft getreten. Die Ersetzung des Vollanrechnungsverfahrens durch eine Abgeltungssteuer, bei

---

9 Vgl. Deutsche Bundesbank, Monatsbericht April 1998, S. 63.

10 Vgl. DAI, Infratest Burke-Umfrage, 2000, S. 1.

11 Vgl. ebenda.

12 Vgl. DAI, Factbook 1998, S. 08.6-2.

13 Zusätzlich zu erwähnen ist die durch die Rentenreform geschaffene sog. Riester-Rente. Dabei handelt es sich um eine private kapitalgedeckte Altersvorsorge, die durch staatliche Zulagen gefördert wird.

14 Vgl. BT-Drucks. 13/9923, S. 2 und die Annahme dieses Entschließungsantrags im Plenarprotokoll 13/220, S. 20125.

15 Siehe dazu auch Zweiter Teil B. II. 2.

16 Vgl. zur damaligen Diskussion Symmank, WM 1998, 2011, 2011.

der die ausgeschütteten Unternehmensgewinne genauso hoch wie die einbehaltenen besteuert werden und dann zur Hälfte dem individuellen Steuersatz des Aktionärs unterliegen, das sog. Halbeinkünfteverfahren, ist positiv zu bewerten. Zwar kann es gerade bei Aktionären mit niedrigem Steuersatz zu größeren Belastungen kommen als beim bisher gültigen Anrechnungsverfahren. Dies ist jedoch im Interesse der internationalen Wettbewerbsfähigkeit hinzunehmen. Durch eine Abgeltungssteuer werden ausländische Anleger nicht mehr benachteiligt, die das Anrechnungsverfahren nicht nutzen können. Der Kerngedanke der Steuerreform, daß im Unternehmen einbehaltene Gewinne steuerlich weniger belastet werden sollen als ausgeschüttete, ist indes ökonomisch falsch, weil es zu Fehlallokationen durch steuerlich falsche Anreize kommen kann.[17] Auch der Zeithorizont und das Ausmaß der ab dem Jahr 2005 geplanten Reduzierung des Spitzensteuersatzes der Einkommensteuer auf 45 %[18] erscheint für die notwendige weitere Entwicklung des Finanzplatzes als nicht ausreichend.

Trotz dieser beschriebenen Schwächen haben die Volumina der organisierten Kapitalmärkte zugenommen. Die Betrachtung des Zeitraums von 1992 bis 2001 soll dies aufzeigen:

- Der Absatz inländischer und ausländischer Aktien zu Emissionskursen bewertet stieg um fast das Fünffache von 16,7 Mrd. Euro auf 80,1 Mrd. Euro bei einem Hoch von 127,5 Mrd. Euro im Jahr 1998.[19]
- Der Netto-Absatz inländischer und ausländischer festverzinslicher Wertpapiere zu Kurswerten stieg nur wenig von 149,2 Mrd. Euro auf 180,4 Mrd. Euro bei einem Hoch von 214,2 Mrd. Euro im Jahr 1998.[20]
- Bei inländischen und ausländischen Investmentzertifikaten[21] stieg der Absatz um mehr als das Doppelte von 41,7 Mrd. Euro auf 95,9 Mrd. Euro bei einem Hoch von 117,7 Mrd. Euro im Jahr 2001.[22]

Auch die Anzahl der Neuemissionen und korrespondierend das Emissionsvolumen ist in dieser Zeit bzw. bis ins Jahr 2000 angestiegen, wie die Abbildung auf der nächsten Seite zeigt.[23]

---

17 Vgl. Peffekoven, WM 2000, 1140, 1140.

18 Vgl. Eichel, WM 2000, 407, 408.

19 Vgl. Deutsche Bundesbank, Kapitalmarktstatistik März 2002, S. 10. Werte vor 1999 sind von DM in Euro umgerechnet.

20 Vgl. Deutsche Bundesbank, Kapitalmarktstatistik März 2002, S. 8. Werte vor 1999 sind von DM in Euro umgerechnet.

21 Das sind Urkunden, die Kapitalanlagegesellschaften für ihre Einleger ausstellen.

22 Vgl. Deutsche Bundesbank, Kapitalmarktstatistik März 2002, S. 11. Werte vor 1999 sind von DM in Euro umgerechnet.

23 Der Freiverkehr findet dabei keine Berücksichtigung. Für die Einbeziehung von Wertpapieren in dieses Marktsegment besteht keine gesetzliche Prospektpflicht, siehe Vierter Teil D.

Jahr	Anzahl der Neuemissionen	Effektiver Emissionsbetrag in Mrd. Euro
1992	8	0,411
1993	9	0,426
1994	15	0,637
1995	20	3,551
1996	14	12,684
1997	35	2,536
1998	67	3,292
1999	168	12,964
2000	153	25,556
2001	21	2,882

Abbildung 1:Neuemissionen von 1992 - 2001

Quelle: Eigene Erstellung mit Daten aus Deutsche Börse, Historical Statistics, Cash Market, 2000, S. 3 und http://deutsche-boerse.com/listingcenter, 28. März 2002 (Werte vor 1999 sind von DM in Euro umgerechnet.)

Das hohe Emissionsvolumen der Jahre 1996, 1999 und 2000 rührt daher, daß der Bund jeweils eine Tranche der privatisierten Deutschen Telekom AG an die Börse gebracht hat sowie im Jahre 2000 eine erste Tranche der Deutschen Post AG. Das 1997 neu geschaffene Handelssegment Neuer Markt erklärt die starke Zunahme der Anzahl der Neuemissionen. Im Jahr 1999 sind 132 der 168 Börsengänge und 2000 133 der 153 Börsengänge dort platziert worden.[24]

Das Volumen des nicht-organisierten bzw. grauen Kapitalmarkts hat ebenfalls zugenommen. Aufgrund des Fehlens eines Meldezwangs sowie einer Publikationspflicht der gehandelten Produkte gibt es jedoch keine statistisch gesicherten Daten über diesen Markt. In der Literatur wird davon ausgegangen, daß der weitaus größte Teil der mit Prospekten vertriebenen Anlagen nicht die Erwartungen der Anleger erfüllt.[25] Das muß zwar nicht zwangsläufig in einem Totalverlust enden, denn auch der Fall eines Anlegers, der z. B. in eine steuerbegünstigte Kapitalanlage investiert und dessen Steuerersparnis nicht dem erwarteten Betrag entspricht, zählt hierzu. Ein Eindruck des Volumens dieser Anlagen im grauen Kapitalmarkt läßt sich jedoch aus den Schätzungen über die jährliche Schadensdimension gewinnen. Sie variieren zwischen Größenordnungen von 20 Mrd. Euro[26] über 30 Mrd. Euro[27] bis 40 Mrd. Euro[28]. Das Volumen

---

24 Vgl. http://deutsche-boerse.com/listingcenter, 28. März 2002.

25 Vgl. eine ausführliche Diskussion dieser Frage bei Worms, Anlegerschutz, 1987, S. 105 ff.

26 Vgl. Pietsch, Verbraucherzentrale Berlin, in Finanzausschuß, Protokoll Öffentliche Sitzung Finanzausschuß, 19.3.1997, S. 61. Werte sind von DM in Euro umgerechnet.

der Derivate im OTC-Markt, die i. d. R. nur zwischen institutionellen Anlegern und Banken gehandelt werden, lag im April 1998 in Deutschland täglich, bereinigt um Doppelzählungen, bei nominal 86,7 Mrd. US-$.[29]

Das Geldvermögen der privaten Haushalte in Deutschland hat die Marke von 2,5 Billionen Euro überschritten.[30] Dieses Geld wird nach Anlage suchen. Die Situation sich weiter entwickelnder Kapitalmärkte dürfte mittelfristig viele Gesellschaften animieren, den Gang an die Börse zu wagen. Der Vorstandsvorsitzende der Deutschen Börse AG, Seifert, sieht etwa 1500 bis 2000 Kandidaten für einen Börsengang.[31] In vielen mittelständischen Betrieben stehen Nachfolgeprobleme an, die in bis zu 60 % der Fälle eine familienfremde Lösung finden werden.[32] Im Zusammenwirken mit dem steigenden Kapitalbedarf auch dieser kleineren Unternehmen werden deshalb ebenfalls Börsengänge anstehen. Somit sollte in Zukunft auch der Markt für Neuemissionen wieder an Bedeutung gewinnen.

Die alte Ausgestaltung der Prospekthaftung bedurfte dringend einer Änderung. Diese hat der Gesetzgeber vorgenommen bzw. plant er durch das Vierte Finanzmarktförderungsgesetz weiter zu verändern. Vor dem oben aufgezeigten Hintergrund der Prospekthaftungsfälle, der Wettbewerbsfähigkeit des Finanzplatzes und den bisherigen und zukünftig zu erwartenden Entwicklungen an den Kapitalmärkten wird in dieser Arbeit die Prospekthaftung der organisierten und grauen Kapitalmärkte nach rechtlichen und wirtschaftlichen Aspekten unter Berücksichtigung der Konsequenzen für den Finanzplatz Deutschland analysiert.

---

27 Vgl. Bundesamt für den Wertpapierhandel und Bundesverband der Finanzdienstleistungen in o. V., FAZ 11.2.1999, S. 27. Werte sind von DM in Euro umgerechnet.

28 Vgl. Reifner, Institut für Finanzdienstleistungen e.V., in Finanzausschuß, Protokoll Öffentliche Sitzung Finanzausschuß, 19.3.1997, S. 55. Werte sind von DM in Euro umgerechnet.

29 Vgl. BIS, Central Bank Survey 1998, S. 19.

30 Vgl. o. V., Die Bank 1998, 511, 511. Werte sind von DM in Euro umgerechnet.

31 Vgl. o. V., FAZ 1.4.1998, S. 31.

32 Vgl. o. V., FAZ 2.3.1998, S. 26.

Zweiter Teil: Grundlagen der Arbeit

A. Untersuchungsgegenstand und -ziele

I. Vorstellung der Prospekthaftung

Die Prospekthaftung beschreibt einen Schadensersatzanspruch, den ein unrichtiger oder unvollständiger Prospekt auslösen kann. Als Prospekte werden Publikationen von Anlageinformationen bezeichnet.[1]

Der Begriff Prospekthaftung wird heute weitaus variantenreicher verwendet, als in einer ersten Version der börsengesetzlichen Prospekthaftung im deutschen Börsengesetz von 1886.[2] Neben der börsengesetzlichen Prospekthaftung für den amtlichen und den geregelten Markt existiert eine gesetzlich geregelte Prospekthaftung im Verkaufsprospektgesetz und für den Vertrieb von Anteilen an inländischen und ausländischen Kapitalanlagegesellschaften. Diese gesetzlichen Ausgestaltungen rechtfertigen es, von einer spezialgesetzlichen Prospekthaftung zu sprechen.[3] Die börsengesetzliche Prospekthaftung ist normiert in § 45 BörsG[4] und § 77 BörsG. Die verkaufsprospektgesetzliche Prospekthaftung findet sich in § 13 VerkProspG[5]. Die Rechtsquellen der investmentrechtlichen Prospekthaftung sind § 20 KAGG[6] und § 12 AuslInvestmG[7].

Daneben hat sich eine weitere Prospekthaftung entwickelt. Sie geht auf eine Entscheidung des II. Zivilsenats des BGH aus dem Jahre 1978[8] zurück und wird als richterrechtliche[9], allgemein-zivilrechtliche oder bürgerlichrechtliche[10] Prospekthaftung bezeichnet. Im juristischen Sprachgebrauch hat sich der Begriff

---

1 Vgl. Assmann in Assmann/Schütze, 1997, § 7, RN 47.

2 Vgl. dazu Schulz, Das deutsche Börsengesetz, 1994, S. 367 ff.

3 Vgl. Assmann in Assmann/Schütze, 1997, § 7, RN 2.

4 Börsengesetz i. d. F. vom 9.9.1998, siehe BGBl. I 1998, S. 2682 - 2700, zuletzt geändert durch Gesetz vom 13.7.2001, siehe BGBl. I 2001, S. 1542 1549.

5 Wertpapierverkaufsprospektgesetz (Verkaufsprospektgesetz) i. d. F. vom 9.9.1998, siehe BGBl. I 1998, S. 2701 - 2707.

6 Gesetz über Kapitalanlagegesellschaften i. d. F. vom 9.9.1998, siehe BGBl. I 1998, S. 2726 -2764, zuletzt geändert durch Gesetz vom 8.12.1999, siehe BGBl. I 1999, S. 2384 - 2385.

7 Gesetz über den Vertrieb ausländischer Investmentanteile und über die Besteuerung der Erträge aus ausländischen Investmentanteilen (Auslandinvestment-Gesetz - AuslInvestmG) i. d. F. vom 9.9.1998, siehe BGBl. I 1998, S. 2820 - 2831, geändert mit Wirkung vom 1.1.1999 durch Gesetz vom 24.3.1999, siehe BGBl. I 1999, S. 402 - 496.

8 Siehe dazu Dritter Teil A. I.

9 Vgl. Köndgen, NJW 1996, 558, 569.

10 Vgl. Assmann, Prospekthaftung, 1985, S. 17 f.

bürgerlichrechtlich durchgesetzt.[11] Dabei ist zwischen bürgerlichrechtlicher Prospekthaftung im engeren und im weiteren Sinne zu differenzieren.[12] Mit der bürgerlichrechtlichen Prospekthaftung im engeren Sinne hat der BGH ein eigenständiges Rechtsinstitut mit ihm eigenen Regeln geschaffen, während die bürgerlichrechtliche Prospekthaftung im weiteren Sinne ganz den Regeln der c. i. c. folgt.[13]

Der Anwendungsbereich der bürgerlichrechtlichen Prospekthaftung beginnt dort, wo der Zugriff der spezialgesetzlichen Prospekthaftung endet.[14] Demzufolge ist davon auszugehen, daß der BGH die bürgerlichrechtliche Prospekthaftung auf alle Formen der Kapitalanlage anwenden wird, die keiner spezialgesetzlichen Prospekthaftung unterliegen und bei denen der Prospekt die wichtigste Informationsquelle ist. Eine Anwendung der bürgerlichrechtlichen Prospekthaftung auch auf Devisen- und Warentermingeschäfte ist grundsätzlich denkbar. Zwar hat der BGH in einer frühen Entscheidung eine Anwendung abgelehnt, in einem späteren Urteil die Frage der Anwendung jedoch offengelassen.

Die bürgerlichrechtliche Prospekthaftung ist nicht als Verallgemeinerung der spezialgesetzlichen Prospekthaftung entstanden, sondern ist ein eigenständiges Rechtsinstitut. Schon früh wurde deshalb gefordert,[15] daß eine Angleichung der Rechtsfolgen der beiden Ansätze der Prospekthaftung erreicht werden sollte. Der BGH betonte selber dieses Anliegen.[16] Die Koexistenz der beiden Prospekthaftungsansätze führt dazu, daß die Prospekthaftung insgesamt als zweigleisig verstanden wird.[17] Die Abbildung auf der nächsten Seite faßt den dargestellten Sachverhalt zusammen.

II. Zielsetzung

Es ist Ziel dieser Untersuchung, die Prospekthaftung der organisierten und grauen Kapitalmärkte unter Berücksichtigung der Konsequenzen für den Finanzplatz Deutschland nach rechtlichen und wirtschaftlichen Aspekten zu analysieren. Die Ausarbeitung erfolgt unter Beachtung der oben dargestellten Zweigleisigkeit der Prospekthaftung. In diesem Rahmen steht die spezialgesetzliche Prospekt-

---

11 Vgl. Assmann in Assmann/Schütze, 1997, § 7, FN 6.

12 Vgl. Thode in Reithmann/Meichssner/Heymann, 1995, RN 9; Assmann in Assmann/Schütze, 1997, § 7, RN 16; Siol in Schimansky/Bunte/Lwowski, 1997, § 45, RN 30; Loritz, WM 1998, 685, 691.

13 Siehe zu Details Dritter Teil A. I.

14 Siehe näher dazu Dritter Teil C. I.

15 Vgl. Coing, WM 1980, 206, 211.

16 Vgl. BGHZ 79, 337, 342; BGH, WM 1981, 1021, 1022; BGHZ 83, 222, 224.

17 Vgl. Assmann in Assmann/Schütze, 1997, § 7, RN 1.

haftung in ihren neuen gesetzlichen Bestimmungen im Mittelpunkt. Besondere Aufmerksamkeit wird dabei der börsengesetzlichen Prospekthaftung zuteil, denn ihre Regelungen sind die Basis für die anderen spezialgesetzlichen Prospekthaftungsausprägungen. Darüber hinaus wird der Frage nachgegangen, ob und inwieweit die neue gesetzliche Situation Auswirkungen auf die durch die höchstrichterliche Rechtsprechung entwickelte bürgerlichrechtliche Prospekthaftung haben könnte. In diese Überlegungen fließt die Erörterung der sich durch die Reform des Schuldrechts zum 1.1.2002[18] ergebenden Konsequenzen in Bezug auf die Verjährungsregeln ein.

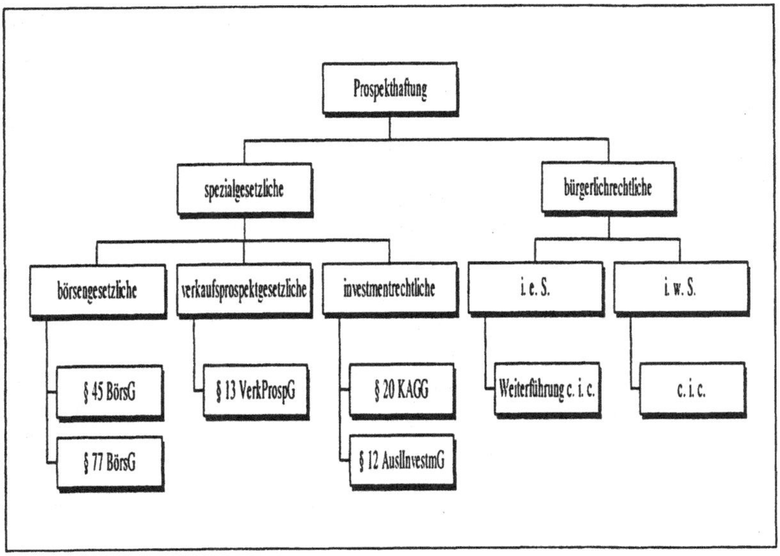

Abbildung 2:Erscheinungsformen der Prospekthaftung und ihre Rechtsquellen
Quelle: Eigene Erstellung

Da Prospekthaftung ein wichtiger Aspekt der Rahmenbedingungen für den deutschen Finanzplatz ist, steht die Ausgestaltung des nationalen Rechts im Vordergrund der Untersuchung. Durch den internationalen Wettbewerb bedingt müssen sich die deutschen Regelungen aber an den verschiedenen internationalen Rechtsordnungen messen lassen,[19] weshalb Regeln des Kapitalmarktrechts anderer Länder Berücksichtigung finden. Dabei stehen das amerikanische und

[18] Gesetz zur Modernisierung des Schuldrechts, siehe BGBl. I 2001, S. 3138 - 3188 und Anlage S. 3189 - 3220.

[19] Vgl. Hopt, Verantwortlichkeit der Banken, 1991, RN 3.

englische Recht im Mittelpunkt, weil diese Länder einen besonders gut entwikkelten Kapitalmarkt haben. Darüber hinaus finden europarechtliche Aspekte Berücksichtigung.

III. Gang der Untersuchung

Um die oben dargestellte Zielsetzung zu erreichen, wird für die Untersuchung folgende Vorgehensweise gewählt. Im nächsten Abschnitt werden die einzelnen gesetzlichen Regelungen zum deutschen Kapitalmarktrecht seit den 80er Jahren dargestellt. Besondere Beachtung erfährt dabei die Entstehung des Dritten Finanzmarktförderungsgesetzes sowie seine Regelungsziele und Inhalte. Danach werden die Strukturen des Finanzmarkts mit den unterschiedlichen Publizitätsanforderung erläutert, an die die verschiedenen Ausgestaltungen der Prospekthaftung anknüpfen. Zum Abschluß des Zweiten Teils werden die einzelnen Fälle der Schadensersatzklagen aus spezialgesetzlich geregelter Prospekthaftung im Detail vorgestellt.

Die Beschreibung der bürgerlichrechtlichen Prospekthaftung bildet den Dritten Teil der Arbeit. Zuerst wird der Lösungsansatz der Rechtsprechung in der Entwicklung aufgezeigt und rechtsdogmatisch eingeordnet. Danach werden die in der Literatur entwickelten Ansätze erörtert. Im weiteren erfolgt die Beschreibung der bürgerlichrechtlichen Prospekthaftung im engeren Sinne getrennt von der Beschreibung der bürgerlichrechtlichen Prospekthaftung im weiteren Sinne. Diese Darstellungen haben grundsätzliche Bedeutung auch für die spezialgesetzliche Prospekthaftung und sind für die Erörterung der Frage erforderlich, ob die neuen gesetzlichen Regelungen Auswirkungen auf die Rechtsprechung zur bürgerlichrechtlichen Prospekthaftung haben können. Ebenso bilden sie die Grundlage der Darstellung der sich durch die Schuldrechtsreform ändernden Verjährungsregeln.

Der Vierte Teil der Arbeit befaßt sich mit der spezialgesetzlichen Prospekthaftung. Die neue gesetzliche Situation wird sowohl unter rechtlichen als auch wirtschaftlichen Aspekten erörtert. Der wichtigste Komplex ist die Ausarbeitung der Prospekthaftung im Börsengesetz für den amtlichen Markt. Darüber hinaus wird auch auf die Aspekte eingegangen, die nicht durch das Dritte Finanzmarktförderungsgesetz geändert wurden und in der heutigen Form weiterhin nicht befriedigend geregelt sind. Im Anschluß wird die Prospekthaftung für den Unternehmensbericht sowie für das Handelssegment Neuer Markt und den Freiverkehr vorgestellt. Die Beschreibung der verkaufsprospektgesetzlichen Haftung bildet den Übergang zur Darstellung der investmentrechtlichen Prospekthaftung. Obwohl nicht durch das Dritte Finanzmarktförderungsgesetz geändert, ist die Darstellung zum Abschluß des Vierten Teils erforderlich, weil ihre Regelungen zum Teil in den Änderungen der anderen spezialgesetzlichen Formen der Prospekthaftung nachgebildet wurden.

Im Fünften Teil wird der Frage nachgegangen, ob und welche Auswirkungen die neue spezialgesetzliche Situation auf die Rechtsprechung im Bereich der bürgerlichrechtlichen Prospekthaftung haben könnte. In dieser Erörterung wird auch der Frage der Auswirkungen der durch die Schuldrechtsreform geänderten Verjährungsregeln auf die bürgerlichrechtliche Prospekthaftung nachgegangen. Nach der Darstellung des Ausgangspunkts zu diesen Überlegungen erfolgt die Ausarbeitung nach der Unterscheidung der bürgerlichrechtlichen Prospekthaftung im engeren und im weiteren Sinne.

Den Abschluß und Sechsten Teil der Arbeit bildet eine Schlußbetrachtung. Vor einem Ausblick zukünftiger Entwicklungen werden die Ergebnisse der Arbeit zusammengefaßt.

B. Das deutsche Kapitalmarktrecht seit den 80er Jahren

Das deutsche Kapitalmarktrecht war verstärkt in den 80er und 90er Jahren Veränderungen unterworfen.[20] Diese Änderungen sollen im folgenden aufgezeigt werden. Dabei wird besonders auf das Dritte Finanzmarktförderungsgesetz eingegangen. Abschließend werden weitere Regelungen und Vorhaben dargestellt, die zeitlich dem Dritten Finanzmarktförderungsgesetz folgen.

I. Gesetze vor dem Dritten Finanzmarktförderungsgesetz

Zu den ersten vom Gesetzgeber ergriffenen Maßnahmen im Bereich des Kapitalmarktrechts in den 80er Jahren zählen die Börsengesetznovellen von 1986 (Börsenzulassungs-Gesetz[21]) und von 1989 (Gesetz zur Änderung des Börsengesetzes[22]). Durch das Börsenzulassungs-Gesetz wurde 1987 der geregelte Markt als weiteres Marktsegment an den Börsen geschaffen. Seit 1989 existieren die gesetzlichen Voraussetzungen für den Computerhandel an den Börsen. Dies war seit 1989 das System IBIS[23], das 1991 als Handelssystem in die Frankfurter Wertpapierbörse integriert wurde und das seit dem 28. November 1997 durch das System Xetra[24] ersetzt wurde. Des weiteren wurde der Börsenterminhandel liberalisiert, was 1990 zur Eröffnung des Handels an der Deutschen Terminbörse führte.

Mit dem Finanzmarktförderungsgesetz von 1990[25] wurden die Börsenumsatzsteuer, die Wechselsteuer und die Gesellschaftsteuer abgeschafft sowie die Geschäftsmöglichkeiten von Kapitalanlagegesellschaften erweitert. Das Zweite Finanzmarktförderungsgesetz von 1994[26] war die Grundlage für die Schaffung des Bundesaufsichtsamts für den Wertpapierhandel, des Verbots des Insider-

---

[20] Siehe zu weiteren Einzelheiten und zu früheren Änderungen Mues, ZBB 1997, 15, 15 ff.

[21] Gesetz zur Einführung eines neuen Marktabschnitts an den Wertpapierbörsen und zur Durchführung der Richtlinie des Rates der Europäischen Gemeinschaft vom 5. März 1979, vom 17. März 1980 und vom 15. Februar 1982 zur Koordinierung börsenrechtlicher Vorschriften (Börsenzulassungs-Gesetz), siehe BGBl. I 1986, S. 2478 - 2484.

[22] Gesetz zur Änderung des Börsengesetzes, siehe BGBl. I 1989, S. 1412 - 1416.

[23] Siehe zum System IBIS von 1989 z. B. Kümpel, WM 1990, 45, 45 ff, und zum Handelssystem IBIS seit 1991 z. B. Kümpel, WM 1991, Sonderbeilage 4.

[24] Siehe zum Handelssystem Xetra z. B. Beck, WM 1998, 417, 417 ff, und zu den potentiellen Konsequenzen seiner Einführung aus finanzierungstheoretischer Sicht Unser/Oehler, WiSt 1998, 463, 463 ff.

[25] Gesetz zur Verbesserung der Rahmenbedingungen der Finanzmärkte (Finanzmarktförderungsgesetz), siehe BGBl. I 1990, S. 266 - 282.

[26] Gesetz über den Wertpapierhandel und zur Änderung börsenrechtlicher und wertpapierrechtlicher Vorschriften (Zweites Finanzmarktförderungsgesetz), siehe BGBl. I 1994, S. 1749 -1785.

Handels und die Herabsetzung des Mindestnennwerts der Aktie auf fünf DM. Darüber hinaus wurden erneut die Geschäftsfelder für Kapitalanlagegesellschaften vergrößert und der Börsenterminhandel weiter dereguliert.[27]

II. Das Dritte Finanzmarktförderungsgesetz

1. Entstehung

Die heutigen Fassungen der spezialgesetzlichen Prospekthaftung gehen auf das „Gesetz zur weiteren Fortentwicklung des Finanzplatzes Deutschland“[28] zurück, das kurz als Drittes Finanzmarktförderungsgesetz bezeichnet wird. Eine erste Erwähnung der Maßnahmen, die in dem als Artikelgesetz konzipierten Dritten Finanzmarktförderungsgesetz umgesetzt worden sind, finden sich im Punkt 2 des „Aktionsprogramm für Investitionen und Arbeitsplätze“ der Bundesregierung vom 30. Januar 1996, das im Zusammenhang mit dem Jahreswirtschaftsbericht 1996 beschlossen wurde.[29]

Der Begriff Drittes Finanzmarktförderungsgesetz wird zum ersten Mal im „Bericht über den Stand der Umsetzung des Aktionsprogramms für Investitionen und Arbeitsplätze“ erwähnt.[30] Ein erster Entwurf wurde dort für Ende September 1996 in Aussicht gestellt. Am 3. April 1997 ging dann das Bundesministerium der Finanzen mit einem Referentenentwurf[31] an die Öffentlichkeit.[32] Die Bundesregierung legte am 15. August 1997 einen überarbeiteten Gesetzent-

---

27 Zur Vollständigkeit sei auch die sog. 6. KWG-Novelle mit Begleitgesetz erwähnt. Gesetz zur Umsetzung von EG-Richtlinien zur Harmonisierung bank- und wertpapieraufsichtsrechtlicher Vorschriften, siehe BGBl. I 1997, S. 2518 - 2566, und Begleitgesetz zum Gesetz zur Umsetzung von EG-Richtlinien zur Harmonisierung bank- und wertpapieraufsichtsrechtlicher Vorschriften, siehe BGBl. I 1997, S. 2567 - 2589. Siehe zu den Neuerungen der 6. KWG-Novelle Mielk, WM 1997, 2200, 2200 ff u. 2237, 2237 ff, und zu den Änderungen des Börsenrechts durch die 6. KWG-Novelle im Detail Meixner, WM 1998, 431, 431 ff.

28 Gesetz zur weiteren Fortentwicklung des Finanzplatzes Deutschland (Drittes Finanzmarktförderungsgesetz), siehe BGBl. I 1998, S. 529 - 579, und eine ausführliche Zusammenfassung der neuen Regelungen bei Pötzsch, AG 1998, 949, 949 ff, und eine Kurzfassung bei Weisgerber, Die Bank 1998, 200, 200 ff. Siehe auch Witt, WM 1998, 1153, 1153 ff, zu den Änderungen der Mitteilungs- und Veröffentlichungspflichten u. a. durch das Dritte Finanzmarktförderungsgesetz.

29 Vgl. Presse- und Informationsamt der Bundesregierung, Bulletin Nr. 13, 12.2.1996, S. 146, 146 ff.

30 Vgl. BMW, Bericht Umsetzung, 20.3.1996, S. 6 f.

31 Siehe BMF, Entwurf Drittes Finanzmarktförderungsgesetz, 25.3.1997 und die Zusammenfassung von Pötzsch, AG 1997,193, 193 ff.

32 Vgl. BMF, Diskussionsentwurf Drittes Finanzmarktförderungsgesetz, 3.4.1997.

wurf zum Dritten Finanzmarktförderungsgesetz vor.[33] Der Bundestag verabschiedete das Dritte Finanzmarktförderungsgesetz in zweiter und dritter Lesung am 13. Februar 1998.[34] Der Bundesrat stimmte dem Gesetz in seiner Sitzung am 6. März 1998 zu.[35] Es trat am 1. April 1998 in Kraft.

In die Zeit der Umsetzung des Dritten Finanzmarktförderungsgesetzes fielen auch das Stückaktiengesetz[36], das Kapitalaufnahmeerleichterungsgesetz[37], das Kontroll- und Transparenzgesetz[38] und das Euro-Einführungsgesetz[39].

2. Regelungsziele und Inhalte

Das Dritte Finanzmarktförderungsgesetz soll das Erreichen eines Bündels von Zielen ermöglichen. In dem Aktionsprogramm für Investitionen und Arbeitsplätze beschreibt die Bundesregierung die Notwendigkeit, eine Offensive für unternehmerische Selbständigkeit und Innovationsfähigkeit zu starten, um die Produktions-, Investitions- und Beschäftigungsbedingungen durchgreifend zu verbessern.[40] Eine wesentliche Bedeutung für dieses Vorhaben hat die Stärkung des Finanzplatzes Deutschland.[41] Deshalb sollen mit dem Dritten Finanzmarktförderungsgesetz alle die Finanzmärkte betreffenden Punkte des Aktionsprogramms für Investitionen und Arbeitsplätze umgesetzt werden.

---

33 Siehe BR-Drucks. 605/97.

34 Vgl. Plenarprotokoll 13/220, S. 20125.

35 Vgl. Plenarprotokoll 722, S. 61.

36 Gesetz über die Zulassung von Stückaktien (Stückaktiengesetz - StückAG), siehe BGBl. I 1998, S. 590 - 595, und eine Diskussion der Vor- und Nachteile der nennwertlosen Aktie bei Ekkenga, WM 1997, 1645, 1645 ff und Heider, AG 1998, 1, 1 ff.

37 Gesetz zur Verbesserung der Wettbewerbsfähigkeit deutscher Konzerne an Kapitalmärkten und zur Erleichterung der Aufnahme von Gesellschafterdarlehen (Kapitalaufnahmeerleichterungsgesetz - KapAEG), siehe BGBl. I 1998, S. 707 - 709.

38 Gesetz zur Kontrolle und Transparenz im Unternehmensbereich (KonTraG), siehe BGBl. I 1998, S. 786 - 794, und zur Diskussion im Vorfeld der Verabschiedung „Die Aktienrechtsreform 1997", AG 1997, Sonderheft August mit Beiträgen verschiedener Verfasser sowie Seibert, WM 1997, S. 1, 1 ff. Siehe Claussen, DB 1998, 177, 177 ff, zu den konkreten Änderungen des Aktiengesetzes durch das KonTraG. Siehe Witt, WM 1998, 1153, 1153 ff, zu Änderungen der Mitteilungs- und Veröffentlichungspflichten u. a. durch das KonTraG. Siehe auch Hommelhoff/Mattheus, AG 1998, 249, 249 ff, mit einer Betrachtung des KonTraG mit dem Fokus Unternehmensführung und Spindler, AG 1998, 53, 53 ff, der aus dem Blickwinkel der Deregulierung das neue Aktienrecht bewertet, sowie Forster, AG 1999, 193, 193 ff, zum Verhältnis von Aufsichtsrat und Abschlußprüfer nach dem KonTraG.

39 Gesetz zur Einführung des Euro (Euro-Einführungsgesetz - EuroEG), siehe BGBl. I 1998, S. 1242 - 1255.

40 Vgl. Bulletin Nr. 13, 12.2.1996, S. 146.

41 Vgl. BR-Drucks. 605/97, S. 54.

Um diese Zielsetzung zu erreichen, hat das Dritte Finanzmarktförderungsgesetz drei Schwerpunkte.[42] Diese liegen im Börsen- und Wertpapierhandelsrecht, im Investmentbereich und im Bereich der Unternehmensbeteiligungen. Daneben erfolgen Änderungen im Gesetz über das Kreditwesen. Es werden verschiedene Vorschriften zu Hypothekenbanken, öffentlichen Kreditanstalten und Schiffsbanken an die geänderten Rahmen- und Marktbedingungen angepaßt sowie eine Vielzahl anderer Vorschriften geändert.

Im Vordergrund des Dritten Finanzmarktförderungsgesetzes in bezug auf die geänderte Prospekthaftung stehen die Neuregelungen im Börsen- und Wertpapierhandelsrecht und im Investmentbereich. Das Börsengesetz (Art. 1), die Börsenzulassungs-Verordnung (Art. 25), das Wertpapierhandelsgesetz (Art. 3), das Verkaufsprospektgesetz (Art. 2) und die Verkaufsprospekt-Verordnung (Art. 26) werden novelliert sowie einige Vorschriften aufgehoben und außer Kraft gesetzt (Art. 29). Dadurch kommt es zu einer Veränderung der Haftung für fehlerhafte Börsenzulassungsprospekte und Verkaufsprospekte sowie zu Neuregelungen für fehlerhafte Beratung und Information bei der Anlage im Wertpapierbereich. Darüber hinaus wird der Börsenzugang für Emittenten erleichtert. Das sog. De-Listing, der Rückzug eines Emittenten von einer Börse, wird gesetzlich normiert. Die Teilnahme von Unternehmen am Handelssystem Xetra ist neu geregelt. Den Regionalbörsen wird ein Zugang zu Xetra gestattet.[43] Neue Entwicklungen bei der Emission von Wertpapieren wie z. B. das Bookbuilding-Verfahren und die Zulassung von Schuldverschreibungen aufgrund von medium term note Programmen finden zukünftig Berücksichtigung. Durch die Verbesserung der wertpapierhandelsrechtlichen Aufsicht wird der Anlegerschutz gestärkt. In den bestehenden verkaufsprospektrechtlichen Regelungen werden Lücken geschlossen und Verbesserungen vorgenommen.

Im Investmentbereich werden das Gesetz über Kapitalanlagegesellschaften (Art. 4) und das Auslandinvestmentgesetz (Art. 5) geändert. Damit kommt es zur Zulassung neuer Fondstypen, bei denen insbesondere die „Altersvorsorge-Sondervermögen" - der ursprüngliche Name „Pensions-Sondervermögen" gemäß Art. 4 Nr. 36[44] wurde aufgegeben -[45] herauszuheben sind. Weiterhin werden die Geschäftsmöglichkeiten bereits zugelassener Investmentfondstypen erweitert und der Anlegerschutz sowie das aufsichtsrechtliche Instrumentarium verbessert.

---

[42] Vgl. BT-Drucks. 13/9874, S. 121 - 130.

[43] Siehe zur Diskussion dieser Regelung Köndgen/Mues, WM 1998, 53, 53 ff.

[44] Vgl. BR-Drucks. 605/97, S. 27.

[45] Siehe kritisch zur Namensänderung BVI, Stellungnahme, 1997, S. 4 ff und die zugehörige Anlage 1.

III. Gesetze und Gesetzesvorhaben nach dem Dritten Finanzmarktförderungsgesetz

Nach dem Dritten Finanzmarktförderungsgesetz hat der Gesetzgeber weitere Vorhaben im Bereich des Kapitalmarktrechts umgesetzt bzw. plant er umzusetzen. Dazu zählt das am 1. Januar 2002 in Kraft getretene Wertpapiererwerbs- und Übernahmegesetz.[46] Es hat zum Ziel, geeignete Rahmenbedingungen bei Unternehmensübernahmen und anderen öffentliche Angeboten zum Erwerb von Wertpapieren in Deutschland zu schaffen. Dadurch soll der Finanzplatz Deutschland weiter gestärkt werden.

Der Entwurf für ein Übernahmegesetz wurde schon in der letzten Legislaturperiode von der Bundestagsfraktion der SPD in den Bundestag eingebracht,[47] in zweiter Lesung aber abgelehnt.[48] Die Vorlage eines Diskussionsentwurfes[49] zu einem Übernahmegesetz im Jahr 2000 fiel in die gleiche Zeit, als auf europäischer Ebene letzte bilaterale Probleme zwischen Großbritannien und Spanien gelöst wurden, die im Ministerrat zur Verabschiedung der im Juni 2000 erzielten Einigung über einen Vorschlag zu einer Richtlinie zu einem europäischen Übernahmerecht geführt haben.[50] Da das Europäische Parlament jedoch Änderungswünsche beschlossen hatte, wurde ein Vermittlungsverfahren eingeleitet, der ausgearbeitete Kompromißvorschlag aber nicht vom Parlament angenommen.[51] Damit gibt es zur Zeit keine europäischen Vorgaben für ein Übernahmegesetz. Für das zweite Quartal 2002 ist jedoch bereits eine weitere Initiative der Europäischen Kommission für einen Richtlinienentwurf angekündigt.

Des weiteren ist das Gesetz zur Neuordnung der Finanzaufsicht[52] verabschiedet worden, das gemäß seines Artikels 22 am 1. Mai 2002 in Kraft treten

---

46 Gesetz zur Regelung von öffentlichen Abgeboten zum Erwerb von Wertpapieren und von Unternehmensübernahmen, BGBL. I 2001, S. 3822- 3841. Siehe dazu auch den Kommentar herausgegeben von Geibel/Süßmann, 2002 mit der WpÜG-Angebotsverordnung und einer Kommentierung der geänderten Vorschriften im WpHG, KAGG, AuslInvestmG, KWG, VerkProspG, AktG und VerkProspVO, S. 669 ff sowie das Schwerpunktheft WpÜG, AG 2002 mit Beiträgen verschiedener Verfasser.

47 Siehe zum Gesetzentwurf BT-Drucks. 13/8164.

48 Vgl. Plenarprotokoll 13/220, S. 20125.

49 Siehe eine Zusammenfassung bei Strenger, WM 2000, 952, 952 f. Siehe darüber hinaus auch Schiessl, AG 1999, 442, 449 ff allgemein zu einem Übernahmegesetz sowie Zinser, WM 2002, 15, 15 m. w. N. auch zum Referentenentwurf und zum verabschiedeten Gesetz.

50 Vgl. Neye, AG 2000, 289, 289 ff, wo auch der Text des Vorschlags der Richtlinie abgedruckt ist.

51 Vgl. Pluskat, WM 2001, 1937, 1937 ff und Zinser, WM 2002, 15, 15 mit entsprechenden Nachweisen.

52 Gesetz über die integrierte Finanzdienstleistungsaufsicht, BGBL. I 2002, S. 1310 - 1337.

wird. Damit wird eine Bundesanstalt für die Finanzdienstleistungsaufsicht errichtet, die aus der Zusammenlegung der Aufsichtsämter für das Kreditwesen, für das Versicherungswesen und für den Wertpapierhandel resultiert. Dies soll eine integrierte, wettbewerbsneutrale und stärker kapitalmarktorientierte Aufsicht ermöglichen. Die Aufsichtfunktion der Deutschen Bundesbank ist dahingehend konkretisiert, daß ihren Hauptbereichsverwaltungen die laufende Bankaufsicht zugewiesen ist. Bei dem Erlaß von Richtlinien zur Aufsicht über Kreditinstitute ist Einvernehmen zwischen der Bundesbank und der neunen Finanzdienstleistungsaufsicht erforderlich, konkrete Aufsichtsmaßnahmen erfolgen jedoch ausschließlich durch die neue Bundesanstalt.

Noch im Gesetzgebungsverfahren befindet sich zur Zeit das Vierte Finanzmarktförderungsgesetz. Es ist am 22. März 2002 vom Bundestag verabschiedet worden.[53] Für Sommer 2002 ist das in Kraft treten geplant. Dieses Gesetz ist schon bei der Abstimmung über das Dritte Finanzmarktförderungsgesetz im Bundesrat angekündigt worden.[54] Als maßgebliches Ziel wurde eine Reform der öffentlichrechtlichen Börsenorganisation angegeben. Dadurch sollten die Ergebnisse einer umfangreichen Studie[55] im Auftrage des Bundesministerium der Finanzen zu einer Börsenreform mit dem Ziel einer privatrechtlichen Organisationsform umgesetzt werden.[56]

Dies wird indes nicht umgesetzt werden. An dem bisherigen öffentlichrechtlich-privatrechtlichen Verbund von Börse und Börsenträger wird weiter festgehalten werden.[57] Im einzelnen sollen mit dem Vierten Finanzmarktförderungsgesetz folgende Änderungen vorgenommen werden:[58]

- börsenrechtliche Vorschriften
- wertpapierhandelsrechtliche Vorschriften
- Gesetz über Kapitalanlagegesellschaften
- Auslandinvestmentgesetz

---

53 Vgl.BMF, Pressemitteilung 22.3.2002 a, http://www.bundesfinanzministerium.de/Aktuelles/Pressemitteilungen-.395.11220/Gruenes-Licht-fuer-neue-integrierte-Finanzdienst...htm.

54 Vgl. Plenarprotokoll 722, S. 99.

55 Siehe Hopt/Rudolph/Baum, Börsenreform, 1997 und eine Zusammenfassung von denselben, WM 1997, Sonderbeilage 4 sowie eine Zusammenfassung der Empfehlungen zu einer Börsenreform in Deutschland dieselben, WM 1997, 1637, 1637 ff.

56 Siehe zu einer Übersicht über veröffentlichte Stellungnahmen dazu Rudolph, WM 1999, S. 371, 371 f und im einzelnen z. B. Kümpel, WM 1997, 1917, 1917 ff und Wastl, WM 1999, 620, 620 ff.

57 Siehe zu verschiedenen Fragestellungen zum Börsenorganisationsrecht z. B. Hammen, WM 2001, 929, 929 ff; derselbe, AG 2001, 549, 549 ff; Hammen/Kümpel, Arbeitspapier 2001.

58 Vgl. zum Folgenden BMF, Entwurf Viertes Finanzmarktförderungsgesetz, 14.11.2001, S. 178 ff. Siehe auch Möller, WM 2001, 2405, 2405 ff.

- verkaufsprospektrechtliche Vorschriften
- Gesetz über das Kreditwesen
- weitere Gesetze[59]

Wesentliche Änderungen im Bereich der börsenrechtlichen Vorschriften betreffen die Aufgabe der bisherigen amtlichen Preisfeststellung, eine Neuordnung des Maklerrechts sowie Verkaufsbeschränkungen insbesondere für den Emittenten von Wertpapieren oder dessen Management. Bei den wertpapierhandelsrechtliche Vorschriften kommt es zu einer Konkretisierung bei der Ad hoc-Publizität und zu einer Offenlegungspflicht der Geschäfte des Managements in Wertpapieren des eigenen Unternehmens. Darüber hinaus werden die Vorschriften zum Verbot der Kurs- und Marktmanipulation, die bisher in § 88 BörsG geregelt sind, novelliert.[60] Neugeschaffen wird eine eigene Anspruchsgrundlage für Schadensersatzansprüche von Anlegern bei der verspäteten, unterlassenen oder un richtigen Veröffentlichung kursbeeinflussender Tatsachen.[61] Schließlich wird das bisher im Börsengesetz geregelte Recht der Termingeschäfte neu geordnet, eine Neuregelung für organisierte Märkte mit Sitz im Ausland erlassen sowie eine Ausdehnung der Wohlverhaltenspflichten auf die Wertpapieranalyse vorgenommen. Im Investmentrecht werden im Kapitalanlagegesellschaftengesetz die zulässigen Nebentätigkeiten von Kapitalanlagegesellschaften erweitert, die Einführung von Anteilen mit unterschiedlichen Rechten ermöglicht und die Anlagemöglichkeiten für Wertpapier- und Grundstücks-Sondervermögen erweitert sowie die Vorschrift über das Handeln der Anlagegesellschaft im Interesse der Anteilseigner n in Bezug auf die erweiterten Anlagemöglichkeiten klarstellend ergänzt. Im Auslandinvestmentgesetz werden Vorschriften geändert, um aufsichtsrechtlichen Bedürfnissen angepaßt zu werden. Die wesentlichen Änderungen im Bereich der verkaufsprospektgesetzlichen Vorschriften betreffen eine Klarstellung in Bezug auf das Merkmal öffentliches Angebot sowie Neuregelungen von Ordnungswidrigkeitstatbeständen.

---

59 Dazu zählen das Hypothekenbankgesetz, Schiffsbankgesetz, Gesetz über Bausparkassen, Gesetz über die Kreditanstalt für Wiederaufbau, Einlagensicherungs- und Anlegerentschädigungsgesetz sowie das Versicherungsaufsichtsgesetz.

60 Siehe zu näheren Details Möller, WM 2002, 309, 309 ff und Ekkenga, WM 2002, 317, 317 ff sowie zum vorherigen Änderungsvorschlag Ekkenga, NZW 2001, 1, 1 ff.

61 Siehe dazu Groß, WM 2002, 477, 485 f, der auch die Haftung für fehlerhafte oder fehlende Ad hoc-Publizität nach alter Rechtslage beleuchtet, 477 ff. Siehe zur alten Rechtslage auch Möllers/Leisch, WM 2001, 1648, 1648 ff.

C. Struktur des Finanzmarkts

Der Finanzmarkt ist kein homogenes Gebilde, sondern weist entsprechend den gehandelten Produkten und den unterschiedlichen Marktteilnehmern differenzierte Strukturen auf. Ein Teil der spezialgesetzlichen Prospekthaftung knüpft in ihrer Ausgestaltung an diese Strukturen an. Deshalb soll zunächst der Begriff Finanzmarkt näher bestimmt werden. Die folgende Abbildung gibt eine erste Übersicht.

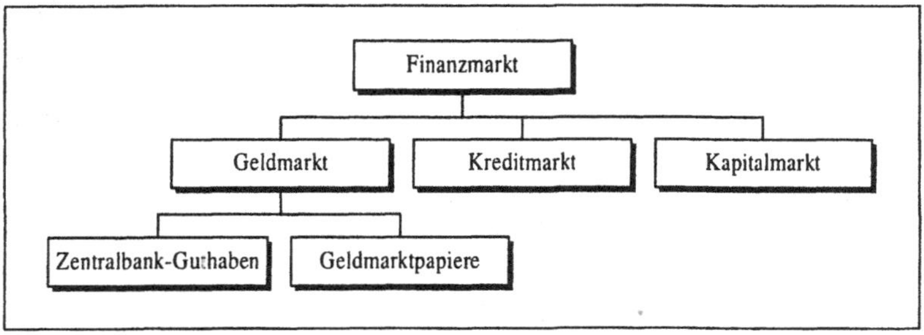

Abbildung 3:Struktur des Finanzmarkts
Quelle: Eigene Erstellung

Der Finanzmarkt gliedert sich in einen Geldmarkt, einen Kreditmarkt und einen Kapitalmarkt. Die Differenzierung zwischen Geldmarkt und Kapitalmarkt erfolgt nach der gebräuchlichsten, funktional orientierten Definition aufgrund der Fristigkeit der gehandelten Anlagetitel.[60] Der Geldmarkt umfaßt den Geldhandel mit kurzfristigen Laufzeiten. Er ist im wesentlichen ein Markt für Kreditinstitute und die Bundesbank.[61] Durch die Gründung des „Europäischen Systems der Zentralbanken" und der „Europäischen Zentralbank" (EZB) begann im Jahre 1999 die dritte und zugleich abschließende Phase des europäischen Währungsintegrationsprozesses.[62] Die entsprechende Anpassung des Gesetzes über die Deutsche Bundesbank erfolgte durch das sechste Änderungsgesetz.[63]

60 Vgl. Häuser in Gerke/Steiner, 1995, Sp. 1123, 1123.

61 Vgl. Kümpel, Bank- und Kapitalmarktrecht, 2000, RN 8.42 ff.

62 Vgl. Büschgen, Bankbetriebslehre, 1998, S. 144.

63 Sechstes Gesetz zur Änderung des Gesetzes über die Deutsche Bundesbank, siehe BGBl. I 1997, S. 3274 - 3275. Mittlerweile ist ein Gesetz zur Bundesbankstrukturreform verabschiedet, daß am 30. April 2002 in Kraft treten wird. Vgl. BMF, Pressemitteilung 22.3.2002 b, http://www.bundesfinanzministerium.de/Aktuelles/Pressemitteilungen-.395.11222/Bundesbankstrukturreform-auf-den-Weg-gebracht.htm. Es wird wesentliche Leitungs- und Entscheidungsstrukturen ändern, die der Tatsache Rechnung tragen sollen,

Durch Artikel 1 Nr. 10 wurden die §§ 15 u. 16 BBankG 1997[64] gestrichen. Dadurch wurden die Bestimmungen über die geldpolitischen Instrumente der Bundesbank, Diskont-, Kredit- und Offenmarktpolitik sowie die Mindestreservepolitik, aufgehoben. An Stelle der Bundesbank tritt heute die EZB am Geldmarkt auf.

Auf dem Geldmarkt werden zum einen Zentralbank-Guthaben, die ein Kreditinstitut einem anderen zu marktüblichen Zinsen überläßt, gehandelt. Zentralbank-Guthaben sind Sichtguthaben, die jederzeit in Bargeld umgetauscht werden können. Ihre Funktion besteht einerseits darin, daß die Kreditinstitute ihrer Kundschaft teilweise den Gegenwert von Sichtguthaben oder von eingeräumten Krediten in Banknoten zur Verfügung stellen müssen. Andererseits ist im Rahmen der europäischen Mindestreservenverpflichtung weiterhin eine Mindestreserve unverzinslich bei der EZB zu halten. Zum anderen werden Geldmarktpapiere wie unverzinsliche Schatzanweisungen[65] und Schatzwechsel[66] gehandelt, die im Rahmen der Kreditaufnahme der öffentlichen Verwaltungen durch die Bundesbank begeben werden. Darüber hinaus sind die Instrumente[67], mit der die EZB die laufende Geldmenge primär auf Basis von Offenmarktgeschäften steuert,[68] aufgrund ihrer Laufzeit von einem Tag bis zu drei Monaten dem Geldmarkt zuzurechnen. Weiterhin beteiligen sich auch Nicht-Banken, insbesondere große Unternehmen, mit der Emission von Commercial Papers[69], Inhaberschuldverschreibungen mit kurzen Laufzeiten, am Geldmarkt.[70]

Im Kreditmarkt werden Kredite im üblichen Bankgeschäft gehandelt. Dazu zählen z. B. Darlehen und Hypotheken. Wesentliche Funktion des Kreditmarkts ist die Fristentransformation von finanziellen Mitteln.

Eine allgemein gültige Definition des für die Untersuchung relevanten Kapitalmarkts existiert nicht.[71] Die folgenden Feststellungen reichen jedoch für die vorliegende Fragestellung aus. Der Kapitalmarkt ist Teil des Finanzmarktes und berücksichtigt nur die finanzielle, nicht aber die realwirtschaftliche Form des

daß die geldpolitische Verantwortung bei der EZB liegt. Darüber hinaus soll es die Unabhängigkeit gegenüber politischen Einflussnahmen sicherstellen.

64 Gesetz über die Deutsche Bundesbank i. d. F. vom 22.10.1992, siehe BGBl. I 1992, S. 1782 -1792, zuletzt geändert durch Gesetz vom 24.2.1997, siehe BGBl. I 1997, S. 322 - 347.

65 Das sind Schuldverschreibungen i. S. v. § 793 I S. 1 BGB; Bürgerliches Gesetzbuch i. d. F. der Bekanntmachung vom 2.1.2002, siehe BGBl. I 2002, S. 42 - 341.

66 Siehe zu Details Kümpel, Bank- und Kapitalmarktrecht, 2000, RN 8.47.

67 Siehe zu Details Büschgen, Bankbetriebslehre, 1998, S. 158 ff.

68 Vgl. ebenda, S. 158.

69 Siehe zu Details Mattes in Gerke/Steiner, 1995, Sp. 1702, 1704 f.

70 Vgl. Kümpel, Bank- und Kapitalmarktrecht, 2000, RN 8.42.

71 Vgl. Häuser in Gerke/Steiner, 1995, Sp. 1123, 1123.

Kapitals. Allgemein kann der Kapitalmarkt als Institution zur Beschaffung und zum Tausch finanzieller Mittel beschrieben werden.[72] Seine Strukturen zeigt die folgende Abbildung.

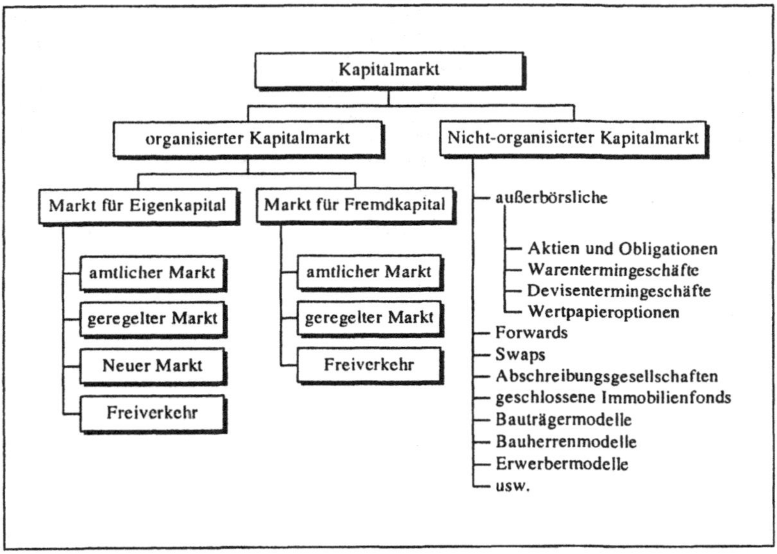

Abbildung 4:Struktur des Kapitalmarkts
Quelle: Eigene Erstellung

Der Kapitalmarkt wird unterschieden in einen organisierten Teil und einen nicht-organisierten Teil. Der organisierte Kapitalmarkt zeichnet sich durch standardisierte Handels- und Abwicklungsbedingungen aus, während im nicht-organisierten Kapitalmarkt im wesentlichen individuelle Verträge zwischen den Kapitalgebern und -nachfragern vorherrschen. Die in der Abbildung dargestellte Aufzählung zum nicht-organisierten Kapitalmarkt ist nicht abschließend, da sich das Angebot ständig vergrößert.[73] Sie gibt vielmehr eine Auswahl der gängigen Produkte wieder.[74] Im folgenden werden sowohl die Marktsegmente des organisierten Kapitalmarkts als auch der nicht-organisierte Kapitalmarkt beschrieben.

72 Vgl. ebenda, Sp. 1123 f.

73 Kohl/Kübler/Walz/Wüstrich, ZHR 138 (1974), 1, 13, schreiben in diesem Zusammenhang von völliger Marktintransparenz.

74 Siehe zu einer Systematik zur Erfassung aller Produkte Zweiter Teil C. II.

I. Organisierter Kapitalmarkt

Die obige Abbildung zum Kapitalmarkt zeigt, daß der organisierte Teil in einen Markt für Eigenkapital und in einen Markt für Fremdkapital unterteilt ist.[75] Der Handel findet sowohl am Kassamarkt als auch am Terminmarkt statt. Differenzierungskriterium für die Einteilung in Kassa- und Terminmarkt ist die Erfüllungsfrist, die am Kassamarkt in Deutschland technisch bedingt zwei Tage beträgt und im Terminmarkt von den Vertragspartnern bewußt länger gestaltet wird.[76]

Der Terminmarkt ist für diese Untersuchung nicht relevant. Seine gesetzliche Grundlage sind die §§ 50 - 70 BörsG. Heute umfaßt er nur noch Eurex (European Exchange), die gemeinsame Handels- und Clearingplattform der ehemaligen Deutschen Terminbörse DTB und der ehemaligen schweizerischen Terminbörse SOFFEX (Swiss Options and Financial Futures Exchange).[77] Eurex wird von der Eurex AG mit Sitz in Zürich betrieben, deren Aktien zu je 50 % von der Deutschen Börse AG und der Schweizer Börse gehalten werden.[78]

Der seit 1970 wieder aufgenommene Terminhandel am Optionsmarkt der Frankfurter Wertpapierbörse[79] existiert nicht mehr. Der Optionsmarkt wurde seit Eröffnung des Handels an der DTB im Jahr 1990[80] weitgehend durch diese ersetzt.[81] Deshalb wurde er im April 1997 ganz eingestellt.[82]

Eine weitere Differenzierung des organisierten Kapitalmarkts ist die Unterscheidung zwischen Primär- und Sekundärmärkten.[83] Primärmärkte dienen der Emission von Wertpapieren zur Kapitalbeschaffung. An Sekundärmärkten werden bereits emittierte Wertpapiere zum einen zur Anlage oder Liquidierung von finanziellen Mitteln und zum anderen aufgrund von anlagerelevanten Informationen gehandelt.[84] Sie können sowohl börsenmäßig organisiert als auch außer-

---

75 Darüber hinaus gibt es Instrumente, die sowohl Eigen- als auch Fremdkapitalkomponenten beinhalten. Diese werden als hybride Wertpapiere und strukturierte Produkte bezeichnet. Als Beispiel sei hier eine Wandelanleihe genannt, die den Wertpapierinhaber während einer bestimmten Periode das Recht einräumt, die Schuldverschreibung in Aktien zu tauschen.

76 Vgl. Kümpel, Bank- und Kapitalmarktrecht, 2000, RN 10.217.

77 Vgl. Eurex AG, Eurex, 1997, S. 3.

78 Vgl. dieselbe, newsletter Nr. 1 1997, S. 5.

79 Siehe zu Einzelheiten Kümpel, Bank- und Kapitalmarktrecht, 2000, RN 17.448.

80 Vgl. Deutsche Börse AG, DTB, 1996, S. 2.

81 Vgl. Claussen, Bank- und Börsenrecht, 2000, § 9, RN 56.

82 Vgl. Büschgen, Das kleine Börsenlexikon, 1998, S. 849.

83 Vgl. Kümpel, Bank- und Kapitalmarktrecht, 2000, RN 14.5.

84 Zur Vollständigkeit sei auf eine dritte Erklärung für den Handel an Sekundärmärkten hingewiesen. Häufig sind Reaktionen von Marktteilnehmern objektiv betrachtet irrational. Zur Erklärung hierfür greift man auf das sog. „noise trading“ zurück, siehe z. B.

börsliche Märkte sein. Die börsenmäßig organisierten Sekundärmärkte dienen in Deutschland nicht mehr der Emission von Wertpapieren.[85] Unter dem Begriff Wertpapierbörse gemäß § 1 V BörsG versteht man Börsen, an denen Wertpapiere oder Derivate im Sinne von § 2 I u. II WpHG[86] gehandelt werden.

Im Zusammenhang von Primär- und Sekundärmärkten ist auch die Einteilung in einen ersten, zweiten und dritten Markt zu erwähnen.[87] Der dritte Markt wird als außerbörslicher Sekundärmarkt bezeichnet. Er ist nicht Teil des organisierten, sondern gehört zum nicht-organisierten Kapitalmarkt. Er wird durch den sich außerhalb der traditionellen Wertpapierbörsen entwickelnden laufenden Handel in Wertpapieren gebildet, der auch als Telephonverkehr bezeichnet wird.

Die an den Wertpapierbörsen zu handelnden Wertpapiere sind von unterschiedlicher Qualität. Deshalb vollzieht sich der Wertpapierhandel am Kassamarkt in unterschiedlichen Segmenten, die sich in ihren Zulassungsbedingungen und Handelsusancen unterscheiden. Dies sind einerseits die Marktsegmente des amtlichen sowie des geregelten Markts und andererseits der Freiverkehr. Zusätzlich gibt es im Markt für Eigenkapital die Handelsplattformen Neuer Markt der Deutschen Börse AG.

Darüber hinaus hat die Deutsche Börse AG seit dem 26. April 1999 das privatrechtliche Segment „Smax" eingerichtet. Die Unternehmen des Smax bleiben unverändert entweder im amtlichen Markt oder im geregelten Markt gelistet. Beim Listing kommt es also zu Überschneidungen zwischen den gesetzlichen Marktsegmenten einerseits und dem privatrechtlichen Segment Smax andererseits. Das Konzept des Smax ist an das des Neuen Markts angelehnt. Auf Prospekte findet die börsengesetzliche Prospekthaftung dann Anwendung, wenn das Wertpapier im amtlichen Markt gehandelt wird. Ist das Wertpapier in den geregelten Markt eingeführt, gilt die Haftung für den Unternehmensbericht. Auf weitere Ausführungen zum Segment Smax wird verzichtet.

Die wesentlichen Unterschiede der einzelnen Marktsegmente ergeben sich aus der rechtlichen Organisationsstruktur. Jedes Wertpapier kann den §§ 71 I u. 78 I BörsG zufolge nur an einem gesetzlichen Segment an der jeweiligen Börse zugelassen werden.[88] Die Anforderungen für die Einbeziehung in das jeweilige

---

Black, JoF 1986, 529, 529 ff, und Shleifer/Summers, JEP 1990, 19, 19 ff. Damit wird die Tatsache beschrieben, daß der einzelne Marktteilnehmer zwar subjektiv glaubt, aufgrund anlagerelevanter Information zu handeln, diese Information aber objektiv nicht relevant ist, weil sie z. B. schon in den Preisen enthalten oder falsch ist.

85 Vgl. Kümpel, Bank- und Kapitalmarktrecht, 2000, RN 8.65. Siehe zur Erklärung dieses Umstandes die Beschreibung des heute üblichen Verfahren Vierter Teil A. II. 1.

86 Wertpapierhandelsgesetz i. d. F. vom 9.9.1998, siehe BGBl. I. 1998, S. 2708 - 2725, zuletzt geändert durch Gesetz vom 21.12.2000, BGBl. I 2000, S. 1857 - 1873.

87 Vgl. Häuser in Gerke/Steiner, 1995, Sp. 1123, 1127.

88 Siehe zum besonderen Verhältnis des Neuen Markts zum geregelten Markt im Detail Zweiter Teil C. I. 1. c).

Segment nehmen vom amtlichen Markt zum Freiverkehr hin ab. Die Anforderungen, die den Komplex Prospekt betreffen, werden hier zunächst nicht behandelt.

1. Amtlicher Markt

Der Name des amtlichen Markts wird von der amtlichen Feststellung des Börsenpreises der gehandelten Wertpapiere nach § 36 I BörsG abgeleitet. Er ist durch seine öffentlich-rechtliche Struktur geprägt. Ihn kennzeichnen besonders strenge Zulassungsvoraussetzungen.

Es dürfen nur die Wertpapiere gehandelt werden, für die von der Zulassungsstelle gemäß § 37 I S. 1 BörsG eine Zulassung erteilt worden ist. Der Börsenpreis wird von Kursmaklern nach § 29 I S. 1 BörsG amtlich festgestellt. Die Einzelheiten dieses Kursfeststellungsverfahrens sind in den Börsenordnungen der einzelnen Börsen geregelt.[89] Nach ganz herrschender Meinung ist die Kursnotierung ein Verwaltungsakt.[90] In einem elektronischen Handelssystem gemäß § 12 BörsG, zur Zeit Xetra, werden die Wertpapiere ohne Makler gehandelt.

Im amtlichen Markt sind hohe Publizitätsanforderungen zu erfüllen.[91] Nach § 44 I Nrn. 1 u. 2 BörsG sind vom Emittenten alle Wertpapierinhaber bei der Informationsübermittlung gleich zu behandeln. Alle Tatsachen, die geeignet sind, den Börsenpreis zu beeinflussen, sind im Sinne einer Ad hoc-Publizität[92] gemäß § 15 WpHG unverzüglich zu veröffentlichen. Des weiteren hat der Emittent nach § 44 b I BörsG mindestens zwei Zwischenberichte innerhalb eines Geschäftsjahres zu veröffentlichen. Die inhaltlichen Anforderungen richten sich nach den §§ 53 - 62 BörsZulV[93]. Darüber hinaus bestimmt § 44 c BörsG, daß der Zulassungsstelle alle Auskünfte zu erteilen und auf Veranlassung auch Informationen zu veröffentlichen sind, die zum Schutze des Publikums oder für einen ordnungsgemäßen Börsenhandel erforderlich sind. Hinzukommen die rechtsformtypischen Publizitätspflichten des Aktiengesetzes und des Handelsgesetzbuches. Stark ausgebaut sind die Mitteilungspflichten über den Erwerb und wesentliche Änderungen von Stimmpaketen und Großaktionären in den §§ 21 - 30 WpHG.[94]

---

[89] Vgl. Claussen, Bank- und Börsenrecht, 2000, § 9, RN 41.

[90] Vgl. Schwark, Börsengesetz, 1994, § 29, RN 30.

[91] Vgl. Claussen, Bank- und Börsenrecht, 2000, § 9, RN 41 f m. w. N.

[92] Siehe zu Einzelheiten z. B. Kümpel, Wertpapierhandelsgesetz, 1996, S. 91 ff.

[93] Verordnung über die Zulassung von Wertpapieren zur amtlichen Notierung an einer Wertpapierbörse (Börsenzulassungs-Verordnung - BörsZulV) i. d. F. vom 9.9.1998, siehe BGBl. I 1998, S. 2832 - 2851, zuletzt geändert durch Gesetz vom 13.7.2001, BGB. I 2001, S. 1542 - 1549.

[94] Vgl. Claussen, Bank- und Börsenrecht, 2000, § 9, RN 42.

2. Geregelter Markt

Der geregelte Markt gemäß § 71 I S. 1 BörsG ist definiert als der Börsenhandel mit Wertpapieren mit nicht-amtlicher Notierung. Er ist aber ein in die Organisationsstruktur der Börse einbezogenes Marktsegment.[95] Damit hat er ebenfalls eine öffentlich-rechtliche Organisationsstruktur. Er wird auch als halbamtlicher Markt bezeichnet.[96]

Ein Unterschied zum amtlichen Markt besteht in der Art der Preisfeststellung. Der Preis wird i. d. R. gemäß § 75 I S. 1 BörsG durch einen Skontroführer festgesetzt. Dieser handelt nicht in amtlicher Eigenschaft.[97] Die festgestellten Preise sind aber nach § 29 III BörsG amtlich kontrolliert. Bedeutsam ist der Unterschied aufgrund von § 11 I S. 1 BörsG nicht. Auch in diesem Segment werden in Xetra die Wertpapiere ohne Makler gehandelt.

Der wesentliche Unterschied des geregelten Markts zum amtlichen Markt ist der erleichterte Zugang für die Emittenten.[98] Die bedeutenden Abweichungen ergeben sich aus § 76 BörsG, nach dem für den geregelten Markt nur die Vorschriften von § 44 I Nr. 1 u. 2 sowie § 44c I BörsG entsprechend Anwendung finden. Im einzelnen bestehen zum amtlichen Markt in den folgenden Punkten Unterschiede:

- Geringerer Mindestbetrag des einzuführenden Grundkapitals;
- Einbeziehung nur eines Teils des Grundkapitals;
- Geringere Anforderungen an die Streuung der Aktienrechte im Publikum;
- Geringere Zulassungsgebühren;
- Börsenzugang schon unmittelbar nach Umwandlung des Unternehmens in eine AG;
- Keine obligatorische Zwischenberichterstattung.

Eine Änderung im Vergleich zur früheren Rechtslage bzgl. von Mitteilungspflichten ergibt sich durch das in Kraft getretene Wertpapiererwerbs- und Übernahmegesetz, das auch das WpHG geändert hat.[99] Die strengen Regeln in den §§ 21 - 30 WpHG über die Mitteilung von beispielsweise den Erwerb und wesentliche Änderungen von Stimmpaketen und Großaktionären gelten jetzt auch für den geregelten Markt. Dieser ist jetzt genau wie der Neue Markt und spezielle Segmente wie der Smax ein „organisierter" Markt gemäß § 21 WpHG.

---

95 Vgl. ebenda, RN 45.

96 Vgl. Schwark, NJW 1987, 2041, 2045; Schäfer, ZIP 1987, 953, 954.

97 Vgl. Kümpel, Bank- und Kapitalmarktrecht, 2000, RN 17.332.

98 Vgl. ebenda, RN 17.387.

99 Vgl. Witt, AG 2001, 233, 233 ff.

3. Neuer Markt

Der Neue Markt ist ein noch junges Handelssegment, das vor allem kleinen und mittleren Unternehmen in Zukunftsbranchen oder mit innovativen Produkten den Gang an die Börse und damit die Eigenkapitalbeschaffung erleichtern soll. Er startete am 10. März 1997.[100] Der Neue Markt ist eine Handelsplattform der Deutschen Börse AG und privatrechtlich organisiert. Damit ist er im Gegensatz zum amtlichen und geregelten Markt kein öffentlich-rechliches Marktsegment, sondern ein Freiverkehrssegment.

Bei der Konstruktion dieses Segments hat man sich die grundsätzliche Unterscheidung zwischen der Zulassung[101] nach § 36 BörsG und der Einführung[102] nach § 42 BörsG zunutze gemacht. Die Notierung im Neuen Markt setzt die Zulassung zum geregelten Markt voraus.[103] Die Einführung erfolgt dann durch den Verzicht auf die Einführung in den geregelten Markt.[104] Diese Konzeption steht damit im Einklang mit dem Verbot der Doppelnotierung, das sich aus den §§ 71 I S. 1 u. 78 I BörsG ergibt.[105]

Der Neue Markt kann als geregelter Markt i. S. v. § 2 V WpHG gelten.[106] Im übrigen erfüllt er die Voraussetzung des „geregelten Markts" i. S. v. Art. 1 Nr. 13 Richtlinie 93/22/EWG[107] und des „organisierten Markts" i. S. v. § 8 I Nr. 1 KAGG[108] sowie § 21 WpHG. Daraus ergeben sich Konsequenzen in bezug auf Mitteilungspflichten, die jetzt auch gesetzlich geregelt für den Neuen Markt gelten.[109]

Der Emittent, der eine Zulassung zum Neuen Markt anstrebt, hat aber anders als bei den beiden bisher beschriebenen Segmenten keinen Anspruch darauf. Sie kann verweigert werden, wenn ein Unternehmen nicht der Zielgruppe[110] des Neuen Marktes entspricht oder nachträglich beendet werden.[111]

Die Preise im Neuen Markt sind in Übereinstimmung mit § 78 II S. 1 BörsG Börsenpreise, die den Anforderungen des § 11 II BörsG genügen müssen und

---

100 Vgl. Deutsche Börse AG, Der Neue Markt, 1998, S. 7.

101 Siehe zu Einzelheiten Schwark, Börsengesetz, 1994, § 36, RN 1 ff.

102 Siehe zu Einzelheiten ebenda, § 42, RN 1 ff.

103 Vgl. Deutsche Börse AG, Regelwerk Neuer Markt, Abschnitt 2, 2.3 (1), S. 6.

104 Vgl. ebenda, Abschnitt 2, 2.3 (4), S. 6.

105 Vgl. Potthoff/Stuhlfauth, WM 1997, Sonderbeilage Nr. 3, S. 6.

106 Vgl. Kersting, AG 1997, , 222, 223.

107 Siehe Amtsbl. Nr. L 141 vom 11.6.1993, S. 27 - 46.

108 Vgl. Potthoff/Stuhlfauth, WM 1997, Sonderbeilage Nr. 3, S. 6 u. 7.

109 Siehe zu Details Zweiter Teil C. I. 2.

110 Siehe zu weiteren Details Deutsche Börse AG, Regelwerk Neuer Markt, Abschnitt 1, S. 2.

111 Vgl. ebenda, Abschnitt 2, 2.1.5 (1) u. (2), S. 4.

der Kontrolle der Börsenaufsichtsbehörde und der Handelsüberwachung unterliegen.[112] Da die Emittenten das öffentlich-rechtliche Zulassungsverfahren durchlaufen, findet die Ad hoc-Publizität des § 15 WpHG Anwendung.[113]

Den Neuen Markt zeichnen eine Reihe von besonderen Qualitätsstandards aus, die dem Vorbild der Nasdaq nachempfunden sind. Als erstes ist die Bereitstellung eines liquiden Marktes zu nennen. Um diesen Standard zu sichern, muß zum einen eine bestimmte Streuung der Aktien im Markt vorhanden sein.[114] Zum anderen soll durch die Bestellung mindestens zweier sog. Designated Sponsor (Betreuer) für jede Aktie zusätzliche Liquidität gesichert werden.[115] Diese Betreuer haben zu Beginn der Handelszeit ein Geld-/Brief-Limit, einen Ankaufs- und Verkaufskurs, zu stellen und sollen während der gesamten Handelszeit mindestens mit einem Geld-/Brief-Limit im Orderbuch stehen.[116] Weitere Voraussetzung für eine Aufnahme in den Neuen Markt ist die Anerkennung des Übernahmekodex der Börsensachverständigenkommission beim Bundesministerium der Finanzen.[117] Darüber hinaus existiert ein Veräußerungsverbot für Altaktionäre innerhalb der ersten sechs Monate nach Einführung.[118] Den Emittenten treffen verschärfte Informationspflichten. So hat er Quartalsberichte zu veröffentlichen.[119] Daneben hat er einen sog. Unternehmenskalender zu erstellen und zu pflegen, der die wichtigsten Termine des Emittenten enthält.[120] Diese Informationen müssen genauso wie der Jahresabschluß, der im übrigen entweder den IAS oder US-GAAP entsprechen muß,[121] sowohl in deutscher als auch in englischer Sprache veröffentlicht werden.[122] Schließlich muß der Emittent einmal jährlich eine Analystenversammlung durchführen.[123]

---

[112] Vgl. Schwark, WM 1997, 293, 299 u. 301.

[113] Vgl. Potthoff/Stuhlfauth, WM 1997, Sonderbeilage Nr. 3, S. 8.

[114] Siehe zu Einzelheiten der Streuungskriterien Deutsche Börse AG, Regelwerk Neuer Markt, Abschnitt 2, 3.10, S. 9.

[115] Vgl. ebenda, Abschnitt 3, 4 (1), S. 38.

[116] Einzelheiten der Rechte und Pflichten der Designated Sponsors bestimmen sich entsprechend dem Regelwerk Neuer Markt, Abschnitt 3, 4 (3), S. 38 nach Maßgabe der Börsenordnung der Frankfurter Wertpapierbörse.

[117] Vgl. Deutsche Börse AG, Regelwerk Neuer Markt, Abschnitt 2, 7.3.10, S. 36.

[118] Vgl. hierzu und zu möglichen Ausnahmen von dieser Vorschrift ebenda, Abschnitt 2, 7.3.9, S. 35.

[119] Siehe zum Quartalsbericht im allgemeinen ebenda, Abschnitt 2, 7.1, S. 28 ff.

[120] Vgl. ebenda, Abschnitt 2, 7.3.4, S. 34.

[121] Vgl. hierzu und zu möglichen Ausnahmen ebenda, Abschnitt 2, 7.3.2 (1), S. 33.

[122] Vgl. ebenda, Abschnitt 2, 7.1.1 (1), S. 29; 7.3.4, S. 34; 7.3.2 (1), S. 33.

[123] Vgl. ebenda, Abschnitt 2, 7.3.11, S. 36.

Die Sanktion der Emittenten, die die Aufnahmebedingungen nicht mehr erfüllen, ist die Beendung der Notierung der Wertpapiere.[124] Dieses De-Listing ist durch die oben beschriebene Konstruktion der Zulassung zum geregelten Markt als notwendige Voraussetzung der Notierung im Neuen Markt aus Aktionärssicht vertretbar.[125] Die Aktien sind dann im geregelten Markt notiert. Im übrigen sieht der Gesetzgeber heute ausdrücklich den Fall des De-Listings bei einer amtlichen Notierung vor. Nach dem neuen § 43 IV S. 1 BörsG kann die Zulassungsstelle auf Antrag des Emittenten die Zulassung widerrufen, wenn gemäß Satz 2 der Widerruf nicht dem Schutz der Anleger widerspricht. Der Gesetzgeber hat sich damit für die Widerrufslösung entschieden und den verfahrensrechtlichen Streit[126], wie ein De-Listing erfolgen könnte, beendet.[127] Insofern wäre eine Kritik, die sich auf § 44d S. 2 BörsG gründet, aufgrund dessen der Widerruf der Zulassung nur ganz ausnahmsweise zulässig ist,[128] zu entkräften. Im übrigen sollte die Zulässigkeit des Widerrufes allein aufgrund der Regelungen des Zivilrechts beurteilt werden, denn der Neue Markt ist privatrechtlich organisiert.[129]

4. Freiverkehr

Die Rechtsgrundlage des Freiverkehrs ist § 78 I BörsG.[130] Danach können Börsenordnungen erlassen werden, die einen Handel mit Wertpapieren, die weder zum amtlichen noch zum geregelten Markt zugelassen sind, vorsehen können. Der Freiverkehr ist also nicht in die öffentlich-rechtliche Organisationsstruktur der Börse integriert. Der Handel geschieht nach privatrechtlichen Regeln.[131]

Die Preisfeststellung erfolgt durch einen oder mehrere vom jeweiligen Börsenvorstand der Börse, an dem der Freiverkehr eingerichtet ist, ernannten Freimakler.[132] Dabei wird der Preis eines Wertpapiers jeweils nur von einem Frei-

124 Vgl. ebenda, Abschnitt 2, 2.1.5, S. 4.

125 Vgl. Kersting, AG 1997, 222, 228.

126 Diskutiert wurden zwei Möglichkeiten: Auf der einen Seite eine einfache Verzichtserklärung wie jetzt verwirklicht. Vgl. dazu z. B. Fluck, WM 1995, 553, 558 ff, und Eickhoff, WM 1988, 1713, 1714 f. Auf der anderen Seite die Durchführung eines förmlichen Verwaltungsverfahrens, das sog. Marktentlassungsverfahren. Vgl. dazu z. B. Grupp, Börseneintritt, 1995, S. 178 ff, Klenke, WM 1995, 1089, 1097, und Schwark/Geiser, ZHR 161 (1997), 739, 758.

127 Vgl. Steck, AG 1998, 460, 461.

128 Vgl. Schwark, Börsengesetz, 1994, § 44d, RN 2.

129 Vgl. Kersting, AG 1997, 222, 228.

130 Siehe zur Struktur des Freiverkehrs vor der Börsengesetznovelle von 1986 z. B. Kümpel, Bank- und Kapitalmarktrecht, 2000, RN 17.396 ff.

131 Vgl. Claussen, Bank- und Börsenrecht, 2000, § 9, RN 48b.

132 Vgl. ebenda, RN 242.

makler festgestellt. Die Preise sind nach § 78 II S. 1 BörsG ebenfalls Börsenpreise. Die Preisfindung selber ist der anderer Marktsegmente gleichwertig.[133]

Entsprechend der stark vereinfachten Einbeziehung in den Freiverkehr sind auch die Publizitätsanforderungen gering.[134] Regelmäßige Publikationen von den Emittenten werden nicht gefordert. So sind die im Freiverkehr gehandelten Wertpapiere von der Ad hoc-Publizität des § 15 WpHG befreit.[135] Das insiderrechtliche Verbot der Ausnutzung und der Weitergabe von Insiderwissen gilt aber auch im Freiverkehr.

II. Nicht-organisierter Kapitalmarkt

Der nicht-organisierte Kapitalmarkt wird auch als alternativer Kapitalmarkt[136], Nebenkapitalmarkt[137], freier[138] oder grauer[139] Kapitalmarkt bezeichnet. In dieser Arbeit werden nur die Begriffe nicht-organisierter und grauer Kapitalmarkt verwendet. Der Grund hierfür ist zum einen, daß der Begriff nicht-organisiert am besten die Abgrenzung zum gesetzlich normierten Teil des Kapitalmarkts deutlich macht. Für ihn gelten die speziellen Kapitalmarktgesetze. Für den nicht-organisierten Kapitalmarkt existieren keine spezialgesetzlichen Regelungen.[140] Auf einzelne Produkte und Vertriebsformen kann indes die bürgerlichrechtliche Prospekthaftung Anwendung finden. Zum anderen ist der Begriff grauer Kapitalmarkt in der Praxis der am häufigsten verwendete Terminus.

Eine Definition der am nicht-organisierten Kapitalmarkt gehandelten Anlagen, die alle denkbaren Formen erfaßt, ist schwer zu ermitteln. Die häufig verwendete Umschreibung der Anlagen mit dem Merkmal nicht wertpapiermäßig verbrieft, die zwar für einen großen Teil gilt, ist zu eng.[141] Um möglichst alle Formen der Kapitalanlage in einer Systematisierung zu erfassen, eignet sich aus Praktikabilitätsgründen ein deskriptives Vorgehen besser als der Versuch einer normativ begründeten Einteilung. Ein für die Zwecke dieser Arbeit brauchbarer

133 Vgl. Kümpel, Bank- und Kapitalmarktrecht, 2000, RN 17.413.

134 Vgl. Claussen, Bank- und Börsenrecht, 2000, § 9, RN 50.

135 Vgl. Kümpel, Bank- und Kapitalmarktrecht, 2000, RN 17.403.

136 Vgl. Spannagel, ZfgK 1981, 1080, 1081.

137 Vgl. Forberg, ZfgK 1972, 754, 754; Kohl/Kübler/Walz/Wüstrich, ZHR 138 (1974), 1, 3; Jaath in FS Dünnebier, 1982, S. 583, 583.

138 Vgl. Worms, Anlegerschutz, 1987, S. 1 u. FN 7; Grotherr, DB 1988, 741, 741; Loritz, WM 1998, 685, 685.

139 Vgl. Bremer, ZGR 1973, 410, 410; Garz-Holzmann/Gurke, DB 1983, 29, 29; Köndgen, AG 1983, 85, 87; Crezelius, BB 1985, 209, 209; Assmann in Assmann/Schütze, 1997, § 7, RN 11.

140 Vgl. Barkam, Informations- und Prospektpflicht, 1992, S. 5.

141 So aber z. B. Grundmann in Schimansky/Bunte/Lwowski, 1997, § 112, RN 32.

deskriptiver Ansatz findet sich schon früh bei Hopt.[142] Da die einzelnen Gruppen dieser Einteilung aber immer noch eine Vielzahl heterogener Anlagemöglichkeiten umfassen, werden weitere Unterteilungen in Anlehnung an Worms vorgenommen.[143] Darüber hinaus wird der OTC-Markt der Aufzählung hinzugefügt. Dort werden Wertpapiere und Derivate gehandelt. Die Einteilung umfaßt sechs Gruppen, die Überschneidungen aufweisen können.[144] Für die Zielsetzung der Arbeit ist die folgende Darstellung zum Aufzeigen der Strukturen ausreichend.[145]

- Wertpapiere und Derivate im OTC-Markt
- Ausländische Aktien und Obligationen[146]
- Steuerbegünstigte Kapitalanlagen in Form von Gesellschaftsbeteiligungen
- Anleger als Mitunternehmer an gewerblichen Beteiligungen (Abschreibungsgesellschaften)
- Anleger bleibt steuerrechtlich Privatmann (Bauherrenmodelle und geschlossene Immobilienfonds)
- Steuerbegünstigte Kapitalanlage im Ausland
- Fondsbeteiligungen ohne Steuervergünstigung
- Individuelle Anlagen mit Dienst- oder Verwaltungsleistungen (Erwerbermodelle)
- Austauschgeschäfte

---

142 Vgl. Hopt, Gutachten, 1976, S. G 23 ff und zum Ansatz im einzelnen S. 27 ff.

143 Vgl. Worms, Anlegerschutz, 1987, S. 23 ff.

144 An dieser Stelle sei auch auf andere Einteilungen hingewiesen. So findet sich z. B. bei Schwark, Anlegerschutz, 1979, S. 333 ff, eine Einteilung, die den Nrn. 2 - 4 entsprechen. Aufgrund des normativen Ansatzes von Schwark, der sich an den klassischen Kriterien der Kapitalanlage Sicherheit, Rentabilität und Liquidität orientiert (Vgl. ebenda, S. 10 ff.), verzichtet er auf die hier verwendeten Nrn. 1, 5 u. 6. Ähnlich auch Wiedemann, BB 1975, 1591, 1594.

145 Siehe einen Überblick von einzelnen, früheren Anlageformen bei Loritz, WM 1998, 685, 686 ff, und Details von derzeitigen steuerorientierten Kapitalanlagen z. B. bei Wagner, WM 1997, 849, 849 ff, und derselbe, WM 1998, 694, 694 ff, sowie spezieller zu neueren Entwicklungen steuerorientierter Fonds, derselbe, NZG 1999, 229, 229 ff.

146 Damit werden die Wertpapiere erfaßt, die nicht an einer inländischen Börse gehandelt werden bzw. in den Freiverkehr einbezogen sind.

D. Bisherige Fälle spezialgesetzlicher Prospekthaftung

Soweit ersichtlich gibt es sieben Fälle, in denen vermeintlich fehlerhafte Prospekte Schadensersatzklagen von Anlegern aus spezialgesetzlich geregelter Prospekthaftung ausgelöst haben.[146]

Der erste Fall betraf die „Beton- und Monierbau AG".[147] Noch vor ihrem Zusammenbruch wurde zur Lösung von Liquiditätsproblemen eine Kapitalerhöhung durchgeführt, wobei der zugehörige Zulassungsprospekt wesentliche Tatsachen für die Beurteilung der Gesellschaft nicht enthielt.

Im zweiten Fall ging es um das Scheitern der sog. „Bond-Anleihen".[148] Der Prospekt zur Einführung dieser Anleihen eines australischen Unternehmens war unvollständig, weil er keine ausreichenden Informationen über den wahren Schuldenstand des Unternehmens enthielt, das daran letztlich zusammenbrach.

Beim dritten Fall sind Urteile zur „Sachsenmilch AG" ergangen.[149] Entgegen den beiden vorher aufgeführten Fällen wurde ein Anspruch aus Prospekthaftung verwehrt, weil die Klägerin - in der neuen Fassung der Prospekthaftung keine Anspruchsvoraussetzung mehr -[150] zum Zeitpunkt der Klageerhebung die Wertpapiere schon veräußert hatte. Ausgangspunkt der Klage war eine Erläute-

146 In vorherigen Jahren kam es bei den „Mitsumi-Aktien" und der „Atlantis-AG" nicht zu Prospekthaftungsklagen, obwohl diese in der Literatur diskutiert wurden. Vgl. dazu Schwark, ZGR 1983, 162, 163, FN 7 m. w. N. Das gilt auch für den Fall „Wibau", vgl. o. V., WP 1984, 210, 210 f. Vgl. zu Rechtsprechungsnachweisen zur Prospekthaftung in der Zeit vom Ende des 19. Jahrhunderts bis zu Beginn der Weimarer Republik und Literaturnachweisen zur Prospekthaftung nach Weimar bis zur Nachkriegszeit Schwark, ebenda, 162 f.

147 Vgl. z. B. Urteile des LG Düsseldorf, AG 1981, 54, 54 f, und des OLG Düsseldorf, AG 1982, 20, 20 ff, deren Ablehnungen von Schadensersatz aus Prospekthaftung erst durch das Revisionsurteil des BGH, AG 1982, 278, 278 ff, korrigiert wurden. Siehe ausführlich zum Sachverhalt des Falls z. B. LG Düsseldorf, WM 1982, 1212, 1212 ff.

148 Siehe ausführlich zum Sachverhalt des Falls z. B. LG Frankfurt a. M., WM 1992, 1768, 1768 ff. Der zuerst beschrittene Weg, Schadensersatz aufgrund der Verletzung von Beratungs- und Aufklärungspflichten zu erlangen, scheiterte letztlich auch vor Obergerichten. Vgl. z. B. das als erstes ergangene Urteil des OLG Braunschweig, WuB I G 4. - 4.93, 475, 475 ff mit Anmerkung von Köndgen. Vgl. eine erfolgreiche Prospekthaftungsklage z. B. beim LG Frankfurt a. M., WuB I G 9. - 1.93, 25, 25 ff mit Anmerkung von Köndgen. Das Urteil hielt der Berufung vor dem OLG Frankfurt a. M. statt, vgl. WM 1994, 291, 291 ff. Es wurde rechtskräftig, weil die eingelegte Revision vor dem BGH wieder zurückgenommen wurde, vgl. o. V., WP 1994, 76, 76.

149 Vgl. z. B. das LG Frankfurt a. M., WM 1996, 525, 525 f, und die Revision vor dem OLG Frankfurt a. M., AG 1997, 131, 131 ff u. 333, 333 ff.

150 Siehe Vierter Teil A. VI. 2.

rung im Unternehmensbericht[151] über eine angekündigte Errichtung eines Milchwerks zu fixen Preisen. Tatsächlich existierte keine Festpreisvereinbarung und durch die Überschreitung des Kostenrahmens kam es zur Gesamtvollstrekkung.

Der vierte Fall betraf die „Elsflether Werft AG".[152] Eine Kapitalerhöhung wurde durch die Ausgabe neuer Aktien verwirklicht, der entsprechende Kapitalerhöhungsbeschluß der Hauptversammlung später aber rechtskräftig für nichtig erklärt. Die Werft ging in Konkurs und die emissionsbegleitende Bank wurde in Prospekthaftung genommen.

Im fünften Fall ist ein noch nicht rechtskräftiges Urteil zur „Mode Holding München AG" ergangen.[153] Die erstmals öffentlich angebotenen Aktien der Holding hatten seit dem Börsengang bis zur Klageeinreichung etwa zwei Drittel ihres Wertes eingebüßt. Die Kläger machten geltend, daß es dem Unternehmensbericht an inhaltlicher Richtigkeit und Vollständigkeit mangelte und es dadurch zur Fehlbeurteilung des Wertes der erworbenen Aktien kam.

Der sechste Fall der Prospekthaftungsklagen steht im Zusammenhang mit dem spektakulären Konkurs der niederländischen „N. V. Koninklijke Nederlandse Vliegtuigenfabriek Fokker".[154] Ausgelöst wurde dieser Zusammenbruch, weil der Großaktionär DASA, Daimler-Chrysler Aerospace AG, damals Deutsche Aerospace AG, eine Tochtergesellschaft der Daimler-Chrysler AG, der früheren Daimler Benz AG, sein Engagement im Jahr 1996 beendete. Vor diesem Rückzug wurden Fokker-Anleihen ohne die - rechtlich einwandfreie -[155] Veröffentlichung eines Prospekts emittiert. Das Gesamtvolumen dieser Schuldverschreibungen umfaßt dabei etwa 1,5 Mrd. DM.[156] Erste Klagen geschädigter Anleger basierend auf der Haftungsgrundlage fehlerhafter Anlageberatung wurden als unbegründet abgewiesen.[157] Von höheren Instanzen gab es anleger-

[151] Das ist das Äquivalent zum Börsenprospekt für die Einführung in den geregelten Markt. Siehe hierzu Vierter Teil B. II.

[152] Vgl. LG Bremen, ZIP 1996, 1866, 1866 f, und OLG Bremen, DB 1997, 1705, 1705 f, die die Prospekthaftung verneinten. Erst der BGH, WM 1998, 1772, 1772 ff, sprach den Klägern im Revisionsverfahren Schadensersatz aus Prospekthaftung zu.

[153] Vgl. OLG Frankfurt a. M., AG 1999, 325, 325 ff und AG 2000, 132, 132 ff, das die Entscheidung der Vorinstanz des LG Frankfurt a. M., ZIP 1998, 641, 641 ff mit Anmerkung von Huber, im wesentlichen bestätigt.

[154] Siehe zu Details Vierter Teil A. II. 2. a).

[155] Siehe zur neuen gesetzlichen Regelung Vierter Teil A. II. 2.

[156] Vgl. Sachverständiger Prof. Dr. Reifner, Institut für Finanzdienstleistungen e.V., in Finanzausschuß, Protokoll Öffentliche Anhörung des Finanzausschusses, 12.11.1997, S. 34.

[157] Vgl. z. B. LG Berlin, WM 1997, 1422, 1422 f, LG Nürnberg-Fürth, WM 1997, 1426, 1426 f, LG Hamburg, WM 1997, 1423, 1423 ff; AG Nordhorn, WM 1997, 1700, 1700 f.

freundlichere Urteile. Das OLG Braunschweig[158] gab einer Berufung ebenso statt wie das OLG Nürnberg[159], woraufhin die im Prozeß unterlegene Dresdner Bank AG erklärte, auf eine Revision zu verzichten und sich im Einzelfall mit ihren Kunden über einen finanziellen Ersatz zu vergleichen.[160]

Trotzdem wurde eine Klage gegen die Dresdner Bank AG am LG Frankfurt a. M. angestrengt, mit der der Kläger Schadensersatz u. a. aus Prospekthaftung geltend machte. Die Fortführung des Instanzenweges endete erst mit der Entscheidung des BGH, das Berufungsurteil des OLG Frankfurt a. M. nicht zur Revision anzunehmen. Mit der ebenfalls beteiligten Commerzbank AG konnten betroffene Anleger keine Einigung erzielen. Deshalb wurde auch gegen sie u. a. aus Prospekthaftung am LG Frankfurt a. M. in zwei Fällen geklagt. Indes wurde die Berufung vor dem Oberlandesgericht in einem Fall mittlerweile zurück genommen.

Der siebte und jüngste Prospekthaftungsfall betrifft die Philipp Holzmann AG. Es geht um zwei Börsenzulassungsprospekte vom 17. Oktober und 20. November 1998, mit denen zum einen Aktien und zum anderen Wandelschuldverschreibungen der Philipp Holzmann AG unter Konsortialführung der Deutschen Bank AG vertrieben worden sind. Aufgrund der Turbulenzen, in die Holzmann geraten ist, und dem dadurch entstandenen Schaden verklagt die „Gebema N. V.", eine Aktiengesellschaft belgischen Rechts und Tochtergesellschaft der „Gevart N. V.", die insgesamt etwa 400 Mio. DM investiert hat, sowohl die Deutsche Bank AG als auch die Philipp Holzmann AG auf Ersatz aus Prospekthaftung.

Dieser Rechtsstreit basiert auf der neuen Rechtslage. Eine der Kernfragen in diesem Rechtsstreit berührt die Neuregelung der Haftung für alte und junge Stücke, wenn diese sich in ihren Ausstattungsmerkmalen nicht unterscheiden.[161] Im derzeitigen Prozeßstadium geht es indes noch um die Frage, ob in den Prospekten die wirtschaftliche Lage unzutreffend wieder gegeben war, wodurch es zu einer Fehlerhaftigkeit der Prospekte käme. In Frage stehen dabei einerseits die falsche Prognose eines leicht positiven Ergebnisses für das Jahr 1998 sowie das Verschweigen von Altlasten in der Bilanz. Andererseits muß die Frage nach der Wesentlichkeit der Prospektfehler beantwortet werden. Hierbei wird um den Maßstab gestritten, der auch schon in den Entscheidungen zur Beton- und Monierbau AG umstritten war. Bedeutung für diese Rechtsfrage hat die Feststellung, daß die Grundsätze für die Erstellung von Bilanzen nicht gleichbedeutend mit den Erfordernissen der Prospektwahrheit gemäß § 45 BörsG sind. Deshalb sind Relationen der in Frage stehenden Beträge zur Bilanzsumme oder zum Ge-

---

158 Vgl. OLG Braunschweig, WM 1998, 375, 375 ff.

159 Vgl. OLG Nürnberg, WM 1998, 378, 378 ff.

160 Vgl. o. V., FAZ 3.3.1998, S. 33.

161 Siehe dazu Vierter Teil A. VI. 1. b).

schäftsvolumen nicht zielführend, sondern die Wesentlichkeit ist zunächst nach der absoluten Höhe und dann an der Relation zum Grundkapital der Gesellschaft zu bestimmen.[162]

162 Vgl. LG Düsseldorf, WM 1982, 1212, 1216 sowie OLG Düsseldorf, WM 1984, 586, 594.

Dritter Teil: Bürgerlichrechtliche Prospekthaftung

A. Ansatz der Rechtsprechung

I. Entwicklung und rechtsdogmatische Einordnung

Den Beginn der Entwicklung der bürgerlichrechtlichen Prospekthaftung kennzeichnet eine Entscheidung des II. Zivilsenats des BGH aus dem Jahre 1978 über einen Sachverhalt,[1] bei dem ein Kommanditist auf der Grundlage eines falschen „Werbeprospekts" einer Abschreibungs-GmbH & Co. KG beigetreten war. Der BGH verurteilte den Gründungskommanditisten der KG, der zugleich Gesellschafter und Geschäftsführer der Komplementär-GmbH war, und den zweiten Gesellschaftergeschäftsführer der Komplementär-GmbH gesamtschuldnerisch zur Rückzahlung der geleisteten Einlage.

Ausgangspunkt war der Gedanke, in unrichtigen und unvollständigen Prospektangaben sei eine Verletzung der Verpflichtung zur wahrheitsgemäßen und vollständigen Aufklärung der Anleger zu sehen, die zu einer Haftung aus „Verschulden bei Vertragsverhandlungen", culpa in contrahendo (c. i. c.), führe. Durch die Schuldrechtsreform ist dieses Rechtsinstitut mittlerweile in § 311 II u. III BGB kodifiziert und entfällt dementsprechend. Da der neue Gesetzestext insoweit klarstellende Regelungen enthält, die an der bisherigen Rechtslage nichts ändern sollen, wird im folgenden weiter die c. i. c. verwendet, wenn einerseits die Entwicklung der bürgerlichrechtlichen Prospekthaftung aufgezeigt wird und andererseits die Rechtsprechung des BGH dargestellt wird. Auf die Frage, ob sich die Rechtsprechung des BGH ändern könnte aufgrund der Kodifizierung wird später eingegangen.[2]

Durch den Rückgriff auf die c. i. c. ergaben sich indes Schwierigkeiten bei der Bestimmung der Haftungsadressaten. Die Publikums-KG selbst als Vertragspartner des Anlegers anzusehen hätte geltendem Gesellschaftsrecht widersprochen und die Ausgestaltung der Prospekthaftung vor große gesellschaftsrechtliche Komplikationen gestellt, die zum Leerlaufen der Haftung hätten führen können.[3] Da die anderen Mitgesellschafter als Anlegerkommanditisten von

1 Siehe BGHZ 71, 284, 284.

2 Siehe für die grundsätzliche Behandlung dieser Frage Fünfter Teil A. sowie für einen Ausblick Sechster Teil B.

3 Das liegt einerseits daran, daß mit einem Anspruch der Gesellschaft gegen die täuschende natürliche Person (Prospektherausgeber/Prospektverantwortliche, Hintermänner und Sachwalter) dem Gläubigerschutz nicht genügend Rechnugn getragen würde. Andererseits widerspräche dies dem Grundsatz der Gleichbehandlung der Gesellschafter nach den §§730 ff, 738, 739 BGB. Ein Anspruch des einzelnen Gesellschaftrers ginge zwangsläufig zu Lasten der anderen. Zudem käme es gemäß § 172 IV HGB (Handelsgesetzbuch vom 10.5.1897, siehe RGBl., S. 219 - 454, i. d. F. vom 10.12.2001, siehe BGBl. I 2001,

den Beitrittsverhandlungen ausgeschlossen sind, kann ihnen kein Verhandlungsvertrauen entgegen gebracht werden.[4]

So kam der BGH in Weiterführung des Gedankens einer Haftung aus c. i. c. für eine bürgerlichrechtliche Prospekthaftung i. e. S. zu der Formel, der Anleger schenke „typischerweise denjenigen .. Vertrauen, die hinter der Komplementär-GmbH und der Publikums-Kommanditgesellschaft stehen, d. h. vor allem den Initiatoren und Gründern, die das Management bilden oder beherrschen."[5] Damit hat der BGH den Bereich der eigentlichen Vertrauenshaftung verlassen und mit der Loslösung des Anspruchs vom Anspruchsgegner wird diesem eine Risikohaftung auferlegt.[6] Die Loslösung von der Vertrauenshaftung erfolgt durch die Anbindung der Haftung an ein typisiertes Vertrauen, und damit kommt es zu einer umfassenden Verantwortlichkeit der Prospektverantwortlichen im anonymen Massenverkehr.[7]

In weiteren Entscheidungen vergrößerte der BGH den Kreis der Haftungsadressaten, so daß heute die drei Gruppen der Prospektherausgeber und Prospektverantwortlichen, der Hintermänner und der Sachwalter erfaßt werden.[8] Wird persönliches Vertrauen durch einen Vertreter oder Sachwalter in Anspruch genommen, der sich bei der Erfüllung seiner Aufklärungspflicht eines unrichtigen oder unvollständigen Prospekts bedient, handelt es sich um die bürgerlichrechtliche Prospekthaftung i. w. S.[9] Sie folgt in ihrer Ausgestaltung ganz den Regeln der c. i. c.

II. Kritik

An der Entwicklung der bürgerlichrechtlichen Prospekthaftung ist zum einen kritisiert worden, daß durch sie eine zweite Form der Prospekthaftung neben der spezialgesetzlichen Prospekthaftung entsteht. Zum anderen wird an der dogmatischen Ableitung aus der c. i. c. und der damit verbundenen Verankerung im Bereich der Vertrauenshaftung Anstoß genommen.[10] Zwar wies der BGH dar-

S. 3422 - 3434) zum Wiederaufleben der Haftung des Kommandisten. Vgl. Wiedemann/Schmitz, ZGR 1980, 129, 138 f.

4 Vgl. BGHZ 71, 284, 286.

5 BGHZ 71, 284, 287.

6 Vgl. Hartmann, Haftung für Vermögensschäden, 1989, S. 48.

7 Vgl. Ekkenga, Anlegerschutz, 1998, S. 45 f.

8 Die Haftung wurde ausgedehnt auf den Beirat einer KG durch BGHZ 72, 382, 382 ff, auf „berufsmäßige Sachkenner" durch BGHZ 77, 172, 172 ff, und auf den Treuhandkommanditisten durch BGHZ 84, 141, 141 ff. Siehe ausführlich zu den Haftungsadressaten Dritter Teil C. III.

9 Siehe BGHZ 74, 103, 103 ff.

10 Vgl. Assmann in Assmann/Schütze, 1997, § 7, RN 24.

auf hin, daß die Kritik an seiner Rechtsprechung nicht den erzielten Ergebnissen gilt, sondern nur ihrer dogmatischen Begründung.[11] Deshalb ist sie jedoch nicht irrelevant. So können verschiedene dogmatische Ansätze, die im folgenden dargestellt werden,[12] in Detailfragen zu unterschiedlichen Ergebnissen führen. Insbesondere die vom BGH angestrebte Übereinstimmung mit den Ergebnissen der spezialgesetzlich geregelten Prospekthaftung ist, wie die Analyse zeigen wird,[13] durch die mit dem Dritten Finanzmarktförderungsgesetz umgesetzten Veränderungen nicht ohne weiteres auf dem Fundament der c. i. c. zu erreichen.

Nur wenige Kritiker werfen dem BGH vor, er habe sich einerseits mit seiner Entwicklung der bürgerlichrechtlichen Prospekthaftung gegen den Willen des Gesetzgebers gestellt und damit seine Legitimation überschritten,[14] und andererseits den Anleger in überzogenem Maße von der von ihm zu fordernden Eigenverantwortung entlastet.[15] Große Kritik wurde indes an der Erweiterung der c. i. c. geübt, die durch „die empirisch gehaltlose und dogmatisch unbrauchbare Formel vom typischerweise gewährten Vertrauen noch konturloser" werde.[16] Dadurch schaffe man „Vertrauen unterschiedlicher Güte".[17] Derjenige, der aufgrund persönlich in Anspruch genommenen Vertrauens seine Anlageentscheidung träfe, genösse den Schutz der früheren dreißigjährigen Verjährung der Prospekthaftung i. w. S., während Ansprüche desjenigen, der auf der Grundlage von typischerweise gewährtem Vertrauen seine Anlage erworben habe, der dreijährigen Verjährung der bürgerlichrechtlichen Prospekthaftung i. e. S. unterlägen.[18]

Durch die konkrete Ausgestaltung der Haftungsregeln der bürgerlichrechtliche Prospekthaftung zeigt sich ihre eigentlich deliktische Natur. Im Deliktsrecht wird Schadensersatz aber nur für die Verletzung eines absolut geschützten Rechts oder Rechtsgut geleistet, § 823 I BGB.[19] Reine Vermögensschäden sind nicht erstattungsfähig. Damit verwischt der BGH die Grenzen von Vertrauenshaftung und Deliktsrecht und durchbricht die Grundsätze bei der Bestimmung des zu ersetzenden Schadens.

Aufgrund dieser Kritikpunkte an der dogmatischen Begründung des BGH zur bürgerlichrechtlichen Prospekthaftung sind in der Literatur alternative An-

---

11 Vgl. BGHZ 79, 337, 340 f.

12 Siehe Dritter Teil B.

13 Siehe dazu Fünfter Teil.

14 Vgl. Littbarski, NJW 1984, 1667, 1670, und v. Teuffel, DB 1985, 373, 375, im Zusammenhang mit dem Scheitern eines geplanten Vermögensanlagegesetz.

15 Vgl. Crezelius, BB 1985, 209, 215 f.

16 Assmann in Assmann/Schütze, 1997, § 7, RN 27.

17 Vgl. Assmann, WuB IV A. § 242 BGB - 2.85, 341, 342.

18 Siehe zu den jeweiligen Verjährungsregeln Dritter Teil D. und Dritter Teil C. IX. 1.

19 Vgl. Ekkenga, Anlegerschutz, 1998, S. 45.

sätze zur dogmatischen Anbindung einer Prospekthaftung entwickelt worden. Diese werden im nächsten Abschnitt dargestellt. Die sich daran anschließende Darstellung der bürgerlichrechtlichen Prospekthaftung folgt indes ganz der bisherigen Rechtsprechung des BGH. Diese Vorgehensweise dient der Schaffung der Grundlage, um im Fünften Teil der Ausarbeitung der Frage nachgehen zu können, ob die geänderten Regelungen im Bereich der spezialgesetzlich geregelten Prospekthaftung Auswirkungen auf die zukünftige Rechtsprechung zur bürgerlichrechtlichen Prospekthaftung haben werden.

B. Prospekthaftungsansätze in der Literatur

Die in der Literatur entwickelten alternativen Prospekthaftungsansätze sind in drei Gruppen zu systematisieren. Die Gruppe der Lösungen auf vertraglicher Basis läßt sich von denen auf deliktischer Grundlage unterscheiden. Obwohl das deutsche Recht grundsätzlich streng zweigeteilt ist in Vertragsrecht und Deliktsrecht, lassen sich nicht alle Ansätze eindeutig zuordnen. Deshalb wird eine dritte Gruppe der Haftung zwischen Vertrag und Delikt verwendet.

Im folgenden werden die verschiedenen Ansätze der Prospekthaftung vorgestellt. Bei der Darstellung der Kritik an den Lösungen werden die in der Literatur vorgebrachten Argumente wiedergegeben. Die Abbildung auf der nächsten Seite gibt einen ersten Überblick über die Prospekthaftungsansätze in der Literatur.

Teilweise sind Ansätze aufgrund ihrer Ähnlichkeit in der dogmatischen Begründung[20] oder des Ansatzpunktes[21] nicht separat dargestellt, sondern werden in der Erörterung einer anderen Lösung erwähnt. Nicht berücksichtigt ist der Ansatz einer Organhaftung als gesellschaftsrechtliches Lösungsmodell.[22] Gegen ein solches Konzept spricht einerseits die begrenzte Reichweite in bezug auf die Haftungsadressaten. Andererseits steht ihm die im Gesetz getroffene Regelung der Gesellschafterhaftung entgegen.

Nicht in die Systematik der obigen Abbildung fünf läßt sich der Ansatz von Crezelius einordnen.[23] Für ihn ist der Anleger nicht generell schutzwürdig. Dies wird damit begründet, daß der Steuerersparnis als Hauptmotiv für den Eintritt als Anlegerkommanditist in eine Publikums-KG spekulative Züge anhafteten, wodurch dem Anleger eine größere Selbstverantwortung zugemutet werden könne.[24] Die beabsichtige Verlusterzielung, um die Steuerlast zu reduzieren, stelle eine gravierende Verletzung der Regeln einer auf Gewinnstreben angelegten Rechts- und Wirtschaftsordnung dar und somit komme ihr keine dogmatische Bedeutung zu, die eine generelle Ausweitung der Schutzbedürftigkeit unter Vernachlässigung der Zivil- und Steuerrechtsordnung rechtfertigen könne.[25]

---

[20] Siehe zum gemischten Ansatz von Canaris die Darstellung der Maklerhaftung, Dritter Teil B. I. 5.

[21] Siehe zur Erklärungshaftung von Kohl, Kübler, Walz und Wüstrich die Darstellung der Berufshaftung, Dritter Teil B. II. 3., und zum Ansatz einer rechtsgeschäftlichen Verbindlichkeit für Prospekte als Werbeangaben von Lehmann die Darstellung der quasivertraglichen Selbstbindung, Dritter Teil B. II. 4.

[22] Siehe dazu Hartmann, Haftung für Vermögensschäden, 1989, S. 120 ff.

[23] Siehe Crezelius, BB 1985, S. 209, 209 ff.

[24] Vgl. ebenda, 215.

[25] Vgl. ebenda, 216 f.

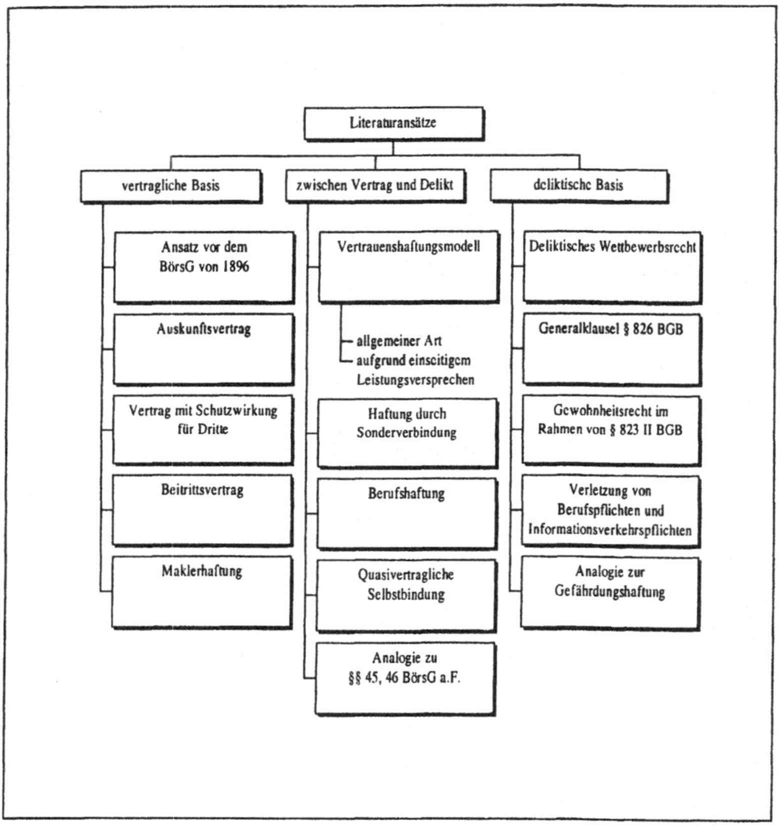

Abbildung 5:Prospekthaftungsansätze in der Literatur
Quelle: Eigene Erstellung

I. Lösungen auf vertraglicher Basis

1. Ansatz vor dem Börsengesetz von 1896

Schon vor Schaffung der börsengesetzlichen Prospekthaftung durch das Börsengesetz von 1896 wurde in der Literatur ein Ansatz vertreten, der eine Haftung für Prospekte begründete. Prospekte wurden damals als Zeichnungsaufforderungen für neu zu emittierende Wertpapiere aufgefaßt und primär unter dem Aspekt ihrer rechtsgeschäftlichen Verbindlichkeit gesehen.[26] Dies führte zu der Auffassung, der Prospekt könne „sehr wohl späterhin die Stelle eines Societäts-

[26] Vgl. Assmann, Prospekthaftung, 1985, S. 217 f.

contractes vertreten oder selbst als solcher gelten, wo kein besonderer Contract errichtet" werde.[27]

Aus der kontraktlichen Bedeutung des Prospekts sollten sich zwei Rechtsfolgen ergeben. Erstens stehe dem Zeichner bei einem Verstoß gegen die Prospektbedingungen vor Wirksamkeit der Gesellschaft ein Rücktrittsrecht und ein Anspruch auf Entschädigung gegen den „Stifter", also den Gründer, zu. Ist die Gesellschaft wirksam geworden, müsse zweitens der Prospekt in den Statuten aufgegangen sein oder deren Stelle einnehmen, so daß als Haftungsgrundlage „der Prospekt *als solcher* [Hervorhebung im Original] nicht mehr in Betracht" komme.[28]

2. Auskunftsvertrag

In der Literatur wird ferner eine Haftung aufgrund eines Auskunftsvertrags erörtert.[29] Prospekte müßten als Vertragsanträge auf Abschluß eines Auskunftsvertrags ausgelegt werden, weil es um die Richtigkeit von Informationen gehe. Zwar sei anerkannt, daß ein Auskunftsvertrag alleine durch die Auskunft selbst zustande kommen könne, also sonstige vertragliche Beziehungen nicht erforderlich sind.[30] Die Prospekterklärung könne aber aufgrund ihrer Außenwirkung und Intention nicht als Vertragsangebot ausgelegt werden, weil sie keinen selbständigen Erklärungswert habe und ohne späteren Vertragsschluß sinnlos sei.

3. Vertrag mit Schutzwirkung für Dritte

In der Literatur wird auch eine Haftung aus dem Rechtsinstitut des Vertrags mit Schutzwirkung für Dritte erörtert,[31] im Ergebnis aber ebenso abgelehnt.[32] Ausgangspunkt der Überlegung ist der Fall, daß ein im Auftrag der Initiatoren einer Kapitalanlage erstelltes Gutachten dazu bestimmt ist, im Prospekt genannt zu werden.[33] Dann stellt sich die Frage, ob der Anleger, für den die Information des Gutachtens letztlich bestimmt ist, von dem die Gutachterstellung regelnden Vertrag profitieren soll. Ein echter Vertrag zugunsten Dritter liegt nicht vor, weil Auftraggeber und -nehmer des Gutachtens dem Dritten keinem unmittelba-

---

27 Pöhls, Meno, Das Recht der Actiengesellschaften, Hamburg 1842, S. 20, (zitiert nach Assmann, Prospekthaftung, 1985, S. 46).

28 Vgl. ebenda, S. 156 f, (zitiert nach ebenda).

29 Siehe Hartmann, Haftung für Vermögensschäden, 1989, S. 65 ff m. w. N. Siehe dazu auch den Ansatz der quasivertraglichen Selbstbindung von Köndgen, Dritter Teil B. II. 4.

30 Vgl. BGHZ 74, 103, 107.

31 Siehe Hartmann, Haftung für Vermögensschäden, 1989, S. 67 ff m. w. N.

32 Vgl. ebenda, S. 69.

33 Siehe BGHZ 77, 172, 172 ff.

ren Anspruch auf eine Leistung verschaffen wollen. Bei einem Vertrag mit Schutzwirkung für Dritte träfen den Gutachter gegenüber einer unbestimmten Zahl Dritter die gleichen Sorgfaltspflichten wie gegenüber seinem eigentlichen Vertragspartner. Dies sei jedoch nicht gerechtfertigt, weil er für das erhöhte Haftungsrisiko kein Entgelt erzielen könne.

Im übrigen sei bei einer Kommunikation mit einer Masse von Personen das Schutzinteresse des einzelnen nicht im nötigen Maße individualisierbar. Letztlich käme es zu einer Beseitigung der Grenze zum Deliktsrecht, weil eine Ersatzpflicht für jedermann begründet werde.[34] Das Vertragsrecht zeichne sich hingegen durch eine Verantwortlichkeit für Vermögensverluste gegenüber einem begrenzten Personenkreis aus.[35]

Zudem spreche die Möglichkeit der Haftungsfreizeichnung gegen eine solche Lösung. Wird nämlich im eigentlichen Leistungsverhältnis die Haftung ausgeschlossen, gilt dies auch gegenüber Dritten, weil diese sonst besser gestellt wären als der eigentliche Vertragspartner. Ein dem Vertragsrecht angehörender Ansatz könne nicht verhindern, daß eine Drittberechtigung vertraglich ausgeschlossen wird.[36]

4. Beitrittsvertrag

Der Vorschlag, den Beitrittsvertrag zur Grundlage eines Schadensersatzanspruchs zu machen, geht auf von Teuffel zurück.[37] In der Verwendung von Prospekten liege ein konkludentes Angebot der Gesellschaft, dem zukünftigen Gesellschafter bei der Zeichnung solche Schadensersatzansprüche abzutreten, die sich bei einem Zusammenbruch der Gesellschaft gegen ihre Verantwortlichen richte. Dieses Angebot nehme der Gesellschafter durch seinen Gesellschaftsbeitritt an.[38] Daraus ergebe sich eine durch den Zusammenbruch der Gesellschaft auflösend bedingte Abtretung eines künftigen Anspruchs.

Gegen den Vorschlag wird vorgebracht, daß auf diese Weise Willenserklärungen angenommen werden, die den Interessen der Betroffenen konträr entgegenstehen.[39] Die Lösung sei auch unpraktikabel, weil der Anleger erst nach dem Zusammenbruch der Gesellschaft tätig werden könne, was in Hinblick auf laufende Verjährungsfristen problematisch sei.[40] Darüber hinaus sprächen auch grundsätzliche gesellschaftsrechtliche Überlegungen gegen diese Lösung. Es

---

34 Vgl. v. Bar, Verkehrspflichten, 1980, S. 211.

35 Vgl. ebenda, S. 225.

36 Vgl. Gernhuber in FS Nikisch, 1958, S. 249, 265.

37 Siehe v. Teuffel, DB 1985, 373, 373 ff.

38 Vgl. ebenda, 375.

39 So v. Teuffel selbst, ebenda.

40 Vgl. Hartmann, Haftung für Vermögensschäden, 1989, S. 72 f.

käme zu Konflikten mit dem Gläubigerschutz, weil praktisch Kapital aus der Gesellschaft abgezogen werde.

5, Maklerhaftung

Die Lösung einer Einstandspflicht aufgrund der Maklerhaftung geht auf Lutter und von Grießenbeck zurück.[41] Der Handelsmakler haftet gemäß § 98 HGB beiden Seiten für den durch sein Verschulden entstandenen Schaden. Als Handelsmakler i. S. v. § 93 HGB wird der Emissionsgehilfe gesehen, solange er nicht eindeutig zum Ausdruck bringt, daß er nicht ausschließlich im Interesse der Gesellschaft handelt, deren Anteile er vertreibt. Zwar seien Gesellschaftsanteile im klassischen Sinne des § 93 I HGB keine „Gegenstände des Handelsverkehrs", weil aber für sie ein Markt bestehe, seien sie von § 93 I HGB erfaßt.

An dieser Lösung wird kritisiert, daß der Anlagevermittler nicht als neutraler und redlicher Makler i. S. d. §§ 93 ff HGB angesehen werden könne.[42] Im übrigen seien nicht die eigentlichen Prospektverantwortlichen zu erfassen und die Reichweite des Anlegerschutzes hinge von der Gestaltung des Verhältnisses von Makler und Emittent ab.[43]

An dieser Stelle sei auch der gemischte Ansatz von Canaris erwähnt.[44] Er stimmt dem BGH zur Haftung aus c. i. c. nur mit Einschränkung zu. Bei Vorliegen der Voraussetzungen solle § 98 HGB als speziellere Vorschrift der c. i. c. vorgehen. Fehle es an einem rechtsgeschäftlichen Kontakt oder an einem Vertrauenstatbestand, solle es zu einer analogen Anwendung der spezialgesetzlichen Prospekthaftungsvorschriften kommen.

II. Lösungen zwischen Vertrag und Delikt

1. Vertrauenshaftungsmodell

Die Vertrauenshaftung wird als „Haftung kraft Teilnahme am rechtsgeschäftlichen Verkehr"[45] definiert. Daraus soll sich zugleich die Rechtfertigung für ihre Abwicklung nach vertraglichen Grundsätzen und somit eine Sonderverbindung zwischen Delikts- und Vertragsrecht ergeben.[46] Das Vertrauenshaftungsmodell von Canaris ist demnach ein gesetzliches Rechtsverhältnis, das nach vertragli-

41 Siehe Lutter in FS Bärmann, 1975, S. 605, 605 ff, und v. Grießenbeck, BB 1988, 2188, 2188 ff.

42 Vgl. Pleyer/Hegel, ZIP 1986, 681, 686.

43 Vgl. Assmann, Prospekthaftung, 1985, S. 252.

44 Siehe Canaris, Bankvertragsrecht, 1981, RN 2292 f.

45 Canaris, Vertrauenshaftung, 1971, S. 442 f.

46 Vgl. Canaris in FS Larenz, 1983, S. 27, 102 f.

chen Grundsätzen abgewickelt wird. Als Grundlage für eine Prospekthaftung wurden ein Ansatz allgemeiner Art und ein Ansatz aufgrund einseitigem Leistungsversprechen entwickelt.

a) Allgemeiner Art

Beim Modell allgemeiner Art zur Begründung einer Prospekthaftung wird die Vertrauenshaftung zur spezifischen Unterform der Erklärungshaftung konkretisiert.[47] Anknüpfungspunkt sind die Erklärungen im Prospekt, aus denen die Einstandspflicht für einen Schaden abgeleitet wird.

Kritisch wird gesehen, daß das Vertrauenshaftungsmodell eine systemimmanente Widersprüchlichkeit aufweise. Zwar solle sich der Umfang des Vermögensschaden nach deliktsrechtlichen Grundsätzen bestimmen, zugleich werde er aber außerhalb des Deliktsrechts unterlaufen.[48] Konkret auf die Prospekthaftung bezogen bestehe das Problem, wie trotz umfassender Zulassung der Liquidierung primärer Vermögensschäden ein von Canaris erwünschter Haftungsausschluß zugelassen werden soll.[49] Eine Haftungsbegrenzung sei nicht durch die Voraussetzung des rechtsgeschäftlichen Kontakts zu lösen, weil jede Art wirtschaftlicher Betätigung durch Erklärungen erfolge.[50] Die Einbeziehung der Hintermänner eines Kapitalanlageprojekts in die Haftung wäre letztlich nur durch eine Fiktion möglich, weil der Kontakt für die den Vertrauenstatbestand schaffende Erklärung fehle.[51]

b) Aufgrund einseitigem Leistungsversprechen

Der Ansatz einer Vertrauenshaftung von Stoll[52] soll auf einseitige Leistungsversprechen begrenzt werden. Damit werden die Fälle nicht erfaßt, in denen der Auskunftsgeber deliktsrechtliche Verhaltenspflichten verletzt oder eine Verletzung im Zusammenhang mit dem Vertragsschluß die Haftung auslösen soll. Haftungsgrund ist ein „wie immer geartetes Leistungsversprechen des Auskunftsgebers", auf das der Versprechensempfänger vertraut und das ihn zu einer Disposition veranlaßt.[53]

Die Kritik richtet sich über das Modell allgemeiner Art hinaus maßgeblich bei diesem Ansatz dagegen, daß ein einseitiges Leistungsversprechen nicht von

---

47 Vgl. ebenda, S. 107.

48 Vgl. Hartmann, Haftung für Vermögensschäden, 1989, S. 77.

49 Vgl. Canaris in FS Larenz, 1983, S. 27, 101.

50 Vgl. Hartmann, Haftung für Vermögensschäden, 1989, S. 78 f.

51 Vgl. ebenda, S. 79.

52 Siehe Stoll in FS Flume I, 1978, S. 741, 742 ff.

53 Vgl. ebenda, S. 765.

einem Vertragsangebot zu unterscheiden sei.[54] Beachtung muß die Tatsache finden, daß zur Begründung eines Schuldverhältnisses gemäß § 311 I BGB ein Vertrag erforderlich ist. Damit fehlt dem Ansatz die Rechtfertigung, einseitige Leistungsversprechen anders als Vertragsangebote zu behandeln.

2. Haftung durch Sonderverbindung

Die Theorie einer Haftung durch Sonderverbindung von Picker[55] zählt jede auf Schadensersatz gerichtete Verpflichtung zu den gesetzlichen Pflichten, die den rechtsgeschäftlichen Leistungsverpflichtungen gegenüberstehen. Eine Sonderverbindung bestehe nicht nur in einem Vertrag oder einem auf einen Vertragsschluß gerichteten Kontakt. Hinreichend sei schon, wenn ihre Partner von vornherein zahlenmäßig individualisierbar und begrenzbar sowie ihre Vermögensinteressen sozialtypisch offenkundig sind.[56] Deshalb liege eine Sonderverbindung auch dann vor, wenn der angesprochene Personenkreis durch die Verwendung von Prospekten abstrakt begrenzbar sei.[57]

Neben grundsätzlichen Bedenken gegen die Ausweitung auf eine abstrakte Begrenzung und die Tatsache, daß die Sonderverbindung letztlich nur ein besonders definierter Zufallskontakt sei, der wie andere Zufallskontakte dem Deliktsrecht unterfallen sollte, wird an diesem Ansatz die nicht ausreichende Haftungsbegrenzung kritisch gesehen.[58] Der Kreis der Haftenden sei mit den nur zwei Tatbestandsmerkmalen beliebig groß zu ziehen.

3. Berufshaftung

Ein weiterer Ansatz zur Begründung einer Prospekthaftung wird aus der Berufshaftung hergeleitet. Ausgangspunkt ist die Annahme, daß sich aus der beruflichen Qualifikation ein besonderes Vertrauen in den Sachverstand des Berufsinhabers ableiten lasse.[59] Die besondere Eignung der Berufsinhaber mache sie damit im beruflichen Kontakt gegenüber anderen auskunftspflichtig.[60] Mit einer

---

[54] Vgl. Hartmann, Haftung für Vermögensschäden, 1989, S. 80.

[55] Siehe Picker, AcP 1983, 369, 369 ff.

[56] Vgl. ebenda, 490 ff.

[57] Vgl. ebenda, 493.

[58] Vgl. Hartmann, Haftung für Vermögensschäden, 1989, S. 83 f.

[59] Vgl. Lammel, AcP 1979, 337, 347 f.

[60] Vgl. Hopt, AcP 1983, 608, 635. Aufgrund des ähnlichen Ansatzpunkts der Verantwortlichkeit für Auskunfts-, Erklärungs- oder Informationspflichten sei an dieser Stelle auch der Vorschlag von Kohl/Kübler/Walz/Wüstrich, ZHR 138 (1974), 1, 44, erwähnt, die Prospekthaftung als Erklärungshaftung ansehen. Nach Assmann, Prospekthaftung, 1985, S. 249, geht es wegen der Anlehnung an die deliktischen Verpflichtungselemente dabei aber eher um gesetzliche Verkehrspflichten.

Berufshaftung seien Anwälte, Notare, öffentlich bestellte Sachverständige, Wirtschaftsprüfer, Steuerberater und Banken zu erfassen.[61] Auch Anlagevermittler,[62] Börsendienste, Anlageberater und Vermögensverwalter können der Prospekthaftung unterworfen werden.[63]

Gegen diese Lösung wird eingewandt, daß sich die Interessen des konkreten Auftraggebers nicht zwangsläufig mit denen von „Jedermann" decken müssen.[64] Zudem seien Hintermänner, die nicht nach außen in Erscheinung treten, aufgrund der relativ engen Regelungsbreite der Berufshaftung nicht zu erfassen. Im übrigen könne die Rollenerwartung nicht eine dem Vertragsrecht angepaßte Haftung rechtfertigen. Wer im Rahmen seiner Rolle zur Verantwortung gezogen werde, sei nur deliktisch zu erfassen. Schließlich bestehe das Problem, daß das Risiko der Haftenden nicht adäquat begrenzbar sei. So wird denn selbst von Vertretern dieses Ansatzes eingeräumt, daß Abgrenzungsprobleme im Bereich der fahrlässigen Vermögensschäden noch nicht bewältigt seien.[65]

4. Quasivertragliche Selbstbindung

Die quasivertragliche Selbstbindung von Köndgen beruht auf der Annahme, daß sich jedermann durch kommunikatives Handeln selbst so verpflichten könne, daß ein Dritter für sich daraus durchsetzbare Konsequenzen abzuleiten vermag. Grundgedanke dieser Idee ist, daß es Schuldverhältnisse gebe, die weder auf privatautonomen Wollen noch auf schuldhafter unerlaubter Handlung beruhen.[66] Ein Anwendungsfall hierfür sei die Prospekthaftung, bei der Prospektangaben als in Selbstbindungsabsicht gegebenes Qualitätsversprechen in der Form eines sog. „stehenden Angebots" begriffen werden,[67] für deren Fehlerhaftigkeit nach den Grundsätzen der Verletzung eines vertraglichen Versprechens zu haften sei.[68]

Kritisch wird die Einordnung der Prospekte als Willenserklärungen gesehen.[69] Damit seien trotz der Ableitung der Prospekthaftung von dem Selbstbin-

61 Vgl. Lammel, AcP 1979, 337, 358 f. Siehe eine Übersicht über die Berufshaftung der einzelnen Berufe Hirte, Berufshaftung, 1996, S. 146 f.

62 Vgl. Assmann, Prospekthaftung, 1985, S. 247.

63 Vgl. Hopt in FS Fischer, 1979, S. 237, 237 ff.

64 Vgl. Hartmann, Haftung für Vermögensschäden, 1989, S. 92 ff.

65 Vgl. Hopt, AcP 1983, 608, 682.

66 Vgl. Köndgen, Selbstbindung, 1981, S. 98

67 Vgl. Köndgen, AG 1983, 85, 91. Vgl. auch Lehmann, Vertragsanbahnung, 1981, S. 342 ff, der von einer rechtsgeschäftlichen Verbindlichkeit für Prospekte als Werbeangaben ausgeht, allerdings zur dogmatischen Begründung auf die c. i. c. zurückgreift.

68 Vgl. Köndgen, AG 1983, 85, 96.

69 Vgl. Pleyer/Hegel, ZIP 1986, 681, 685.

dungskonzept die „kaum mehr begründbaren Fiktionen vertragsabschlußbezogener Willenserklärungen nicht zu übersehen.“[70] Im übrigen sei durch die unzureichende und zu enge Klassifizierung von Prospekten als Werbung keine vollständige Information zu erzwingen.[71]

5. Analogie zu §§ 45, 46 BörsG a. F.

Der Vorschlag, die Prospekthaftung als Institut der Vertrauenshaftung in Analogie zur spezialgesetzlich geregelten Prospekthaftung der §§ 45, 46 BörsG a. F.[72], § 20 KAGG, § 12 AuslInvestmG anzuerkennen und auszugestalten, stammt von Coing.[73]

Diesem Analogieschluß wird entgegengehalten, daß der graue Kapitalmarkt nicht dem mit der Börse vergleichbaren besonderen Markt gleiche.[74] Die Prospekte des grauen Kapitalmarkts hätten „rein werbenden Charakter und keinen zwingenden Inhalt; nur die Form [sei] - mehr oder minder zufällig - dieselbe.“[75] Anderen Stimmen zufolge überzeuge schon die Subsumtion der spezialgesetzlichen Prospekthaftung unter die Vertrauenshaftung nicht. Die börsengesetzliche Prospekthaftung werde in der Literatur abgesehen von wenigen Ausnahmen als spezialgesetzlicher „Musterfall“ stets „deliktsähnlich“ verstanden, weil sie sich auf die Verletzung einer Sorgfaltspflicht gründe.[76]

III. Lösungen auf deliktischer Basis

1. Deliktisches Wettbewerbsrecht

Der Versuch, die Prospekthaftung zumindest de lege ferenda im Wege erst noch zu erlassendem deliktischen Wettbewerbsrechts zu erreichen, entstammt einer Arbeit von Wiedemann und Schmitz.[77] Aufgrund der Qualifizierung des Pro-

---

70 Assmann, Prospekthaftung, 1985, S. 224.

71 Vgl. ebenda, S. 221 f.

72 Börsengesetz i. d. F. vom 17.7.1996, siehe BGBl. I 1996, S. 1030 - 1046, zuletzt geändert durch Gesetz vom 22.10.1997, siehe BGBl. I 1997, S. 2567 - 2580.

73 Siehe Coing, WM 1980, 206, 206 ff.

74 Vgl. Hartmann, Haftung für Vermögensschäden, 1989, S. 96.

75 Pleyer/Hegel, ZIP 1986, 681, 684.

76 Vgl. Assmann, Prospekthaftung, 1985, S. 250 entsprechend m. w. N.

77 Siehe Wiedemann/Schmitz, ZGR 1980,129, 129 ff.

spekts als Werbemittel sei Anknüpfungspunkt die Haftung für irreführende Angaben gemäß § 3 UWG[78].

Gegen diesen Versuch wird vorgebracht, daß ihm die fehlende Anerkennung der Schutzgesetzqualität des § 3 UWG i. S. v. § 823 II BGB durch den BGH entgegen stehe.[79] Ferner werden grundsätzliche Bedenken geltend gemacht. Der auf freiwillige Werbeangaben bezogene § 3 UWG sei nur sehr begrenzt geeignet, die Vollständigkeit von Prospektangaben zu kontrollieren.[80] Um diese Bedenken zu beseitigen, helfe weder die Anerkennung der Schutzgesetzqualität von § 3 UWG noch die Verwirklichung des bisher gescheiterten Versuchs[81] der Schaffung eines Schadensersatzanspruchs von Verbrauchern im Katalog des § 13 UWG.[82]

2. Generalklausel § 826 BGB

In der Literatur wird auch der Ansatz einer Haftung für Prospekte aus der Generalklausel des § 826 BGB diskutiert,[83] im Ergebnis aber abgelehnt.[84] Voraussetzung eines Anspruchs aus § 826 BGB ist die vorsätzliche, sittenwidrige Zufügung eines Schadens. Dabei läßt sich die Sittenwidrigkeit unter Bezugnahme auf die Rechtswidrigkeit einer Handlung entwickeln.[85] Probleme bereite indes das Merkmal Vorsatz. Denn auch schon grobfahrlässige Vermögensschäden unter § 826 BGB zu subsumieren, bedeute eine Rechtsfortbildung contra legem.[86] Deshalb hat sich der Vorschlag, allgemein Vermögensschäden über § 826 BGB zu liquidieren, nicht durchgesetzt.[87] Dies gelte deshalb auch im Hinblick auf die Prospekthaftung. Im übrigen sei auf der Grundlage der bisher

---

78 Gesetz gegen den unlauteren Wettbewerb vom 7.6.1909, siehe RGBl. I 1909, S. 499 - 505, i. d. F. vom 27.6.2000, siehe BGBl. I 2000, S. 897 - 909, berichtigt durch BGBl. I 2000, S. 1139.

79 Vgl. Pleyer/Hegel, ZIP 1986, 681, 682 m. w. N.

80 Vgl. Assmann in Assmann/Schütze, 1997, § 7, RN 34.

81 Vgl. Hartmann, Haftung für Vermögensschäden 1989, S. 118 m. w. N.

82 Bisher wird dem Verbraucher aufgrund der UWG-Novelle von 1986 (Gesetz zur Änderung wirtschafts-, verbraucher-, arbeits- und sozialrechtlicher Vorschriften, siehe BGBl. I 1986, S. 1169 - 1174, berichtigt durch BGBl. I 1987, S. 565.) bei irreführenden Werbeangaben lediglich ein Rücktrittsrecht nach § 13a UWG eingeräumt. Dieses sei alleine für eine Rechtsfortbildung des Wettbewerbsrechts im Sinne einer Prospekthaftung aus Gründen der Beweisbarkeit ungeeignet, vgl. Hartmann, Haftung für Vermögensschäden, 1989, S. 118 f.

83 Siehe Hartmann, Haftung für Vermögensschäden, 1989, S. 114 ff.

84 Vgl. ebenda, S. 117.

85 Vgl. Deutsch, JZ 1963, 385, 389.

86 Vgl. v. Bar, Verkehrspflichten, 1980, S. 215.

87 Vgl. Hartmann, Haftung für Vermögensschäden, 1989, S. 117.

zu § 826 BGB ergangenen Rechtsprechung für eine Prospekthaftung nur dort Raum, wo Prospekturheber in Erscheinung treten oder eine exponierte berufliche Position einnehmen.[88]

3. Gewohnheitsrecht im Rahmen von § 823 II BGB

Nach einem Vorschlag von Deutsch soll Gewohnheitsrecht als Rechtsnorm i. S. d. § 823 II BGB anerkannt werden.[89] Ein Anwendungsbereich sei der Schadensersatz für Eingriffe in den eingerichteten und ausgeübten Gewerbebetrieb.[90] Aber auch für eine Prospekthaftung ist dieser Ansatz nach Hartmann zu berücksichtigen.[91] Ausgangspunkt ist die Überlegung, über anhand von § 826 BGB im Einzelfall aufgestellte Verhaltensgebote Gewohnheitsrecht zu schaffen. Das Gewohnheitsrecht als Rechtsnorm sei dann auch Schutzgesetz i. S. v. § 823 II BGB. Damit könnten nach einer gewissen Zeit auch fahrlässige Verstöße gegen das entwickelte Gewohnheitsrecht sanktioniert werden.[92]

Grundsätzlich wird jedoch bezweifelt, daß durch § 826 BGB aufgestellte Verhaltensgebote so in das Rechtsbewußtsein der Bevölkerung eingehen können, daß die Bildung von Gewohnheitsrecht anzunehmen ist. Im übrigen sei die praktische Anwendung begrenzt. Um eine fahrlässige Verletzung ahnden zu können, sei durch die Gerichte immer erst ein besonders gravierender Fall zu entscheiden. Zwangsläufig bliebe die Rechtsprechung damit hinter der Realität zurück.[93]

4. Verletzung von Berufspflichten und Informationspflichten

Der Ansatz, die Prospekthaftung als Haftung für die Verletzung von Berufspflichten zu deuten, geht auf von Bar zurück.[94] Die auf dem Gedanken einer Berufshaftung gründenden Pflichten von Berufsinhabern gegenüber anderen Personen unabhängig von vertraglichen Beziehungen führe zu deliktischen Verkehrspflichten. Diese seien als Schutzgesetze i. S. v. § 823 II BGB zu qualifizieren und damit zur Grundlage auch des Ersatzes von reinen Vermögensschäden zu machen.[95] Damit wird für die Begründung einer Haftung nicht mehr auf die vertraglichen Haftungsverpflichtungen zurückgegriffen, sondern eine Er-

---

88 Vgl. Assmann, Prospekthaftung, 1985, S. 256.

89 Siehe Deutsch, JZ 1963, 385, 385 ff.

90 Vgl. ebenda, 390 f.

91 Vgl. Hartmann, Haftung für Vermögensschäden, 1989, S. 113.

92 Vgl. Deutsch, JZ 1963, 385, 390 f.

93 Vgl. Hartmann, Haftung für Vermögensschäden, 1989, S. 113 f.

94 Siehe v. Bar, ZGR 1983, 476, 476 ff.

95 Vgl. v. Bar, Verkehrspflichten, 1980, S. 157 ff.

satzpflicht allein auf die Haftung für die Verletzung eines absolut geschützten Rechts oder Rechtsguts gestützt.[96]

Ferner wird die Prospekthaftung als Haftung für die Verletzung von Informationsverkehrspflichten von Assmann vorgeschlagen.[97] Die Verkehrspflichten werden kapitalmarktbezogen verstanden und sollen ein strukturbedingtes Marktversagen verhindern. Damit ist dieser Ansatz eher marktfunktionsorientiert als ein sozialschutzbezogenes Konzept. Prospekte werden als Publizitätsinstrumente auf dem Kapitalmarkt gedeutet und nicht als Werbemittel.

Kritik wird beiden Ansätzen deshalb entgegen gebracht, weil sowohl die Rechtsprechung als auch die herrschende Meinung in der Literatur Verkehrspflichten dem Anwendungsbereich des § 823 I BGB zum Schutz der dort genannten Rechte und Rechtsgüter gegen Verletzungen durch Unterlassen zuordnen.[98] Schutzgesetze i. S. v. § 823 II BGB seien so zu gestalten, daß sie eine klare Voraussehbarkeit im Falle einer Schadensersatzpflicht gewährleisten. Die der richterlichen Konkretisierung bedürftigen Verkehrspflichten unterlägen Veränderungen, die der Rechtsklarheit wohl nicht genügen könnten.[99] Im übrigen sei zweifelhaft, ob die Rechtsprechung durch das von Assmann vorgeschlagene „[bewegliche] System zur Begründung von Verkehrspflichten“[100] auf dem schwierigen Gebiet der Kapitalmarktregelung die notwendige Klarheit schaffen könne.[101]

5. Analogie zur Gefährdungshaftung

Der Ansatz, die Prospekthaftung aus einer Analogie zur Gefährdungshaftung zu entwickeln, stammt von Hartmann.[102] Die Gefährdungshaftung beruhe auf der Idee, daß bestimmte Tätigkeiten und Einrichtungen unentbehrlich für das heutige Leben sind, aber trotz Anwendung der erforderlichen Sorgfalt nicht gänzlich beherrscht und Schädigungen Dritter somit nicht immer vermieden werden können. Dieses Problem des Schadensausgleichs stelle sich auch bei Kommunikationsrisiken.[103] Dazu zähle der Prospekt als Informationsquelle,[104] der ein er-

---

96 Siehe ausführlich zur Haftung gegenüber Dritten unterteilt nach vertraglichen und deliktischen Haftungslösungen sowie nach selbständigen Lösungsansätzen Hirte, Berufshaftung, 1996, S. 386 ff und eine Bewertung derselben, ebenda, S. 412 ff.

97 Siehe Assmann, Prospekthaftung, 1985, S. 252 ff und 273 ff.

98 Vgl. Pleyer/Hegel, ZIP 1986, 681, 687 m. w. N.

99 Vgl. ebenda, 688.

100 Siehe Assmann, Prospekthaftung, 1985, S. 265 ff.

101 Vgl. Pleyer/Hegel, ZIP 1986, 681, 689.

102 Siehe Hartmann, Haftung für Vermögensschäden, 1989, S. 126 ff.

103 Vgl. ebenda, S. 132.

104 Vgl. ebenda, S. 133.

laubtes Risiko setze.[105] Deshalb könne eine Prospekthaftung mittels Analogie zu den Gefährdungshaftungstatbeständen geschaffen werden.

Soweit ersichtlich, ist dieser Ansatz in der Literatur nicht bewertet worden. Zu bedenken ist jedoch, daß zur Anwendung einer Analogie eine Gesetzeslücke sowie Rechtsähnlichkeit zwischen dem nicht geregelten Tatbestand und dem zur Schließung heranzuziehenden Normzweck vorhanden und schließlich die Lücke auch planwidrig, das heißt vom Gesetzgeber nicht gewollt, sein muß.[106] Schon bei der Analogiefähigkeit der Gefährdungshaftung stellt sich die Frage der Vereinbarkeit mit dem Grundsatz, daß singuläre Rechtssätze zu einer allgemeinen Analogie nicht geeignet seien, weil Ausnahmen nicht per Analogie zur Regel verkehrt werden dürfen.[107] Im übrigen erscheint die Lücke auch nicht planwidrig, sondern als rechtspolitischer Fehler des Gesetzgebers. Außerdem stellt sich die Frage der Vereinbarkeit mit dem im deutschen Recht vorherrschenden Verschuldensprinzip, das nur in Ausnahmefällen durch den Gesetzgeber von einer Gefährdungshaftung verdrängt wird. Im übrigen ist zweifelhaft, ob der beschränkte Schutzbereich der Gefährdungshaftung generell das Vermögen einschließt, denn eine Vielzahl von Gefährdungshaftungstatbeständen knüpft an die Verletzung absoluter Rechtsgüter an.

---

[105] Vgl. ebenda, S. 141.

[106] Vgl. Larenz, Methodenlehre, 1991, S. 370 ff.

[107] Vgl. ebenda.

C. Bürgerlichrechtliche Prospekthaftung im engeren Sinne

I. Anwendungsbereich

Der Anwendungsbereich der vom BGH entwickelten bürgerlichrechtlichen Prospekthaftung ist unstreitig negativ dadurch abgegrenzt, daß er erst dort beginnen kann, wo der Zugriff der spezialgesetzlichen Prospekthaftung endet.[108] Demnach unterliegen die im Vierten Teil darzustellenden Börsenzulassungsprospekte sowie sog. schriftliche Darstellungen, der Unternehmensbericht, der Emissionsprospekt und die Verkaufsprospekte der verkaufsprospektgesetzlichen Haftung und der investmentrechtlichen Prospekthaftung nicht ihrem Regelungsgehalt.

Heute ist von der Rechtsprechung anerkannt, daß die bürgerlichrechtliche Prospekthaftung neben dem prospektvermittelten Vertrieb von Kommanditanteilen an Publikumsgesellschaften, für die sie ursprünglich entwickelt wurde,[109] auch auf Prospekte Anwendung findet, mit denen zum Erwerb von Aktien außerhalb der geregelten Märkte geworben wird.[110] Dies gilt ebenso für Beteiligungen an Bauherrenmodellen[111] sowie für das sog. Hamburger Modell[112]. Demzufolge ist die Annahme gerechtfertigt, daß der BGH bereit ist, die bürgerlichrechtliche Prospekthaftung auf alle Formen der Beteiligungs-Kapitalanlage anzuwenden, die keiner spezialgesetzlichen Prospekthaftung unterliegen und bei denen der Prospekt die wichtigste Informationsquelle ist.[113] Dies sollte insbesondere beim Vertrieb von Immobilienanlagemodellen in Form von reinen Kapitalanlagemodellen wie z. B. geschlossenen Immobilienfonds oder stillen Beteiligungen an Projektgesellschaften der Fall sein.[114] Darüber hinaus wendet die Rechtsprechung die bürgerlichrechtliche Prospkethaftung auch in den Fällen einer Beteiligung als stiller Gesellschafter an einer GmbH[115] und einer AG[116] an.

---

[108] Vgl. Schwark, BörsG, 1994, §§ 45, 46, RN 9 f.

[109] Siehe Details Dritter Teil A. I..

[110] Siehe ausführlicher dazu Vierter Teil D.

[111] Vgl. BGHZ 111, 314, 316 ff; BGH, WM 1990, 1658, 1658; BGH, WM 1991, 13, 13; BGH, NJW 1995, 1025, 1025. Das Bauherrenmodell ist auf den Erwerb einer „Teilimmobilie", i. d. R. also auf Wohnungs- oder Teileigentum gerichtet, vgl. Schmidt/Weidert, DB 1998, 2309, 2309.

[112] Vgl. BGHZ 115, 213, 218. Bei dem sog. Hambuger Modell handelt es sich um Bauherrenmodell, bei dem eine Kommanditgesellschfaft zwischengeschaltet ist. Deshalb wird es auch als Sonderform eines geschlossenen Immobilienfonds betrachtet, vgl. Schmidt/Weidert, DB 1998, 2309, 2309, FN 6. Letztlich geht es aber ebenfalls um die Realteilung.

[113] Vgl. Assmann in Assmann/Schütze, 1997, § 7, RN 97.

[114] Vgl. Thode in Reithmann/Meichssner/Heymann, 1995, RN 15.

[115] Vgl. BGHZ 115, 213, 213 ff.

Bisher ist vom BGH in einer frühen Entscheidung die Anwendung der bürgerlichrechtlichen Prospekthaftung nur für Geldanlagen in Devisen- und Warentermingeschäften abgelehnt worden.[117] Die Begründung, daß in diesen Fällen für eine Prospekthaftung kein praktisches Bedürfnis bestehe, versperrt deren Anwendung nicht aus rechtsdogmatischen Erwägungen. Somit ist jederzeit mit einer Ausdehnung der Prospekthaftung auch für Devisen- und Warentermingeschäfte zurechnen, wenn der BGH ein praktisches Bedürfnis erkennen sollte.[118] In einem späteren Urteil hat der BGH denn auch die Frage einer Anwendung offengelassen.[119]

II. Haftungsgrundlage

Der Prospektbegriff der bürgerlichrechtlichen Prospekthaftung i. e. S. ist nicht eindeutig bestimmt und wird deshalb im folgenden erörtert. Darüber hinaus wird der Frage nach einer Prospektpflicht nachgegangen. Ausführlich wird der Punkt der Prospektmängel ausgearbeitet. Diese Darstellungen haben auch Gültigkeit für die Haftungsgrundlage der spezialgesetzlichen Prospekthaftung.

1. Prospektbegriff

Welche Publikationsformen Prospekte im Sinne der bürgerlichrechtlichen Prospekthaftung sind, ist von der Rechtsprechung bisher nicht positiv bestimmt worden. Das Ziel der sachgemäßen Anlageentscheidung erfordert eine nach dem jeweiligen Anlageobjekt erforderliche Bestimmung des Aufklärungs- und Informationsbedarfs. Anforderungen an Publikationen zur Qualifizierung als Prospekt lassen sich deshalb nicht abstrakt umschreiben.[120] Man wird aber jede marktbezogene, d. h. an eine unbestimmte Zahl von Personen gerichtete schriftliche Erklärung, die für die Beurteilung des Anlageobjekts erhebliche Angaben enthält, als Prospekt zu werten haben.[121]

Streitig ist, ob Publikationen, die im Zusammenhang mit der Emission bei spezialgesetzlicher Prospektpflicht und -haftung veröffentlicht werden, dem Prospektbegriff der bürgerlichrechtlichen Prospekthaftung unterfallen. Dies wird von der Rechtsprechung und der herrschenden Meinung im besonderen für Zeichnungs- und Bezugsaufforderungen verneint. Publikationen, die nicht im

---

[116] Vgl. OLG Hamburg, AG 2001, 141, 141 ff.

[117] Vgl. BGH, NJW 1981, 2810, 2810.

[118] Vgl. Assmann in Assmann/Schütze, 1997, § 7, RN 97.

[119] Vgl. BGH, NJW 1995, 1025, 1025.

[120] Vgl. Weimann, Prospekthaftung, 1998, § 3, RN 4.

[121] Vgl. Assmann in Assmann/Schütze, § 7, RN 57, eine Konkretisierung durch Beispiele findet sich bei RN 58 f m. w. N.

Zusammenhang mit einer Emission stehen, vom Börsengesetz aber zwingend vorgeschrieben werden, wie z. B. Zwischenberichte nach § 44b BörsG und Mitteilungen i. S. d. Ad hoc-Publizität sind dann vom Prospektbegriff erfaßt, wenn sie nicht der Berichtigung des unrichtigen Börsenzulassungsprospekts dienen.[122]

2. Prospektmängel

Das kapitalmarktrechtliche Wahrheitspostulat setzt sich aus der Richtigkeit und Vollständigkeit zusammen.[123] Somit darf der Anleger erwarten, daß der seiner Entscheidung über eine Anlage zugrundeliegende Prospekt sachlich richtig und vollständig ist.[124] Daraus folgt, daß es zu einer Prospekthaftung dann kommt, wenn der Prospekt unrichtig und/ oder unvollständig ist. Diese beiden möglichen Prospektmängel werden im folgenden nacheinander vorgestellt. Vorab erfolgen Ausführungen zum Beurteilungsmaßstab und -zeitpunkt. Abschließend wird auf die Frage von Prospektgestaltungsmängeln eingegangen.

a) Beurteilungsmaßstab und -zeitpunkt

Der Beurteilungsmaßstab für Prospektmängel ist abhängig vom Adressatenkreis zu bestimmen. In der Literatur werden der „Fachmann"[125] und der „unbewanderte Laie"[126] als Prospektadressat vorgeschlagen. Bei der Anlageberatung richtet sich der Umfang der Informationspflicht nach dem Leitbild des hilfebedürftigen Anlegers, der die Informationen von Prospekten alleine nicht oder nicht ausreichend genau verfolgen kann.[127] Der BGH stellt in einer Entscheidung zu einem Börsenprospekt auf die Verständnismöglichkeiten eines durchschnittlichen, mit der gebräuchlichen Schlüsselsprache nicht vertrauten Anlegers ab.[128] Dabei geht er davon aus, daß dieser eine Bilanz lesen kann.[129] Er setzt voraus, daß der Anleger sowohl den Prospekt als auch die gegebenenfalls beigefügten Anlagen „sorgfältig und eingehend" liest.[130]

Der Beurteilungsmaßstab hat sich deshalb immer an Vorkenntnissen und Erfahrungen des Anlegers zu orientieren. Der „richtige" Maßstab ergibt sich demnach relativ und ist im jeweiligen Einzelfall zu bestimmen. Der vom BGH für

---

122 Siehe ausführlich dazu Vierter Teil A. II. 1.

123 Vgl. Ekkenga, Anlegerschutz, 1998, S. 419.

124 Vgl. BGHZ 79, 337, 334.

125 Z. B. Wittmann, DB 1980, 1579, 1583.

126 Z. B. Wunderlich, DStR 1975, 688, 690.

127 Vgl. Ekkenga, Anlegerschutz, 1998, S. 453.

128 Vgl. BGH, WM 1982, 862, 863.

129 Dies hält Assmann in Assmann/Schütze, 1997, § 7, RN 64 m. w. N., für inkonsequent.

130 Vgl. BGH, WM 1992, 901, 904.

Warentermingeschäfte entwickelte Maßstab des „flüchtigen Lesers“[131] kann nicht auf andere Anlagen im grauen Kapitalmarkts übertragen werden.[132]

Im Schadensfall ist für die Beurteilung von Prospektmängeln die Herausgabe des Prospekts der ausschlaggebende Zeitpunkt. Eine ex post-Betrachtung, die nach dem Schadenseintritt erworbene Erkenntnisse in die Beurteilung einfließen läßt, verbietet sich.[133] Die Pflicht zur Aktualisierung von Prospekten bleibt davon unberührt.[134]

b) Unrichtigkeit

Unrichtige Angaben führen nur dann zur Unrichtigkeit des Prospekts, wenn sie sich auf erhebliche Umstände beziehen.[135] Erheblich ist ein Umstand, wenn er objektiv zu den wertbildenden Faktoren einer Anlage gehört und in die Investitionsentscheidung eines durchschnittlichen Anlegers „eher als nicht“ Eingang findet.[136] Dies gilt ebenso wie die folgenden Ausführungen für die Unrichtigkeit von Börsenzulassungsprospekten.

Unrichtig können Angaben tatsächlicher Art ebenso wie Werturteile und Prognosen sein. Werturteile und Prognosen sind z. B. die „Geschäftsaussichten“, die gemäß § 29 II BörsZulV für mindestens das laufende Geschäftsjahr im Börsenzulassungsprospekt enthalten sein müssen. Es reicht die Angabe unbezifferter, aus den Daten der Vergangenheit korrekt abgeleiteter Verbalprognosen.[137] Die Prospektangaben haben jedoch einer tatsächlichen Grundlage zu entsprechen[138] und die daraus abgeleiteten Schlußfolgerungen müssen kaufmännisch vertretbar sein.[139]

Darüber hinaus ist vom BGH das Kriterium des Gesamteindrucks im Hinblick auf die Richtigkeit der Vermögens-, Ertrags- und Liquiditätslage des Unternehmens entwickelt worden.[140] Damit wird eine scharfe Trennung von Unrichtigkeit und Unvollständigkeit einzelner Aussagen oder des Gesamtprospekts weitgehend aufgehoben, weil der Gesamteindruck sowohl aufgrund einer übermäßigen Anzahl positiver, jeweils für sich jedoch noch vertretbarer Werturteile,

131 Vgl. BGH, WM 1988, 291, 291; BGH, WM 1994, 492, 492; BGH, WM 1994, 1746, 1746.

132 Vgl. BGH, WM 1994, 149, 150.

133 Vgl. Assmann in Assmann/Schütze, 1997, § 7, RN 65.

134 Siehe dazu Dritter Teil C. II. 3. b).

135 Vgl. BGHZ 79, 337, 344; BGH, WM 1991, 2092, 2094.

136 Assmann, Prospekthaftung, 1985, S. 319.

137 Vgl. Ekkenga, Anlegerschutz, 1998, S. 416.

138 Vgl. Weimann, Prospekthaftung 1998, § 5, RN 27.

139 Vgl. BGH, WM 1982, 862, 865; OLG Düsseldorf, WM 1984, 586, 595 f.

140 Vgl. BGH, WM 1982, 862, 863; auch OLG Frankfurt a. M., WM 1994, 291, 295.

als auch aufgrund unterlassener Angaben unrichtig sein kann.[141] Die sich daraus ergebenden Auswirkungen für das Verschulden im Bereich der börsengesetzlichen Prospekthaftung sind heute überholt,[142] weil die neue Rechtslage von § 46 BörsG keine Unterscheidung mehr im Verschulden zwischen Unrichtigkeit und Unvollständigkeit macht.[143] Die Richtigkeitskontrolle im Rahmen des Gesamteindrucks erfordert über die Darstellung der Daten hinaus auch für den durchschnittlichen Anleger verständliche und nachvollziehbare Erläuterungen sowie Schlußfolgerungen für die zukünftige Unternehmensentwicklung.[144] Fraglich ist, ob dies entfallen kann, wenn im Prospekt Dokumente wie der Jahresabschluß oder Lagebericht enthalten sind. Obwohl sich in der Rechtsprechung des BGH gegenteilige Tendenzen zeigen, sollte an einer narrativen Aufbereitung des Datenmaterials festgehalten werden, insbesondere wenn solche Unterlagen nicht im eigentlichen Prospekt enthalten sind.[145]

Eine Unrichtigkeit des Prospekts kann sich auch aus seiner mangelnden Aktualität ergeben. Demnach ist immer ein zeitnaher Prospekt vorzulegen.[146] Dies erfordert gegebenenfalls die Berichtigung von Angaben im Prospekt, die sich nach seiner Herausgabe verändert haben.

In konkreten Einzelfällen hat der BGH die folgenden Darstellungen in Prospekten als unrichtig angesehen:[147]

- Bezeichnung eines Geschäftsbetriebs als gekauft, ohne daß ein wirksamer Kaufvertrag geschlossen war;[148]
- Bezeichnung „bereits erworben", obwohl der Eigentumserwerb grundbuchmäßig nicht gesichert war;[149]
- Angabe, der Absatz produzierter Ware sei gesichert, ohne daß Abnahmeverpflichtungen Dritter vorlagen;[150]
- Darstellung eines Vorhabens als planerisch und rechnerisch gesichert, obwohl Umstände vorlagen, die das Erreichen des Vertragszwecks gefährdeten;[151]

---

141 Vgl. Assmann, WM 1983, 138, 140.

142 Siehe Assmann, Prospekthaftung, 1985, S. 321.

143 Siehe Vierter Teil A. VIII. 1.

144 Vgl. Assmann in Assmann/Schütze, 1997, § 7, RN 69.

145 Vgl. ebenda, RN 70 m. w. N.

146 Vgl. BGHZ 71, 284, 290 f; BGH, WM 1982, 862, 864; BGH, WM 1993, 1787, 1790.

147 Vgl. die folgende Zusammenstellung bei Assmann in Assmann/Schütze, 1997, § 7, RN 75.

148 Vgl. BGHZ 71, 284, 289; BGHZ 72, 382, 388; BGHZ 83, 222, 223.

149 Vgl. BGH, WM 1992, 1892, 1892.

150 Vgl. BGH 74, 103, 110.

151 Vgl. BGHZ 79, 337, 344.

- Darstellung, daß durch die Einzahlung der Einlagen auf ein Rechtsanwalts-Anderkonto deren vertragsmäßige Verwendung gesichert sei, obwohl dies tatsächlich nicht der Fall war.[152]

c) Unvollständigkeit

Ein Prospekt ist unvollständig, wenn ihm Angaben fehlen, die für die Investitionsentscheidung eines durchschnittlichen Anlegers erheblich sind. Inhaltliche Mindestanforderungen für Börsenzulassungsprospekte in bezug auf ihre Vollständigkeit sind in den §§ 13 ff BörsZulV geregelt. Der Unternehmensbericht muß gemäß § 73 BörsG mindestens die Angaben enthalten, die für einen Verkaufsprospekt nach einer aufgrund von § 7 II u. III VerkProspG erlassenen Rechtsverordnung erforderlich sind, und die sich gemäß § 72 II Nr. 1 BörsG aus den Ordnungen der einzelnen Börsen ergeben. Für die Verkaufsprospekte der investmentrechtlichen Prospekthaftung ergeben sich die Mindestanforderungen aus § 19 II KAGG und § 3 II AuslInvestmG. Da keine Mindestanforderungen für Anlagen des nicht-organisierten Kapitalmarkts festgeschrieben sind, ist der begrüßenswerte Versuch unternommen worden, Prospektinhaltskataloge zu erstellen.[153] Solche Prüfungsgrundsätze haben zwar keine Rechtsnormqualität, gewährleisten aber einen Qualitätsstandard der Prospektprüfung und dürften einen nicht unerheblichen Einfluß auf die richterliche Konkretisierung von Prospektinhalten haben.

Zu den Angaben, bei deren Fehlen der Prospekt unvollständig wird, gehören auch Prognosen über die zukünftige Entwicklung des Unternehmens. Dies ergibt sich für Börsenzulassungsprospekte in bezug auf künftige Investitionen mit Ausnahme der Finanzanlagen aus § 38 I Nr. 2 BörsG i. V. m. § 20 I Nr. 7 c) BörsZulV. Allgemein fordert § 38 I Nr. 2 BörsG i. V. m. § 29 II BörsZulV Angaben über die Geschäftsaussichten des Emittenten mindestens für das laufende Geschäftsjahr. Dies gilt gemäß § 73 I Nr. 2 BörsG ebenso für Unternehmensberichte und gemäß § 7 II Nr. 3 VerkProspG i. V. m. § 11 VerkProspVO[154] für Verkaufsprospekte. Diese allgemein gehaltenen gesetzlichen Vorschriften zur Prognosepublizität lassen sich ohne weiteres auch auf Prospekte für den grauen Kapitalmarkt übertragen.[155]

Fehlende Angaben können sich auch unter dem Gesichtspunkt des oben dargestellten Gesamteindrucks ergeben. Dazu gehören solche Tatsachen, die den

---

152 Vgl. BGH, WM 1984, 19, 20.

153 Vgl. ausführlich dazu Assmann in Assmann/Schütze, 1997, § 7, RN 79 ff m. w. N., und Weimann, Prospekthaftung, 1998, § 3, RN 15 m. w. N.

154 Verordnung über Wertpapier-Verkaufsprospekte (Verkaufsprospekt-Verordnung) i. d. F. vom 9.9.1998, siehe BGBl. I 1998, S. 2853 - 2856.

155 Vgl. Assmann in Assmann/Schütze, 1997, § 7, RN 88.

verfolgten Vertragszweck verhindern können.[156] Ist vom Eintreten bestimmter Umständen, die den Investitionszweck des Anlegers gefährden, mit einiger Wahrscheinlichkeit auszugehen, macht ihre fehlende Darstellung den Prospekt unvollständig.[157]

Im Zusammenhang mit der Entscheidung des BGH zu den Bond-Anleihen kam die Frage auf, ob und gegebenenfalls in welchem Umfang negative Unternehmensbeurteilungen und -berichte in Prospekten aufzuführen sind. Das LG Frankfurt a. M. erkannte im Bond-Fall darauf, daß der Prospekt unvollständig war, weil er keine Angaben darüber enthielt, daß in Australien die Mehrheit der Analysten vom Kauf der Anleihen abrieten und eine australische Rating-Agentur ein down rating vornahm und die Anleihe als ungeeignet zur Daueranlage einstufte.[158] Dem ist nicht zuzustimmen. Zwar mögen Urteile Dritter bei der Anlageberatung Bedeutung erlangen und als nachweisbare Meinungsäußerungen Fakten darstellen, zu den für die konkrete Anlage unmittelbar wertbildenden Tatsachen gehören sie indes nicht.[159] Das OLG Frankfurt a. M. als Berufungsinstanz beurteilte die Vollständigkeit des Prospekts dann auch alleine nach dem Kriterium des Gesamteindrucks.[160] Negative Berichte und Ratings wurden nur im Rahmen des Verschuldens berücksichtigt, um zu klären, ob die Prospekt-Verantwortlichen eine Unrichtigkeit, Unvollständigkeit oder einen unzutreffenden Gesamteindruck hätten erkennen können. Der BGH hat zu dieser Frage bisher keine Position bezogen.[161]

In konkreten Einzelfällen hat der BGH folgende Angaben als notwendige Prospektbestandteile gewertet:[162]

- Kapitalmäßige und personelle Verflechtungen;[163]
- Angaben über die Verhältnisse derjenigen Gesellschaft, die bei wirtschaftlicher Betrachtung ebenfalls als Anlageobjekt in Betracht kommt;[164]

---

[156] Vgl. BGHZ 79, 337, 344; BGH, WM 1994, 2192, 2193.

[157] Vgl. BGHZ 72, 382, 388; BGH, WM 1988, 48, 50; BGH, WM 1991, 2092, 2094.

[158] Vgl. LG Frankfurt a. M., WM 1992, 1768, 1771 f.

[159] Vgl. Assmann in Assmann/Schütze, 1997, § 7, RN 85; a. A. Köndgen, WuB I G 9. -1.93, 25, 27 f.

[160] Vgl. OLG Frankfurt a. M., WM 1994, 291, 297. Zustimmend Schwark, WuB I G 9. - 2.94, 511, 511 f.

[161] Vgl. Assmann in Assmann/Schütze, 1997, § 7, RN 84.

[162] Vgl. die folgende Zusammenstellung bei Assmann in Assmann/Schütze, 1997, § 7, RN 78. Siehe zu konkreten Inhaltsanforderungen des Prospekts bei Bauherrenmodellen und anderen Immobilienanlagen Thode in Reithmann/Meichssner/Heymann, 1995, RN 39 mit entsprechend ausführlichen Rechtsprechungsnachweisen.

[163] Vgl. BGHZ 79, 337, 345; BGH, WM 1987, 495, 495; BGH, WM 1994, 2192, 2193.

[164] Vgl. BGH, WM 1982, 90, 91

- Angaben über die den Gründungsgesellschaftern gewährten Sondervorteile;[165]
- Angaben über geplante Maßnahmen zur Kurspflege.[166]

d) Prospektgestaltungsmängel

Es gibt keine formalen Vorgaben in bezug auf die Gestaltung von Prospekten. Demnach folgt die Mangelhaftigkeit eines Prospekts nicht bereits daraus, daß er Gestaltungsmängel aufweist. Ein unübersichtlich gestalteter Prospekt kann jedoch dann unrichtig sein, wenn sich aus diesem Gestaltungsmangel für einen durchschnittlichen Anleger[167] ein unzutreffender Gesamteindruck[168] ergibt. Demnach läßt sich von einem Prospektierungsgrundsatz der Prospektklarheit und Prospektübersichtlichkeit sprechen.[169]

Insofern ist kritisch zu beurteilen, daß es der BGH in einer beiläufigen Bemerkung zu einer Entscheidung für ausreichend hält, wenn eine für die Beurteilung der Anlage wesentliche Angabe statt im Prospekt in der ihm beigefügten sog. Dokumentationsmappe enthalten ist.[170] Dies wird zum Teil als „Freibrief" gewertet, der es gestattet, unvorteilhafte Daten in gesonderte Dokumente einzubetten und diese dann in den Prospektanhang „zu verbannen".[171]

Daß ein solches Verfahren nicht uneingeschränkt möglich ist, zeigt eine Entscheidung zum Fall Mode Holding München AG. Das LG Frankfurt a. M. kam zu dem Ergebnis, daß die Berichtigung von Zahlen zur wirtschaftlichen Lage, die zu Anfang des Unternehmensberichts dargestellt wurden, durch den weiter hinten abgedruckten "Als-Ob-Konzernabschluß" nichts an der unrichtigen und irreführenden Darstellung eingangs des Unternehmensberichts ändert.[172] Der Unternehmensbericht sei deshalb insgesamt unrichtig und unvollständig. Diese Entscheidung wurde durch das noch nicht rechtskräftige Berufungsurteil des OLG Frankfurt a. M bestätigt.[173]

165 Vgl. BGH, WM 1985, 533, 534; BGH, WM 1994, 2192, 2193.

166 Vgl. BGH, WM 1993, 1787, 1790.

167 Siehe zum Prospektadressaten Dritter Teil C. II. 3. a).

168 Siehe zum Gesamteindruck Dritter Teil C. II. 3. b).

169 Vgl. Assmann in Assmann/Schütze, 1997, § 7, RN 92.

170 Vgl. BGH, WM 1992, 901, 904.

171 Assmann in Assmann/Schütze, 1997, § 7, RN 93.

172 Vgl. LG Frankfurt a. M., ZIP 1998, 641, 642.

173 Vgl. OLG Frankfurt a. M., AG 1999, 325, 326.

III. Haftungsadressaten

Der BGH prüft die Prospektverantwortlichkeit in zwei Schritten. Zuerst erfolgt die Feststellung des Haftungsadressaten. Im Anschluß wird die Einflußnahme dieses Haftungsadressaten auf die Prospekterstellung überprüft.[174] Mit dem zweiten Prüfungsschritt klingt ein entscheidender Unterschied zur spezialgesetzlichen Prospekthaftung an. Während diese nur eine Gesamtverantwortlichkeit für den Prospekt kennt,[175] haften Prospektadressaten der bürgerlichrechtlichen Prospekthaftung gegebenenfalls auch nur für die von ihnen zu verantwortenden Teile.

Daraus ergibt sich ein vergleichsweise großer Kreis von Haftungsadressaten. Diese werden in die drei Gruppen der Prospektherausgeber und Prospektverantwortlichen, der Hintermänner und der Sachwalter eingeteilt. Überschneidungen zwischen den einzelnen Gruppen sind möglich. Die Abbildung auf der nächsten Seite gibt einen ersten detaillierteren Überblick.

Nicht aufgeführt sind die Gesellschafter der Kapitalanlagegesellschaft. Diese haften nur unter besonderen Voraussetzungen aus bürgerlichrechtlicher Prospekthaftung, auf die bei der folgenden Erörterung der Haftung der Prospektherausgeber und Prospektverantwortlichen eingegangen wird.

Die Haftungsadressaten der bürgerlichrechtlichen Prospekthaftung i. e. S. und i. w. S. sind grundsätzlich dieselben Personen. Bei der folgenden Darstellung wird deshalb die Möglichkeit einer Haftung aus bürgerlichrechtlicher Prospekthaftung i. w. S. schon hier berücksichtigt.

1. Prospektherausgeber und Prospektverantwortliche

Zur Gruppe der Prospektherausgeber und Prospektverantwortlichen gehören die Initiatoren, Gestalter und Gründer der Gesellschaft. Auch Gesellschaftsorgane können unter besonderen Voraussetzungen ebenso wie Treuhänder, die zwischen Anlegern und Gesellschaft eingeschaltet sind, zu den Prospektverantwortlichen gehören.

a) Initiatoren, Gestalter und Gründer

Die Initiatoren, Gestalter und Gründer bilden das Management der Anlagegesellschaft. Sie treten als diejenigen nach außen in Erscheinung, deren Tätigkeit

---

[174] Vgl. BGH, NJW 1995, 1025, 1025.

[175] Siehe Vierter Teil A. V. 1.

und Zuverlässigkeit die Erfüllung der Angaben im Prospekt gewährleisten.[176] Somit sind sie primäre Haftungsadressaten.

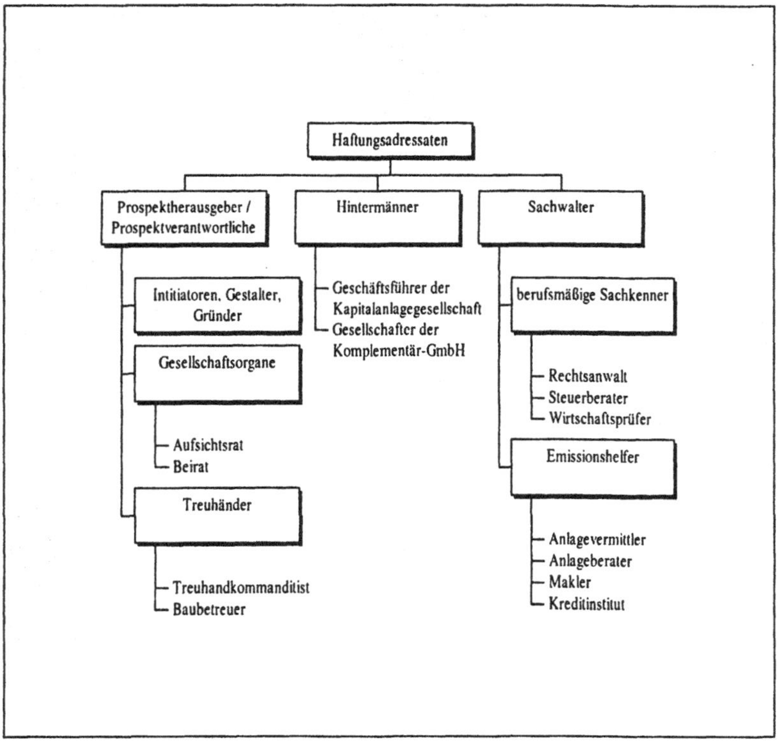

Abbildung 6:Haftungsadressaten der bürgerlichrechtlichen Prospekthaftung
Quelle: Eigene Erstellung

Die Inanspruchnahme der Gesellschaft selbst wird wegen gesellschaftsrechtlicher Bedenken verneint.[177] Dies gilt auch für die Publikums-KG. Von untergeordneter Bedeutung ist das Argument, daß nicht die Publikums-KG, sondern

---

176 Vgl. BGHZ 71, 284, 287; BGHZ 72, 382, 384 f; BGHZ 74, 103, 108 f; BGHZ 77, 172, 175; BGHZ 79, 337, 340 f; BGHZ 83, 222, 223; BGH, WM 1984, 19, 19; BGH, WM 1986, 583, 584; BGH, WM 1987, 811, 811 f; BGHZ 111, 314, 317 f; BGH, WM 1990, 1658, 1659; BGH, WM 1991, 637, 638; BGH, WM 1991, 1543, 1543; BGHZ 115, 214, 218; BGH, WM 1992, 901, 906 f; BGH, WM 1993, 1787, 1788; BGH, WM 1994, 1371, 1372; BGH, NJW 1995, 1025, 1025.

177 Vgl. Assmann in Assmann/Schütze, 1997, § 7, RN 102.

der einzelne Gesellschafter Vertragspartner des Anlegers wird.[178] Entscheidend ist vielmehr, daß sich aus den Vorschriften der Modalitäten der Rückzahlung der Einlage des Kommanditisten und der Haftung gemäß § 172 IV i. V. m. § 171 I HGB sowie der Grundsätze der Behandlung einer fehlerhaften Gesellschaft eine Rückzahlung der geleisteten Einlagen ausschließt. Dies hat zur Folge, daß der getäuschte Kommanditist die Zahlung seiner Einlage - mit Ausnahme von „unerträglichen" Fällen -[179] nicht verweigern kann.[180] Statt dessen steht ihm lediglich das Recht einer außerordentlichen Kündigung zu.[181]

Die Gesellschafter einer Publikums-KG gehören auch nicht zu den Haftungsadressaten, wenn ihre Inanspruchnahme allein aus dem verbandsrechtlichen Status hergeleitet wird. Dies gilt grundsätzlich für bereits beigetretene Anlegerkommanditisten[182] sowie für die Komplementär-GmbH[183]. Die Haftung der Komplementär-GmbH soll aber dann möglich sein, wenn sie als spätere Vertragspartnerin bei den Vertragsverhandlungen gegenüber den Anlegerkommanditisten in ihrer Person Vertrauen in Anspruch nimmt.[184] Ginge man indes wie oben dargestellt davon aus, daß aufgrund der Konstruktion der Publikums-KG diese selbst und nicht die Gesellschafter Vertragspartner werden, wäre auch in einem solchem Fall das Handeln der Komplementär-GmbH als organschaftlich zu qualifizieren mit der Folge, daß eine Haftung gegenüber den Anlegern ausschiede.[185] Eine Haftung der Gesellschafter der Komplementär-GmbH ergibt sich erst unter dem Gesichtspunkt der Verantwortlichkeit der Hintermänner als Haftungsadressaten der bürgerlichrechtliche Prospekthaftung.

Die Haftung eines Anlegerkommanditisten ist dann möglich, wenn es sich um einen sog. Gründerkommanditisten handelt. Dieser ist nicht aufgrund des Prospekts der Gesellschaft beigetreten, sondern war bei ihrer Gründung beteiligt. Voraussetzung für seine Haftung ist eine über die bloße Mitwirkung in der Konstitutionsphase der Gesellschaft hinausgehende Aktivität[186] oder ein ander-

---

178 Wiedemann/Schmitz, ZGR 1980, 129, 137 f, melden für die Publikums-KG Zweifel an diesen Grundsatz an, weil der Kommanditist i. d. R. keinen Einfluß auf die Vertragsgestaltung und die Beitrittsverhandlungen hat, und verweisen auf Entscheidungen des BGH, die zumindest ähnliche Tendenzen zeigen.

179 Vgl. BGH, NJW 1973, 1604, 1605.

180 Vgl. BGHZ 26, 330, 335 f; BGH, NJW 1973, 1604, 1605.

181 Vgl. BGHZ 63, 338, 338.

182 Vgl. BGHZ 71, 284, 286 f; BGH, WM 1984, 1529, 1529 ff; BGH, WM 1985, 533, 534; BGH, WM 1987, 811, 812; BGH, WM 1991, 637, 638; BGH, WM 1992, 482, 483.

183 Vgl. BGHZ 71, 284, 286 f.

184 Vgl. ebenda.

185 Vgl. Köndgen, AG 1983, 120, 120 f.

186 Vgl. BGHZ 72, 382, 385; BGHZ 79, 337, 343.

weitiger besonderer Vertrauenstatbestand.[187] Ist der Gründerkommanditist zugleich Treuhandkommanditist, haftet er aus dieser Eigenschaft.

Im übrigen kann ein persönlich haftender Gesellschafter einer KG nach den Grundsätzen der bürgerlichrechtlichen Prospekthaftung i. w. S. in Anspruch genommen werden. Dies gilt für den Fall, daß er oder die ihn vertretende Personen als Partei des Beitrittsvertrags bei der Erfüllung seiner Aufklärungspflicht einen mangelhaften Prospekt verwendet.[188] Auch ein Anlegerkommanditist, der selbst erst nach Gründung der Gesellschaft beigetreten ist und keinen Einfluß auf den Gesellschaftsvertrag hat sowie von weiteren Beitrittsverhandlungen ausgeschlossen ist, kann aus bürgerlichrechtlicher Prospekthaftung i. w. S. in Anspruch genommen werden. Dazu muß ihm zuzurechnen sein, daß weitere Gesellschafter aufgrund des mangelhaften Prospekts zum Beitritt veranlaßt worden sind. Ein Zurechnungsgrund liegt z. B. vor, wenn die vom Anlegerkommanditisten im voraus zugesagten und später auch durch Bürgschaften zugunsten der Kreditgeber der Gesellschaft eingelösten finanziellen Zusagen über Gründung und Fortbestehen der Gesellschaft entscheiden.[189]

b) Gesellschaftsorgane

Weitere Prospektverantwortliche können Aufsichtsrat oder Beirat sein. Die Haftung ergibt sich dabei nicht aus der Organstellung.[190] Die Organmitglieder können jedoch aufgrund ihres Mitwirkens in der Planungs- und Vertriebsphase eines Kapitalanlageprojekts als Prospektverantwortliche anzusehen sein.[191] Die bloße Nennung einer Person im Prospekt als Mitglied eines Gesellschaftsorgans ohne weitere zurechenbare Aussage führt nicht zur Prospektverantwortlichkeit.[192]

c) Treuhänder

Bei dem Vertrieb von Kommanditbeteiligungen wird häufig zwischen der Anlagegesellschaft und dem Anlegerkommanditisten ein Treuhandkommanditist zwischengeschaltet. Bei Bauherrenmodellen ist die Einschaltung eines Baubetreuers die Regel. Wird der zur Werbung der Anleger verwandte mangelhafte Prospekt von dem Treuhänder selbst erstellt und herausgegeben, ist dessen Einbeziehung in den Kreis der Haftungsadressaten gegeben.[193] Dies soll auch gel-

187 Vgl. BGHZ 72, 382, 382.

188 Vgl. BGH, WM 1991, 1543, 1543.

189 Vgl. BGH, WM 1991, 637, 638 f.

190 Vgl. Assmann, Prospekthaftung, 1985, S. 335 f.

191 Vgl. BGHZ 72, 382, 385 f; BGH, WM 1979, 1425, 1425; BGH, WM 1984, 1640, 1640.

192 Vgl. BGHZ 79, 337, 348 f.

193 Vgl. BGH, WM 1985, 533, 533.

ten, soweit die Treuhänder auf andere Weise aufgrund ihrer Aktivitäten den Prospektverantwortlichen zuzurechnen sind.[194] Dabei reicht die einfache namentliche Nennung ohne weitere Zusätze im Prospekt nicht aus.[195] Dies ergibt sich aus der parallelen Wertung zur oben dargestellten Prospektverantwortlichkeit von Gesellschaftsorganen. Der Abdruck des Treuhandvertrags im Prospekt genügt nicht, weil damit nur das Vertrauen auf die Erfüllung der Treuhandpflichten begründet wird.[196]

Beachtung bei der Verantwortlichkeit des Treuhänders muß die Tatsache finden, daß ihm eine Art „Vertrauensverwahrung" gegenüber den Treuhändern zugebilligt wird und seine Verantwortlichkeit damit weniger streng ist.[197] Ist dem Treuhänder die Erfüllung seiner weitgehenden Aufklärungspflichten und den sich daraus ergebenden Nachforschungspflichten nicht möglich, muß er den Anleger über die nicht erfolgte Prüfung des Treuguts informieren.[198] Wird der Treuhänder indes auch zur Vertrauenswerbung genutzt, sollte er ohne Einschränkung in den Kreis der Garanten für einen fehlerfreien Prospekt einbezogen sein. Er könnte sich demnach nicht auf die Möglichkeit der Vertrauensverwahrung berufen. Dies ist vom OLG Celle für den Fall eines Bauherrenmodells so entschieden worden.[199]

Im übrigen kann der Treuhänder Haftungsadressat der bürgerlichrechtlichen Prospekthaftung i. w. S. sein. Das ist der Fall, wenn er zur Erfüllung seiner ihn aus dem Vertrag mit dem Anleger treffenden Aufklärungspflichten einen mangelhaften Prospekt verwendet und sich dessen Inhalt zu eigen macht. Überläßt der Treuhänder die Aufklärung einem Dritten, muß er sich dessen Verhalten nach § 278 BGB anrechnen lassen.[200]

2. Hintermänner

Der Gruppe der Hintermänner gehören die Personen hinter der Gesellschaft an, die einen besonderen Einfluß auf die Gesellschaft ausüben und eine Mitverantwortung tragen.[201] Dies gilt unabhängig davon, ob sie nach außen in Erschei-

---

194 Vgl. BGHZ 84, 141, 141; BGH, WM 1983, 1387, 1387; BGH, WM 1986, 583, 583.

195 Vgl. BGH, NJW 1995, 1025, 1025.

196 Vgl. BGH, WM 1987, 425, 425.

197 Vgl. Assmann in Assmann/Schütze, 1997, § 7, RN 111.

198 Vgl. BGH, WM 1982, 758, 758.

199 Vgl. OLG Celle, EWiR, § 675 BGB 6/85, 761, 761, und Anmerkung Koeble, ebenda, 762.

200 Vgl. Assmann in Assmann/Schütze, 1997, § 7, RN 110.

201 Vgl. BGHZ 72, 382, 386 f; BGHZ 74, 103, 109; BGHZ 77, 172, 175; BGHZ 79, 337, 340 ff; BGHZ 83, 222, 224; BGH, WM 1984, 19, 19; BGH, WM 1986, 583, 584;

nung treten. Eine pauschale Zuordnung bestimmter Haftungsadressaten in die Gruppe der Prospektherausgeber und Prospektverantwortlichen oder in die Gruppe der Hintermänner ist nicht möglich, sondern ergibt sich immer nur aus dem konkreten Einzelfall.[202]

In terminologischer Anlehnung an die §§ 45, 46 BörsG a. F. geht es um die Verantwortlichkeit der Personen oder Gesellschaften, die den Prospekt „erlassen" haben oder von denen der Prospekt „ausgeht".[203] Im Fall der Publikums-KG können zur Gruppe der Hintermänner die Geschäftsführer der Kapitalanlagegesellschaft und die Gesellschafter der Komplementär-GmbH gehören. Auf eine gesellschaftsrechtliche Haftungsbeschränkung können sie sich nicht berufen.[204] Darüber hinaus haftet z. B. der Geschäftsführer und Mehrheitsgesellschafter einer GmbH, die den Prospekt für ein Bauherrenmodell herausgibt.[205] Auch derjenige haftet als Hintermann, der durch besondere Hinweise im Prospekt auf seine bisherige Tätigkeit in anderen Projekten Vertrauen in Anspruch nimmt.[206]

Nicht zu den Hintermännern gehört, wer nur bei der Erstellung des Prospekts mitgewirkt hat. Dies gilt zum einen für Angestellte der Anlagegesellschaft.[207] Zum anderen trifft auch den keine Haftung, der ein dem Prospekt zugrundeliegendes Gutachten verfaßt hat und als Hilfsperson ohne Einfluß auf die Gesellschaft geblieben ist.[208] Auch ein Kreditinstitut, das bei der Finanzierung eines Erwerbermodells zwar die Konzeption und bauliche Gestaltung des Objekts beeinflußt und eigene Vorstellungen über die Vertragsgestaltung durchgesetzt hat, rückt dadurch nicht an die Seite der Initiatoren und Prospektherausgeber und somit nicht in die Haftung.[209]

3. Sachwalter

Die Gruppe der Sachwalter umfaßt die Personen, die als berufsmäßige Sachkenner oder aufgrund ihrer besonderen beruflichen oder wirtschaftlichen Position eine Garantenstellung einnehmen. Diese haften, sofern sie durch ihr nach außen erkennbares Mitwirken am Prospekt einen besonderen Vertrauenstatbestand

---

BGHZ 111, 314, 319 f; BGHZ 115, 214, 218; BGH, WM 1992, 901, 906 f; BGH, WM 1994, 1371, 1373; BGH, NJW 1995, 1025, 1025.

202 Vgl. Weimann, Prospekthaftung, 1998, § 6, RN 18.

203 Vgl. Assmann in Assmann/Schütze, 1997, § 7, RN 113.

204 Vgl. Weimann, Prospekthaftung, 1998, § 6, RN 36.

205 Vgl. BGHZ 111, 314, 318.

206 Vgl. BGHZ 71, 285, 288 f.

207 Vgl. BGHZ 88, 67, 67.

208 Vgl. BGH, WM 1986, 904, 904.

209 Vgl. BGH, WM 1992, 901, 906 f.

schaffen,[210] allerdings nur in dem Umfang, in dem das geschaffene Vertrauen in bezug auf den Prospektinhalt reicht. Zu den Sachwaltern gehören auch die Emissionshelfer, die Informationsgaranten sind.

a) Berufsmäßige Sachkenner

Berufsmäßige Sachkenner sind Personen und Unternehmen, die aufgrund ihrer allgemein anerkannten und hervorgehobenen beruflichen oder wirtschaftlichen Position eine Garantenstellung einnehmen.[211] Mit ihnen verbindet der Anleger berufliche Sachkunde und persönliche Zuverlässigkeit. Typischerweise werden Rechtsanwälte, Steuerberater und Wirtschaftsprüfer zu den berufsmäßigen Sachkennern gezählt.[212] Ihre Haftung erstreckt sich im Gegensatz zu den anderen Haftungsadressaten nur auf den Teil des Prospekts, der ihnen zuzurechnen ist.[213] Die Reichweite ihrer Erklärungen im Prospekt ist durch Auslegung aus Sicht eines durchschnittlichen Anlegers zu ermitteln.[214]

Besondere Bedeutung innerhalb der berufsmäßigen Sachkenner kommt den Wirtschaftsprüfern zu. Die inhaltliche Reichweite ihrer Haftung richtet sich grundsätzlich nach dem erteiltem Testat. Ist hingegen bei Kapitalanlagen im grauen Kapitalmarkt wie heute allgemein üblich eine freiwillige Prospektprüfung vorgenommen worden, haften der Wirtschaftsprüfer bzw. die Wirtschaftsprüfungsgesellschaft und die bei der Prüfung mitwirkenden gesetzlichen Vertreter für den gesamten Prospekt.[215] Dem steht § 323 HGB, der die Haftung des Wirtschaftsprüfers regelt, nicht entgegen,[216] weil er die eigenständige Haftungsgrundlage Prospekthaftung nicht erfaßt und auch zu keiner Modifikation einzelner ihrer Voraussetzungen führt.[217]

b) Emissionshelfer

Zu den Emissionshelfern gehören typischerweise Anlagevermittler, Anlageberater, Makler und Kreditinstitute. Aus Prospekthaftung einstandspflichtig sind sie

---

210 Vgl. BGHZ 77, 172, 176 f; WM 1984, 19, 19 f; BGH, WM 1986, 904, 906; BGHZ 111, 314, 319 f; BGH, WM 1992, 901, 906; BGH, WM 1992, 1269, 1270; BGH, NJW 1995, 1025, 1025.

211 Vgl. Weimann, Prospekthaftung, 1998, § 6, RN 38.

212 Vgl. BGHZ 77, 172, 177; BGH, WM 1984, 19, 20; BGHZ 111, 314, 319.

213 Vgl. BGH, WM 1984, 19, 20.

214 Vgl. Assmann in Assmann/Schütze, 1997, § 7, RN 118.

215 Vgl. Hopt in FS Pleyer, 1986, S. 355 f.

216 Siehe zur Haftung des Wirtschaftsprüfers aus § 323 HGB auch Vierter Teil A. V. 5.

217 Vgl. Hopt in FS Pleyer, 1986, 341, 355.

nicht aufgrund ihrer Stellung und Funktion im Vertrieb der Kapitalanlagen.[218] Ihre Haftung ergibt sich vielmehr aus dem Umstand, daß sie zum Informationsgaranten werden. Dann ergeben sich die Haftungsregeln aus der Individualpublizität und entscheidend für die Beurteilung des Haftungsumfangs ist, ob der beklagte Informationsträger vom Anleger eingeschaltet wurde oder „im Lager des Emittenten stand".[219] Ist er vom Anleger beauftragt worden, kann eine Haftung nach den Grundsätzen der bürgerlichrechtlichen Prospekthaftung i. w. S: in Betracht kommen.[220]

Bei einem Kreditinstitut führt dessen Funktion als Finanzier des Anlageobjekts nicht zur Haftung, weil dadurch kein Vertrauenstatbestand in bezug auf die Projektgüte oder die Richtigkeit des darauf bezogenen Prospekts geschaffen wird.[221] Auch die alleinige Bezeichnung „Referenz" begründet keine Garantenstellung.[222] Läßt sich ein Kreditinstitut indes sowohl als Kreditgeber als auch als Referenz im Prospekt benennen, folgert der BGH daraus nicht nur eine einzelne Aufklärungs- oder Warnfunktion des Kreditinstituts aufgrund des vorhandenen Mehrwissens, sondern eine wesentlich umfassendere Pflicht zur Überprüfung der Richtigkeit der Prospektangaben und der Bonität der Initiatoren in banküblicher Weise und eine Aufklärung darüber ohne ausdrückliche Anfrage des Anlegers.[223]

Wesentlich größere praktische Relevanz bei der Haftung von Emissionshelfern kommt der bürgerlichrechtlichen Prospekthaftung i. w. S. zu, wenn die Emissionshelfer sich zur Erfüllung ihrer Aufklärungspflichten Prospektangaben zu eigen machen[224] oder ein besonderes persönliches Vertrauen in Anspruch nehmen.[225] Für Kreditinstitute gelten auch hier die zuvor erfolgten Ausführungen.

Darüber hinaus kann sich eine Haftung der Emissionshelfer auch aus einer Reihe anderer Aspekte ergeben,[226] so z. B. aus ausdrücklich oder stillschweigend geschlossenen Auskunfts-, Beratungs- oder Vermittlungsverträgen oder aufgrund der Inanspruchnahme besonderen persönlichen Vertrauens und der Prospekthaftung i. w. S.[227]

---

218 Vgl. Thode in Reithmann/Meichssner/Heymann, 1995, RN 53.

219 Vgl. Ekkenga, Anlegerschutz, 1998, S. 43.

220 Siehe dazu Dritter Teil D.

221 Vgl. Assmann in Assmann/Schütze, 1997, § 7, RN 132.

222 Vgl. BGH, WM 1992, 1269, 1269.

223 Vgl. BGH, WM 1992, 1269, 1270.

224 Vgl. BGHZ 79, 337, 348.

225 Vgl. BGH, WM 1978, 611, 612; BGHZ 74, 103, 109; BGHZ 77, 172, 176; BGHZ 79, 337, 348, BGH, WM 1984, 1075, 1076, BGH, WM 1986, 517, 518 f.

226 Siehe zu Details z. B. Assmann in Assmann/Schütze, 1997, § 7, RN 125 ff m. w. N.

227 Siehe dazu Dritter Teil D.

IV. Anspruchsberechtigte

Anspruchsberechtigt ist derjenige, der eine Kapitalanlage gekauft hat und dazu durch den unrichtigen oder unvollständigen Prospekt veranlaßt worden ist. Durch die Prospekthaftung geschützt ist auch der fachkundige, erfahrene Anleger oder Kaufmann.[228]

Fraglich ist, ob auch ein Zweiterwerber anspruchsberechtigt sein kann. Da die Rechtsprechung die Prospekthaftung i. e. S. dogmatisch aus einer Rechtsfortbildung der c. i. c. herleitet,[229] erscheint dies nur schwer vorstellbar. Für Weimann ist auch der Zweiterwerber aus bürgerlichrechtlicher Prospekthaftung i. e. S. anspruchsberechtigt, wenn der Verpflichtete den Prospektinhalt in seine Erklärung aufnimmt. Das könne sowohl der Ersterwerber sein, der seinen Anteil verkaufen möchte, als auch Dritte, wenn sie mit dem Prospekt für dieses Vorhaben werben.[230] Dem ist nach bisheriger Rechtsprechung zur bürgerlichrechtlichen Prospekthaftung zu widersprechen.[231] In dem Fall, daß der Prospektinhalt in die eigene Erklärung aufgenommen wird, könnte aber die Prospekthaftung i. w. S. Anwendung finden. Diese greift ein, wenn der Erklärende bei der Erfüllung einer selbständigen Aufklärungspflicht sich den mangelhaften Prospekt „zu eigen“ macht.

V. Kausalität

Für die haftungsbegründende Kausalität ist erforderlich, daß der Anspruchsberechtigte die Kapitalanlage aufgrund der mangelhaften Angaben im Prospekt gekauft hat. Haftungsausfüllend ist zu belegen, daß der Schaden durch die Pflichtverletzung des Haftungsadressaten entstanden ist.

1. Haftungsbegründende Kausalität

Die haftungsbegründende Kausalität mangelhafter Angaben im Prospekt für die Kaufentscheidung des Kapitalanlegers liegt vor, wenn unrichtige Angaben zumindest auch zum Kauf beigetragen haben oder im Fall eines unvollständigen Prospekts bei Kenntnis der ganzen Fakten der Kauf nicht getätigt worden wäre.[232] Für den Nachweis des Ursachenzusammenhangs zwischen einem mangel-

---

[228] Vgl. BGH, WM 1984, 960, 960.

[229] Siehe Dritter Teil A. I.

[230] Vgl. Weimann, Prospekthaftung, 1998, § 8, RN 4.

[231] Vgl. Assmann, Prospekthaftung, 1985, S. 359; derselbe in Assmann/Schütze, 1997, § 7, RN 136.

[232] Vgl. BGHZ 71, 284, 291 f; BGHZ 74, 103, 112; BGHZ 79, 337, 346; BGH, WM 1982, 90, 91; BGHZ 111, 314, 321; BGHZ 115, 214, 223.

haften Prospekt und der darauf beruhenden Kaufentscheidung ist es für die Rechtsprechung ausreichend, wenn der Anleger behauptet, daß er bei Kenntnis von den Prospektfehlern die Kapitalanlage nicht erworben hätte.[233] Damit stellt die Rechtsprechung eine Regel für die freie Beweiswürdigung gemäß § 286 ZPO auf, die darauf basiert, daß nach der „Lebenserfahrung"[234] ein in wesentlichen Angaben unrichtiger oder unvollständiger Prospekt für den Kauf der Kapitalanlage ausschlaggebend ist.[235]

Gelingt es dem Haftungsadressaten nachzuweisen, daß der Schaden auch bei pflichtgemäßen Verhalten eingetreten wäre, fehlt es an der Ursächlichkeit des Prospektmangels für den Erwerb der Kapitalanlage. Dies ist z. B. der Fall, wenn der Anleger über jeden abweichenden Rat oder Hinweis zur Anlageentscheidung hinwegsieht und auch bei richtigem und vollständigem Prospekt die Anlage erworben hätte.[236] Gleiches gilt, wenn dem Anleger die nicht oder unzutreffend dargestellten Tatsachen bekannt sind.[237]

Beachtung bei der Bestimmung des Kausalzusammenhangs verdient die Tatsache, daß der BGH in der Kausalkette nicht auf das letzte Glied in der Schadensentstehung abstellt, sondern auf die Anlageentscheidung als erstes Glied.[238] Das bedeutet, daß die Rechtsprechung nicht darauf abstellt, ob die Ursache des geltend gemachten Schadens in einer falschen Information liegt, sondern allein, ob die Anlageentscheidung aufgrund eines fehlerhaften Prospekts getroffen wurde. Somit stellt dies bereits eine maßgebliche Regel für die haftungsbegründende Kausalität dar.[239] Im Bereich der im folgenden dargestellten haftungsausfüllenden Kausalität erlangt dieser Aspekt auch grundlegende Bedeutung für die Frage nach der Art der zu ersetzenden Schäden.

2. Haftungsausfüllende Kausalität

Bei der haftungsausfüllenden Kausalität gilt es festzustellen, daß der Schaden in voller Höhe auf den Anlageentschluß zurückgeht.[240] Dann braucht in bezug auf

233 Vgl. BGHZ 74, 103, 112 f; BGH, WM 1982, 90, 91; BGHZ 111, 314, 321; BGH, WM 1991, 695, 698; BGHZ 115, 213, 223.

234 BGHZ 79, 337, 346.

235 Vgl. Assmann in Assmann/Schütze, 1997, § 7, RN 140; Weimann, Prospekthaftung, 1998, § 9, RN 1.

236 Vgl. BGH, NJW 1984, 1688, 1689; BGH, WM 1990, 681, 683; BGH, WM 1990, 1276, 1280; BGHZ 115, 213, 223.

237 Vgl. Assmann in Assmann/Schütze, 1997, § 7, RN 140. Für Hopt, Verantwortlichkeit der Banken, 1991, RN 171, ist dies ein Fall des Mitverschuldens, der zum Entfallen der Prospekthaftung führt.

238 Vgl. BGH, WM 1982, 90, 91; BGH, WM 1990, 1276, 1280.

239 Vgl. Assmann in Assmann/Schütze, 1997, § 7, RN 141.

240 Vgl. BGHZ 74, 103, 113; BGHZ 79, 337, 346.

die haftungsausfüllende Kausalität nicht mehr erfüllt zu sein als bei der haftungsbegründenden Kausalität.

Wird ein Teil- oder Totalverlust der Kapitalanlage als Schaden reklamiert, stellt sich die Frage, inwieweit den Verantwortlichen für den mangelhaften Prospekt die Veranlassung des Anlegers zum Kauf der Kapitalanlage zuzurechnen ist. Die von der Rechtsprechung im Deliktsrecht entwickelten Grundsätze zur Begrenzung der Haftung durch den Schutzzweck der verletzten Norm sind zwar auch auf vertragliche und vorvertragliche Pflichten übertragen worden,[233] haben aber für die bürgerlichrechtliche Prospekthaftung aufgrund der Tatsache, daß der BGH bei der Schadensentstehung auf die Anlageentscheidung als erstes Glied in der Kausalkette abstellt,[234] keine nennenswerte Bedeutung.[235] Vom BGH ist die Entscheidung über eine Haftungsbegrenzung unter dem Aspekt des Schutzzwecks offengelassen worden.[236] Bisher mußte er keine Stellung beziehen, weil in den zu entscheidenden Fällen die mit der Prospekthaftung geltend gemachten Schäden auch vom Schutzbereich der Pflichtverletzung erfaßt gewesen sind. Um das Ziel der Prospekthaftung zu erreichen, den Anleger vor falschen Anlageentscheidungen aufgrund von mangelhaften Prospekten zu schützen, ihm also umfassenden und nicht nur auf einzelne potentiell schadensstiftende Umstände bezogenen Dispositionsschutz zu gewähren, sind ihm sämtliche Schäden zu ersetzen, die auf der pflichtwidrig herbeigeführten Anlageentscheidung beruhen.[237] Prägnant formuliert bedeutet dies: „Niemand soll .. das Blaue vom Himmel versprechen dürfen, solange die Sache nur gut geht.“[238] Eine Haftungsbegrenzung unter dem Aspekt des Schutzzweckes der verletzten Pflicht, Anleger nicht durch mangelhafte Prospekte zu einer Anlageentscheidung zu bewegen, kommt nur in besonderen Ausnahmefällen in Betracht, in denen der Haftungsadressat erkennbar nur für eine im Verhältnis zum Gesamtprospekt singuläre und abgrenzbare Erklärung einstehen will.[239]

In der Konsequenz führt der breite Dispositionsschutz dazu, daß die Haftungsadressaten auch für Schäden haften, die durch nach der Anlageentschei-

---

233 Vgl. Assmann in Assmann/Schütze, 1997, § 7, RN 144 m. w. N.

234 Siehe Dritter Teil C. V. 1.

235 Anders bei Schadensersatzansprüchen, die sich auf die Verletzung von Rechtsinstituten stützen, die Informationsverantwortlichkeiten zuweisen und informationellen Dispositionsschutz gewähren. Vgl. Canaris, Bankvertragsrecht, 1981, RN 2298; Assmann, Prospekthaftung, 1985, S. 360 f; Pleyer/Hegel, ZIP 1985, 1370, 1373; Assmann in FS Lange, 1992, S. 345, 368 ff.

236 Vgl. BGH, WM 1986, 517, 519.

237 Vgl. BGH, WM 1991, 1543, 1544; BGHZ 115, 213, 223 f; BGH, WM 1993, 1787, 1788 f.

238 Assmann in Assmann/Schütze, 1997, § 7, RN 144.

239 Vgl. Thode in Reithmann/Meichssner/Heymann, 1995, RN 79.

dung eintretende Umstände verursacht werden. Konkret kann das bedeuten, daß der Haftungsadressat z. B. für ungünstige Gesetzesänderungen und konjunkturelle Entwicklungen haften muß.[248] Deren wirtschaftlich nachteiligen Folgen hätten den Anleger nicht getroffen, wenn er sich nicht aufgrund des Prospektmangels für die Kapitalanlage entschieden hätte.[249]

VI. Verschulden

Die bürgerlichrechtliche Prospekthaftung ist der Dogmatik der Rechtsprechung[250] folgend eine Verschuldenshaftung nach dem Maßstab der §§ 276, 278 BGB.[251] Somit kann eine Haftung anders als bei der spezialgesetzlichen Prospekthaftung[252] auch bereits bei leichter Fahrlässigkeit begründet werden.

Der Verschuldensvorwurf wird i. d. R. darauf gestützt, daß der Haftungsadressat zum einen sich der seine Aufklärungspflicht begründenden Umstände bewußt war und zum anderen die Tatsachen kannte oder hätte kennen müssen, über die auch der Anleger aufzuklären gewesen wäre.[253] Die Anforderungen an die Sorgfaltspflichten variieren im Einzelfall. So entscheidet über das erforderliche Maß an Sorgfalt das schutzwürdige Vertrauen des Anspruchsberechtigten im Hinblick auf die Risiken der Anlageentscheidung, die Stellung und Funktion des jeweiligen Haftungsadressaten und die Art des im Einzelfall gewährten Vertrauens. Eine erhöhte Sorgfaltspflicht besteht z. B. dann, wenn mit Verweis auf die besondere Sachkunde und Berufserfahrung Vertrauen in Anspruch genommen wird. Angaben im Prospekt dürfen in diesem Fall nicht einfach von Dritten ungeprüft übernommen und weitergegeben werden. Vielmehr müssen eigene Ermittlungen angestellt werden.[254]

Die Rechtsprechung wendet hinsichtlich des Verschuldens den Grundsatz der Beweislastumkehr gemäß den §§ 282, 285 BGB analog an. Demnach muß der Haftungsadressat die Umstände beweisen können, aus denen sich ergibt, daß er in bezug auf die Pflichtwidrigkeit schuldlos gehandelt hat.[255]

In der Frage eines Mitverschuldens des Anlegers bei der Anlagevermittlung und der Anlageberatung hat die Rechtsprechung in weitgehender Übereinstim-

---

248 Vgl. Weimann, Prospekthaftung, 1998, § 9, RN 3.

249 Vgl. BGHZ 111, 314, 321.

250 Siehe Dritter Teil A. I.

251 Vgl. BGHZ 71, 284, 291; BGHZ 72, 382, 388; BGHZ 79, 337, 345.

252 Siehe zum Verschuldensmaßstab der börsengesetzlichen Prospekthaftung Vierter Teil A. VIII. 4. Der Verschuldensmaßstab gilt für alle spezialgesetzlichen Ausprägungen der Prospekthaftung.

253 Vgl. BGHZ 79, 337, 345.

254 Vgl. BGHZ 74, 103, 111.

255 Vgl. BGH, WM 1987, 495, 497.

mung mit dem Schrifttum entschieden, daß unter besondern Umständen auch der Sachkundige dem Ratsuchenden diesen Einwand entgegenhalten kann.[256] Dies ist beispielsweise dann der Fall, wenn Warnungen von Dritter Seite in Form eines vom Anleger selbst hinzugezogenen Beraters stammen, der eine Anlage negativ bewertet oder auf vorhandene Risiken hinweist.[257] Weiterhin kann ein Mitverschulden vorliegen, wenn differenzierende Hinweise des Beraters nicht ausreichend in die Anlageentscheidung einbezogen werden.[258]

VII. Haftungsumfang

Der Haftungsumfang, für den die Haftungsadressaten gemäß den §§ 421 ff BGB gesamtschuldnerisch einzustehen haben, umfaßt nach der Rechtsprechung des BGH das sog. negative Interesse.[259] Dieser Vertrauensschaden erfaßt den Schaden, den der Anleger dadurch erlitten hat, daß er auf die Richtigkeit und Vollständigkeit des Prospekts vertraut hat. Aufgrund der dogmatischen Begründung der Prospekthaftung[260] habe der Anspruchsberechtigte keinen Anspruch, so gestellt zu werden, wie er stünde, wenn die fehlerhaften Prospektangaben richtig gewesen wären (sog. positives Interesse).[261] Er sei vielmehr so zu stellen, wie er stünde, wenn der Haftungsadressat seine Pflichten ordnungsgemäß erfüllt hätte, also so als hätte der Anleger die Kapitalanlage nicht erworben.[262]

Soweit ersichtlich war bislang nicht Gegenstand einer Entscheidung die Frage nach sich ergebenden Rechtsfolgen, wenn ein Anleger durch unrichtige oder unvollständige Prospekte einen Opportunitätsverlust erleidet, weil er eine Anlage nicht erworben hat. Der Schaden läge in einem solchem Fall darin, daß ein Kapitalgewinn noch höher ausfiele als aufgrund der falschen Prospektangaben zu erwarten gewesen wäre. Spräche man dem Anleger einen Schadensersatzanspruch zu, wäre dieser darauf gerichtet, den Anleger so zu stellen, wie er stünde, wenn er die Anlage erworben hätte. Der Anspruch zielte also darauf, dem Anleger die Kapitalanlage zu verschaffen und damit auf das sog. positive Interesse.

---

256 Vgl. Assmann in Assmann/Schütze, 1997, § 7, RN 153 m. w. N.

257 Vgl. BGH, WM 1993, 1238, 1240.

258 Vgl. BGH, WM 1982, 90, 91; BGH, WM 1984, 1075, 1077; BGH, WM 1987, 1546, 1547.

259 Vgl. BGH, WM 1978, 611, 611; BGHZ 72, 382, 389; BGHZ 74, 103, 113; BGH, WM 1980, 953, 953; BGHZ 79, 337, 346 f; BGH, WM 1983, 1387, 1387; BGH, WM 1988, 1685, 1687 f; BGH, WM 1990, 145, 148; BGHZ 115, 213, 220.

260 Siehe Dritter Teil A. I.

261 Vgl. Vortmann - Eyles, 2000, § 2, RN 91.

262 Vgl. Ellenberger, Prospekthaftung, 2001, S. 98.

Dies widerspräche indes der derzeitigen dogmatischen Begründung der bürgerlichrechtlichen Prospekthaftung.[263]

Anders wäre dies bei einer anderen dogmatischen Grundlage zu beurteilen. So gilt z. B. in dem Ansatz der quasivertraglichen Selbstbindung[264] von Köndgen mit der Prospekthaftung als Anwendungsfall, daß das positive Interesse geschützt sein müßte.[265] Der Gedanke von Köndgen basiert darauf, daß der Geschädigte in die Positionen versetzt wird, in der er wäre, wenn die im Prospekt gemachten Angaben zuträfen. Damit müßte der versprochene Gewinn ersetzt werden. Das unterscheidet sich indes von dem Schadensfall bei einem Opportunitätsverlust. Es stellt sich somit die Frage, ob auch der geschützt sein soll, der eine negative Kaufentscheidung trifft.

Dies erscheint jedoch zweifelhaft. Der Verkäufer einer Kapitalanlage wollte schließlich, daß der Anleger kauft. Daß der Anleger sich nachträglich darauf beruft, er hätte gekauft, wenn die Darstellung positiver gewesen sei, wäre im Verhältnis zwischen beiden unbillig. Denn dem Anleger würde dadurch nachträglich die Möglichkeit zum Erwerb der Kapitalanlage im Wege des Schadensersatzes gerichtet auf das positive Interesse verschafft. Darüber hinaus wäre ein Beweis, die Anlage bei zutreffender Darstellung im Prospekt erworben zu haben, nur schwerlich zu erbringen. Eine Fiktion zu schaffen wie die jetzt im Gesetz verwirklichte Anlagestimmung gemäß § 46 II Nr. 1 BörsG, die eine Kausalität zwischen Prospektveröffentlichung und Wertpapiererwerb unterstellt, wäre indes nicht angezeigt. Damit erhielte jeder Anleger nachträglich die Möglichkeit zum Erwerb einer Anlage, deren Entwicklung sich nach der Emission als besser erweist, als im Prospekt prognostiziert.

1. Schadensberechnung

Der Anspruchsberechtigte kann seinen Vertrauensschaden auf zwei verschiedene Arten bestimmen und geltend machen. Einerseits kann er sich von der getätigten Kapitalanlage trennen oder andererseits an ihr festhalten.

Trennt der Anleger sich von der Kapitalanlage, kann er grundsätzlich Befreiung von der eingegangenen Verbindlichkeit und Ersatz seiner Aufwendungen verlangen.[266] Ist die gekaufte Kapitalanlage wertlos geworden, besteht Ersatzpflicht bezüglich des für sie aufgewandten Betrags einschließlich der Nebenkosten für den Kauf.[267] Besteht die Kapitalanlage in dem Beitritt zu einer Gesellschaft, sind die getätigte Einlage und das Agio, der Preisaufschlag auf den

---

[263] Vgl. Assmann in Assmann/Schütze, 1997, § 7, RN 160.

[264] Siehe Dritter Teil B. II. 4.

[265] Vgl. Köndgen, AG 1983, 85, 98.

[266] Vgl. z. B. BGHZ 115, 213, 221 ff.

[267] Vgl. BGHZ 79, 337, 346; BGH, WM 1990, 145, 148; BGHZ 115, 213, 221.

Nennwert der Einlage, ersatzfähig.[268] Besitzt die Kapitalanlage weiterhin einen Wert, wurde aber mit Verlust weiterverkauft, besteht der Schaden im Kursverlust zuzüglich den Anschaffungs- und Verkaufsnebenkosten.[269] Ist die Kapitalanlage eine Gesellschaftsbeteiligung mit Restwert, ist zwischen einer noch um Beitritt werbenden und einer nicht mehr werbenden Gesellschaft zu unterscheiden. Im ersten Fall erfolgt die Schadensersatzleistung Zug um Zug gegen Übertragung der Gesellschafterstellung.[270] Im zweiten Fall wird Schadensersatz Zug um Zug gegen Abtretung der Auseinandersetzungsansprüche geleistet.[271] Bei der Beteiligung an einem Bauherrenmodell wird die Beteiligung abgetreten bzw. das Wohneigentum übertragen.[272]

Alternativ kann der Anleger bei der Berechnung seines Schadensersatzanspruchs die Kapitalanlage auch behalten.[273] Der Schaden entspricht dann demjenigen Betrag, den der Anleger im Vertrauen auf die Richtigkeit und Vollständigkeit des Prospekts zuviel gezahlt hat. Er wird demnach so gestellt, als hätte er bei Kenntnis der wahren Umstände einen preisgünstigeren Abschluß erzielen können.

2. Nebenkosten und entgangener Gewinn

Vom BGH ist bisher nicht entscheiden worden, ob zu den grundsätzlich erstattungsfähigen Nebenkosten auch die Kosten für eine Drittfinanzierung der Kapitalanlage zu zählen sind. Das ist sicher für den Fall zu bejahen, daß die Drittfinanzierung „systemimmanenter" Bestandteil der Kapitalanlage ist.[274] Dieser Schluß läßt sich aus dem vergleichbaren Fall, daß ein fehlerhafter Anlagerat die Drittfinanzierung umfaßt,[275] ziehen. In anderen Fällen sollen einer Ansicht zufolge die Kosten für eine Drittfinanzierung nur dann erstattungsfähig sein, wenn sie als kausal verursacht angesehen werden können.[276] Für den Schädiger müßten zumindest Anhaltspunkte vorliegen, daß der Anleger seine Investition durch einen Kredit finanzieren werde.[277] Einer anderen Ansicht nach sollte das negative Interesse des Anlegers generell auch den Kredit zur Finanzierung seiner Kapitalanlage umfassen, den er im Vertrauen auf einen fehlerfreien Prospekt

[268] Vgl. BGHZ 79, 337, 346; BGH, WM 1993, 1787, 1789.

[269] Vgl. Assmann in FS Lange, 1992, S. 345, 355 f u. FN 36.

[270] Vgl. BGHZ 79, 337, 346 f; BGHZ 83, 222, 226.

[271] Vgl. BGHZ 79, 337, 346.

[272] Vgl. BGHZ 79, 337, 346; BGH, WM 1990, 145, 148; BGHZ 115, 213, 221.

[273] Vgl. Assmann in FS Lange, 1992, S. 345, 357 m. w. N.

[274] Vgl. Heymann, NJW 1990, 1137, 1142.

[275] Vgl. BGH, WM 1987, 1546, 1546.

[276] Vgl. Assmann in FS Lange, 1992, S. 345, 356.

[277] Vgl. Assmann in Assmann/Schütze, 1997, § 7, RN 158.

aufnimmt.[278] Dies geht indes zu weit, weil keine Notwendigkeit besteht, dem Anleger unabhängig vom Einzelfall Kosten zu erstatten, die bei ihm nicht angefallen sind.

Da bei einer Haftung aus c. i. c. das negative Interesse nicht durch das Erfüllungsinteresse begrenzt ist, gilt dies auch für die Prospekthaftung.[279] Daraus ergibt sich die Konsequenz, daß der Anspruchsberechtigte neben dem verlorenen Betrag für die Kapitalanlage auch den Schaden geltend machen kann, der daraus entstanden ist, daß er aufgrund dieser Investition eine andere erfolgreiche Anlage nicht getätigt hat.[280] Für den Nachweis einer solchermaßen verpaßten Investition kommen ihm zwar grundsätzlich die Beweiserleichterungen der §§ 252 S. 2 BGB, 287 I S. 1 ZPO zugute, wenn er konkrete Umstände darlegen und beweisen kann, die eine Gewinnerwartung wahrscheinlich erscheinen lassen. Die Annahme der Rechtsprechung, daß marktgängige Produkte zum Marktpreis gekauft werden können, so daß der konkrete Nachweis einer Kaufgelegenheit entbehrlich ist, ist indes für Kapitalanlagen nur beschränkt übertragbar.[281] Ein Nachweis für eine verpaßte Investition dürfte demnach nur gelingen, wenn es dem Anleger erstens um eine ganz bestimmte Kapitalanlage ging, die zweitens einen weitgehend feststehenden und vorgezeichneten Gewinnverlauf nimmt.

Ohne Nachweis kann entgangener Gewinn in Höhe eines allgemein üblichen Zinssatzes geltend machen.[282] Ob zur Ermittlung des Zinssatzes spezielle Anlageformen wie Festgelder[283] oder Obligationen[284] herangezogen werden können, wird kritisch gesehen. Dies käme dem Angebot einer „Ausfallwahrscheinlichkeit auf komfortablen Niveau“ für den Investor gleich.[285] Entgangener Gewinn in Form von Steuervorteilen ist erstattungsfähig.[286]

3. Vorteilsausgleichung

Wie auch sonst im Schadensersatzrecht ist die von der Rechtsprechung entwickelte Vorteilsausgleichung zu beachten.[287] Erlangte Vorteile des Anspruchsberechtigten sind dann bei der Schadensberechnung einzubeziehen, wenn ein adä-

---

278 Vgl. Schwark, BB 1979, 897, 898.

279 Vgl. Pleyer/Hegel, ZIP 1985, 1370, 1377 m. w. N.

280 Vgl. BGH, WM 1983, 1387, 1388 ff.

281 Vgl. Assmann in FS Lange, 1992, S. 345, 361 f.

282 Vgl. BGH, WM 1974, 128, 129; BGH, WM 1980, 85, 85; BGH, WM 1992, 143, 144.

283 Vgl. LG Düsseldorf, WM 1982, 1212, 1217.

284 Vgl. Medicus, WuB I G 9. - 4.92, 383, 384.

285 Assmann in Assmann/Schütze, 1997, § 7, RN 159.

286 Vgl. ebenda m. w. N.

287 Siehe näheres zur Vorteilsausgleichung Vierter Teil A. IX. 1.

quater Kausalzusammenhang zwischen dem schädigenden Ereignis und dem Vorteil gegeben ist, aus Sicht des Geschädigten die Anrechnung des Vorteils zumutbar erscheint, der Schädiger nicht unbillig entlastet wird und die Anrechnung dem Zweck des Schadensersatzes entspricht.[288] Zu den erlangten Vorteilen gehören grundsätzlich ersparte Steuern.[289]

Bei steuerbegünstigten Kapitalanlagen ist eine umfassende Bewertung aller steuerrelevanten Umstände, womöglich noch erschwert aufgrund eventueller zukünftiger gesetzlicher Änderungen, besonders schwierig. Wegen dieser Probleme bei der Verrechnung von Schadens- und Vorteilsposten hat deshalb zuerst der VII. Senat des BGH bei Fällen, in denen erzielte Steuervorteile einem Nachzahlungsanspruch gegenüberstehen, auf eine exakte Verrechnung von steuerlichen Vor- und Nachteilen verzichtet.[290] Diese Vorgehensweise wird heute allgemein vom BGH praktiziert.[291] Eine Grenze besteht dann, wenn die Steuervorteile so groß sind, daß es unbillig wäre, eine Vorteilsausgleichung nicht vorzunehmen.[292] Die Beweislast hierfür trägt der Verpflichtete.[293] Eine unbillige Nichtberücksichtigung einer Vorteilsausgleichung sieht der BGH darin, daß die für die Kapitalanlage gezahlte Ersatzleistung nicht der Versteuerung unterliegt.[294]

VIII. Haftungsfreizeichnung

Vom BGH ist weitgehend ungeklärt, ob und inwieweit und mit welchem rechtlichem Instrumentarium Prospektverantwortliche ihre Haftung einschränken oder ausschließen können. Eine Haftungsfreizeichnung ist dem BGH zufolge nicht durch im Prospekt enthaltene „formularmäßige Klauseln" oder durch eine nachträglich vereinbarte Haftungsfreistellung möglich.[295]

Die Schwierigkeiten der Frage der Haftungsfreizeichnung resultieren aus dem Verständnis der Rechtsprechung von einer Verankerung der Prospekthaftung im Bereich der Vertrauenshaftung.[296] Vertrauen kann nur in dem Maße gewährt und als schutzwürdig angesehen werden, als es tatsächlich geweckt wurde. Deshalb sollte es grundsätzlich demjenigen, auf den sich das Vertrauen

288 Vgl. BGHZ 74, 103, 113 f.

289 Vgl. BGHZ 74, 103, 114; BGHZ 79, 337,347; BGH, WM 1984, 1075, 1077 f.

290 Vgl. BGHZ 74, 103, 115 f.

291 Vgl. zur Rechtslage des BGH Assmann in Assmann/Schütze, 1997, § 7, RN 165 m. w. N.

292 Vgl. BGH, WM 1984, 1075, 1076; BGH, WM 1986, 517, 520; BGH, WM 1990, 145, 148.

293 Vgl. BGHZ 84, 141, 149; BGH, WM 1986, 517, 520; BGH, WM 1990, 145, 148.

294 Vgl. BGH, WM 1989, 1925, 1926.

295 Vgl. BGH, WM 1984, 1075, 1077, für den Vermittler von Kapitalanlagen.

296 Siehe zur Dogmatik Dritter Teil A. 1.

richtet, möglich sein, dieses durch unterschiedliche Formen der Vertrauensverwahrung zurückzunehmen. Diese Überlegungen werden von einzelnen Stimmen im Schrifttum auch auf die Prospekthaftung übertragen. Deshalb wird eine Haftungsfreizeichnung als grundsätzlich möglich angesehen.[297] Eine im Prospekt enthaltene Haftungsfreizeichnung für die Prospektverantwortlichen wird indes abgelehnt.

Im Sinne eines umfassenden Anlegerschutzes, den die Rechtsprechung mit der Entwicklung der bürgerlichrechtlichen Prospekthaftung zu erreichen suchte, sollte eine Haftungsfreizeichnung unzulässig sein.[298] Zu diesem Ergebnis gelangen auch die Stimmen im Schrifttum, die die Prospekthaftung dogmatisch nicht vertraglich, sondern deliktisch[299] oder zumindest deliktsähnlich[300] begreifen und sie funktional[301] als Instrument für den Anlegerschutz und den damit verbundenen Funktionsschutz des Kapitalmarkts und der Wirtschaft verstehen.

IX. Verjährung

Die Verjährung der bürgerlichrechtlichen Prospekthaftung im engeren Sinne ist im Grundsatz den Regeln der investmentrechtlichen Prospekthaftung nachgebildet. Besonderheiten ergeben sich bei Beteiligungen an Bauherrenmodellen. Sowohl die allgemeinen Regeln als auch die Besonderheiten werden im folgenden getrennt voneinander dargestellt.

1. Allgemeine Regeln

Die Verjährung der bürgerlichrechtlichen Prospekthaftung i. e. S. tritt sechs Monate nach Kenntnis des Prospektmangels ein, spätestens jedoch drei Jahre nach dem Beitritt zur Gesellschaft.[302] Diese Regelung hat der BGH der Verjährung der investmentrechtlichen Prospekthaftung in § 20 V KAGG und § 12 V AuslInvestmG nachgebildet.[303] Sie entspricht auch der heutigen börsengesetzlichen Prospekthaftung.[304]

---

297 Vgl. Pleyer/Hegel, ZIP 1985, 1370, 1376; Thode in Reithmann/Meichssner/Heymann, 1995, RN 99.

298 Vgl. v. Bar, ZGR 1983, 476, 509; Assmann in Assmann/Schütze, 1997, § 7, RN 169.

299 Vgl. Assmann, Prospekthaftung, 1985, S. 370 f.

300 Vgl. Köndgen, AG 1983, 120, 130.

301 Vgl. Hopt, Verantwortlichkeit der Banken, 1991, RN 179.

302 Vgl. BGHZ 83, 222, 226 f; BGH, WM 1984, 889, 890; BGH, WM 1984, 1075, 1077; BGH, WM 1984, 1529, 1531; BGH, WM 1985, 533, 533.

303 Siehe zur Verjährung der investmentrechtlichen Prospekthaftung Vierter Teil F. VIII.

304 Siehe dazu Vierter Teil A. X.

Anerkannt ist, daß diese Verjährungsregelung nicht nur für den Vertrieb von Kommanditanteilen an Personengesellschaften gilt, sondern mit Ausnahme der im folgenden dargestellten Besonderheiten bei Bauherrenmodellen für jede Form der mit Prospekten vertriebenen Kapitalanlagen im grauen Kapitalmarkt.[305]

Schwierigkeiten bereitet die Auslegung des Begriffs „Kenntnis“. Der Zeitpunkt einer „sicheren Erwartung des Obsiegens“[306] zur Bestimmung des Zeitpunkts der Kenntniserlangung kann nicht als brauchbar angesehen werden. Auch die zur Bestimmung im Rahmen von § 852 BGB angewandte Formel, derzufolge es genügt, wenn Umstände bekannt sind, die bei „verständiger Würdigung ... so viel Erfolgsaussicht“ bieten, daß dem Anspruchsberechtigten „die Klage, wenn auch nicht risikolos, zuzumuten“[307] sei, ist uneingeschränkt zur Anwendung nicht geeignet. Die Formel ist zu unbestimmt und läßt dementsprechend zu viel Interpretationsspielraum. Die Aufklärung von Prospektmängeln ist sehr komplex. Häufig wird der Anspruchsberechtigte auf Sekundärquellen bei der Recherche zurückgreifen müssen, weil ihm der Zugang zu den Informationen, die die Haftungsadressaten zur Prospekterstellung verwendet haben, nicht möglich ist. Eine Abschätzung der Erfolgsaussichten einer Klage bereitet somit erhebliche Schwierigkeiten. Deshalb können die zur Bestimmung des Begriffs Kenntnis von der Rechtsprechung zu § 852 BGB entwickelten Grundsätze zwar Anhaltspunkte bieten; sie sind aber großzügig auszulegen.[308]

2. Besonderheiten beim Vertrieb von Bauherrenmodellen

Besonderheiten bei der Verjährung ergeben sich beim Vertrieb von Beteiligungen an Bauherrenmodellen. Dort gelten nicht die oben dargestellten allgemeinen Verjährungsregeln für Anlagen am grauen Kapitalmarkt. Der VII: Senat des BGH begründet das damit, daß im Gegensatz zu dem „wertpapierverkaufsähnlichen“ Erwerb von Kommanditanteilen das Bauherrenmodell überwiegend durch das Werkvertragsrecht geprägt ist und somit keinen mit anderen Kapitalanlagen vergleichbaren spekulativen Umgang bei der Geltendmachung von Schadensersatz erlaube.[309] Nachdem der BGH anfangs die Verjährungsregeln für Bauherrenmodelle offen ließ,[310] hat er sich später für eine Verjährung nach

305 Vgl. Assmann in Assmann/Schütze, 1997, § 7, RN 172.

306 BGH, WM 1980, 825, 825.

307 Ebenda.

308 Vgl. Assmann, Prospekthaftung, 1985, S. 372 f.

309 Vgl. BGHZ 111, 314, 322 f; BGH, WM 1991, 13, 13; BGHZ 115, 213, 224.

310 Vgl. BGHZ 111, 314, 323; BGH, WM 1991, 13, 14; BGHZ 115, 214, 225 f.

dreißig Jahren gemäß § 195 BGB a. F[311]. entschieden.[312] Damit steht die Rechtsprechung des VII. und VIII. Senats des BGH in Widerspruch zur Rechtsprechung des II. Senats des BGH,[313] der die allgemeinen Regeln zur Verjährung der Ansprüche aus bürgerlichrechtlicher Prospekthaftung i. e. S. entwickelt hat.[314]

Mit der Berufung auf diese Rechtsprechung ist von der überwiegenden Anzahl der Stimmen in der Literatur die Ausdehnung der Anwendung grundsätzlich auch auf geschlossene Immobilienfonds gefolgert worden,[315] was aber auch Widerspruch hervorrief[316]. Zwischenzeitlich hat der II. Senat des BGH indes entschieden, daß beim Beitritt zu einem geschlossenen Immobilienfonds die allgemeinen Verjährungsregeln der bürgerlichrechtlichen Prospekthaftung i. e. S. von sechs Monaten nach Kenntnis des Prospektmangels und spätestens drei Jahren nach dem Beitritt zur Gesellschaft gelten.[317]

Die frühere[318] Verjährung von dreißig Jahren bei Bauherrenmodellen galt auch für solche Haftungsadressaten, die einer besonderen Berufsgruppe angehören, für die eigene Verjährungsregeln hinsichtlich der Verletzung von Berufspflichten gelten, wenn sie als „Initiator oder als ein diesem gleichstehender Prospektverantwortlicher" auftreten.[319] Ob dies auch für den Haftungsadressaten galt, der nicht für den ganzen Prospekt die Verantwortung übernimmt, sondern nur als Sachverständiger oder Experte für seinen Prospektteil haftet, war nicht geklärt.[320]

XI. Gerichtsstand

Werden einzelne Personen oder Gesellschaften aus Prospekthaftung in Anspruch genommen, richtet sich die Gerichtszuständigkeit nach den §§ 12 ff ZPO. Bei einer Klage gegen verschiedene Beteiligte mit unterschiedlichem Wohnsitz bzw. Niederlassung hat der BGH in analoger Anwendung von § 22 ZPO entschieden, daß Ansprüche bei dem Gericht geltend gemacht werden können, bei dem die

---

311 Bürgerliches Gesetzbuch vom 18.8.1896, siehe RGBl. 1896, S. 195 - 650, i. d. F. vom 23.7.2001, siehe BGBl. I 2001, S. 1658 - 1662.

312 Vgl. BGH, WM 1994, 1371, 1373 f.

313 Vgl. Wagner, BFuB 2000, 594, 596.

314 Siehe Dritter Teil C. IX. 1.

315 Vgl. z. B. Thode in Reithmann/Meichssner/Heymann, 1995, RN 112 und Schmidt/Weidert, DB 1998, 2309, 2310, FN 22 für weitere Nachweise.

316 Vgl. Schmidt/Weidert, DB 1998, 2309, 2113 f und Kiethe, ZIP 2000, 216, 223 f.

317 Vgl. BGH, WM 2001, 464, 464 ff.

318 Siehe zu Details der Änderungen der Schuldrechtsreform in Bezug auf die Verjährung der bürgerlichrechtlichen Prospekthaftung i. e. S. Fünfter Teil B. V.

319 Vgl. schon BGHZ 115, 214, 226 f und BGH, WM 1994, 1371, 1374.

320 Vgl. Assmann in Assmann/Schütze, 1997, § 7, RN 171.

Gesellschaft ihren Sitz hat.[321] Dies soll dann nicht gelten, wenn die Klage gegen selbständige Werbeunternehmen und ihre Erfüllungsgehilfen gerichtet ist, die den Beitritt des Kapitalanlegers zur Gesellschaft zwar vermitteln, ansonsten aber der Gesellschaft fern stehen.[322]

321 Vgl. BGHZ 76, 231, 234 ff.

322 Vgl. ebenda, 236.

D. Bürgerlichrechtliche Prospekthaftung im weiteren Sinne

Die bürgerlichrechtliche Prospekthaftung i. w. S. beschreibt eine Haftung für persönlich in Anspruch genommenes Vertrauen aus c. i. c., wenn der Haftungsadressat auf vertraglicher oder quasivertraglicher Grundlage einer Aufklärungspflicht nachkommt und sich bei deren Erfüllung inhaltlich mangelhafter Prospekte bedient.[323] Die selbständige Aufklärungspflicht ergibt sich aus vertraglicher oder quasivertraglicher Grundlage bei Inanspruchnahme persönlichen Vertrauens. Die Haftungsadressaten sind grundsätzlich dieselben wie bei der bürgerlichrechtlichen Prospekthaftung i. e. S. Detaillierte Informationen sind an dieser Stelle auch zu den Haftungsadressaten der bürgerlichrechtlichen Prospekthaftung i. w. S. erfolgt.[324] Für die Inanspruchnahme muß jedoch die Voraussetzung erfüllt sein, daß sie sich die Angaben im mangelhaften Prospekt inhaltlich „zu eigen" machen.[325] Darüber hinaus zählen zur bürgerlichrechtlichen Prospekthaftung i. w. S. auch die Fälle, in denen der Kontakt zwischen einem Emissionshelfer und einem Kunden zu einem auf Auskunft oder Beratung gerichteten Vertragsverhältnis erstarkt wird und sich der Auskunfts- oder Beratungspflichtige mangelhafter Prospekte bedient.[326] Schließlich wird auch der Fall erfaßt, daß jemand in seiner Person einen zusätzlichen Vertrauenstatbestand schafft, indem er gegenüber dem Anleger als Garant für die Richtigkeit des Prospekts erscheint.[327]

Grundsätzlich gelten die Ausführungen zur bürgerlichrechtlichen Prospekthaftung i. e. S. auch für die i. w. S. Änderungen ergeben sich aber für die Bereiche des Mitverschuldens und der Verjährung. Ein Verschuldensvorwurf trifft den Haftungsadressaten, dem persönliches Vertrauen gewährt wurde und der Angaben von Dritten ungeprüft übernommen und weitergeleitet hat, ohne eigene Ermittlungen angestellt zu haben.[328] So entschied der BGH, daß einem Kreditinstitut schon deshalb ein Verschuldensvorwurf zu machen sei, weil es Zweifel an der Zuverlässigkeit eines von ihm vertriebenen Fonds hatte.[329] Fraglich ist, inwieweit der Haftungsadressat ein Mitverschulden des Anlegers in diesem Bereich der Anlagevermittlung und Anlageberatung geltend machen kann. Nach anfänglich ablehnender Haltung hat der BGH auch dem „Sachkundigen" zugebilligt, bei Vorliegen „besonderer Umstände" dem Anleger den Einwand des

323 Vgl. BGHZ 74, 103, 103.

324 Siehe dazu Dritter Teil C. III.

325 BGHZ 74, 103, 103.

326 Vgl. Assmann in Assmann/Schütze, 1997, § 7, RN 15.

327 Vgl. BGHZ 74, 103, 109; BGHZ 77, 172, 175; BGHZ 111, 314, 319 ff; BGH, WM 1992, 901, 906.

328 Siehe auch Dritter Teil C. VI..

329 Vgl. BGH, WM 1987, 495, 497.

Mitverschuldens entgegenzuhalten. Dies ist der Fall, wenn der Anleger Warnungen von dritter Seite, z. B. von einem von ihm selbst hinzugezogenen weiteren Berater, nicht berücksichtigt,[330] oder differenzierende Hinweise des den Einwand geltend machenden Beraters nicht ausreichend beachtet hat.[331] Besondere Umstände erblickt der BGH in dem Verhältnis von Haftungsadressat und Anleger. Bei der Anlageberatung kann das Vertrauen des Anleger weitergehen als bei der Anlagevermittlung.

Ansprüche aus bürgerlichrechtlicher Prospekthaftung i. w. S. unterliegen der Regelverjährung gemäß § 195 BGB a. F..[332] Dies waren bis zur Schuldrechtsreform dreißig Jahre.[333]

Bei Ansprüchen, die einer gesonderten Verjährungsregelung unterliegen, weil der Haftungsadressat einer besonderen Berufsgruppe angehört wie bei Rechtsanwälten, Steuerberatern und Wirtschaftsprüfern, kann es zu Abweichungen kommen. So finden die Verjährungsregeln der jeweiligen Berufsgruppe Anwendung, wenn die dem Haftungsadressaten zurechenbare Erklärung im Prospekt dem Berufsbild zuzuordnen ist oder der angebahnte Vertrag von dem Berufsbild erfaßt wird.[334] Liegen Anspruchskonkurrenzen mit vertraglichen Ansprüchen vor, finden jeweils deren Verjährungsregeln Anwendung. Bei Ansprüchen aus einem Anlageberatungs- und Anlagevermittlungsvertrag waren dies ebenfalls dreißig Jahre.[335] Bei einer Konkurrenz mit Ansprüchen aus anderen vorvertraglichen Pflichtverletzungen kann es nach der Rechtsprechung bezüglich der Anwendbarkeit der berufsrechtlichen Verjährungsvorschriften auf vertragliche und vorvertragliche Ansprüche nur dann zur Anwendung der Verjährungsregelungen der jeweiligen Berufsgruppen kommen, wenn der Haftungsadressat seine Prospektverantwortlichkeit in seiner beruflichen Eigenschaft begründet hat.[336]

Beachtung mußte die Möglichkeit einer Verwirkung nach § 242 BGB finden. So entschied das OLG Frankfurt a. M., daß ein Anspruch dadurch verwirkt sei, daß der Anleger sich über viele Jahre mit einer geringeren Rendite als der im Prospekt aufgrund fehlerhafter Kalkulation ausgewiesen zufrieden gab und keinen Versuch der Rückgabe seiner Beteiligung unternahm.[337] Deutlicher als das OLG Frankfurt a. M. in seiner Entscheidung weist der BGH darauf hin, daß

---

330 Vgl. BGH, WM 1993, 1238, 1240.

331 Vgl. BGH, WM 1982, 90, 91; BGH, WM 1984, 1075, 1077; BGH, WM 1987, 1546, 1547.

332 Vgl. BGHZ 83, 222, 227; BGHZ 84, 141, 149.

333 Siehe zu den Änderungen durch die Schuldrechtsreform Fünfter Teil C. II.

334 Vgl. Thode in Reithmann/Meichssner/Heymann, 1995, RN 116.

335 Vgl. BGHZ 83, 222, 227; BGH, WM 1984, 889, 890; BGH, WM 1984, 1075, 1077.

336 Vgl. Thode in Reithmann/Meichssner/Heymann, 1995, RN 114.

337 Vgl. OLG Frankfurt a. M., WM 1985, 383, 383.

neben der vergangenen Zeit auch zu prüfen ist, ob sich der Haftungsadressat darauf verlassen durfte, der geschädigte Anleger verzichte auf die Geltendmachung seines Schadens.[338] Dies ist nur im Einzelfall zu entscheiden. Dabei ist zu berücksichtigen, daß es dem Anleger nicht möglich sein soll, aufgrund der langen Verjährungsfristen gefahrlos abzuwarten, ob sich „seine Anlage zum Guten oder Schlechten" entwickelt.[339]

338 Vgl. BGH, WM 1986, 517, 519.

339 Assmann, WuB IV A. § 242 BGB 2.85, 341, 342.

Vierter Teil: Spezialgesetzliche Prospekthaftung

A. Börsengesetzliche Prospekthaftung

I. Anwendungsbereich

Der Anwendungsbereich der börsengesetzlichen Prospekthaftung gemäß §§ 45 - 49 BörsG umfaßt solche Prospekte, aufgrund derer Wertpapiere zum amtlichen Markt zugelassen werden. Für die Prospekthaftung des Unternehmensberichts für den geregelten Markt verweist § 77 BörsG auf die §§ 45 - 49 BörsG. Gleiches gilt für den Emissionsprospekt für den Neuen Markt, der den Unternehmensbericht i. S. v. § 73 I Nr. 2 BörsG umfaßt.[1] Auch § 13 I VerkProspG verweist auf die §§ 45 - 48 BörsG. Die Ausführungen zur börsengesetzlichen Prospekthaftung haben damit entsprechende Bedeutung auch für diese angesprochenen Bereiche.

II. Haftungsgrundlage

Der Anlaß der Prospekthaftung ist ein fehlerhafter Prospekt, der dieser Haftung den Namen gibt. In der Praxis hat die frühere Fokussierung auf Prospekte aber zu Verkürzungen der Haftung führen können, weil es bei der Emittierung von Wertpapieren Ausnahmen von der Pflicht der Veröffentlichung von Prospekten in Übereinstimmung mit § 38 II BörsG geben kann. Deshalb hat der Gesetzgeber sich nun entschieden, die Prospekthaftung auf sog. „schriftliche Darstellungen" gemäß § 45 IV BörsG auszudehnen. Im folgenden werden die Haftungsgrundlagen Börsenzulassungsprospekt und schriftliche Darstellungen nacheinander vorgestellt.

1. Börsenzulassungsprospekt

Eine Legaldefinition des Börsenzulassungsprospekts ist in § 45 BörsG nicht enthalten. Aus dem Wortlaut von § 45 I S. 1 BörsG ergibt sich, daß Börsenzulassungsprospekte Schriftstücke i. S. d. §§ 36 III Nr. 2 u. 38 I Nr. 2 BörsG i. V. m. §§ 13 ff BörsZulV sind, aufgrund deren Veröffentlichung Wertpapiere zum Börsenhandel zugelassen werden.

Fraglich ist die Behandlung von Publikationen, die vom Börsengesetz zwingend vorgeschrieben werden wie z. B. Zwischenberichte nach § 44b BörsG und Mitteilungen i. S. d. Ad hoc-Publizität[2]. Während nach alter Rechtslage die börsengesetzliche Prospekthaftung weder direkt noch entsprechend anwendbar sein

---

1 Vgl. Deutsche Börse AG, Regelwerk Neuer Markt, Abschnitt 4, S. 11 ff.

2 Siehe dazu Zweiter Teil C. I. 1. a).

sollte und statt dessen auf die bürgerlichrechtliche Prospekthaftung zurückgegriffen wurde,[3] muß heute differenziert werden. Diese Differenzierung ist aufgrund des neuen § 46 II Nr. 4 BörsG[4] erforderlich, der eine nachträgliche Berichtigung des fehlerhaften Zulassungsprospekts durch den Jahresabschluß, einen Zwischenbericht, eine Mitteilung i. S. d. Ad hoc-Publizität oder eine vergleichbare Bekanntmachung möglich macht. Wenn diese Publikationen veröffentlicht werden, um den unrichtigen Prospekt zu korrigieren, müssen sie auch der börsengesetzlichen Prospekthaftung unterfallen.[5] Ein Ausweichen auf die bürgerlichrechtliche Prospekthaftung wäre inkonsistent. Liegt der Zweck der Veröffentlichung der Publikationen nicht in der Korrektur eines fehlerhaften Prospekts, sondern dient er der Erfüllung anderer gesetzlicher Pflichten, sollte es bei dem Rückgriff auf die bürgerlichrechtliche Prospekthaftung bleiben. Falls neben dem Unternehmen selbst weitere wie z. B. Kreditinstitute an der Erfüllung der Publikationspflicht mitwirken und auf den Inhalt Einfluß nehmen, werden sie in den Kreis der Haftungsadressaten einbezogen.[6] Darüber hinaus trifft auch sie bei fehlerhaften Prospektangaben eine Berichtigungspflicht.[7]

Bei Unterlassen der Veröffentlichung von Pflichtpublikationen kann die bürgerlichrechtliche Prospekthaftung nicht angewendet werden. Die Unterlassung kann zu deliktischen Schadensersatzansprüchen führen, wenn in solchen Fällen eine Verletzung börsenrechtlicher Schutzgesetze vorliegt.[8] Darüber hinaus scheidet eine Schadensersatzpflicht aus, wenn die zur Publizität verpflichtende Norm bußgeldbewehrt ist und keine individualschützende Funktion hat, ihr somit die Schutzgesetzqualität fehlt.[9]

2. Schriftliche Darstellung

Die dem Grunde nach bestehende Prospektpflicht findet ihre Ausnahmen in den §§ 45 - 47 BörsZulV. Deshalb hat der Gesetzgeber die Haftung über den eigentlichen Prospekt hinaus erweitert. An seine Stelle können heute auch sog.

---

3 Vgl. Schwark, NJW 1987, 2041, 2045, aber differenzierter derselbe, BörsG, 1994, § 44, RN 13, wonach Zwischenberichte als Prospekt anzusehen sind und demnach der Prospekthaftung unterfallen können und Assmann in Assmann/Schütze, 1997, § 7, RN 50. Zustimmend auch Schäfer, ZIP 1987, 953, 958, der darüber hinaus auch eine Schadensersatzpflicht gegenüber den Wertpapierinhabern aus § 823 II BGB i. V. m. § 44 BörsG treten lassen will, vgl. ebenda, 959. Ablehnend Brondics/Mark, AG 1989, 339, 346; Baumbach/Hopt, HGB, 1995, § 44a BörsG, RN 1.

4 Siehe Vierter Teil A. IV. 2. a).

5 So auch Groß, AG 1999, 199, 204.

6 Vgl. Schwark, NJW 1987, 2041, 2045.

7 Siehe Vierter Teil A. IV. 2. b).

8 Vgl. Schwark, BörsG, 1994, § 44, RN 13.

9 Vgl. ebenda, RN 14.

schriftliche Darstellungen treten. Das sind Schriftstücke i. S. d. heute geltenden §§ 45 Nr. 1 u. 45a I Nrn. 3 - 5 BörsZulV, durch deren Veröffentlichung der Emittent von Wertpapieren von der Prospektpflicht befreit wird. Im Börsenjargon werden sie als Informationsmemoranden bezeichnet.

a) Der Fall der Fokker-Anleihen

Die Befreiung von der Pflicht zur Veröffentlichung von Börsenzulassungsprospekten war nach alter Rechtslage keine ungewöhnliche Ausnahme.[10] Die Bedeutung der schriftlichen Darstellungen zeigte sich im ganzen Ausmaß aber erst am Fall der Fokker-Anleihen.[11] Von ehemals vier[12] ausstehenden DM-Anleihen von Fokker haben, soweit ersichtlich, bis vor einiger Zeit noch zwei die Gerichte beschäftigt. Dabei handelte es sich zum einen um eine DM 150 Mio. 6,5 % Inhaber-Teilschuldverschreibung von 1993/98, WPK-Nr. 411 470, die von einem internationalen Bankenkonsortium unter Führung der Dresdner Bank AG vom 24. August 1993 an zum Kurs von 101,5 % freibleibend zum Kauf angeboten wurde.[13] Die andere DM 500 Mio. 6,25 % Inhaber-Teilschuldverschreibung von 1993/98, WPK-Nr. 412 010, wurde von einem internationalen Bankenkonsortium unter Führung der Commerzbank AG vom 4. November 1993 an zum Kurs von 101,75 % freibleibend zum Verkauf gestellt.[14] Da die DASA als Muttergesellschaft Anfang des Jahres 1996 die Einstellung jeglicher finanzieller Unterstützung für Fokker bekannt gab, kam es im weiteren Verlauf noch im selben Jahr zum Konkurs von Fokker und die Anleihen wurden nicht mehr bedient.

Gegen die Dresdner Bank AG wurde in dieser Sache am LG und OLG Frankfurt a. M. prozessiert. Der Kläger stützte seine Ansprüche einerseits auf Prospekthaftung gemäß § 45 BörsG a. F und andererseits auf § 823 II BGB i. V. m. § 264a StGB. Begründet wurde der Anspruch aus Prospekthaftung damit, daß das Informationsmemorandum ein Prospekt i. S. v. § 45 I, S. 1 BörsG a. F. sei. Darüber hinaus wurde auch die Commerzbank AG am LG sowie OLG Frankfurt a. M. verklagt. Erwerber der Anleihe, die unter ihrer Führung begeben wurde, konnten anders als Betroffene der Anleihe der Dresdner Bank AG,[15] keine beiderseitig zufriedenstellende Regelung finden. Sowohl außergerichtliche Vergleiche wie auch die Einigung auf eine Musterklage scheiterten. Bei weiteren inhaltlich gleichen Klagen wurde zur Unterbrechung der Verjährung Klage erhoben und das Verfahren ausgesetzt. Die Kläger stützten ihren

---

10 Vgl. Assmann, AG 1996, 508, 513.

11 Siehe zu Details Erster Teil.

12 Vgl. Moritz, Börsen-Zeitung 10.2.1996, S. 4.

13 Vgl. Fokker, Informationsmemorandum 8.1993, S. 3 f.

14 Vgl. Fokker, Informationsmemorandum 11.1993, S. 3 f.

15 Siehe Erster Teil.

Anspruch auf eine analoge Anwendung der §§ 45,46 BörsG a. F. Darüber hinaus wurde unabhängig von diesem beschriebenen Komplex eine weitere Klage gegen die Commerzbank AG bzgl. Fokker-Anleihen am LG Frankfurt a. M eingereicht. Wie oben zur Klage der Dresdner Bank AG ausgeführt, stützte der Kläger seinen Anspruch auf § 45 BörsG a. F. und § 823 II BGB i. V. m. § 264a StGB. Weiterhin wurde der Anspruch auch aus bürgerlichrechtlicher Prospekthaftung geltend gemacht.

Obwohl es sich um ein Problem der alten Rechtslage handelt und die Rechtsstreitigkeiten mit negativem Ausgang für die Kläger abgeschlossen sind, sollen an dieser Stelle Ausführungen zu der Frage erfolgen, ob die Prospekthaftung alten Zuschnitts direkt, die bürgerlichrechtliche Prospekthaftung oder die Prospekthaftung alten Zuschnitts analog Anwendung auf schriftliche Darstellungen hätte finden können, ohne jedoch nachträglich ein weiteres Ergebnis herbeizuführen zu wollen.[16] Die Erörterung des Für und Wider ist erforderlich, um die Bedeutung der neuen Rechtslage des § 45 IV BörsG herauszustellen und um Aufschluß darüber zu geben, ob alle denkbaren Informationsmemoranden von § 45 BörsG erfaßt werden und damit nach den Maßstäben für Prospekte zu prüfen sind.

Die Kläger, die ihren Anspruch aus einer direkten Anwendung der Prospekthaftung herleitet haben, machten geltend, daß Wortlaut und Sinn von § 36 III Nr. 2 i. V. m. § 38 I Nr. 2 u. § 38 II BörsG a. F. belegen, daß eine Zulassung von Wertpapieren zum Börsenhandel im amtlichen Markt ohne Prospekt ausgeschlossen sei. Eine schriftliche Darstellung sei somit ein Prospekt, bei dem lediglich von der Veröffentlichung abgesehen werde. Dies widerspricht dem hier vertretenen Prospektbegriff.[17] Darüber hinaus ist mit Assmann folgendes zu entgegnen. Im Titel des Vierten Unterabschnitts von Abschnitt Zwei der BörsZulV, „Befreiung von der Pflicht, einen Prospekt zu veröffentlichen", kommt zum Ausdruck, daß mit den schriftlichen Darstellungen nicht ein Prospekt gemeint sein kann. Diese müssen nicht im Zusammenhang mit der Zulassung veröffentlicht werden und unterliegen auch nicht der Prüfung durch die Zulassungsstelle.[18]

In einem Verfahren gegen die Commerzbank AG stützte ein Kläger seinen Haftungsanspruch zusätzlich auf die bürgerlichrechtliche Prospekthaftung. Eine Begründung, warum diese Haftungsgrundlage greifen sollte, wurde nicht angeführt. Im Rückgriff[19] auf den Anwendungsbereich der bürgerlichrechtlichen

---

[16] Auf die sich bei einem möglicherweise positiven Ergebnis anschließende Frage, ob die Tatbestandsvoraussetzungen der §§ 45, 46 BörsG a. F. vorgelegen hätten, wird hier nicht eingegangen.

[17] Siehe Vierter Teil A. II. 1.

[18] Vgl. Assmann, AG 1996, 508, 510.

[19] Siehe Dritter Teil C. I.

Prospekthaftung und im Vorgriff[20] auf die Frage des Konkurrenzverhältnisses beider Zweige der Prospekthaftung scheint dies zweifelhaft zu sein. Im übrigen erkannte der Kläger selbst die Probleme der Verjährung in diesem Fall und wollte statt der drei Jahre, die im Bereich der bürgerlichrechtlichen Prospekthaftung gelten,[21] die Verjährungsfrist von fünf Jahren des § 47 BörsG a. F. angewandt sehen.

Nach den bisherigen Ausführungen stellt sich die Frage, ob nach alter Rechtslage eine Gesetzeslücke vorhanden war. Eine solche Lücke liegt vor, wenn das Gesetz für eine bestimmte Fallgestaltung, die innerhalb des von ihm geregelten Bereichs liegt, keine Regel enthält, wenn es also „schweigt".[22] Ist dabei nicht nur ein einzelner Rechtssatz, sondern eine bestimmte Regelung im ganzen unvollständig, d. h. sie enthält keine Regel für eine solche Frage, wird die Gesetzeslücke als Regelungslücke bezeichnet.[23] Für diese Feststellung, ob im vorliegenden Fall eine Regelungslücke vorliegt, ist zu differenzieren zwischen § 45 Nr. 1 a) und b) BörsZulV a. F[24]. Während a) eine Ausnahme für Wertpapiere einer ersten öffentlichen Ausgabe vorsieht, setzt b) Umstände für die Ausgabe von Wertpapieren im Zusammenhang mit einem öffentlichen Umtauschangebot, einer Verschmelzung, einer Spaltung, einer Übertragung des gesamten oder eines Teils des Vermögens oder als Gegenleistung für Sacheinlagen voraus.

Zumindest für Fall a) ist der Anleger nicht ganz schutzlos, weil die verkaufsprospektgesetzliche Haftung Anwendung finden könnte.[25] Wenn eine solche Haftung nach § 13 VerkProspG a. F.[26] greifen sollte, darf aber zum einen die schriftliche Darstellung nicht mit dem Verkaufsprospekt gleichgesetzt werden. Zum anderen muß beachtet werden, daß der Schutz weit geringer wäre als bei der börsengesetzlichen Prospekthaftung. Dies liegt erstens daran, daß gemäß den §§ 2 - 4 VerkProspG a. F. nicht jedes erste öffentliche Angebot einer Verkaufsprospektpflicht unterliegt. Zweitens beginnt die Verjährung nach der Bestimmung von § 13 VerkProspG bereits mit der Veröffentlichung des Verkaufsprospekts nach § 9 VerkProspG a. F. Schließlich muß der Anleger die haf-

---

[20] Siehe Vierter Teil A. XI. 2. d).

[21] Vgl. zu Details der Verjährungsregelung Dritter Teil C. IX.

[22] Vgl. Larenz, Methodenlehre, 1991, S. 370.

[23] Vgl. ebenda, S. 372.

[24] Verordnung über die Zulassung von Wertpapieren zur amtlichen Notierung an einer Wertpapierbörse (Börsenzulassungs-Verordnung - BörsZulV) i. d. F. vom 17.7.1996, siehe BGBl. I 1996, S. 1052 - 1072, zuletzt geändert durch Gesetz vom 22.10.1997, siehe BGBl. I 1997, S. 2567 - 2580.

[25] Vgl. Assmann, AG 1996, 508, 510 f.

[26] Wertpapier-Verkaufsprospektgesetz (VerkaufsProspektG) i. d. F. vom 17.7.1996, siehe BGBl. I 1996, S. 1047 - 1051.

tungsbegründende Kausalität zwischen Verkaufsprospekt und Wertpapiererwerb nachweisen, die aber wie bei der Prospekthaftung aufgrund der Anlagestimmung vermutet wurde.[27] Da diese Anlagestimmung indes auch enden kann, wenn neue Informationen zugänglich sind,[28] setzt ein Anspruch voraus, daß die Börsenzulassung der Wertpapiere anhand schriftlicher Darstellungen, also ohne Prospekt, die Anlagestimmung nicht zu diesem Zeitpunkt enden läßt. Obwohl dazu keine Rechtsprechung vorliegt, scheint diese Annahme nicht bedenklich. Die Befreiung von der Prospektpflicht soll den Emittenten von einer Veröffentlichung befreien, sie hat nicht den Zweck, ihn aus der Verantwortlichkeit für einen zuvor veröffentlichten Verkaufsprospekt, der kausal für den Kaufentschluß des Anlegers war, zu entlassen.[29] Insofern ist zusammenfassend festzuhalten, daß in bezug auf Fall a) keine Regelungslücke vorliegt.

Erfolgt eine Befreiung nach Fall b), worunter die Fokker-Anleihen fielen, so ist kein Rückgriff auf die verkaufsprospektgesetzliche Haftung möglich, weil i. d. R. keine Verkaufsprospektpflicht nach § 1 VerkProspG ausgelöst wird. Damit liegt hier eine Regelungslücke vor. Dies wird auch von Pötzsch, der maßgeblich an der Erstellung des Dritten Finanzmarktförderungsgesetzes beteiligt war, so gesehen.[30] Eine Regelungslücke kann durch eine Analogie geschlossen werden, wenn Rechtsähnlichkeit zwischen dem nicht geregelten Tatbestand und dem Normzweck vorliegt.[31] Dies ergibt sich zweifelsfrei aus den bisherigen Ausführungen in bezug auf die schriftlichen Darstellungen nach § 45 Nr. 1 b) BörsZulV a. F und der Prospekthaftung der §§ 45, 46 BörsG a. F. Aber für die Berechtigung einer Analogie muß die Regelungslücke auch planwidrig sein.[32] Die planwidrige Unvollständigkeit des Gesetzes ist demnach von rechtspolitischen Fehlern zu trennen. Eine als fehlerhaft erkannte Entscheidung des Gesetzgebers kann dieser nur selber, nicht aber der Richter korrigieren.

Die Planwidrigkeit der Regelungslücke reklamierten die Kläger gegen die Commerzbank AG. Obwohl die obigen Ausführungen wohl dafür sprechen sollten, wäre ein konkreter Nachweis nur schwer zu führen gewesen sein. Nach Assmann ist unter allen denkbaren Spekulationen über die Gründe für die festgestellte Regelungslücke die Vermutung am wahrscheinlichsten, daß der Gesetzgeber den Ausfall der Prospekthaftung gesehen hat, ohne ihn als Schutzlücke zu erkennen. Damit wäre aber die Rechtsfortbildung zur Schließung der Regelungslücke gerechtfertigt gewesen und hätte zur analogen Anwendung der §§45, 46 BörsG a. F. auf schriftliche Darstellungen führen können. In jedem

27 Siehe zu Details und zur heutigen Rechtslage Vierter Teil A. VII.

28 Vgl. zur alten Rechtslage Schwark, BörsG, 1994, §§ 45, 46, RN 35.

29 Vgl. Assmann, AG 1996, 508, 511.

30 Vgl. Pötzsch, AG 1997, 193, 195, FN 18; derselbe, AG 1998, 949, 951, RN 27.

31 Vgl. Larenz, Methodenlehre, 1991, S. 381.

32 Vgl. ebenda, S. 373 f.

Fall riet er dem Gesetzgebern die schriftlichen Darstellungen dem Börsenzulassungsprospekt gleichzustellen.[33]

Diese Gleichstellung ist in der neuen Fassung der Prospekthaftung in § 45 IV BörsG nun erfolgt. Der Entscheidung des Gesetzgebers zum Einbezug der schriftlichen Darstellungen in die Prospekthaftung ist uneingeschränkt zuzustimmen.[34] Auch bei den Sachverständigen, die sich in der Beratung zum Dritten Finanzmarktförderungsgesetz zu dem Komplex schriftliche Darstellungen geäußert haben, finden sich nur positive Stimmen zu der neuen Regelung.[35] Dies gilt insbesondere auch mit Hinblick auf die Tatsache, daß nach neuer Rechtslage weitere Ausnahmen von der Prospektpflicht geschaffen worden sind, die im folgenden dargestellt werden und erwarten lassen, daß der Gebrauch von Informationsmemoranden in Zukunft weiter zunehmen wird.

Unklar ist wegen der in § 45 IV BörsG gewählten Formulierung „... auf Grund deren Veröffentlichung der Emittent von der Pflicht zur Veröffentlichung eines Prospekts befreit wurde“, ob damit auch solche Informationsmemoranden erfaßt werden, die bei der Umplatzierung bereits an einer inländischen Börse zugelassener Wertpapiere erstellt werden. Bekannte Beispiele der Praxis solcher Umplatzierungen mit Informationsmemoranden waren 1996 die Platzierung der zweiten Tranche der Aktien der SGL Carbon AG und 1997 die Restprivatisierung der Deutschen Lufthansa AG.[36] Bedeutung hat die Frage für den Maßstab, mit dem diese Informationsmemoranden auf ihre Richtigkeit und Vollständigkeit geprüft werden. Sind sie schriftliche Darstellungen i. S. v. § 45 IV BörsG, erfolgt ihre Prüfung nach den Maßstäben für Prospekte, ansonsten nach den geringeren Anforderungen des gesetzlich jeweils speziell geforderten Inhalts der Darstellung. Wie oben erläutert, verbindet der Gesetzgeber mit § 45 IV BörsG die Intention der Schließung einer Lücke. Damit kann für die Anwendung von § 45 IV BörsG nicht einschränkend vorausgesetzt werden, daß die prospektfreie Darstellung Grundlage einer Börsenzulassung ist.[37] Ansonsten griffe die Neufassung zu kurz, und dem Anlegerschutz könnte nicht ausreichend Rechnung getragen werden. Deshalb unterfallen auch Informationsmemoranden im Rahmen von Umplazierungen der schriftlichen Darstellung gemäß § 45 IV BörsG.[38]

---

[33] Vgl. Assmann, AG 1996, 508, 514.

[34] So auch Krämer/Baudisch, WM 1998, 1161, 1170; Kort, AG 1999, 9, 14.

[35] Vgl. Lutter, Stellungnahme, 1997, S. 2; Schwark, Drittes Finanzmarktförderungsgesetz, 1997, S. 6.

[36] Vgl. Krämer/Baudisch, WM 1998, 1161, 1170.

[37] So aber argumentierend Groß, AG 1999. 199, 200.

[38] Vgl. Krämer/Baudisch, WM 1998, 1161, 1170.

b) Befreiung von der Prospektpflicht

Die Befreiung von der Pflicht, einen Prospekt zu veröffentlichen, ist systematisch nach vier Gruppen geordnet. Die Befreiung im Hinblick auf bestimmte Wertpapiere ist in § 45 BörsZulV geregelt. Hier sind Änderungen und weitere Ausnahmen vorgenommen worden. Der neue § 45a BörsZulV regelt die Befreiung im Hinblick auf bestimmte Emittenten. Die Befreiung im Hinblick auf bestimmte Anleger in § 46 BörsZulV und im Hinblick auf bestimmte Angaben in § 47 BörsZulV bleiben unverändert.

aa) Für bestimmte Wertpapiere

Bei einer bedingten Kapitalerhöhung können heute die im Markt unterzubringenden Aktien gemäß § 45 Nr. 2 b) BörsZulV ohne Prospekt zugelassen werden, wenn der Beschluß der Hauptversammlung der Aktiengesellschaft über die Kapitalerhöhung im Handelsregister eingetragen ist. Eine bedingte Kapitalerhöhung gemäß § 192 I AktG[39] als Sonderform einer Kapitalerhöhung wird nur durchgeführt, soweit von einem Umtausch- oder Bezugsrecht Gebrauch gemacht wird, das die Gesellschaft auf die neuen Aktien (Bezugsaktien) einräumt. In den Nrn. 1 - 3 von § 192 II AktG ist ihr Zweck vorgeschrieben. Erstens soll sie die Ansprüche auf Aktien, die sich aus Umtausch- oder Bezugsrechten der Gläubiger von Wandelschuldverschreibungen ergeben, sichern. Zweitens dient sie der Vorbereitung von Fusionen und drittens der Gewährung von Bezugsrechten an Arbeitnehmer und Mitglieder der Geschäftsleitung der Gesellschaft oder eines verbundene Unternehmens zum Bezug neuer Aktien gegen Einlage von Geldforderungen, die ihnen aus einer eingeräumten Gewinnbeteiligung zu stehen. Gemäß § 192 III AktG darf der Nennbetrag des bedingten Kapitals 50 % und der Nennbetrag des nach § 192 II Nr. 3 AktG beschlossenen Kapitals 10 % des Grundkapitals nicht übersteigen. Nach alter Rechtslage von § 45 Nr. 2 b) BörsZulV a. F. war für eine prospektfreie Zulassung noch die tatsächliche Ausgabe der Aktien erforderlich.

Im Zulassungsverfahren hatte sich jedoch bei den Zulassungsstellen die entsprechende Anwendung von § 45 Nr. 2 b) BörsZulV a. F. durchgesetzt und die Aktien wurden bereits vor der Ausgabe zugelassen.[40] Der Grund lag in der für die Praxis üblichen Handhabung von Emittenten, aus ökonomischen Gründen nicht bei jeder Ausgabe von Bezugsrechten ein Börsenzulassungsverfahren für die Bezugsaktien durchzuführen. Da aber der Emittent im Interesse der Fungibilität der Bezugsaktien eine unmittelbare Notierung anstrebte, um deren Erwerber

---

[39] Aktiengesetz vom 6.9.1965, siehe BGBl. I 1965, S. 1089 - 1184, i. d. F. vom 20.12.2001, siehe BGBl. I 2001, S. 3822 - 3841.

[40] Vgl. BT-Drucks. 13/8933, S. 156.

nicht im Vergleich zum Altaktionär zu benachteiligen, bestand bei den Emittenten der Wunsch nach unmittelbarer Zulassung. Diesem Wunsch folgten die Zulassungsstellen durch eine entsprechende Anwendung der alten Norm.[41]

Darüber hinaus sieht die BörsZulV nun in § 45 Nr. 4 eine weitere Möglichkeit der Befreiung von der Prospektpflicht bei der Notierung von Aktien im amtlichen Markt vor. Werden die Aktien, die im amtlichen Markt zugelassen werden sollen, bereits seit mindestens zwei Jahren im geregelten Markt gehandelt, kann die Prospektpflicht erlassen werden. Voraussetzung hierfür ist, daß dem Publikum - in Übereinstimmung mit der neuen Frist von § 43 I S. 1 BörsZulV[42] - mindestens einen Werktag vor Einführung der Aktien in den amtlichen Markt „... Informationen zur Verfügung stehen, die im wesentlichen dem Inhalt eines Börsenzulassungsprospekts entsprechen". Das ist insbesondere der Fall bei Unternehmen, die bislang außerordentlich umfangreiche und detaillierte Unternehmensinformationen beispielsweise in ihren Geschäftsberichten oder Jahresabschlüssen veröffentlicht haben.[43] Sowohl die Änderung von § 45 BörsZulV in Nr. 2 b) als auch die neu eingefügte Nr. 4 entsprechen dem Art. 1 Nr. 1 (am Ende) Richtlinie 94/18/EG[44], wodurch dem Art. 6 Richtlinie 80/390/EWG[45] eine neue Nr. 5 angefügt wurde.

bb) Für bestimmte Emittenten

Der neue § 45a BörsZulV regelt die Befreiung in Hinblick auf bestimmte Emittenten. Den Zulassungsstellen wird die Möglichkeit gegeben, den Emittenten von der Prospektpflicht zu befreien, wenn dieser eine grenzüberschreitende Zulassung im amtlichen Handel anstrebt. Voraussetzung hierfür ist nach Abs. 1 Nr. 1, daß Wertpapiere oder sie verbriefende Zertifikate mindestens seit drei Jahren in einem Mitgliedsstaat der EU oder einem anderen Vertragsstaat des Abkommens über den Europäischen Wirtschaftsraum in einem amtlichen Markt gehandelt wurden. Weiterhin muß nach Abs. 1 Nr. 2 die jeweils national zuständige Zulassungsstelle bestätigen, daß der Emittent in den letzten drei Jahren seine kapitalmarktrechtlichen Informationspflichten und die mit der Zulassung in Zusammenhang stehenden sonstigen Pflichten erfüllt hat. Die Nrn. 3 - 5 weisen in Form eines umfangreichen Katalogs den Inhalt eines vereinfachten Do-

---

41 Vgl. ebenda.

42 Siehe Vierter Teil A. III. 4.

43 Vgl. BT-Drucks. 13/8933, S. 156.

44 Siehe Amtsbl. Nr. L 135 vom 31.5.1994, S. 1 - 4.

45 Siehe Amtsbl. Nr. L 100 vom 17.4.1980, S. 1 - 26. Die Richtlinie 80/390/EWG ist mittlerweile mit der Richtlinie 79/279/EWG in der neuen Richtlinie 01/34/EWG vom 28. Mai 2001 einschließlich der jeweiligen Änderungen aufgegangen. Siehe dazu Ilberg/Neises, WM 2002, 635, 637 mit Nachweisen.

kumentensatzes an, der gemäß der Vorschriften von § 36 IV BörsG bzgl. der Verfügbarkeit und § 43 I BörsZulV bzgl. der neu geltenden Frist[46] zu veröffentlichen ist. Der Dokumentensatz ist grundsätzlich gemäß Abs. 2 in deutscher Sprache zu fertigen. Ausnahmen hiervon sind aber gemäß S. 2 in Übereinstimmung mit § 40a I S. 3 BörsG und § 13 I S. 3 BörsZulV möglich, wenn die Sprache auf dem Gebiet der Wertpapieranlage im Inland nicht unüblich ist.[47]

Die Neuregelung des § 45a BörsZulV ist zu begrüßen.[48] Im heute einheitlichen Euro Währungsraum werden viele Unternehmen ihre Listings überdenken. Im Sinne der Attraktivität deutscher Börsenplätze sind Marktzutrittsbarrieren, die aus einer an sich entbehrlichen Prospektpflicht erwachsen wären, so gering wie möglich anzusetzen. Der neue § 45a BörsZulV erleichtert die grenzüberschreitende Börsenzulassung. Damit wird insbesondere dem Bedürfnis größerer Unternehmen mit internationalem Bekanntheitsgrad und Tätigkeitsfeld Rechnung getragen.[49] Im übrigen entspricht die neue Norm Art. 1 Nr. 1 Richtlinie 94/18/EG, wodurch dem Art. 6 Richtlinie 80/390/EWG eine neue Nr. 4 angefügt wird.

III. Änderungen bei der Zulassung

Die Zulassung von Wertpapieren zum amtlichen Markt ist in den §§ 36 ff BörsG geregelt. Hauptsächlicher Sinn des Zulassungsverfahrens ist die Eröffnung der Möglichkeit für das Anlegerpublikum, sich ein genaues Bild über die angebotenen Wertpapiere zu verschaffen.[50] Durch Verfahrensänderungen soll der Börsengang für Emittenten erleichtert werden. Darüber hinaus sieht die Börsenzulassungs-Verordnung veränderte Fristen für die Veröffentlichung von Prospekten vor.

1. Billigung durch die Zulassungsstelle

Der alte § 36 BörsG wird ergänzt durch einen neuen Absatz IIIa. Sein erster Satz schreibt vor, daß ein „Prospekt .. erst veröffentlicht werden [darf], wenn er von der Zulassungsstelle gebilligt wurde".[51] Eine gesetzliche Definition der Billigung war weder vorhanden, noch ist sie neu geschaffen worden. Darunter wird hier die Prüfung und Feststellung des gemäß § 38 BörsG erforderlichen Pro-

---

46 Siehe Vierter Teil A. III. 4.

47 Siehe zum Verzicht auf die deutsche Sprache im Prospekt Vierter Teil A. IV. 3. a).

48 So auch BSK, Stellungnahme, 1997, S. 3 f.

49 Vgl. BT-Drucks. 13/8933, S. 157.

50 Vgl. Schwark, BörsG, 1994, § 36, RN 3.

51 Siehe zu den Auswirkungen Vierter Teil A. IV 1.

spektinhalts durch die Zulassungsstelle verstanden.[52] Die Billigung muß nach Satz 2 innerhalb von fünfzehn Börsentagen erfolgen. Die Frist ist der schon existierenden Regelung des § 6 I S. 3 VerkProspG nachgebildet. Sie soll im Interesse des Emittenten sicherstellen, daß eine zügige Prüfung des Prospekts durch die Zulassungsstelle erfolgen kann.[53]

Die neuen Sätze 3 und 4 enthalten Vereinfachungen für Emittenten, die ihre Wertpapiere gleichzeitig an mehreren inländischen Börsen notieren lassen wollen. Gemäß Satz 3 hat der Emittent dann die Zulassungsstelle für die Billigung zu bestimmen. Dadurch entfällt eine mehrfache Prüfung durch die Zulassungsstellen, bei denen ein Zulassungsantrag gestellt wurde. Das Wahlrecht für den Emittenten ist der schon existierenden Regelung des § 6 I S. 2 VerkProspG nachgebildet. Die anderen Börsen haben gemäß Satz 4 den Prospekt als den Anforderungen des § 36 III S. 1 Nr. 1 BörsG entsprechend anzuerkennen. Die Bindungswirkung findet sich auch in § 39 IV S. 1 BörsG[54] für den Fall, daß ein Emittent eine weitere Zulassung seiner Wertpapiere an einer inländischen Börse innerhalb von sechs Monaten nach der ersten erfolgten Zulassung stellt.

Gegen die Frist von fünfzehn Börsentagen wird eingewandt, sie sei nicht erforderlich.[55] Ein Vergleich zum Verfahren der Billigung eines Verkaufsprospekts sei insofern nicht hilfreich, weil nur hier eine Frist im Interesse des Anbieters notwendig ist, denn davon hänge die unmittelbare Zulässigkeit des öffentlichen Angebots ab. Bei einer Zulassung zum Börsenhandel zu einem bestimmten Zeitpunkt habe sich die Praxis der Vereinbarung von konkreten Terminplänen der Zulassungsstelle mit den Emissionsbegleitern zur Zufriedenheit aller bewährt.[56] Gegen diese Argumentation kann eingewandt werden, daß die gesetzliche Fixierung der Frist der Fortsetzung dieses Verfahrens nicht zwangsweise im Wege steht. Eine Gefahr, daß die Zulassungsstelle die Frist in jedem Falle ausschöpfen wird und freiwillige Absprachen zu kürzeren Verfahrenszeiten damit nicht mehr greifen, ist heute nicht ersichtlich. Prinzipiell ist aber die Frage, ob denn ein in der Praxis bewährtes Verfahren der Regelung des Gesetzgebers bedarf, gerechtfertigt. Auf der anderen Seite muß dies nicht zur generellen Ablehnung der Regelung von Satz 2 führen.

Folgerichtig erhält die neue Regelung der Sätze 3 und 4 überwiegend Zustimmung.[57] Es ist kein Grund ersichtlich, warum Unternehmen, die an mehre-

---

52 Definition in Anlehnung an den Vorschlag der Deutschen Börse AG, Stellungnahme, Anhang, 1997, S. 2.

53 Vgl. BT-Drucks. 13/8933, S. 72.

54 Siehe Vierter Teil A. III. 3.

55 Vgl. Deutsche Börse AG, Stellungnahme, Anhang, 1997, S. 1 f; RWB, Stellungnahme, 1997, S. 16.

56 Vgl. Deutsche Börse AG, Stellungnahme, Anhang, 1997, S. 2.

57 Vgl. BDI, Gesetzentwurf, 1997, S. 2; DAI, Stellungnahme, 1997, S. 6.

ren deutschen Börsenplätzen gleichzeitig ein Listing anstreben, für jede einzelne Notierung die gesamte Börsenzulassung durchlaufen sollen. Dies wäre kostentreibend. Die neue Regelung hingegen erleichtert die gleichzeitige Zulassung. Kritik wird nur von der Rheinisch-Westfälischen Börse zu Düsseldorf geäußert.[58] Sie macht geltend, den Interessen der Emittenten sei schon durch § 39 BörsG Rechnung getragen, und fürchtet zumindest mittelfristig aufgrund einer zu erwartenden Konzentration auf die Zulassungsstelle der Frankfurter Wertpapierbörse den Verlust von Einnahmen aus den Zulassungsgebühren.

2. Vereinfachung bei Mehrfachnotierung

Der alte § 36 BörsG wird neben dem neuen Abs. IIIa auch um einen neuen Abs. VI erweitert. Hiernach bedarf der Antrag auf Zulassung an einem weiteren Börsenplatz abweichend von den Vorschriften in § 36 II S. 1 BörsG nicht der Mitwirkung eines Emissionsbegleiters, wenn die Wertpapiere schon an einer inländischen Börse im amtlichen Markt zugelassen sind. Auf das Erfordernis des Zulassungsverfahrens nach § 36 III BörsG wird ebenso verzichtet, weil es bereits einmal durchlaufen worden ist. In Halbsatz 2 des neuen Abs. IV wird auf Abs. 5 verwiesen. Demnach kann die Börse den Zulassungsantrag ablehnen, obwohl die Voraussetzung einer Zulassung erfüllt ist, wenn der Emittent seine Pflichten aus der Zulassung zum amtlichen Markt an einer anderen inländischen Börse oder einer Börse in einem anderen Mitgliedsstaat der EU oder des Europäischen Wirtschaftsraums verletzt hat.

Auch diese Ergänzung von § 36 BörsG ist sinnvoll.[59] Dem Erfordernis eines Emissionsbegleiters bedarf es nicht, weil kein neuer Prospekt erstellt werden muß und das Verwaltungsverfahren der Zulassung bei Mehrfachnotierung einfach ausgestaltet ist. Die Regelung steht im Einklang mit den Interessen des Anlegerschutzes, denn eine Wiederholung des Zulassungsverfahrens führt nicht zu einer Vergrößerung des Anlegerschutzes, sondern nur zu zeitlichen Verzögerungen.[60]

Der Gesetzgeber plant indes, diesen Absatz aus dem neunen § 29 BörsG E. durch das Vierte Finanzmarktförderungsgesetz wieder zu streichen.[61] Als Grund wird die mangelnde praktische Relevanz angegeben sowie das Interesse an Rechtssicherheit.[62] Dieses sollte aber, wie dargestellt wurde, nicht tangiert sein.

---

58 Vgl. RWB, Stellungnahme, 1997, S. 16 ff.

59 Vgl. DAI, Stellungnahme, 1997, S. 6.

60 Vgl. BT-Drucks. 13/8933, S. 73.

61 Vgl. BMF, Entwurf Viertes Finanzmarktförderungsgesetz, 14.11.2001, ohne Seitenangabe.

62 BMF, Entwurf Viertes Finanzmarktförderungsgesetz, 14.11.2001, S. 225.

3. Prospektverwendung bei Mehrfachnotierung auch für ausländische Emittenten

§ 39 IV BörsG a. F. ermöglichte dem Emittenten, bei einer angestrebten Mehrfachnotierung seiner Wertpapiere im Inland den Börsenzulassungsprospekt zu verwenden, der bereits von einer anderen Zulassungsstelle einer Börse im Inland gebilligt wurde, wenn dieser nicht älter als sechs Monate war. In der neuen Fassung von § 39 IV S. 1 BörsG ist die Einschränkung „eines Emittenten mit Sitz im Inland" gestrichen. Was früher also nur dem Emittenten mit Sitz im Inland vorbehalten war, ist heute gleichermaßen dem ausländischen Emittenten möglich.

Die Begrenzung der Möglichkeit, die die alte Fassung beinhaltete, stellte für ausländische Emittenten einen unangemessen Nachteil dar.[63] Die Gleichstellung schafft einheitliche Bedingungen für inländische und ausländische Emittenten und fördert die Konkurrenzfähigkeit der deutschen Börsenplätze.

4. Verkürzte Fristen

In § 43 BörsZulV sind die Fristen für die Veröffentlichung von Prospekten vor der Einführung der Wertpapiere geregelt. Nach § 43 I S. 1 u. 2 BörsZulV ist jetzt jeweils nur noch ein Werktag vor Einführung der Wertpapiere bzw. für den Handel von Bezugsrechten für Wertpapiere im amtlichen Markt erforderlich. Die alte Regelung sah drei Tage vor. In Satz 3 wird die Möglichkeit der Fristverkürzung durch die Zulassungsstelle gestrichen, weil sie nun nicht mehr erforderlich ist. Im übrigen bleibt es bei der alten Regelung von Satz 3, daß die Zulassungsstelle in besonderen Ausnahmefällen gestatten kann, den Handel mit den Bezugsrechten aufzunehmen, wenn der Prospekt zumindest vor dem Ende des Handels veröffentlicht wird.

Mit der Verkürzung der Fristen für die Veröffentlichung von Prospekten vor der Einführung der Wertpapiere auf einen Tag wird den Emittenten die Möglichkeit eröffnet, kurzfristig nach der Veröffentlichung des Prospekts die Wertpapiere einzuführen. Damit ist die mit der Veröffentlichung verbundene Publizitätswirkung bestmöglich zu nutzen.[64] Die bestehende Regelung, daß gemäß § 50 BörsZulV seit der Veröffentlichung des Zulassungsantrags drei Werktage vor der eigentlichen Zulassung vergangen sein müssen, bleibt bestehen. Hierdurch wird die Möglichkeit einer rechtzeitigen Information der Anleger gewahrt.

---

63 Vgl. ebenda.

64 Vgl. ebenda, S. 155.

IV. Mängel der Haftungsgrundlage

Ein Anspruch auf Schadensersatz aus börsengesetzlicher Prospekthaftung setzt nach § 45 I S. 1 BörsG einen Prospekt voraus, in dem Angaben unrichtig oder unvollständig sind. Insoweit korrespondiert dies mit der bürgerlichrechtlichen Prospekthaftung und die Ausführungen in diesem Bereich gelten dem Grunde nach auch für die börsengesetzliche Prospekthaftung.[65] Wie dort ausgeführt, müssen die Kriterien für die Bewertung eines Prospektmangels grundsätzlich gleich sein, ihre originäre Herleitung entstammt dem Börsenzulassungsprospekt.

Während die bisherige Rechtslage noch zwischen der Unrichtigkeit in § 45 I S. 1 BörsG a. F. und Unvollständigkeit in S. 2 differenziert, wird die Unterscheidung heute in § 45 I BörsG aufgegeben. Obwohl die Unrichtigkeit auch die Unvollständigkeit als Unterfall umfaßt, wird die Unvollständigkeit aufgrund ihrer Bedeutung in der Praxis gesondert aufgeführt.[66] Die Neuformulierung gleicht in diesem Punkt § 20 I KAGG und § 12 I AuslInvestmG.[67] Bedeutsam ist die Änderung für den Verschuldensmaßstab in § 46 I BörsG, in dem heute die in der alten Rechtslage von § 45 I BörsG a. F. geltende Unterscheidung des Verschuldensmaßstabs in grobe Fahrlässigkeit in bezug auf Unrichtigkeit und börslichem Verschweigen oder Unterlassen in bezug auf Unvollständigkeit aufgegeben wird.[68]

1. Zulassung durch die Börsenzulassungsstelle

Über die Zulassung von Wertpapieren zum amtlichen Markt i. S. v. § 36 BörsG entscheidet gemäß § 37 I S. 1 BörsG die Zulassungsstelle. Nach Rechtsprechung und überwiegender Literatur sollte nach bisheriger Rechtslage ein möglicher Prospektmangel in Hinblick auf Richtigkeit und Vollständigkeit nicht schon dadurch ausgeschlossen sein, daß die Zulassungsstelle den Prospekt zugelassen hat.[69] Sie prüft nur formal die Einhaltung der Mindestanforderungen des Prospekts, nicht dessen inhaltliche Richtigkeit.

Nach der neuen Fassung von § 36 IIIa S. 1 BörsG[70] darf „der Prospekt .. erst veröffentlicht werden, wenn er von der Zulassungsstelle gebilligt wurde". Dies

---

65 Siehe Dritter Teil C. II. 3.

66 Vgl. BT-Drucks. 13/8933, S. 76.

67 Siehe Vierter Teil F. II.

68 Siehe zu Details Vierter Teil A. VIII. 1.

69 Vgl. LG Frankfurt a. M., WM 1992, 1768, 1770 f und die Bestätigung im Berufungsurteil des OLG Frankfurt a. M., WM 1994, 291, 297 m. w. N.; Schwark, ZGR 1983, 162, 167; Brondics/Mark, AG 1989, 339, 342; Hopt, Verantwortlichkeit der Banken, 1991, RN 160; Schwark, BörsG, 1994, §§ 45, 46, RN 24, Assmann in Assmann/Schütze, 1997, § 7, RN 63 u. 200; a. A. Schäfer, ZIP 1987, 953, 959.

70 Siehe Vierter Teil A. III. 1.

ist jedoch nach dem Willen des Gesetzgebers für die Beurteilung der Unrichtigkeit und Unvollständigkeit weiterhin unerheblich.[71] Die prüfende Zulassungsstelle besitzt weitaus weniger Informationen als der Emittent und der Emissionsbegleiter. Auftretende Unregelmäßigkeiten bei der Prüfung durch die Zulassungsstelle, die zu einer unzutreffenden Billigung des Prospekts geführt haben, können nicht dem Anleger, der sich auf den Prospekt verläßt, angelastet werden.

Die neue Regelung soll sicherstellen, daß der Prospekt die erforderlichen Angaben enthält.[72] Dieser nun ausdrücklich gesetzlich normierte Grundsatz wurde bereits im alten Rechtsrahmen z. B. bei § 36 IV S. 3 BörsG a. F. implizit und bei § 43 II BörsZulV a. F. ausdrücklich vorausgesetzt. Darüber hinaus entspricht er der neuen Parallelregelung des § 6 I S. 1 VerkProspG.[73]

2. Unrichtigkeit

a) Allgemein

Grundsätzlich können nur solche unrichtigen Prospektangaben Grundlage einer Prospekthaftung sein, die von wesentlicher Bedeutung sind. Die wesentliche Bedeutung ergibt sich nicht automatisch aus den gemäß § 36 III S. 1 Nr. 2 BörsG i. V. m. §§ 13 ff BörsZulV erforderlichen Prospektangaben, vielmehr ist im konkreten Fall entscheidend, ob sich „... bei einer ordnungsgemäßen Angabe die für die Beurteilung der Wertpapiere relevanten maßgeblichen tatsächlichen oder rechtlichen Verhältnisse verändern würden."[74] Im übrigen gelten die Ausführungen zur Unrichtigkeit des Prospekts der bürgerlichrechtlichen Prospekthaftung,[75] so daß im folgenden nur der Frage einer nachträglichen Berichtigung nachgegangen wird. Dabei werden die verschiedene Formen der Berichtigung erörtert sowie die Fragen nach einer Berichtigungspflicht und den Verpflichteten beantwortet.

b) Nachträgliche Berichtigung

aa) Verschiedene Formen der Berichtigung

Zur Zeit der Börsenzulassung bzw. der Plazierung eines Wertpapiers hat der zugehörige Prospekt fehlerfrei zu sein. Demzufolge kann sich eine Unrichtigkeit

71 Vgl. BT-Drucks. 13/8933, S. 76.

72 Vgl. ebenda, S. 72.

73 Siehe Vierter Teil E. III. 1.

74 BT-Drucks. 13/8933, S. 76.

75 Siehe Dritter Teil C. II. 3. a).

des Prospekts auch aus seiner unzureichenden „Zeitnähe" ergeben.[76] Daraus folgt im Umkehrschluß ein Aktualisierungsgebot, dem durch nachträgliche Berichtigungen Rechnung zu tragen ist z. B. in Form von Prospektbeilagen. Bei Zulassungsprospekten führte dies nach der alten Rechtslage zu Schwierigkeiten, weil sie in der von der Zulassungsstelle genehmigten Fassung gemäß § 43 II BörsZulV veröffentlicht werden mußten.[77]

Der neue § 46 II Nr. 4 BörsG, der es dem Emittenten ermöglicht, den fehlerhaften Prospekt zu berichtigen, ist zu begrüßen.[78] Der Prospekt als Publizitätsinstrument auf dem Kapitalmarkt kann seiner Funktion bei veränderter Datenlage nur gerecht werden, wenn er diese auch wiedergibt. Der Emittent kann die Berichtigung durch den Jahresabschluß oder einen Zwischenbericht vornehmen. Weiterhin kann er erforderliche Korrekturen über eine Mitteilung nach § 15 WpHG i. S. d. Ad hoc-Publizität vornehmen. Schließlich kann die Korrektur auch durch eine vergleichbare Bekanntmachung vorgenommen werden. Vergleichbar ist eine Bekanntmachung, wenn sie in ihrem Wirkungsgrad den oben genannten Möglichkeiten gleicht, beispielsweise eine wie der Prospekt veröffentlichte Berichtigung, die in den Prospekt als Einlageblatt beigefügt wird.[79]

Die neue Regelung wird von einigen Wenigen kritisch gesehen. Wegen des mit der Berichtigung verbundenen Haftungsausschlusses für Erwerbsgeschäfte nach der Berichtigung werden Bedenken gegen die Vielfalt der Berichtigungsformen geäußert und gefordert, daß eine Berichtigung ausschließlich mit einer Ad hoc-Mitteilung möglich sein soll.[80] Anderenfalls bestehe „die Gefahr ..., daß eine wesentliche Korrektur des Prospektes in allgemeinen Ausführungen versteckt wird"[81] und es dadurch möglich wird, „den fehlerhaften Prospekt ... unauffällig berichtigen [zu] können"[82].

Diese Bedenken sind nicht zu teilen. Auf der einen Seite ist gegen die Folge des Haftungsausschlusses für Erwerbsgeschäfte nach Berichtigung generell nichts einzuwenden.[83] Auf der anderen Seite ist durch die neue Regelung eine ausreichende Informationsmöglichkeit der Anleger möglich und somit wird der

---

76 Vgl. Schwark, BörsG, 1994, § 36 RN 15.

77 Vgl. zu dieser Problematik Assmann in Assmann/Schütze, § 7 RN 71 m. w. N.

78 So auch DAI, Stellungnahme, 1997, S. 11. Im Ergebnis wohl auch zustimmend Groß, AG 1999, 199, 209.

79 Vgl. BT-Drucks. 13/8933, S. 81.

80 Vgl. DSW, Stellungnahme, 1997, S. 5 f.

81 Ebenda, S. 6.

82 AgV, Stellungnahme, 1997, S. 8. Die AgV, ebenda, schreibt, daß die neue Regelung „nicht verständlich" sei. Es ist jedoch nicht eindeutig, ob diese Formulierung die Regelung als Ganzes erfaßt oder nur die Möglichkeiten der Berichtigung gemeint ist.

83 Siehe dazu auch Vierter Teil A. VII.

Anlegerschutz durch diese Regelung nicht unangemessen vernachlässigt. Es ist richtig, daß eine Ad hoc-Mitteilung als Berichtigungsmöglichkeit am anlegerfreundlichsten ist. Die Information, die den Fehler im Prospekt beheben soll, ist sofort und einfach zugänglich. Dies macht die Ad hoc-Mitteilung aber nicht nur für den Anleger, sondern auch für den Berichtigungspflichtigen, der nicht vorsätzlich einen falschen Prospekt veröffentlicht hat, zur interessantesten Berichtigungsmöglichkeit. Derjenige, der unrichtige bzw. unvollständige Prospekte veröffentlicht, dürfte i. d. R. kein Interesse an einer Berichtigung haben, weil damit die Offenlegung der Fehlerhaftigkeit einhergeht. Die Berichtigung durch eine Ad hoc-Mitteilung hält zum einen durch ihre sofortige Verbreitung den Kreis der zukünftigen Anspruchsberechtigten so klein wie möglich. Zum anderen besteht für das Unternehmen kein Anreiz, die Information über den Fehler zu verschleiern. Da das Unternehmen nicht davon ausgehen kann, daß erhebliche Tatsachen unentdeckt bleiben, fiele eine Verschleierungstaktik negativ auf das Unternehmen zurück. Dadurch nähme das „standing" im Markt einen deutlichen Schaden und für die für Aktiengesellschaften wichtige „investor relations", die Aktionärspflege, wäre ein solches Verhalten kontraproduktiv.

Sollte dennoch eine andere Berichtigungsform gewählt werden, so ist folgendes zu bedenken. Eine Berichtigung muß gemäß § 46 II Nr. 4 BörsG „deutlich" gestaltet sein. Zwar muß kein ausdrücklicher Hinweis auf eine fehlerhafte Angabe im Prospekt erfolgen, einem verständigen Leser[84] muß sich aber bei Vorlage von Prospekt und Berichtigung „ohne aufwendige Nachforschung" die abweichende Angabe erschließen.[85] Bei einer genaueren Bestimmung des Merkmals „deutlich" ist ein Blick auf den Prospekthaftungsfall Mode Holding München AG hilfreich. Das LG Frankfurt a. M. entschied, daß innerhalb eines Unternehmensberichts die unrichtige Darstellung der wirtschaftlichen Lage des Unternehmens im ersten Teil nicht dadurch berichtigt werden konnte, daß die vollständig bereinigten Bilanzzahlen einem weiter hinten im Unternehmensbericht abgedruckten "Als-Ob-Konzernabschluß" hätten entnommen werden können.[86] Diese Entscheidung wurde durch das Berufungsurteil des OLG Frankfurt a. M bestätigt.[87] Aus diesen Entscheidungen läßt sich ableiten, daß eine Berichtigung für den Anleger unmißverständlich erfolgen muß.[88]

In der heutigen Fassung von § 46 II Nr. 1 BörsG hat der Gesetzgeber die von der Rechtsprechung entwickelte sog. „Anlagestimmung" normiert.[89] Diese Regelung zugunsten des Anlegers geht davon aus, daß die in einem Prospekt ent-

---

84 Siehe allgemein zum Maßstab des Prospektadressaten Dritter Teil C. II. 3. a).

85 Vgl. BT-Drucks. 13/8933, S. 81.

86 Vgl. LG Frankfurt a. M., ZIP 1998, 641, 642.

87 Vgl. OLG Frankfurt a. M., AG 1999, 325, 326.

88 Vgl. auch Kort, AG 1999, 9, 15.

89 Siehe zu Details Vierter Teil A. VII. 1.

haltenen wesentlichen Angaben dem Anleger zumindest mittelbar zur Kenntnis gelangen, z. B. durch Veröffentlichungen in der Fachpresse oder bei der Anlageberatung. Dies muß auch bei einer Berichtigung in Form eines Jahresabschlusses, Zwischenberichts oder einer vergleichbaren Bekanntmachung der Fall sein. Insofern korrespondiert der Verzicht des Nachweises des Erwerbs aufgrund des Prospekts mit dem Verzicht des Nachweises der Kenntnis von der Berichtigung. Im übrigen wird der Inhalt einer Ad hoc-Mitteilung dem durchschnittlichem Anleger i. d. R. wohl auch erst durch die Aufbereitung in der Presse oder im Beratungsgespräch bekannt werden.

Darüber hinaus wird auch das Argument einer Preisanpassung als Schutzmechanismus angeführt.[90] Eine Berichtigung, die von wirtschaftlichem Belang ist, führt zu einer Marktreaktion der betroffenen Wertpapiere. Käme es zu einem Kauf der Wertpapiere nach der Preisanpassung, stünde der Erwerber so, als wäre der Prospekt von vornherein nicht fehlerhaft gewesen. Der Anleger könnte dann keinen Schaden geltend machen, weil ein Anspruch in jedem Fall auf die Höhe des Ausgabepreises bzw. des ersten Börsenpreises oder den Erwerbspreis beschränkt ist.[91] Ist der Erwerber nicht mehr Inhaber der Wertpapiere, kann er die Differenz von Erwerbspreis und Ausgabepreis ersetzt verlangen. Die Richtigkeit des Arguments der Preisanpassung als Schutz für den Anleger setzt eine vollständige Umsetzung der Berichtigung als kursrelevante Information im Markt voraus. Die Frage der Umsetzung von Informationen betrifft die Informationseffizienz von Kapitalmärkten. Unterschieden werden drei Stufen der Informationseffizienz:[92]

- Informationseffizienz im strengen Sinne liegt vor, wenn zu jedem Zeitpunkt alle überhaupt verfügbaren Informationen in den Marktpreisen voll zum Ausdruck kommen.
- Informationseffizienz im mittelstrengen Sinne liegt vor, wenn zu jedem Zeitpunkt alle allgemein verfügbaren Informationen in den Marktpreisen voll zum Ausdruck kommen.
- Informationseffizienz im schwachen Sinne liegt vor, wenn zu jedem Zeitpunkt in den Marktpreisen alle Informationen über das Marktgeschehen in der Vergangenheit voll zum Ausdruck kommen.

Da das Sammeln und Auswerten von Informationen mit Kosten verbunden ist, braucht die Anpassung an den Informationsstand einen gewissen Zeitraum.[93] Dieser wird um so kürzer sein, je größer und tiefer der jeweilige Markt ist. Die Überlegungen zur Informationseffizienz führen somit wieder zurück auf die Erörterung der vorherigen Frage, ob eine ausreichende Informationsverbreitung

---

90 Vgl. BT-Drucks. 13/8933, S. 80.

91 Siehe zu Details der Schadensberechnung Vierter Teil A. IX.

92 Vgl. Franke/Hax, Finanzwirtschaft, 1994, S. 392.

93 Vgl. ebenda, S. 393.

der berichtigten Tatsachen auch in anderen Formen als der Ad hoc-Mitteilung möglich ist und insoweit wird dahin zurückverwiesen.

Das Merkmal „vor dem Abschluß des Erwerbsgeschäfts“ in § 46 II Nr. 4 BörsG wirft Fragen auf im Rahmen eines Bookbuilding-Verfahrens[94]. In solchen „gestreckten Erwerbsvorgängen“[95] erfolgt der Abschluß erst am Ende der Bookbuilding-Periode, während dessen Berichtigungen des Prospekts vorgenommen werden können. Gibt ein Teilnehmer im Bookbuilding-Verfahren einen Preis aufgrund eines fehlerhaften Prospekts ab und wird danach eine Berichtigung gemäß § 46 II Nr. 4 BörsG vorgenommen, erfolgt die Zuteilung und damit das Erwerbsgeschäft nach der Berichtigung. Wegen des mit der Berichtigung verbundenen Haftungsausschlusses entfällt demnach die Anspruchsberechtigung.

Die Abgabe des Angebots erfolgte aber unter dem Eindruck des fehlerhaften Prospekts. Somit stellt sich die Frage, ob es gerechtfertigt ist, den Bieter im Bookbuilding-Verfahren durch eine Berichtigung des Prospekts aus dem Kreis der Anspruchsberechtigten auszuschließen. Entscheidend ist, daß der Teilnehmer während des gesamten Bookbuilding-Verfahrens sein Angebot, zu einem bestimmten Preis zu kaufen, zurücknehmen kann.[96] Damit hat er die Möglichkeit, unter dem Eindruck der Berichtigung sein Angebot zu korrigieren oder von einer Zeichnung abzusehen. Insofern ist es gerechtfertigt, ihn vom Kreis der Anspruchsberechtigten auszuschließen.

bb) Pflicht zur Berichtigung

Der neue § 46 II Nr. 4 BörsG, der es dem Emittenten ermöglicht, den fehlerhaften Prospekt zu berichtigen, wirft dir Frage auf, ob damit auch die Pflicht zur Aktualisierung einhergeht. Grundsätzlich gilt es, nach den Zeitpunkt einer möglichen Berichtigung zu unterscheiden. Dabei ist einerseits der Zeitraum ab Veröffentlichung des Prospekts bis zur Einführung der Wertpapiere und andererseits die Zeit nach Einführung und erster amtlicher Notierung zu unterscheiden.

Für den Zeitraum ab Veröffentlichung bis zur Einführung der Wertpapiere ergibt sich die Pflicht zur nachträglichen Berichtigung des Prospekts unstreitig aus § 52 II BörsZulV.[97] Diese Norm ist nach der Entscheidung des BGH im Fall der Elsflether Werft AG analog auch für den geregelten Markt anwendbar.[98] Für Wertpapiere, auf die das VerkProspG Anwendung findet, leitet sich die Nach-

---

94 Siehe dazu auch Vierter Teil A. IV. 3 b).

95 Groß, Kapitalmarktrecht, 2002, §§ 45, 46 BörsG, RN 62.

96 Vgl. Groß, ZHR 162 (1998), 318, 329 und derselbe, Kapitalmarktrecht, 2002, §§ 45, 46 BörsG, RN 62.

97 Vgl. Stephan, AG 2002, 3, 7 ff m. w. N.

98 Vgl. BGH, WM 1998, 1772, 1774 f.

tragspflicht aus § 11 verkProspG ab. In bezug auf die Zeit nach der ersten amtlichen Notierung kann aufgrund der neuen Rechtslage in der Frage der nachträglichen Berichtigungspflicht nichts anderes gelten. Der Zeitraum, in dem sich eine Berichtigungspflicht ergeben könnte, bestimmt sich nach der maximalen Dauer der Anlagestimmung von sechs Monaten[99] gemäß § 45 I S. 1 BörsG.[100]

Die neue Rechtslage,[101] aus der sich eine Pflicht zur Berichtigung ergibt, betrifft den neunen § 46 II Nr. 4 BörsG.[102] Insofern kommt es nicht darauf an, ob sich zusätzlich eine Pflicht zur Berichtigung aus § 15 WpHG ergibt, nach dem der Emittent alle Tatsachen, die den Börsenpreis seiner Wertpapiere beeinträchtigen können, unverzüglich zu veröffentlichen hat. Zur Herausstellung der Bedeutung dieser Frage und als ergänzende Argumentation sei das Problem noch für die alte Rechtslage am Fall Elsflether Werft AG betrachtet.

Es ging um die Frage, ob die nach der Veröffentlichung des Unternehmensberichts erhobenen Widersprüche gegen den erfolgten Kapitalerhöhungsbeschluß und die Ankündigung gerichtlicher Maßnahmen, die auch erfolgreich durch Anfechtungsklage geltend gemacht worden sind,[103] hätten nachgetragen werden müssen. Im konkreten Fall sah der BGH die Bedeutung darin, daß bei Erfolg einer Anfechtungsklage gegen einen Kapitalerhöhungsbeschluß der Beschluß gemäß § 248 I AktG nichtig ist, alle Zeichnungen unwirksam sind und die neuen Aktien keine Mitgliedschaftsrechte verbriefen.[104] Deshalb ist die Information über eine Anfechtungsklage für das Anlegerpublikum von wesentlicher Bedeutung und in den Unternehmensbericht aufzunehmen,[105] und dementsprechend ist eine solche Information auch nachzutragen. Daß die Erhebung einer Anfechtungsklage bedeutsam ist, ergibt sich darüber hinaus auch aus § 246 IV AktG, nach dem diese Tatsache in den Geschäftsblättern einer AG unverzüglich bekannt zu machen ist, um die Öffentlichkeit zu unterrichten. Darüber hinaus fügte der BGH als Begründung zum einen an, daß sich auch nach

[99] Siehe zu Details Vierter Teil A. VII. 2. a).

[100] Vgl. Ellenberger, Prospekthaftung, 2001, S. 20.

[101] Siehe Vierter Teil A. IV. 2. a).

[102] Vgl. Groß, AG 1999, 199, 203 f, aber heute anders derselbe, Kapitalmarktrecht, 2002, §§ 45, 46 BörsG, RN 34c u. FN 152. Siehe für eine Berichtigugnspflicht auch Ellenberger, Prospekthaftung, 2001, S. 20, dagegen Stephan, AG 2002, 3, 12 f. Jüngst hat auch das LG Frankfurt a. M. entschieden, daß nach Einführung der Wertpapiere eine Aktualisierungspflicht nicht mehr besteht, vgl. LG Frankfurt a. M., http://www.landgericht.frankfurt-main.de/ZS_Urteil_lang(Prospekt_Kommune).htm.

[103] Vgl. das unveröffentlichte Urteil des LG Oldenburg, Az. 11 O 4033/92, und das Berufungsurteil des OLG Oldenburg, WM 1995, 924 - 928, das rechtskräftig wurde, weil der BGH, unveröffentlichter Beschluß, Az. II ZR 80/94, die Revision nicht angenommen hat.

[104] Vgl. Geßler/Hefermehl/Eckhardt/Kropff - Hefermehl/Bungeroth, 1994, § 185, RN 101; Hüffer, AktG, 1999, § 248, RN 7a.

[105] Vgl. Zöllner/Winter, ZHR 158 (1994), 59, 96.

früherer Rechtslage von § 44a BörsG 1994[106], der durch das Zweite Finanzmarktförderungsgesetz zum 1. Januar 1995 aufgehoben und durch § 15 WpHG ersetzt worden ist, entgegen der Auffassung von Teilen der Literatur[107] nicht hat entnehmen lassen, daß der Emissionsbegleiter nur nach dieser Vorschrift haftet. Zum anderen verweist er darauf, daß im Rahmen der bürgerlichrechtlichen Prospekthaftung ebenfalls anerkannt ist,[108] daß die Prospektverantwortlichen des Haftungsverbunds für nachträglich eingetretene Änderungen eine Berichtigungspflicht trifft.[109] Damit versucht der BGH eine wünschenswerte Einheitlichkeit auf der Rechtsfolgenseite zwischen spezialgesetzlicher und bürgerlichrechtlicher Prospekthaftung herbeizuführen.

Die Grundlage von § 52 II BörsZulV und § 11 VerkProspG, die unstreitig eine Berichtigungpflicht bis zur erster amtlichen Notierung statuieren, sind Art. 23 Richtlinie 80/390/EWG und Art. 18 Richtlinie 89/298/EWG[110], die vorschreiben, daß jedes bedeutsame neue Ereignis, das die Bewertung der Wertpapiere beeinflussen kann und zwischen der Fertigstellung des Prospekts und dem Beginn des Handels eintritt, in einem Nachtragsdokument aufgenommen werden muß.[111] Mit derselben Zielrichtung werden die Regelungen der investmentrechtlichen Prospekthaftung als Vergleich angeführt.[112] Dort schreibt für Verkaufsprospekte zum einen § 19 II S. 1 KAGG zum Zeitpunkt des Erwerbs und zum anderen § 3 II AuslInvestmG zum Zeitpunkt der Antragstellung vor, daß alle Angaben von wesentlicher Bedeutung für die Beurteilung der Anlage enthalten sein müssen. Die Zielsetzung dieser Normen ist die Wahrung des Informationsinteresses des Publikums. Nur durch die Annahme einer Berichtigungspflicht auch nach der Einführung der Wertpapiere kann diese Zielsetzung auch erreicht werden.[113] Der neue § 46 II BörsG hat nicht nur den Zweck der Haftungsbegrenzung für den Emittenten,[114] sondern, soll auch sicherstellen, daß der Prospekt als Publizitätsinstrument auf dem Kapitalmarkt seiner Funktion bei veränderter Datenlage gerecht werden kann.

---

106 Börsengesetz i. d. F. vom 27.5.1908, siehe RGBl. 1908, S. 215 - 237, zuletzt geändert durch Gesetz vom 27.4.1993, siehe BGBl. I 1993, S. 512 - 561, in Kraft getreten am 1.1.1994, Bekanntmachung vom 16.12.1993, siehe BGBl. I 1993, S. 2436.

107 Vgl. Schwark, BörsG, 1994, §§ 45, 46, RN 15.

108 Siehe Dritter Teil C. II. 3. b).

109 Vgl. BGH, WM 1998, 1772, 1775.

110 Siehe Amtsbl. Nr. L 124 vom 5.5.1989, S. 8 - 15.

111 Vgl. Hopt, Verantwortlichkeit der Banken, 1991, RN 208.

112 Vgl. Assmann in Assmann/Schütze, 1997, § /, RN 71.

113 Vgl. auch Ellenberger, Prospekthaftung, 2001, S. 18.

114 So aber Stephan, AG 2002, 3, 12.

cc) Verpflichtete

Als Adressat der Verpflichtung kommt zu aller erst der Emittent selbst in Betracht. Daneben stellt sich die Frage, ob auch den Emissionsbegleiter eine Pflicht zur Berichtigung trifft. Die Berichtigungspflicht leitete der BGH aus § 52 II BörsZulV für Wertpapiere im börslichen Handel und aus § 11 VerkProspG für Wertpapiere, die nicht im Handel an einer inländischen Börse zu gelassen sind, ab.[115] Beide Normen nennen zwar nicht den Verpflichteten, aber daraus sei nicht zu entnehmen, daß der Emissionsbegleiter von der Pflicht ausgenommen sein soll. Der überwiegende Teil der Literatur sah ebenfalls eine Berichtigungspflicht für die emissionsbegleitende Bank aus § 52 II BörsZulV und § 11 VerkProspG erwachsen.[116] Um das angestrebte Ziel, die Anleger bestens zu informieren, erreichen zu können, müsse der Emissionsbegleiter mit in die Pflicht zur Berichtigung genommen werden.

Sowohl das LG Bremen in erster Instanz als auch das OLG Bremen im Berufungsverfahren haben eine nachträgliche Berichtigungspflicht des Emissionsbegleiters im Fall Elsflether Werft verneint. Während das LG Bremen diese Rechtsauffassung nur am Rande vermerkte und nicht weiter ausführte, verneinte das OLG Bremen diese Pflicht mit der Begründung, daß, auch wenn beim Börsenzulassungsprospekt von einer solchen Pflicht auszugehen sein könnte, sich dies aber beim Unternehmensbericht verbiete, weil mangels Mitunterzeichnung auch schon eine Prospekthaftung ausscheide.[117] Diese Begründung ist jedoch nicht mehr aufrecht zu erhalten, weil der BGH die Prospekthaftung des Emissionsbegleiters beim Unternehmensbericht nicht von der Mitunterzeichnung abhängig macht.[118]

Zum Teil wird in der neueren Literatur nach Abschluß des Falls Elsflether Werft AG und den Änderungen durch das Dritte Finanzmarktförderungsgesetz ebenfalls eine nachträgliche Berichtigungspflicht der emissionsbegleitenden Bank verneint. Diese Pflicht zur Berichtigung lasse sich weder aus § 52 II BörsZulV noch aus § 11 VerkProspG herleiten, denn diese Normen könnten nur eine Pflicht des Emittenten begründen.[119] Eine Berichtigungspflicht der emissionsbegleitenden Bank ergebe sich allenfalls aus allgemeinen Haftungsgrundsätzen wie Vertrag, vertragsähnlicher Beziehung und c. i. c.[120]. Der

---

[115] Siehe Vierter Teil A. IV. 2. b) bb).

[116] Vgl. Hopt, Verantwortlichkeit der Banken, 1991, RN 213; Schwark, BörsG, 1994, §§ 45, 46, RN 15, Assmann in Assmann/Schütze, 1997, § 7, RN 71.

[117] Vgl. LG Bremen, ZIP 1996, 1866, 1867; OLG Bremen, DB 1997, 1705, 1706.

[118] Vgl. BGH, WM 1998, 1772, 1773 f. Siehe zu Details der Frage nach Mitunterzeichnung Vierter Teil B. IV.

[119] Vgl. Kort, AG 1999, 9, 16.

[120] Vgl. ebenda, 15, ein Eingehen auf § 46 II BörsG fehlt.

BGH als Revisionsinstanz im Fall Elsflether Werft AG korrigierte die Auffassungen von LG und OLG Bremen in bezug auf die nachträgliche Berichtigung. Er entschied, daß auch die Emissionsbegleiter bedeutsame neue Ereignisse in einem Nachtrag zum Prospekt zu veröffentlichen haben.

Die Einbeziehung der Emissionsbegleiter in die Berichtigungspflicht ist im übrigen nicht unpraktikabel.[121] Im Innenverhältnis zwischen mehreren emissionsbegleitenden Banken, dem Emissionskonsortium,[122] trägt der Konsortialführer die Last der Berichtigungspflicht. Die Erstellung des Prospekts erfolgt im Emissionskonsortium nur aus der Zusammenarbeit des Konsortialführers mit dem Emittenten, die anderen „Konsorten verlassen sich meist blind darauf"[123]. Da der Konsortialführer eine gesonderte Führungsprovision erhält, ist es sachgerecht anzunehmen, daß damit auch eine ihn möglicherweise nachträglich treffende Berichtigung abgegolten ist.

3. Unvollständigkeit

Grundsätzlich ist ein Prospekt unvollständig, wenn in ihm Angaben fehlen, die für die Anlageentscheidung eines durchschnittlichen Investors erheblich sind. Auch hier gelten die Ausführungen zur bürgerlichrechtlichen Prospekthaftung dem Grunde nach.[124]

Für den Börsenzulassungsprospekt finden sich insbesondere in den §§ 13 - 47 BörsZulV Vorschriften, deren Einhaltung das Entstehen der Unvollständigkeit vermeidet. Im folgenden findet sich eine Zusammenstellung, insbesondere abgestellt auf die BörsZulV, der Änderungen, die Auswirkungen auf die Vollständigkeit eines Prospekts haben können.

a) Verzicht auf Prospekte in deutscher Sprache

Heute wird auf das uneingeschränkte Erfordernis der Abfassung eines Prospekts in deutscher Sprache, das sich früher aus § 40a I S. 1 BörsG a. F. und § 13 I S. 2 BörsZulV a. F. ergab, verzichtet. Im Rahmen der gleichzeitigen oder annähernd gleichzeitigen Zulassung in einem Land der EU oder einem anderen Vertragsstaat des Abkommens über den Europäischen Wirtschaftsraum und an einer inländischen Börse ermöglicht der neue § 40a I S. 3 BörsG, daß die Zulassungsstelle auf eine Übersetzung verzichten kann, wenn die Sprache des Prospekts im

---

121 Vgl. Grundmann in Schimansky/Bunte/Lwowski, 1997, § 112, RN 41.

122 Siehe Vierter Teil A. V. 1. b) bb).

123 Grundmann in Schimansky/Bunte/Lwowski, 1997, § 112, RN 100. Vgl. auch Frohne, Prospektpflicht, 1974, S. 68; Rohr, Emissionsrecht, 1990, S. 229; Schwark, BörsG, 1994, §§ 45, 46, RN 24.

124 Siehe Dritter Teil C. II. 3. c).

grenzüberschreitenden Wertpapierhandel „nicht unüblich" ist. Korrespondierend dazu wird das gleiche heute in den allgemeinen Grundsätzen für den Prospektinhalt der BörsZulV in § 13 I S. 3 festgeschrieben, wenn der Emittent seinen Sitz im Ausland hat oder gemäß S. 4 eine Emission von mehreren Teilnehmern begeben wird und ein Teil der Emittenten Sitz im Ausland hat. In der Gesetzesbegründung ist dazu ausgeführt, daß die Neuregelung Ausfluß der Überlegung ist, daß sich durch die früher obligatorische Übersetzung Ungenauigkeiten und Verfälschungen in den Prospekt einschleichen konnten. Dies ist insbesondere in bezug auf technische Angaben und Bilanzierungsbegriffe in anderen Rechtsordnungen der Fall. Damit einhergehend kann sich das Haftungsrisiko vergrößern, und zusammen mit dem finanziellen Aufwand für die Übersetzung führte dies dazu, daß nicht selten ausländische Emittenten auf die Zulassung an deutschen Börsen verzichteten. Durch die Änderung soll somit der Marktzugang für ausländische Emittenten erleichtert und die Wettbewerbsposition des Finanzplatzes Deutschland vergrößert werden.[125]

Bei der Auswahl eines Emittenten zwischen verschiedenen internationalen Börsenplätzen kann das Spracherfordernis eines Prospekts mitentscheidend sein. Eine Entscheidung für einen deutschen Börsenplatz sollte nicht an der Sprachbarriere scheitern. Ungenau bleibt die Gesetzesbegründung aber in bezug auf die nicht unübliche Sprache im grenzüberschreitenden Wertpapierhandel. „Bei Verwendung der englischen Sprache .. [soll] dieses Erfordernis in der Regel erfüllt sein."[126] Ob dies auch der Fall bei anderen Sprachen wie z. B. Französisch oder Italienisch ist, läßt der Gesetzgeber in der Begründung offen. Dies scheint aber fraglich zu sein, wenn schon bei der englischen Sprache die Einschränkung „in der Regel" gemacht wird.[127]

Über die Neuregelung hinaus könnte noch folgende Überlegung angestellt werden, die dem Ziel der Stärkung der Wettbewerbposition des Finanzplatzes Deutschland dienen würde. Der ursprüngliche Gesetzentwurf sah als Ergänzung von § 13 BörsZulV nur Satz 3 vor.[128] Dies wurde von einer Großzahl von Sachverständigen kritisiert.[129] In der Stellungnahme des Bundesrates zum Dritten Finanzmarktförderungsgesetz wurde der Vorschlag zur Aufnahme der Regelung, die heute Satz 4 umfaßt, gemacht.[130] Als Begründung wurde folgendes ange-

[125] Vgl. BT-Drucks. 13/8933, S. 153 u. 74.

[126] Ebenda, S. 74.

[127] So im Ergebnis auch die BSK, Stellungnahme, 1997, S. 4. Von einem Nachteil für die Privatanleger geht das DAI, Stellungnahme, 1997, S. 7, bei einer Ausweitung auf unbekanntere Sprachen aus.

[128] Vgl. BT-Drucks. 13/8933, S. 49.

[129] Vgl. Deutsche Börse AG, Stellungnahme, Anhang, 1997, S. 5; DIHT, Stellungnahme, 1997, S. 4; Verband der Auslandsbanken, Entwurf, 1997, S. 6; Zentraler Kreditausschuß, Stellungnahme, 1997, S. 13 (Anlage).

[130] Vgl. BR-Drucks. 605/97 (Beschluß), S. 38.

führt. Legen mehrere, i. d. R. konzernabhängige Gesellschaften, unter denen jedes beteiligte Unternehmen als Emittent auftreten kann, ein Anleiheprogramm mit einheitlicher Ausstattung auf, und haben sie ihren Sitz im Ausland, unterfällt dies Satz 3. Hätte auch ein deutsches Unternehmen, insbesondere die Konzernmutter, Emittent sein sollen, wäre ohne Übersetzung der Dokumente die Teilnahme an dem Programm nicht möglich gewesen. Es bestand also ein Anreiz, entweder das deutsche Unternehmen von der Teilnahme als Emittent auszuschließen oder eine Börsennotierung nur im Ausland vorzunehmen. Dieser Anreiz besteht nun aufgrund von Satz 4 nicht mehr.

Die Überlegungen, die zur getroffenen Ausnahme geführt haben, könnten auch zu folgendem Sachverhalt angestellt werden. Ein Emittent, der seinen Sitz im Inland hat, gleichzeitig oder annähernd gleichzeitig aber die Notierung seiner Wertpapiere auch an einer ausländischen Börse anstrebt, hat nicht die Möglichkeit, den englischsprachigen Prospekt für die Zulassung im Inland zu nutzen.[131] Nach der jetzigen Rechtslage müßte er für ein Doppel-Listing zwei Prospekte erstellen. Für ihn ergäben sich aber die gleichen Probleme, die zur Regelung von Satz 3 geführt haben und den Gesetzgeber schließlich auch dazu bewegten, die entsprechende Ausnahme in Satz 4 zuzulassen. Durch den Vorschlag, daß ein Emittent, der seinen Sitz im Inland hat und gleichzeitig die Notierung seiner Wertpapiere auch an einer ausländischen Börse anstrebt, die Möglichkeit haben soll, den englischsprachigen Prospekt für die Zulassung im Inland zu nutzen, käme es zur Gleichbehandlung mit dem Emittenten, der zusammen mit anderen eine Emission begibt, die im Ausland ihren Sitz haben.

Die Situation eines Dual Listings ist gerade in letzter Zeit für junge deutsche Unternehmen der aufstrebenden Informationstechnologiebranche attraktiv geworden. Heute finden sie mit dem Neuen Markt auch in Deutschland ein interessantes Segment für einen Börsengang. Um internationale Geschäfte zu akquirieren, ist aber eine Präsenz an der amerikanischen Computerbörse Nasdaq sehr hilfreich und sinnvoll. Für junge und demnach i. d. R. unbekannte Unternehmen ist eine Notierung an der Nasdaq ebenso ein Qualitätsausweis. Von der neuen Regelung in § 40a I S. 3 BörsG und § 13 I S. 3 u. 4 BörsZulV profitieren solche Unternehmen nicht. Das trifft sie um so mehr, als erst der Börsengang das benötigte Kapital für ein den Bestand sicherndes Wachstum zur Verfügung stellt. Doppelte Kosten der Prospekterstellung bei einem Dual Listing sind deshalb besonders schwer zu bestreiten.

[131] Deshalb schlägt die Deutsche Börse AG, Stellungnahme, Anhang, 1997, S. 4, vor, diese Möglichkeit zu schaffen.

b) Berücksichtigung der Erfordernisse des Bookbuilding-Verfahrens

Im Bereich der besonderen Angaben über Aktien bei Prospektangaben schrieb § 16 I Nr. 5 BörsZulV a. F. vor, daß der Verkaufspreis der neu unterzubringenden Aktien im Prospekt genannt werden mußte. Der neue § 16 I Nr. 5 BörsZulV sieht heute von diesem Erfordernis ab. An seine Stelle können, wenn er noch nicht bekannt ist, die Einzelheiten und der Zeitplan seiner Festsetzung treten.

Bedeutung hat diese Änderung für das Bookbuilding-Verfahren[132]. Bei Aktienemissionen stellt es heute das Standardverfahren dar und ersetzt weitgehend das Festpreisverfahren.[133] Im Gegensatz zum Festpreisverfahren wird der Emissionskurs nicht zu Beginn des Emissionsverfahrens genannt, sondern bildet sich aus dem Prozeß von Angebot des Emittenten und Gebot der verschiedenen Investoren. Damit wird es möglich, den Verkaufspreis nahe an den fairen Marktpreis heranzuführen.

c) Angaben zur Struktur des persönlich haftenden Gesellschafters der KGaA

In den allgemeinen Angaben über den Emittenten gemäß § 18 BörsZulV müssen nun nach der neuen Nr. 3 Angaben über die Struktur des persönlich haftenden Gesellschafters gemacht werden, sofern der Emittent eine KGaA ist. Darüber hinaus sind Angaben aufzunehmen, wenn die Satzung oder der Gesellschaftsvertrag vom Gesetz abweichende Bestimmungen enthält.

Bei einer KGaA mußte der persönlich unbeschränkt haftende Partner bis zum Urteil des BGH vom 24. Februar 1997[134] eine natürliche Person sein. Seither sind für die alleinige Komplementärin i. S. d. §§ 278 ff AktG auch andere Konstellationen möglich.[135] Als persönlich haftende Gesellschafter denkbar sind rechtsfähige Personengesellschaften i. S. v. § 1059a II BGB oder juristische Personen. In diesem Zusammenhang kann genauso entscheidend sein, ob durch eine jeweilige Ausgestaltung der Satzung oder des Gesellschaftsvertrags Kriterien wie die Rechtsstellung des Aktionärs im Unternehmen, die Hauptversammlungskompetenzen und die Kontrollmöglichkeiten des Aufsichtsrats von denen in den §§ 278 - 290 AktG normierten Regelungen abweichen.

In der Einleitung zu dieser Untersuchung wurde die Aussicht dargestellt,[136] daß längerfristig Börsengänge zur Lösung von Nachfolgeproblemen in mittelständischen Betrieben genutzt werden. Da dies i. d. R. eine familienfremde Re-

132 Siehe dazu Kollar in Gerke/Steiner, 1995, Sp. 500, 506 f.

133 Vgl. Kümpel/Hammen/Ekkenga - Schuster/Rudolf, Kapitalmarktrecht, Stand 3/01, Kennz. 240, S. 15.

134 Siehe BGH, AG 1997, 370, 370 ff.

135 Siehe zu weiteren Einzelheiten z. B. Gonella/Mikic, AG 1998, 508, 508 ff.

136 Siehe Erster Teil.

gelung bedeutet, könnte mancher Eigentümer und womöglich Gründer die Geschicke „seines“ Unternehmens nicht gänzlich in fremde Hände legen und sich und seiner Familie Einflußmöglichkeiten sichern wollen. Für ihn böte sich eine der oben beschriebenen Konstellationen an.[137] Ein Anleger hat in bezug auf solche Unternehmenskonstruktionen ein legitimes Informationsinteresse. Der Regelung ist aus diesem Grund zuzustimmen.

d) Erfordernis des Lageberichts des letzten Geschäftsjahrs

In bezug auf § 21 I Nr. 1 BörsZulV a. F. bestand bisher Unklarheit, ob in den Börsenzulassungsprospekt auch der Lagebericht gemäß § 289 bzw. Konzernlagebericht gemäß § 315 HGB des letzten Geschäftsjahres aufzunehmen ist, denn er wurde in der Norm nicht genannt. Es fand sich jedoch ein Verweis auf § 22 BörsZulV,[138] in dem in Abs. 4 der Lagebericht aufgeführt ist. Der neue § 21 I Nr. 1 BörsZulV führt den Lagebericht ausdrücklich auf. Damit ist die Gesetzeslage nunmehr klar gestellt.[139]

e) Erfordernis des letzten Jahresabschlusses auch in Sonderfällen der Emission

In Sonderfällen der Emission von Wertpapieren sieht die BörsZulV in den §§ 33 -42 die Möglichkeit der vereinfachten Prospekterstellung vor. Solch ein Sonderfall gemäß § 33 BörsZulV ist die Emittierung von Aktien, die dem Altaktionär aufgrund seines Bezugsrechts zugeteilt werden. In Abs. 1 werden die Mindestanforderungen genannt, die sich im Prospekt befinden müssen. Für den Fall, daß Aktien durch Zertifikate vertreten sind, werden in Abs. 2 weitere Vorschriften für den Prospektinhalt genannt. Neu kommt heute Abs. 3 hinzu. Danach ist dem Prospekt bei seiner Veröffentlichung der letzte festgestellte Jahresabschluß gemäß § 264 HGB beizufügen und der Prospekt muß den Hinweis der Beifügung enthalten. Sollte der Emittent einen konsolidierten Jahresabschluß, den Konzernabschluß gemäß § 290 HGB aufstellen, so ist dieser ebenso beizufügen, es sei denn, die Zulassungsstelle befreit davon, weil er im Vergleich zum Jahresabschluß keine wesentlichen zusätzlichen Aussagen enthält.

Diese Regelung dient der Sicherstellung ausreichender Information über den Emittenten.[140] Diese Ziel könnte indes in einer für den Emittenten und den Emissionsbegleiter weniger belastenden Form ebenfalls erreicht werden. Ausrei-

---

[137] Voraussetzung dafür ist indes, daß die Gestaltungsfreiheit, die diese Rechtsform bietet, erhalten bleibt und nicht richterrechtlich zu stark eingeschränkt wird. Siehe dazu Wichert, AG 2000, 268, 268 ff.

[138] Siehe zum Vorschlag einer Änderung von § 22 BörsZulV Vierter Teil A. IV. 3. e).

[139] Vgl. BT-Drucks. 13/8933, S. 154.

[140] Vgl. ebenda.

chende Informationen könnten durch das auf konkurrierenden Finanzplätzen übliche Verfahren einer „incorporation by reference" bereitgestellt werden. Darunter versteht man die Einbeziehung von Dokumenten in den Prospekt durch Verweisung. Aus diesem Grund sollte in § 33 BörsZulV z. B. durch Aufnahme eines weiteren Abs. 4 die Möglichkeit geschaffen werden, der Pflicht zur Beifügung des Jahresabschlusses bzw. wenn notwendig auch des Konzernabschlusses dadurch gerecht zu werden, daß eine Veröffentlichung gemäß § 36 IV Nr. 2 BörsG, also durch Bereithalten zur kostenlosen Ausgabe, erfolgt bei gleichzeitigem Verweis im Prospekt.[141] Den Vorschlag der Einbeziehung durch Verweisung zu Ende gedacht, erfordert eine entsprechende Änderung von § 34 BörsZulV[142] z. B. durch Einfügung eines neuen Abs. 3. Darüber hinaus müßte auch der unverändert gebliebene § 22 BörsZulV angepaßt werden. Er erfordert die Aufnahme von Schriftstücken in den Prospekt und gestattet keine Beifügung. Er gilt nicht nur wie die §§ 33, 34 BörsZulV in Sonderfällen der Emission, sondern betrifft generell den Prospektinhalt. Eine Änderung wäre z. B. durch Einfügung eines neuen Abs. 5 möglich, wonach dann von der Einbeziehung durch Verweisung nicht nur der Jahresabschluß erfaßt sein sollte, sondern weitere Schriftstücke i. S. v. § 21 I Nrn. 1 - 3 BörsZulV.[143]

Für den Fall entsprechender Änderungen wäre bei § 22 BörsZulV daran zu denken, die Bilanz gemäß § 266 HGB und die GuV gemäß § 275 HGB i. S. v. § 21 I Nr. 1 BörsZulV in den Prospekt aufzunehmen.[144] Bei den §§ 33, 34 BörsZulV könnten die Bilanz und die GuV des letzten festgestellten Jahresabschlusses[145] aufgenommen werden.[146] Solch mögliche Auflagen bei Nutzung der Einbeziehung durch Verweisung sind nur geringen Gewichts. Bei der Erörterung derselben können sie deshalb außer Acht bleiben.

Die Regelung der Einbeziehung durch Verweisung bietet eine Reihe von Vorteilen.[147] Die sich aus dem § 22 BörsZulV ergebenden Pflichten zu Angaben aus der Rechnungslegung des Emittenten ließen sich mit einer wesentlichen arbeitstechnischen Erleichterung erfüllen. Die Zulassung der Wertpapiere könnte

---

141 So Deutsche Börse AG, Stellungnahme, Anhang, 1997, S. 7, und Zentraler Kreditausschuß, Stellungnahme, 1997, S. 15 (Anlage).

142 Siehe zur neuen Fassung von § 34 BörsZulV Vierter Teil A. IV. 3. f).

143 Vgl. Deutsche Börse AG, Stellungnahme, Anhang, 1997, S. 8 u. 6; Zentraler Kreditausschuß, Stellungnahme, 1997, S. 16 u. 14 f (Anlage).

144 Für diese Ergänzung Deutsche Börse AG, Stellungnahme, Anhang, 1997, S. 6.

145 Bei Kapitalgesellschaften umfaßt der Jahresabschluß zusätzlich einen Anhang mit Erläuterungen, der i. d. R. sehr umfangreich ist.

146 Für diese Ergänzung Deutsche Börse AG, Stellungnahme, Anhang, 1997, S. 7 f.

147 Vgl. zu den folgenden Argumenten im einzelnen Deutsche Börse AG, Stellungnahme, Anhang, 1997, S. 6 und Zentraler Kreditausschuß, Stellungnahme, 1997, S. 14 f (Anlage).

durch diese Vereinfachung zeitnäher erfolgen. Schließlich käme es dadurch zu einer erheblichen Kostenersparnis sowohl für den Emittenten als auch für den Emissionsbegleiter. Durch die Zulassung des Verfahrens käme es zu einer Gleichstellung konkurrierender Finanzmärkte mit der Folge einer relativen Stärkung der Wettbewerbsfähigkeit des deutschen Finanzplatzes. Dies gilt insbesondere in Hinblick auf die zu erwartende weitere Internationalisierung der Finanzplätze bedingt durch den Euro und damit einhergehender Zulassungen von Wertpapieren für den gesamten Währungsraum.

Eine Verkürzung des Anlegerschutzes droht durch dieses Verfahren nicht. Von wesentlicher Bedeutung ist dabei die Tatsache, daß durch den Verweis die entsprechenden Dokumente Bestandteil des Prospekts bleiben. Die Sorge, daß man mit der Nutzung des Verfahrens Regelungen umgehen könnte, ist deshalb unbegründet. Die entsprechenden Dokumente sind aufgrund der sog. Schalterpublizität von § 36 IV Nr. 2 BörsG kostenfrei zugänglich. Schließlich ergäbe sich für die Anleger ein weiterer Vorteil, der aber sicherlich erst mittel- oder längerfristig zur Geltung käme. Durch die zu erwartende Zunahme der Notierung von Auslandsemissionen an deutschen Börsen aufgrund einer steigenden Wettbewerbsfähigkeit käme es zu einer größeren Transparenz für den Privatanleger bei diesen Auslandsemissionen und zu geringeren Kosten für den Kauf, weil diese nicht im Ausland tätigt werden müßten.

Zum Schluß bleibt der Frage nachzugehen, ob die Regelung der „incorporation by reference" mit Europarechtlichen Normen in Einklang steht. In Art. 8 III Richtlinie 80/390/EWG in bezug auf den Jahresabschluß für das letzte Jahr und in Art. 8 IV Richtlinie 80/390/EWG in bezug auf den Konzernabschluß wird übereinstimmend von „beizufügen" gesprochen. Die heute gültige Fassung von § 33 III BörsZulV entspricht demnach den Anforderungen der Richtlinie. In Vorgriff auf die Regelung von § 34 II S. 1 BörsZulV für Wertpapiere, die keine Aktien sind,[148] sei schon an dieser Stelle festgehalten, daß die heutige Fassung mit Art. 9 II Richtlinie 80/390/EWG, der ebenfalls von „beizufügen" spricht, korrespondiert. Fraglich bleibt, ob die in der Richtlinie gewählte Formulierung „beizufügen" die Einbeziehung durch Verweisung umfaßt. Da sich dies aus dem Wortlaut auch bei Interpretation nicht ergibt, ist auf den Zusammenhang der Norm abzustellen. In der Begründung zu Richtlinie 80/390/EWG wird ausgeführt, daß eine „angemessene und möglichst objektive Information" Voraussetzung der Schutzbestimmungen für den Anleger ist und das „auf ausreichendem Niveau eine Gleichwertigkeit der vorgeschriebenen Schutzbestimmungen zu erreichen" sei.[149] Wie in den Ausführungen oben dargelegt worden ist, wird dies bei Einbeziehung durch Verweisung erreicht, weil auch so ausreichende Informationen zur Verfügung gestellt werden und dieses Verfahren in anderen

---

[148] Siehe Vierter Teil A. IV 3. f).

[149] Siehe Amtsbl. Nr. L 100 vom 17.4.1980, S. 1.

Finanzmärkten nicht unüblich ist. Darüber hinaus findet sich in Richtlinie 94/18/EG, die Richtlinie 80/390/EWG u. a. in bezug auf die Befreiung von der Pflicht zur Veröffentlichung eines Prospekts ändert, in Zusammenhang mit dem Jahresabschluß respektive dem Konzernabschluß die Formulierung „zur Verfügung zu stellen".[150] Diese Formulierung erfaßt auch vom Wortlaut das Verfahren der „incorporation by reference". Insgesamt ist deshalb festzuhalten, daß dieses Konzept in Einklang mit den in Frage stehenden Europarechtlichen Normen steht.

f) Beifügung des letzen Jahresabschlusses statt Einfügung

Die Möglichkeit eines vereinfachten Börsenzulassungsprospekts sieht auch § 34 I BörsZulV vor, wenn die Wertpapiere keine Aktien sind und der Emittent bereits an derselben Börse im amtlichen Markt notiert ist. Neu ist in § 34 II S. 1 BörsZulV, daß die Beifügung des letzten Jahresabschlusses im Gegensatz zur alten Regelung der drucktechnischen Einfügung ausreichend ist. Dementsprechend wird in Satz 2 und 3 in bezug auf den Konzernabschluß die Einfügung durch Beifügung ersetzt.

Diese Regelung entspricht der Änderung von § 33 III BörsZulV, und in bezug auf eine Erörterung wird auf die Darstellungen zu § 34 II BörsZulV verwiesen.[151]

g) Daueremission bei einer Emission pro Jahr

Die in § 38 BörsZulV festgelegte Möglichkeit der Vereinfachung bei Daueremission von Schuldverschreibungen ist verändert. Während früher eine Daueremission nur vorlag, wenn Schuldverschreibungen „während einer längeren Dauer" oder wiederholt ausgegeben worden sind, reicht es heute gemäß § 38 I S. 1 BörsZulV, daß sie „dauernd" oder wiederholt ausgegeben werden. Das Merkmal „dauernd" bedeutet, daß die Schuldverschreibung fortlaufend ohne Unterbrechung ausgegeben wird.[152] Während früher gemäß § 38 II BörsZulV a. F. mindestens drei Emissionen in den letzten zwölf Kalendermonaten nach dem Zulassungsantrag eingeführt werden mußten, um der Merkmal „wiederholt" zu erfüllen, reicht hierzu nun gemäß § 38 II BörsZulV eine Emission jährlich.

Die Regelung ermöglicht damit auch kleineren Genossenschaftsbanken und Sparkassen bei der Begebung von Inhaberschuldverschreibungen, den Vorteil

---

[150] Art. 1 Richtlinie 94/18/EG fügt Art. 6 Richtlinie 80/390/EWG eine neue Nr. 4 an, die in c) ii) die Formulierung „zur Verfügung zu stellen" enthält.

[151] Siehe Vierter Teil A. IV. 3. e).

[152] Vgl. BT-Drucks. 13/8933, S. 155.

einer prospektfreien Zulassung zum amtlichen Markt zu nutzen.[153] Sie entspricht der Neufassung von § 3 Nr. 2 VerkProspG zur Erlangung des Daueremittentenprivilegs außerhalb des amtlichen Markts, und insoweit sei auf eine Erörterung dahin verwiesen.[154]

h) Berücksichtigung der Erfordernisse von medium term note Programmen

Bei der Regelung der Veröffentlichung von unvollständigen Prospekten für die Emission von Schuldverschreibungen wird in bezug auf fehlende Ausgabebedingungen gemäß § 44 S. 1 BörsZulV auf die Einschränkung „einzelne" verzichtet. Darüber hinaus verweist der neue Satz 3 von § 44 BörsZulV, daß die Regelung des § 52 II BörsZulV nun in diesem Zusammenhang Anwendung finden wird.

Bedeutung hat diese Änderung für die in der Praxis wichtigen medium term note Programme.[155] Bei solchen Programmen sind zu Anfang nur die Rahmenbedingungen der Schuldverschreibung mit einer Mindestlaufzeit von zwei Jahren bekannt. Die Ausstattung der Emission wie beispielsweise das Programmvolumen, das Laufzeitende, das Mindesttranchenvolumen, die Mindeststückelung und -ordergröße wird erst später festgelegt. Die konkrete Ausstattung der Tranche wird zu einem nachfolgenden Zeitpunkt gemäß § 52 II BörsZulV nachgetragen. Bei der Zulassung einzelner Tranchen des Programms war nach alter Rechtslage immer ein gesonderter Prospekt erforderlich. Dies führte dazu, daß deutsche Emittenten diese Programme im Ausland auflegten.[156] Deshalb ist der Neufassung von § 44 BörsZulV zuzustimmen.

Die Vollständigkeit der Information über die Anleihe wird durch die schon erwähnte Nachtragspflicht des § 52 II BörsZulV sowie durch § 44 S. 2 BörsZulV sichergestellt, nach dem die in dem ursprünglichem Prospekt nicht genannten Ausstattungsmerkmale vor der Einführung der jeweiligen Tranche veröffentlicht werden müssen. Darüber hinaus dürfen nicht mehr als zwölf Monate nach Veröffentlichung des Rahmenprospekts vergangen sein, bevor weitere Teile der Anleihe mit entsprechendem Nachtrag emittiert werden. Wird dieser Zeitrahmen überschritten, ist i. S. v. § 45 I Nr. 1 b BörsZulV ein neuer Prospekt erforderlich.

---

[153] Vgl. ebenda.

[154] Siehe Vierter Teil E. II 3. a) bb).

[155] Siehe dazu Mattes in Gerke/Steiner, 1995, Sp. 1702, 1705 u. 1704 f.

[156] Vgl. BT-Drucks. 13/8933, S. 155.

4. Gestaltungsmängel

Im Bereich der börsengesetzlichen Prospekthaftung gilt in bezug auf die Frage, ob ein Gestaltungsmangel einen Mangel der Haftungsgrundlage begründen kann, das Gleiche wie bei der bürgerlichrechtlichen Prospekthaftung. Prinzipiell folgt ein Mangel bezüglich der Richtigkeit nicht aus der Tatsache, daß der Prospekt mangelhaft gestaltet ist. Ausnahmen sind jedoch denkbar und an entsprechender Stelle dargestellt.[157]

V. Haftungsadressaten

Die Haftungsadressaten der börsengesetzlichen Prospekthaftung sind zum einen gemäß § 45 I Nr. 1 BörsG diejenigen, „die für den Prospekt die Verantwortung übernommen haben" und zum anderen gemäß Nr. 2 diejenigen, „von denen der Erlaß des Prospekts ausgeht". Diese haften dem Anspruchsberechtigten als Gesamtschuldner. Die sich daraus ergebenden möglichen Haftungsadressaten zeigt die folgende Abbildung.

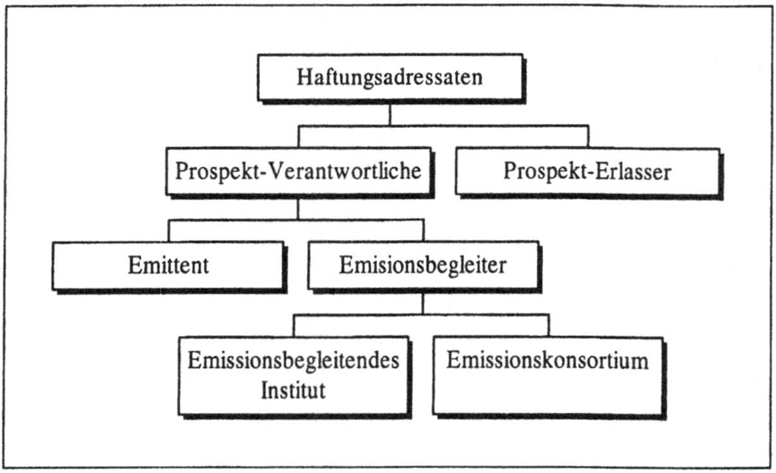

Abbildung 7: Haftungsadressaten der börsengesetzlichen Prospekthaftung
Quelle: Eigene Erstellung

Zu beachten ist, daß nicht das Emissionskonsortium der eigentliche Haftungsadressat ist, sondern jedes einzelne Mitglied.[158] Der Kreis der Haftungsad-

---

157 Siehe Dritter Teil C. II. 3. d).

158 Siehe zu Details Vierter Teil A. V. 1. b) bb).

ressaten ist im Vergleich zur alten Rechtslage unverändert. Nach dem Willen des Gesetzgebers kommt es aber bei der Haftung des einzelnen Adressaten in der rechtlichen Wertung zu Veränderungen. Im folgenden werden die einzelnen Haftungsadressaten dargestellt. Weiterhin wird eine mögliche Haftung der Zulassungsstelle beschrieben, die sich aber nicht aus Prospekthaftung ergibt. Zum Schluß erfolgen Ausführungen zum Wirtschaftsprüfer, der jedoch kein Prospekt-Verantwortlicher der börsengesetzlichen Prospekthaftung ist. Aufgrund seiner Bedeutung im Prozeß der Prospekterstellung und zur Abgrenzung als Haftungsadressat der bürgerlichrechtlichen Prospekthaftung wird trotzdem darauf eingegangen.

1. Prospekt-Verantwortliche

Mit der Neuformulierung „diejenigen, die für den Prospekt die Verantwortung übernommen haben" gemäß § 45 I S. 1 Nr. 1 BörsG sind in Übereinstimmung mit der bisherigen Rechtslage von § 45 I S. 1 BörsG a. F. „diejenigen, welche den Prospekt erlassen haben", erfaßt.[159] Die Verantwortung für den Prospekt übernehmen die, die ihn gemäß § 13 I S. 5 BörsZulV unterzeichnen. Sie haften dann als Organ, eine persönliche Haftung kann darüber hinaus aber als Prospekt-Erlasser in Frage kommen.[160] Darüber hinaus sind auch jene den Prospekt-Verantwortlichen zuzurechnen, die gemäß § 14 BörsZulV „für den Inhalt des Prospekts die Verantwortung übernehmen". Da diese Vorschrift keine eigene Haftungsregelung enthält, wird sie rein deklaratorisch verstanden.[161]

a) Emittent

Als Prospekt-Verantwortlicher gemäß § 45 I S. 1 Nr. 1 BörsG gilt zu allererst der Emittent der Wertpapiere selbst. Probleme entstehen aber scheinbar dann, wenn der Emittent eine AG oder KGaA ist, die eigene Aktien ausgeben hat. Die Verpflichtung zum Schadensersatz, die sich u. a. in der Rücknahme der Aktien gegen Zahlung des Erwerbspreises äußert, ist materiell eine Rückgewähr von Einlagen. Ausschließlich aus dem Blickwinkel des Gesellschaftsrechts betrachtet ist dies ein Verstoß gegen das Verbot der Einlagenrückgewähr gemäß § 57 I

---

159 Vgl. BT-Drucks. 13/8933, S. 78. Diese Begründung enthielt auch schon der Referentenentwurf, siehe BMF, Entwurf Drittes Finanzmarktförderungsgesetz, 25.3.1997, S. 184 f. Unklar ist deshalb, warum Schwark, Drittes Finanzmarktförderungsgesetz, 1997, S. 6, schreibt: „Es ist zu begrüßen, daß der Kreis der prospektverantwortlichen Haftungssubjekte auf diejenigen ausgedehnt werden soll, die für den Prospekt die Verantwortung übernommen haben."

160 Siehe dazu Vierter Teil A. V. 2.

161 Vgl. Schäfer, ZIP 1987, 953, 958; Schwark, NJW 1987, 2041, 2044; derselbe, BörsG, 1994, §§ 45, 46, RN 6.

S. 1 AktG, weil kein zulässiger Erwerb eigener Aktien i. S. d. § 71 ff AktG vorliegt.

In der Gesetzesbegründung wird zur Neufassung von § 45 BörsG ausgeführt, daß die dort getroffene Regelung insoweit abschließende Spezialregelung sei, die den allgemeinen Grundsätzen der §§ 57 I S. 1, 71 ff AktG vorgeht.[162] Der Emittent kann sich demnach gegenüber dem Anspruchsteller nicht auf die aktienrechtlichen Verbote berufen.[163]

aa) Relevanz, Problemstellung und bisheriger Meinungsstand

Der Fall der Inanspruchnahme des Emittenten und damit eine Kollision mit den gesellschaftsrechtlichen Vorschriften tritt häufiger auf, als dies auf den ersten Blick erscheint. Die folgenden Ausführungen werden zeigen, daß sich das Problem nicht dadurch erübrigt, daß in den meisten Fällen die Haftung des Emittenten wegen Vermögensverfalls ins Leere läuft.[164] Relevanz erlangt die Frage der Inanspruchnahme des Emittenten in dreierlei Hinsicht.

Erstens besteht die Möglichkeit, daß ein Emittent seine Aktien unmittelbar selbst absetzt. Diese sog. Direktplazierung[165] erfolgt ohne Emissionsbegleiter und damit womöglich ohne weiteren Haftungsadressaten. Sie ist einerseits gemäß § 36 II S. 3 BörsG möglich, wenn der Emittent selbst ein in § 36 II S. 1 BörsG als Emissionsbegleiter[166] genanntes Unternehmen ist. Andererseits wird eine Direktplazierung im Rahmen von Privatplazierungen genutzt. Das kann der Verkauf an einzelne Großanleger sein oder bei der Kapitalerhöhungen einer AG oder KGaA vorkommen, die einen engen Aktionärskreis hat, wie es z. B. bei Familiengesellschaften üblich ist. Zweitens ist es möglich, daß die Emission zwar mit Hilfe eines Emissionsbegleiters vorgenommen wird, ein Anspruch gegen diesen aber aufgrund seines fehlenden Verschuldens scheitert.[167] Drittens erlangt der Konflikt Bedeutung in den Fällen, in denen vertraglich die Freistellung der im Konsortium Haftenden von einem Prospekthaftungsanspruch vereinbart wird.[168] Insbesondere bei internationalen Plazierungen aus Kapitalerhöhungen fordern die Emissionsbegleiter von dem Emittenten „representations

---

[162] Vgl. BT-Drucks. 13/8933, S. 78.

[163] Zustimmend Bosch, BuB 12/97, 10/RN 134; Huber, ZIP 1998, 641, 646; Groß, AG 1999, 199, 208 f.

[164] So aber Schwark, Drittes Finanzmarktförderungsgesetz, 1997, S. 6, der im übrigen nur darauf hinweist, daß das Problem umstritten sei.

[165] Vgl. Bosch, BuB 12/97, 10/RN 74.

[166] Siehe zu Details Vierter Teil A. V. 1. b).

[167] Vgl. Bosch, BuB 12/97, 10/RN 134.

[168] Vgl. zum Folgenden Krämer/Baudisch, WM 1998, 1161, 1162 f. Siehe auch Vierter Teil A. V. 1. b) bb).

and warranties", umfassende Zusicherungen, Gewährleistungen und Garantien u. a. zur Richtigkeit des Prospekts. Bei einem going public, das Altaktionäre nutzen, um sich von ihren Anteilen zu trennen, das auch als „exit" oder „cash out" bezeichnet wird, werden die gleichen Zusicherungen gefordert.[169] Die Haftungsfreistellung des Konsortiums wird auch für den Fall einer Umplatzierung von Aktien, die schon an der Börse gehandelt werden, vertraglich vereinbart. Dies gilt im besonderen für Situationen, in denen sich ein Mehrheitsaktionär von seinem Aktienpaket trennt sowie bei Venture Capital-Fonds, Wagniskapitalfonds, die häufig keine Gewährleistung für die Angaben im Prospekt übernehmen wollen. Insbesondere geht es um die Frage, ob bei den bezeichneten Fällen einer Umplazierung der Vorstand bzw. die Geschäftsführung der Gesellschaft Gewährleistungen für den Prospekt übernehmen dürfen oder dies als verbotene Einlagenrückgewähr zugunsten der abgebenden Altaktionäre zu werten ist.

Damit ist die eigentliche Problemstellung, die sich hinter der Frage der Inanspruchnahme des Emittenten verbirgt, angesprochen. Es geht um das grundsätzliche Verhältnis von § 45 BörsG als Anlegerschutzvorschrift zu den Kapitalerhaltungsvorschriften des Aktiengesetzes. Darf sich eine AG oder KGaA mit dem Hinweis auf das aktienrechtliche Verbot der Einlagenrückgewähr aus dem Kreis der Haftungsadressaten zurückziehen? Diese Frage zeigt eine Kollision von Gesellschaftsrecht und Kapitalmarktrecht auf.

Das Problem beschäftigte schon sehr früh das Reichsgericht. In einer ersten Entscheidung,[170] die später bestätigt wurde,[171] finden sich die Grundlagen der herrschenden Meinung zur Gesetzeslage der Prospekthaftung vor der Änderung durch das Dritte Finanzmarktförderungsgesetz.[172] Danach sei nach der Art zu differenzieren, wie die Aktien erworben werden. Eine Haftung des Emittenten verbiete sich wegen der Kapitalerhaltungsvorschriften dann, wenn die Aktien durch Zeichnung oder in Ausübung eines Bezugsrecht erworben worden sind. Erfolgt der Erwerb aufgrund eines Umsatzgeschäfts mit der Aktiengesellschaft,

---

169 Häufiges praktisches Beispiel ist eine sog. „Rule 144 A Platzierung". Dabei handelt es sich um einen nicht von der SEC kontrollierten Vertrieb von Wertpapieren. Deshalb ist sowohl die Zuteilung als auch der Handel auf sog. qualifizierte institutionelle Käufer begrenzt. Diese Art der Plazierung bietet den Vorteil, daß die Ermittlung der Unternehmenszahlen für eine Darstellung im Prospekt in dem für den Emittenten maßgeblichen Bilanzrecht erfolgen kann und somit auf die Erstellung nach US-GAAP, die für eine SEC-Registrierung erforderlich wäre, verzichtet werden kann.

170 Vgl. RGZ 71, 97 - 101.

171 Vgl. RGZ 88, 271, 271 ff; 146, 84, 84 ff.

172 Vgl. Kunz, Börsenprospekthaftung, 1991, S. 117 ff; Schwark, BörsG, 1994, §§ 45, 46, RN 8; derselbe in FS Raisch, 1994, S. 269, 285 ff; Assmann in Assmann/Schütze, 1997, § 7, RN 202.

stehe einer Haftung nichts entgegen.[173] Dies sei dadurch begründet, daß sich im Fall des Umsatzgeschäfts der Erwerber in einer Gläubiger ähnlichen Position befinde.[174] Der Grund des Anspruchs sei der mangelhafte Prospekt, der zeitlich vor dem Erwerb der Gesellschafterstellung liege. Da sich der Anspruch somit nicht aus der Gesellschafterstellung ergebe, gelte für die Schadensersatzpflicht nichts anderes als bei anderen haftungsauslösenden Gründen, wenn der Geschädigte zufällig auch Aktionär ist.

Zuletzt hat die Frage der Inanspruchnahme einer AG aus Prospekthaftung auch wieder im Fall der Mode Holding München AG die Gerichte beschäftigt. Das LG Frankfurt a. M. hält die Unterscheidung in Zeichnungserwerb und Umsatzgeschäft auch für das Börsengesetz in der Fassung vor den Änderungen durch das Dritte Finanzmarktförderungsgesetz für entbehrlich und löst das Konkurrenzverhältnis zugunsten der Prospekthaftung.[175] Begründet wird dies zum einen damit, daß die §§ 45, 46 BörsG a. F. sowohl lex specialis als auch lex posterior gegenüber § 57 AktG seien. Im Berufungsurteil hat das OLG Frankfurt a. M. die Frage des Konkurrenzverhältnisses jedoch offengelassen, weil es sich um ein „gewöhnliches Umsatzgeschäft, nämlich schlicht einen Kauf," gehandelt habe,[176] was auch das LG Frankfurt für „unzweifelhaft" gegeben sah.[177]

Daß die Bestimmungen des Börsengesetzes die neueren Regelungen seien, verneinte insbesondere Lutter.[178] Deshalb sollten die Kapitalerhaltungsvorschriften des Aktiengesetzes in keinem Fall von der Prospekthaftung überlagert werden. Beschränkte man sich nur auf diese Argumentation, wäre durch die Neufassung von § 45 BörsG und der Stellungnahme des Gesetzgebers in der Gesetzesbegründung zum Konkurrenzverhältnis die Frage nach der Inanspruchnahme einer AG oder KGaA aus Prospekthaftung beantwortet. Im folgenden soll aber auch materiell erörtert werden, warum die getroffene Wertung des Vorgehens der Prospekthaftung als lex specialis vor den Kapitalerhaltungsgrundsätzen gerechtfertigt ist.

---

173 Dabei wird hier nicht weiter auf die Frage eingegangen, ob man wie Zöllner/Winter, ZHR 158 (1994), 59, 78, nur das Grundkapital der Gesellschaft als prospekthaftungsfest ansieht oder die obligatorischen Rücklagen hinzunimmt wie die Mehrheit der Diskussionsteilnehmer zu Zöllner/Winter, vgl. Ihrig, ZHR 158 (1994), 97, 100.

174 Vgl. Steder, AG 1978, 173, 183; Schwark, BB 1979, 897, 902; Assmann, Prospekthaftung, 1985, S. 332; ähnlich Martens, ZGR 1972, 254, 285; Zöllner/Winter, ZHR 158 (1994), 59, 78.

175 Vgl. LG Frankfurt a. M., ZIP 1998, 641, 645.

176 Vgl. OLG Frankfurt a. M., AG 1999, 325, 328.

177 Vgl. LG Frankfurt a. M., ZIP 1998, 641, 645.

178 Vgl. KK - Lutter, 1988, § 71, RN 69.

bb) Materielle Erörterung

Das Prinzips der Kapitalerhaltung in der AG, das in § 57 AktG seinen Ausdruck findet und wie kaum ein anderes Prinzip zu den „Grundfesten des deutschen Gesellschaftsrechts"[179] zählt, hat durch die Änderungen durch das Kontroll- und Transparenzgesetz und das Stückaktiengesetz eine Relativierung erfahren. Gemäß § 71 I Nr. 8 AktG ist es der AG heute möglich, bis zu 10 % ihrer Aktien zurückzukaufen. Der Gesetzgeber sieht den Grundsatz der Kapitalerhaltung aber weiterhin gewährleistet und den Gläubigerschutz ausreichend berücksichtigt.[180]

Diese Regelung ist in der Literatur positiv aufgenommen worden.[181] § 8 I AktG ermöglicht für die Ausgestaltung der Anteile an der AG die Verwendung der Stückaktie als unechte nennwertlose Aktie. Das bedeutet, daß die Gesellschaft über ein nennbetragsmäßig festgesetztes Grundkapital verfügt, das in Aktien zerlegt ist, die jeweils einen gleichen Teilbetrag des Grundkapitals repräsentieren. Im Qualitätsvergleich mit der Nennbetragsaktie erweist sich die Stückaktie als nahezu ebenbürtig, weil ihr Informationsgehalt auch unter Einzug der Veränderungen der Beteiligungsstruktur im Zeitverlauf gleich ist.[182] Wenn auch trotz der jahrzehntelangen Diskussion[183] erst die Einführung des Euro den Gesetzgeber dazu bewogen hat, die Stückaktie in das deutsche Aktienrecht aufzunehmen,[184] so könnte sich dies später als erster Schritt zur Einführung der echten nennwertlosen Aktie darstellen. Damit einhergehend käme es zur Aufgabe des Grundkapitals der Gesellschaft oder zumindest seiner Aufteilung auf die ausgegebenen Aktien. In den Vereinigten Staaten von Amerika sind solche Regelungen verwirklicht.[185] Gläubigerschutzaspekte sprechen nicht gegen die Abschaffung des Nennkapitalsystems.[186]

Das deutsche Recht versucht das Risiko des Gläubigers durch das gesetzlich vorgeschriebene Nenn- oder Grundkapital zumindest zu verringern. Dem liegt

---

179 Schwark in FS Raisch, 1995, S. 269, 269 m. w. N.

180 Vgl. BT-Drucks. 13/9712, S. 14.

181 Vgl. Baums, AG 1997, Sonderheft August, 26, 34 f; Hopt, ebenda, 42, 48; Kübler, ebenda, 48, 51; Martens, ebenda, 83, 84 ff; Wastl, DB 1997, 461, 463. Differenzierend in bezug auf das Merkmal „Handel in eigenen Aktien" aber grundsätzlich auch zustimmend Lutter, AG 1997, Sonderheft August, 52, 56; Wenger, ebenda, 57, 63; Claussen, DB 1998, 177, 179 f.

182 Vgl. Ekkenga, WM 1997, 1645, 1648 ff.

183 Siehe zu einem Überblick z. B. Kübler, Aktie, 1989, S. 10 ff.

184 Vgl. Ekkenga, WM 1997, 1645, 1645. Siehe zu einzelnen Rechtsfragen im Zusammenhang mit ihrer Einführung z. B. Heider, AG 1998, 1, 5 ff.

185 Vgl. Bauer, Gläubigerschutz, 1995, S. 294 ff.

186 Vgl. ebenda, S. 335; Spindler, AG 1998, 53, 71 m. w. N.

der Gedanke zugrunde, daß das mit dem Kapital finanzierte Vermögen die Verluste deckt. Für die Kreditpraxis aber ist das im Handelsregister eingetragene Kapital wenig aussagekräftig und verliert um so mehr Bedeutung, je länger die Gründung und die letzte Änderung des Nennkapitals zurückliegen, weil sich der dort als Grundkapital registrierte Teil des Eigenkapitals im Zeitablauf ständig im Verhältnis zum gesamten Eigenkapital verändert. Aber auch die Betrachtung der Kapital- und gesetzlichen Rücklagen zusätzlich zum Grundkapital führt zu einer falschen weil schlechteren Risikoeinschätzung,[187] denn selbst die Einbeziehung dieser Größen geben nicht das gesamte Eigenkapital wieder. Deshalb stehen bei einer Analyse, die das Eigenkapital berücksichtigt, die häufig sehr hohen freien Rücklagen, die grundsätzlich keiner Ausschüttungssperre unterliegen, und stillen Reserven im Mittelpunkt. Regelmäßig orientieren sich Fremdkapitalgeber jedoch an anderen Unternehmensgrößen wie z. B. dem cash flow,[188] dem Überschuß der zahlungswirksamen Erträge über die zahlungswirksamen Aufwendungen, weil der Saldo der zufließenden Geldmittel für die Frage der Solvenz ausschlaggebend ist. Im übrigen sind die meisten Gläubiger nicht schutzbedürftig.[189] Finanzgläubiger wie Banken, Leasingunternehmen und Verpächter gewerblicher Immobilien schützen sich selbst durch vertragliche Vereinbarungen. Lieferanten liefern i. d. R. unter Eigentumsvorbehalt und Forderungsabtretung. Arbeitnehmer sind umfangreich durch das Arbeitsrecht geschützt. Wo diese Schutzmechanismen nicht mehr greifen, sind das gesetzliche Garantiekapital sowie die gesetzlichen Rücklagen durch Verluste aufgezehrt. Nicht die mangelnde Kapitalerhaltung, sondern Fehlentscheidungen im Unternehmen sind die Ursache des Insolvenzfalls,[190] die aber auch gesetzlich nicht zu verhindern sind.

Während also aus Gläubigersicht der Kapitalerhaltungsgrundsatz alleine nicht zu begründen ist, ist als zweites der Bedeutung der Kapitalerhaltung für den Schutz der Aktionäre nachzugehen. Die Inanspruchnahme der Gesellschaft aus Prospekthaftung durch den neu hinzugekommenen Aktionär könnte die Vermögensposition der Altaktionäre unangemessen benachteiligen. Die Erörterung steht in engem Zusammenhang mit dem Haftungsumfang und den Besonderheiten der Schadensberechnung.[191] Die Grundfälle der Umplatzierung des Aktienbesitzes im Rahmen eines Börsengangs einerseits und die Kapitalerhöhung andererseits sind relevant für die Beantwortung der Frage einer Benachteiligung der Altaktionäre.[192] Für den Fall einer gemischten Platzierung aus Altbe-

---

187 Vgl. Walter, AG 1998, S. 372.

188 Vgl. Kübler, AG 1994, S. 146.

189 Vgl. Kübler, Aktie, 1989, S. 31 ff.

190 Vgl. Schuster, AG 1998, S. 380.

191 Siehe dazu Vierter Teil A. IX.

192 Vgl. zum Folgenden Krämer/Baudisch, WM 1998, 1161, 1166 f.

sitz und Kapitalerhöhung gilt entsprechendes. Bei einer Umplatzierung mittels going public fließt der Gesellschaft kein neues Kapital zu. Wird in dieser Situation die Gesellschaft in Prospekthaftung genommen, kommt es zu einer Vermögensreduzierung im Vergleich zur Situation vor der Platzierung. Irrelevant ist dies, wenn sämtliche Aktien platziert werden, weil dann kein Altaktionär mehr Schaden nehmen kann.

Anders kann es in der Situation aussehen, wenn sich bei einem exit bisherige Altaktionäre nicht vollständig von ihren Aktienbeständen trennen. Grundsätzlich entsteht kein Konflikt mit der Prospekthaftung, weil durch die Begrenzung des Schadens auf den Ausgabepreis bei den abgebenden Altaktionären per Saldo kein Schaden entsteht. Nur sie haben von den überhöhten Veräußerungserlösen aufgrund des falschen Prospekts profitiert. Dies gilt grundsätzlich auch für den Fall einer Kapitalerhöhung. Die Altaktionäre stehen schlechtestenfalls so, wie sie stünden, wenn die Aktienplatzierung aufgrund eines vornherein nicht mangelhaften Prospekts gescheitert wäre. Eine Ausnahme gilt in bezug auf die Tatsache, daß gemäß § 45 I BörsG auch die mit dem Erwerb verbundenen üblichen Kosten ersetzt werden müssen. Diese sind aber im Verhältnis zum Gesamtvolumen zu vernachlässigen, weil sie nur wenige Prozentpunkte ausmachen und somit nichts an der Wertung des Vorrangs der Prospekthaftung ändern.

In Erwägung zu ziehen ist aber die Möglichkeit, auch wenn diese eher theoretischer Natur ist, daß die Schadenssumme den Ausgabeerlös übersteigen kann.[193] Dadurch kann es per Saldo zu einer Minderung des Vermögens der Altaktionäre kommen. Diese Situation korrespondiert mit dem Fall, daß ein Altaktionär seine Anteile abgibt, während andere ihre Beteiligungen weiter halten. Bei einer Inanspruchnahme der Gesellschaft käme es zu einer Minderung des Vermögens der verbleibenden Altaktionäre. Allerdings könnte es durch die positiven Einflüsse des Ausstiegs des Altaktionärs zu einer Kompensation der Vermögensminderung kommen, wenn diese Einflüsse sich in Kurssteigerungen äußern.[194] Solch positive Einflüsse sind die durch die Öffnung des Unternehmens zum Kapitalmarkt hin grundsätzlich verbesserten Entwicklungschancen. Das für die Verwirklichung des Investitionsprogramms notwendige Eigenkapital wird u. a. leichter verfügbar. Die Aktie wird im Markt im Vergleich zur Situation mit dem Altaktionär attraktiver. Der sog. small cap-Effekt, der im wesentliche aus der mangelnden Liquidität in dem Titel resultiert, wird kleiner, weil die Anzahl der handelbaren Anteile größer ist. Schließlich kann das Interesse an der Umplazierung darin liegen, Unabhängigkeit zu erlangen,[195] die aus der Sicht der verbleibenden Aktionäre die eventuelle Vermögensminderung im Prospekthaf-

---

[193] Diese Möglichkeit wird am Rande von Krämer/Baudisch, WM 1998, 1161, 1166, FN 63, erwähnt, eine Bewertung bleibt aber aus.

[194] Vgl. Krämer/Baudisch, WM 1998, 1161, 1166.

[195] Vgl. Hoffmann-Becking in FS Lieberknecht, 1997, S. 25, 37.

tungsfall zumindest ausgleichen kann. Das gilt besonders für den Fall, daß ein früherer Mehrheitsaktionärs seine Beteiligung aufgibt. Denkbar ist, daß eine Strukturänderung oder eine Neuausrichtung des Unternehmens, die vorher blockiert wurde, nun verwirklicht werden kann.

Aber auch wenn keine Eigeninteressen der Altaktionäre vorliegen, die ein Vorgehen der Prospekthaftung rechtfertigen könnten, ist es nicht richtig und sinnvoll, den Konflikt zwischen den Altaktionären und den neuen Aktionären zu Lasten der einen oder anderen Seite zu entscheiden.[196] Beide Seiten tragen für den Prospektmangel als Auslöser der Haftung i. d. R. keine Verantwortung. Deshalb muß bei den eigentlich Verantwortlichen angesetzt werden. Die Situation, daß ein Altaktionär seine Beteiligung abgibt, während andere Alteigner Aktionäre der Gesellschaft bleiben, ist typisch für den Fall eines abgebenden Mehrheitsaktionärs. Dieser ist dann weiterer Haftungsadressat als sog. Prospekt-Erlasser gemäß § 45 I S. 1 Nr. 2 BörsG.[197] Er wird als tatsächlicher Urheber des Prospekts angesehen, weil er typischerweise ein eigenes wirtschaftliches Interesse an der Emission hat. Ist der abgebende Aktionär als beherrschendes Unternehmen i. S. v. § 17 AktG zu qualifizieren, haftet er selbst und gegebenenfalls die gesetzlichen Vertreter der Gesellschaft gemäß §§ 311, 317 I, III AktG.[198] Im übrigen haften die Vorstandsmitglieder der Gesellschaft, die die Verantwortung für den Prospektinhalt übernommen haben, gemäß § 93 II AktG, wenn sie nicht nachweisen können, daß ihre Sorgfalt der eines ordentlichen und gewissenhaften Geschäftsleiters entsprach.

Neben der Erörterung der Kapitalerhaltung in bezug auf Gläubiger- und Aktionärsschutz gilt es, auch dem Ziel des Anlegerschutzes mehr Beachtung zu schenken.[199] Der Anleger, der sein Kapital als Eigenkapital zur Verfügung stellt, erhält keine vertraglich vereinbarte Renditezusage und trägt darüber hinaus ein größeres Insolvenzrisiko als die Fremdkapitalgeber, weil diese im Insolvenzfall bevorzugt bedient werden. Diese Aspekte kommen insbesondere im Bereich der Risikokapitalfinanzierung ausgeprägt zum Tragen, die gerade eine besondere Bedeutung für Wachstum und Beschäftigung einer hochentwickelten Volkswirtschaft hat.

Der Anlegerschutz geht einher mit der Verbesserung der Funktionsfähigkeit der Kapitalmärkte. Er dient der Vertrauensbildung und erzeugt dabei als Reflex auch den Funktionsschutz der Kapitalmärkte.[200] Auch der Gesetzgeber unterstreicht in der Begründung zum Dritten Finanzmarktförderungsgesetz die Bedeutung eines effizienten Finanzsystems als Voraussetzung für eine funktionie-

---

[196] Vgl. Krämer/Baudisch, WM 1998, 1161, 1166 f.

[197] Siehe dazu Vierter Teil A. V. 2.

[198] Vgl. Krämer/Baudisch, WM 1998, 1161, 1167.

[199] Vgl. auch ebenda, 1165.

[200] Vgl. Assmann in Assmann/Schütze, 1997, § 1, RN 63.

rende Wirtschaft.[201] Die Bedeutung, die er dem Finanzplatz beimißt, zeigt sich darüber hinaus an den umgesetzten Maßnahmen Stückaktiengesetz, Kapitalaufnahmeerleichterungsgesetz, Kontroll- und Transparenzgesetz und Euroeinführungsgesetz. Vor diesem Hintergrund muß auch die internationale Wettbewerbsfähigkeit des Finanzplatzes beachtet werden. Dem amerikanischen und englischen Recht sind die Beschränkung der Prospekthaftung aufgrund von Kapitalerhaltungsvorschriften vollständig fremd.[202] Die Abweisung von Prospekthaftungsansprüchen mit der Begründung des Verbots durch deutsches Gesellschaftsrecht beeinträchtigen somit den Finanzplatz Deutschland als Institution.

cc) Ergebnis

Zusammenfassend ist festzuhalten, daß bei näherer Betrachtung ein Zielkonflikt zwischen Kapitalerhaltung und Anlegerschutz häufig gar nicht besteht. Die Kapitalerhaltung ist entgegen der herrschenden Meinung nicht maßgeblich für den Gläubigerschutz. Sollte sich im Einzelfall ein Konflikt zwischen Altaktionären und Anlegern ergeben, kann bei einer Kapitalerhöhung der Grund nur in dem eher unwahrscheinlichen Fall liegen, daß die Schadenshöhe den Veräußerungserlös übersteigt. Für den Fall, daß bei einem exit Altaktionäre in der Gesellschaft verbleiben, kommt es für die am häufigsten auftretende Fallvariante eines abgebenden Mehrheitsaktionärs ebenfalls zu einer weitgehenden Auflösung des Konflikts, weil der abgebende Mehrheitsaktionär weiterer Haftungsadressat ist. Schließlich ist unter Beachtung des Ziels der Stärkung des Anlegerschutzes insbesondere mit dem Fokus Wettbewerbsfähigkeit des deutschen Finanzplatzes die Entscheidung für den Vorrang der Prospekthaftungsvorschriften vor den aktienrechtlichen Vorschriften gerechtfertigt. Damit spricht nichts dagegen, den Emittenten uneingeschränkt zum Kreis der Haftungsadressaten zu zählen.

b) Emissionsbegleiter

Der Emittent ist bei der Zulassung seiner Wertpapiere zum amtlichen Markt gemäß § 36 II S. 1 BörsG grundsätzlich durch ein dort aufgeführtes Institut zu begleiten. Eine Ausnahme gilt nach § 36 II S. 3 BörsG nur dann, wenn der Emittent selber ein solches in Satz 1 aufgeführtes Institut ist. Damit tritt neben dem Emittenten auch der Emissionsbegleiter in den Kreis der Haftungsadressaten ein. Dessen Haftung ergibt sich wie beim Emittenten aus § 13 I S. 5 BörsZulV, wonach der Prospekt von den Antragstellern gemäß § 36 II BörsG zu unterzeichnen ist, und aus § 14 BörsZulV, der vorschreibt, daß diejenigen zu nennen sind, die die Verantwortung für den Inhalt des Prospekts

[201] Vgl. BT-Drucks. 13/8933, S. 54. Siehe ausführlich zur Zielsetzung Zweiter Teil B. II.

[202] Vgl. Krämer/Baudisch, WM 1998, 1161, 1167.

übernehmen. Die Begleitung kann durch ein einzelnes Institut oder ein Emissionskonsortium erfolgen. Im folgenden wird auf beide Möglichkeiten eingegangen.

aa) Emissionsbegleitendes Institut

Während noch bis einschließlich zum Börsengesetz in der Fassung von 1996[203] Kreditinstitute rechtlich eine Ausschließlichkeitsstellung in bezug auf die Emissionsbegleitung hatten,[204] wurde dies durch die Sechste KWG-Novelle geändert. Heute kann der Emittent aus den in § 36 II S. 1 BörsG aufgeführten Instituten zur Begleitung für den Antrag auf Zulassung auswählen. Dies ist eine Konsequenz der Einführung des sog. „Europäischen Passes"[205] durch die Sechste KWG-Novelle, der Wertpapierfirmen innerhalb des gesamten Europäischen Wirtschaftsraums erlaubt, Wertpapierdienstleistungen und Wertpapiernebendienstleistungen, wozu die Antragstellung zählt,[206] zu erbringen. Die möglichen Institute gemäß § 36 II S. 1 BörsG im einzelnen sind:

1. ein Kreditinstitut i. S. v. § 1 I KWG[207],
2. ein Finanzdienstleistungsinstitut i. S. v. § 1 Ia KWG,
3. eine Zweigstelle eines Unternehmens mit Sitz im Ausland,[208] welche im Inland Bankgeschäfte betreibt oder Finanzdienstleistungen erbringt und gemäß § 53 I S. 1 KWG als Kreditinstitut oder Finanzdienstleistungsinstitut gilt und
4. ein Einlagenkreditinstitut oder Wertpapierhandelsunternehmen[209] gemäß § 53b I S. 1 KWG mit Sitz in einem anderen Staat des Europäischen Wirtschaftsraums.

bb) Emissionskonsortium

Der Regelfall des Emissionspartners ist nicht ein einzelnes emissionsbegleitendes Institut, sondern ein Emissionskonsortium.[210] Das Konsortium als Zusam-

---

203 Börsengesetz i. d. F. vom 17.7.1996, siehe BGBl. I 1996, S. 1030 - 1046.

204 Vgl. Grundmann in Schimansky/Bunte/Lwowski, 1997, § 112, RN 2.

205 Vgl. Meixner, WM 1998, 431, 432.

206 Vgl. ebenda, 438.

207 Gesetz über das Kreditwesen i. d. F. vom 9.9.1998, siehe BGBl. I 1998, S. 2776 - 2819, zuletzt geändert durch Gesetz vom 13.7.2001, siehe BGBl. I 2001, S. 1542 - 1549.

208 Vgl. zu Einzelheiten Assmann/Schneider - Assmann, 1999, § 2, RN 91.

209 Vgl. zu Einzelheiten ebenda, RN 24.

210 Siehe zu verschiedenen Arten von Konsortien z. B. De Meo, Bankenkonsortien, 1994, S. 9 ff.

menschluß mehrerer Institute i. S. v. § 36 II S. 1 BörsG[211] dient dem Zweck der Risikostreuung, der Hebung der Plazierungskapazität und erfüllt entsprechende Kundenwünsche.[212] Nach ganz h. M. ist das Emissionskonsortium als Gesellschaft bürgerlichen Rechts zu werten,[213] und zwar als Gelegenheitsgesellschaft.[214] Es finden daher grundsätzlich die §§ 705 ff BGB Anwendung. Das Konsortium verpflichtet sich in einem sog. „Underwriting Agreement", einem Übernahmevertrag, zur Übernahme der zu plazierenden Wertpapiere.[215] In dem Konsortium übernimmt ein Institut, manchmal auch mehrere, die Konsortialführung. Das ist der sog. „Prime Underwriter". Er verteilt die Gesamtemission auf die anderen Konsortialmitglieder, die sog. „Sub-Underwriter", und bildet mit diesen ein Innenkonsortium.[216] Haftungsadressat ist nicht das Konsortium als Gesellschaft. Die Haftung trifft grundsätzlich jedes einzelne Konsortialmitglieder, nicht nur den Konsortialführer.[217]

Die Konsortialführung kann Stücke der Emission auch in gesonderten Rechtsverhältnissen an weitere Institute übertragen, ohne dabei mit diesen ein Innenkonsortium zu gründen. Das geschieht zumeist durch schlichte Kaufverträge.[218] Darüber hinaus wird im internationalen Geschäft und bei großen Emissionen die Plazierungskraft über eine sog. „Selling Group" vergrößert.[219] Dies ist eine Gruppe von Instituten, die einen bestimmten Teil der Wertpapiere im Namen und auf Rechnung der Konsortialmitglieder veräußern und somit kein Haftungsrisiko tragen. Diese Institute sind keine Emissionsbegleiter und damit

211 Siehe Vierter Teil A. V. 1. b) aa).

212 Vgl. Grundmann in Schimansky/Bunte/Lwowsky, 1997, § 112, RN 12.

213 Vgl. Westermann, AG 1967, 285, 285; Scholze, Konsortialgeschäft, 1973, S. 5 ff; Assmann, ZHR 152 (1988), 371, 374; Kunz, Börsenprospekthaftung, 1991, S. 125; Grundmann in Schimansky/Bunte/Lwowsky, 1997, § 112, RN 84; Palandt - Sprau, 1999, vor § 705, RN 43. Differenziert De Meo, Bankenkonsortien, 1994, S. 33 ff.

214 Vgl. Canaris, Bankvertragsrecht, 1981, RN 2248; Timm/Schöne, ZGR 1994, 113, 118; MüKo -Ulmer, 1997, vor § 705, RN 37. Zweifel in bezug auf die Bewertung als Gelegenheitsgesellschaft bei Emissionskonsortien hat Assmann, ZGR 1988, 371, 375, FN 14, weil sich deren Zusammensetzung sogar langfristig kaum ändere.

215 Vgl. Technau, AG 1998, 445, 446, und generell zum Regelungsinhalt von Underwriting Agreements in Zusammenhang mit Aktienemissionen unter Ausschluß des Bezugsrechts, 446 ff.

216 Vgl. Grundmann in Schimansky/Bunte/Lwowsky, 1997, § 112, RN 12.

217 Vgl. Schwark, BörsG, 1994, §§ 45, 46, RN 6; Assmann in Assmann/Schütze, 1997, § 7, RN 202; Grundmann in Schimansky/Bunte/Lwowsky, 1997, § 112, RN 53; a. A. Sittmann, NZW 1998, 490, 493, der für die Haftung die Einschaltung in die Prospekterstellung fordert.

218 Vgl. Grundmann in Schimansky/Bunte/Lwowsky, 1997, § 112, RN 12.

219 Vgl. Hopt, Verantwortlichkeit der Banken, 1991, RN 39; Grundmann in Schimansky/Bunte/Lwowsky, 1997, § 112, RN 12.

keine Haftungsadressaten, auch wenn sie in ihrer Funktion im Prospekt aufgeführt sind.[220]

Im Innenverhältnis des Emissionskonsortiums haftet grundsätzlich jeder Konsorte nur für die ihm übertragenen Pflichten. Wie weit diesbezügliche Pflichten anzusetzen sind, um sowohl die Arbeitsteilung im Konsortium optimal zu nutzen als auch die Einsicht, daß nicht jedes Konsortialmitglied die Angaben des Emittenten überprüfen kann, ist fraglich.[221] Prinzipiell kann festgehalten werden, daß die Pflichten über eine bloße Plausibilitätsprüfung des Prospektmaterials hinausgehen und nicht alleine durch Teilnahme an den sog. „due diligence meetings", pflichtgemäße Sorgfaltsprüfungen, aller underwriter mit dem Emittenten, erfüllt werden können.[222] Aufgrund der unterschiedlichen Positionen von Konsortialführung und Korsortialmitgliedern ist bei ihrer Verantwortlichkeit im Hinblick auf ihre Funktionen im Konsortium zu differenzieren.[223] Der Konsortialführung obliegen die Aufgaben, die zum Gliederungspunkt Verschulden bezüglich der Kontroll- und Nachforschungspflichten ausgeführt sind.[224] Die Konsortialmitglieder haben die Konsortialführung dahingehend zu überwachen, daß sie diese Pflichten ordnungsgemäß erfüllt.[225] Die Überwachungspflicht folgt aus der in Anbetracht der Delegation von Verantwortlichkeit gerechtfertigten analogen Anwendung von § 831 BGB.[226] Dabei ist jedoch zu beachten, daß dem einzelnen Konsortialmitglied nicht das Verhalten anderer Mitglieder oder der Konsortialführung ohne weiteres zugerechnet werden kann.[227]

Im internen Verhältnis zwischen Emissionskonsortium und Emittent kommt es insbesondere bei globalen Aktienplazierungen typischerweise zur Freistellung der im Konsortium Haftenden von einem Prospekthaftungsanspruch, wenn ein Dritter zulässigerweise einen Anspruch gegen den Emittenten geltend machen könnte. Zweifel an der vertraglichen Haftungsübernahme für den Fall, daß der Emittent eine AG oder KGaA ist,[228] sind heute ausgeräumt.[229]

---

220 Vgl. Schwark, BörsG, 1994, §§ 45, 46, RN 6; Assmann in Assmann/Schütze, 1997, § 7, RN 202; Grundmann in Schimansky/Bunte/Lwowsky, 1997, § 112, RN 53.

221 Vgl. Assmann in Assmann/Schütze, 1997, § 7, RN 222.

222 Vgl. Assmann, Prospekthaftung, 1985, S. 391 f; Hopt, Verantwortlichkeit der Banken, 1991, RN 119.

223 Vgl. Groß, AG 1999, 199, 207 m. w. N.; a. A. Schwark, BörsG, 1994, §§ 45, 46, RN 24, der einen einheitlichen Sorgfaltsmaßstab annimmt. Für eine weitere Differenzierung der einzelnen Konsortialmitglieder z. B. nach Größe oder Benennung ist Bosch, BuB 12/97, 10/RN 146.

224 Siehe Vierter Teil A. VIII. 3.

225 Vgl. Assmann, Prospekthaftung, 1985, S. 391; Groß, AG 1999, 199, 207.

226 Vgl. Bosch, BuB 12/97, 10/RN 147; Groß, AG 1999, 199, 207.

227 Vgl. Assmann, Prospekthaftung, 1985, S. 391; Hopt, Verantwortlichkeit der Banken, 1991, RN 116.

228 Siehe Vierter Teil A. V. 1. a).

2. Prospekt-Erlasser

Mit dem Prospekt-Erlasser gemäß § 45 I S. 1 Nr. 2 BörsG werden in Übereinstimmung mit der bisherigen Rechtslage von § 45 I S. 1 BörsG a. F. „diejenigen, von denen der Erlaß des Prospekt ausgeht", erfaßt. Darunter werden die tatsächlichen Urheber des Prospekts verstanden, die typischerweise ein eigenes wirtschaftliches Interesse an der Emission haben.[230] Auf diese Weise wird verhindert, daß sich der eigentliche Urheber des Prospekts durch Einschaltung Dritter der Haftung entziehen kann. Die folgende Beispiele für mögliche Prospekt-Erlasser sollen den Begriff konkretisieren:[231]

- eine Konzernmuttergesellschaft, auf deren Veranlassung hin ihre Finanzierungstochter Wertpapiere emittiert;
- ein Großaktionär, der seine Beteiligung veräußert und maßgeblich auf die Erstellung des Prospekts Einfluß genommen hat;
- eine Bank, die ein weniger solventes, kleines Kreditinstitut als Emissionshaus vorschiebt;
- ein Vorstandsmitglied einer Gesellschaft, das ein persönliches Interesse daran hat, daß der Prospekt mit unrichtigen oder unvollständigen Angaben erlassen wird.[232]

In der bloßen Lieferung von Material zur Erstellung des Prospekts liegt keine haftungsbegründende Urheberschaft, wenn kein eigenes geschäftliches Interesse an der Emission besteht.[233]

3. Gesamtschuldner

Die Prospekt-Verantwortlichen und Prospekt-Erlasser haften gemäß § 45 I S. 1 BörsG als Gesamtschuldner. Wegen der Vergleichbarkeit der Prospekthaftung mit den Ansprüchen aus unerlaubter Handlung ist § 830 BGB analog als außervertragliche Regelung anzuwenden, um so eine Haftung von Mittätern und Gehilfen zu begründen.[234] Abzulehnen ist jedoch eine entsprechende Anwen-

---

229 Vgl. auch schon Groß, BuB 12/97, 10/RN 309, zur alten Rechtslage und nach neuer Rechtslage derselbe, AG 1999, 199, 208.

230 Vgl. BT-Drucks. 13/8933, S. 78 in Übereinstimmung mit Schwark, BörsG, 1994, §§ 45, 46, RN 7, und Assmann in Assmann/Schütze, 1997, RN 204.

231 In Anlehnung an BT-Drucks. 13/8933, S. 78 und Schwark, BörsG, 1994, §§ 45, 46, RN 7.

232 In diesem Fall wird aber auch die Gesellschaft nach §§ 45 I BörsG, 31 BGB haften, vgl. BGHZ 98, 148, 151 ff entgegen RGZ 134, 375, 377 f.

233 Vgl. BT-Drucks. 13/8933, S. 78 in Übereinstimmung mit Schwark, BörsG, 1994, §§ 45, 46, RN 7, und Assmann in Assmann/Schütze, 1997, RN 204.

234 Vgl. Schwark, ZGR 1983, S. 183; Assmann in Assmann/Schütze, 1997, § 7, RN 201.

dung von § 831 BGB, weil dann die Gefahr einer Entlastung zu Ungunsten der Anspruchsberechtigten zu groß wäre.[235]

Darüber hinaus tritt im Innenverhältnis der Haftungsadressaten gemäß § 426 I BGB eine Haftung zu gleichen Teilen ein, soweit nicht durch Rechtsgeschäft oder Gesetz etwas anderes bestimmt ist.[236] Dies ist bei Emissionskonsortien durch das Konsortialverhältnis regelmäßig der Fall.[237] Die Haftungsverteilung im Innenverhältnis berührt die Haftung nach außen hingegen nicht.[238] Wenn keine Haftungsverteilung vereinbart worden ist, haften die Haftungsadressaten aber nur insoweit, als das die subjektiven Voraussetzungen von § 46 BörsG[239] bei jedem in Anspruch Genommenen gesondert gemäß § 425 BGB gegeben sind.[240] Die Haftungsverteilung richtet sich demnach nach der individuellen Verursachung und dem jeweiligen Verschuldensbeitrag.

4. Zulassungsstelle

Neben der gesamtschuldnerischen Haftung der Prospekt-Verantwortlichen und der Prospekt-Erlasser kommt grundsätzlich eine Haftung der als Beamte im haftungsrechtlichen Sinne geltenden Mitglieder der Zulassungsstelle gemäß § 839 BGB i. V. m. Art. 34 GG gegenüber Emittent, Emissionsbegleiter und dem Publikum in Betracht.[241] Der haftungsbegründende Tatbestand läge in der Verletzung von Amtspflichten bei der formalen Prospektprüfung gemäß der §§ 36 ff BörsG.[242]

Die Anforderungen an die Prüfung sind jedoch wesentlich geringer als die an die Prospekt-Verantwortlichen bzw. Prospekt-Erlasser. Dies ergibt sich aus der Tatsache, daß die überprüfende Zulassungsstelle über weitaus weniger In-

---

[235] Vgl. Assmann in Assmann/Schütze, 1997, § 7, FN 515. Für eine analoge Anwendung auch von § 831 BGB Schwark, ZGR 1983, 162, 183, der der Gefahr einer ungerechtfertigten Risikoentlastung des Emissionsbegleiters durch eine weite Auslegung von § 31 BGB und die Annahme von Organisationsverschulden entgegenwirken will.

[236] Vgl. Schwark, BörsG, 1994, §§ 45, 46, RN 41.

[237] Siehe Vierter Teil A. V. 1. b) bb).

[238] Vgl. BT-Drucks. 13/8933, S. 78. So auch die h. M., vgl. Köndgen, AG 1983, 120, 127; Hopt, Verantwortlichkeit der Banken, 1991, RN 118; Kunz, Börsenprospekthaftung, 1991, S. 128; Schwark, BörsG, 1994, §§ 45, 46, RN 24; Assmann in Assmann/Schütze, 1997, § 7, RN 222.

[239] Siehe dazu Vierter Teil A. VIII.

[240] Vgl. Kunz, Börsenprospekthaftung, 1991, S. 137.

[241] Vgl. Elle, ZHR 128 (1964), 273, 273 ff; Schwark, ZGR 1983, 162, 164 ff; Schäfer, ZIP 1987, 953, 959; Kunz, Börsenprospekthaftung, 1991, S. 41; Schwark, BörsG, 1994, § 36, RN 28; Assmann in Assmann/Schütze, 1997, § 7, RN 238; Groß, Kapitalmarktrecht, 2002, §§ 36 -39, RN 31.

[242] Siehe zur Prüfung durch die Zulassungsstelle Vierter Teil A. III. 1.

formationen als der Emittent und der Emissionsbegleiter verfügt. Sie prüft den Prospekt im wesentlichen immanent auf der Grundlage der eingereichten Unterlagen und des gesetzlich erforderlichen Prospektinhalts. Aus diesem Zusammenhang folgt deshalb auch die schon dargestellte Tatsache, daß die Zulassung eines Prospekts durch die Zulassungsstelle nichts an seiner Mangelhaftigkeit ändert.[243] Soweit ersichtlich, sind bis heute keine Schadensersatzansprüche gegen Zulassungsstellen geltend gemacht worden.[244]

5. Wirtschaftsprüfer

Nach ganz überwiegender Ansicht gehört der Wirtschaftsprüfer nicht zu den Prospekt-Verantwortlichen, obwohl er gemäß § 30 BörsZulV im Prospekt vertreten ist.[245] Dieser Unterschied zur bürgerlichrechtlichen Prospekthaftung[246] beruht darauf, daß die börsengesetzliche Prospekthaftung nur eine Verantwortlichkeit für den gesamten Prospekt kennt.[247] Obwohl beim Testat des Wirtschaftsprüfers eine Art öffentlicher Glauben in Anspruch genommen wird,[248] und das neben der Unterschrift des emissionsbegleitenden Instituts als Garant für die Richtigkeit des Prospekts angesehen wird,[249] sind für den Wirtschaftsprüfer keine hinreichenden Zurechnungsgründe für die Gesamtverantwortlichkeit zu sehen. Lediglich der vom Wirtschaftsprüfer unterzeichnete Jahresabschluß ist im Prospekt enthalten. Da der Erklärungsgehalt des Testats i. S. v. § 323 HGB nicht über den Jahresabschluß hinaus geht, und es grundsätzlich sachgerecht ist, jeden nur im Rahmen seiner Verantwortlichkeit haftbar zu machen, scheidet der Wirtschaftsprüfer als Haftungsadressat der börsengesetzlichen Prospekthaftung aus. Insofern sollte bezüglich des Testats keine Ausweitung des Drittschutzes auf die Wertpapiererwerber erfolgen.[250]

Daran wird voraussichtlich auch ein jüngst vom BGH erlassenes Urteil[251] zur Einbeziehung eines Dritten in den Prüfvertrag einer Pflichtprüfung nichts

---

243 Siehe Vierter A. IV 1.

244 Vgl. Assmann in Assmann/Schütze, 1997, § 7, RN 238.

245 Vgl. Kunz, Börsenprospekthaftung, 1991, S. 129; Assmann in Assmann/Schütze, 1997, § 7, RN 205; Sittmann, NZG 1998, 490, 493; a. A. Groß, AG 1999, 199, 201.

246 Siehe Dritter Teil C. III. 3. a).

247 Vgl. Kunz, Börsenprospekthaftung, 1991, S. 122; Assmann in Assmann/Schütze, 1997, § 7, RN 203.

248 Vgl. Köndgen, Selbstbindung, 1981, S. 385; derselbe, AG 1983, 120, 126.

249 Vgl. Köndgen, JZ 1978, 389, 389 ff; Assmann, Prospekthaftung, 1985, S. 349.

250 Vgl. Ebke, Wirtschaftsprüfer, 1983, S. 65; Ebke/Scheel, WM 1991, 389, 395; Bilanzkommentar - Budde, 1995, § 323, RN 171 u. 191.

251 Siehe BGH NZG 1998, 437 - 438.

ändern, das in der Literatur große Beachtung gefunden hat.[252] Der BGH war der Ansicht, daß sich der Schadensersatzanspruch eines Dritten nicht aus § 323 I S. 3 HGB, sondern aus dem durch Richterrecht mittels ergänzender Vertragsauslegung entwickelten Vertrag mit Schutzwirkung für Dritte herleiten lasse. Dabei seien aber die Haftungsbeschränkungen von § 323 II HGB zu berücksichtigen. In der Literatur wurde bisher überwiegend in Anbetracht des Haftungsprivilegs von § 323 HGB gefolgert, daß Dritten im Bereich der Pflichtprüfung keine Ansprüche gegen den Abschlußprüfer bei einer Pflichtverletzung zustehen.[253] Eine Übertragung der Ergebnisse zur Dritthaftung bei z. B. freiwilligen Jahresabschlußprüfungen, Zwischenabschlüssen und Beratungen auf die Pflichtprüfung sei nicht möglich.[254] Dem schließt sich der BGH grundsätzlich an. Am konkreten Fall entwickelt er aber eine Differenzierung zwischen der Testatserteilung und falschen Auskünften im Vorfeld des Bestätigungsvermerks. So sah er den Regelungsbereich von § 323 HGB nicht betroffen, weil es nicht um die Pflichtprüfung als solche ging, sondern um eine, sich nachträglich als fehlerhaft herausgestellte, schriftliche Äußerung des gesetzlichen Abschlußprüfers vor der Testatserteilung.[255] In einer beiläufigen Bemerkung hält der BGH aber auch im Anwendungsbereich von § 323 HGB eine Dritthaftung für möglich, wenn die Vertragsparteien bestimmen, gegenüber welchen Personen eine Schutzpflicht begründet werden soll.[256] Ohne weitere Begründung führt er an, daß dies keine Mißachtung der Grundsatzentscheidung des Gesetzgebers für eine begrenzte Dritthaftung sei.

An dieser Grundsatzentscheidung wird auch nach dem Kontroll- und Transparenzgesetz festgehalten. Damit hat der Gesetzgeber die Haftungssummen von fünfhunderttausend DM gemäß § 323 II S. 1 HGB 1998[257] auf zwei Millio-

---

252 Siehe Besprechungen des Urteils von Ebke, JZ 1998, 991, 991 ff; Sieger/Gätsch, BB 1998, 1408, 1408 ff; Schüppen, DB 1998, 1317, 1317 ff; Weber, NZG 1999, 1, 1 ff, mit zusätzlicher Erörterung vom BGH nicht behandelter Fragen.

253 Vgl. Ebke/Scheel, WM 1991, 389, 395; Baumbach/Hopt, HGB, 1995, § 323 HGB, RN 7 f; Bilanzkommentar - Budde, 1995, § 323, RN 171 u. 191; GK-HGB - Marsch-Barner, 1997, § 323, RN 6.

254 A. A. z. B. Poll, DZWiR 1995, 95, 98; Otto/Mittag, WM 1996, 325, 331; Ekkenga, WM 1996, Sonderbeilage Nr. 3, 14. Für eine Fahrlässigkeitshaftung des Wirtschaftsprüfers wie bei der bürgerlichrechtlichen Prospekthaftung auf Grundlage der c. i. c. bei Schäden des Insolvenzgläubigers, der auf die Richtigkeit einer fehlerhaften Rechnungslegung vertraut hat, Ekkenga, ebenda, 13 ff.

255 Vgl. BGH, NZG 1998, 437, 437.

256 Vgl. BGH, NZG 1998, 437, 438.

257 Handelsgesetzbuch vom 10.5.1897, siehe RGBl., S. 219 - 454, i. d. F. vom 20.4.1998, siehe BGBl. I 1998, S. 707 - 709.

nen DM gemäß § 323 II S. 1 HGB 1998[258] bzw. acht Millionen DM gemäß § 323 II S. 2 HGB bei Prüfung einer Aktiengesellschaft, die im amtlichen Handel notiert ist, heraufgesetzt. Dies sind gemäß der heutigen Fassung des HGB eine Million Euro bzw. vier Millionen Euro. Ansonsten hat er im Gesetzgebungsprozeß erklärt, eine Regelung zur Dritthaftung sei nicht erforderlich, weil der bisherige Gesetzeswortlaut den Anspruch eines Dritten schon vom Wortlaut her ausschließt.[259] Interessant ist in diesem Zusammenhang ein allerdings noch nicht rechtskräftiges Urteil des LG Hamburg.[260] Es ist nach dem Inkrafttreten des KonTraG und vor dem Hintergrund des oben zitierten BGH-Urteils erlassen worden. Das Gericht schließt sich ganz der herrschenden Meinung an, und somit bleibt abzuwarten, was aus der beiläufigen Bemerkung des BGH zur Dritthaftung wird.

Wer trotz dieser Ausführungen für die Prospekthaftung des Wirtschaftsprüfers eintritt,[261] sieht sich folgenden Problemen ausgesetzt. Zum einen kann für Wertpapiererwerber nur gelten, entweder alle in den Kreis der Anspruchsberechtigten einzubeziehen oder keinen. Eine Differenzierung innerhalb dieser Gruppe erscheint nicht möglich. Wie dann aber die Haftungsbeschränkung aufrecht erhalten werden kann, die der BGH auch dann anwenden will, wenn der Anspruch aus Vertrag mit Schutzwirkung für Dritte hergeleitet wird, und trotzdem jeder Anspruchsberechtigte gemäß seinem Schaden entschädigt werden soll, ist nicht ersichtlich. Zum anderen ist darüber hinaus das Verständnis von § 14 BörsZulV als Gesamtverantwortlichkeit für den Prospekt zu revidieren. Eine Teilverantwortlichkeit für einzelne Abschnitte des Prospekts kennt das Europäische Recht. In Schema A Kapitel 1 Nrn. 1.1 („... oder gegebenenfalls für bestimmte Abschnitte des Prospekts die Verantwortung übernehmen.“) u. 1.2 („... die Angaben in den Abschnitten, für die sie die Verantwortung übernehmen...“) Richtlinie 80/390/EWG für den Prospekt für die Zulassung von Aktien für den amtlichen Handel und Schema B Kapitel 1 Nrn. 1.1 u. 1.2 Richtlinie 80/390/EWG mit denselben Formulierungen für den Prospekt für die Zulassung von Schuldverschreibungen zur amtlichen Notierung ist die Verantwortlichkeit ausdrücklich auf bestimmte Abschnitte begrenzbar. Eine Teilverantwortlichkeit für den Prospekt anzunehmen, stünde also im Einklang mit dem Europarecht.[262]

Abschließend sei angemerkt, daß die Börsenprospekthaftung des Wirtschaftsprüfers in anderen Rechtsordnungen nicht ungewöhnlich ist. Nach ame-

---

258 Handelsgesetzbuch vom 10.5.1897, siehe RGBl., S. 219 - 454, i. d. F. vom 27.4.1998, siehe BGBl. I 1998, S. 786 - 794.

259 Vgl. BT-Drucks. 13/10038, S. 25.

260 Siehe LG Hamburg, WM 1999, 139, 139 ff, und eine Besprechung des Urteils von Feddersen, WM 1999, 105, 105 ff, der der Entscheidung gänzlich zustimmt.

261 Vgl. Groß, AG 1999, 199, 201.

262 So auch Groß, ebenda.

rikanischen Recht haftet der Wirtschaftsprüfer gemäß sec. 11 (a) (4) Securities Act 1933 für den von ihm geprüften Bestandteil des Prospekts.[263] Eine Haftung für andere Experten, die an der Erstellung des Prospekts beteiligt waren und in ihm mit ihrer Zustimmung genannt sind, ist auch unbestritten. Nach englischem Recht gemäß sec. 151 (1) (e) Financial Services Act 1986[264] können Sachverständige, Gutachter und Prüfer, die mit ihrer Zustimmung im Prospekt genannt sind, für den von ihnen gestalteten Prospektteil in Anspruch genommen werden.[265]

VI. Anspruchsberechtigte

Anspruchsberechtigt ist zum einen gemäß § 45 I S. 1 BörsG der Inhaber der erworbenen Wertpapiere, die aufgrund eines mangelhaften Prospekts zugelassen wurden. Zum anderen gehört nach neuer Rechtslage gemäß § 45 II S. 1 BörsG auch derjenige zum Kreis der Anspruchsberechtigten, der nicht mehr Inhaber der Wertpapiere ist. Auf beide Möglichkeiten wird im folgenden eingegangen.

1. Erwerber ist Inhaber der Wertpapiere

Der Inhaber der Wertpapiere ist im Sinne der börsengesetzlichen Prospekthaftung in Übereinstimmung mit der bisherigen Rechtslage derjenige Besitzer, der über die Wertpapiere verfügen kann. Die bürgerlichrechtliche Differenzierung zwischen unmittelbaren Besitz gemäß § 854 BGB und mittelbaren Besitz gemäß § 868 BGB ist unerheblich. Nießbraucher und Pfandbesitzer sind keine Besitzer im vorstehende Sinne.[266] Ihnen fehlt das Verfügungsrecht über die Wertpapiere.

Die alte Rechtslage von § 45 I S. 1 BörsG a. F. sagte nicht positiv aus, ob der Inhaber der Wertpapiere, der nicht Ersterwerber ist, auch anspruchsberechtigt ist. Davon wurde aber übereinstimmend ausgegangen.[267] Ein Prospekt richtet sich nicht an konkrete Anleger, sondern hat einen unbestimmten Adressatenkreis. Er ist marktbezogen.[268] Differenzierter forderte Kümpel für eine praxis-

---

263 Vgl. Becker in Hopt/Rudolph/Baum, 1997, S. 755, 860.

264 Der Financial Services Act 1986 ist durch den Financial Services and Markets Act 2000 am 14. Juni 2000 ersetzt worden. Vgl. Lange, AG 2000, R316, R316. Zur Umsetzung bedarf es aber noch weiterer Regelungen, so daß die vollständige Umsetzung nicht vor Mitte 2001 zu erwarten ist. Vgl. Lange, AG 2000, R316, R318.

265 Vgl. Roller, Prospekthaftung, 1991, S. 74.

266 Vgl. Schwark, BörsG, 1994, §§ 45, 46, RN 28; Assmann in Assmann/Schütze, 1997, § 7, RN 207.

267 Vgl. Pabst, Prospektzwang, 1972, S. 37; Schwark, ZGR 1983, 162, 182; Schlund, BB 1984, 1437, 1438; Assmann, Prospekthaftung, 1985, S. 389; Roller, Prospekthaftung, 1991, S. 210; Hopt, Verantwortlichkeit der Banken, 1991, RN 145.

268 Vgl. Schwark, BB 1979, 897, 897.

gerechte Prospekthaftung, die - wie heute verwirklicht -[269] auf das Erfordernis des Besitzes der Wertpapiere verzichten sollte, daß ein Zweiterwerber „zumindest in enger zeitlicher Nähe zur Veröffentlichung des haftungsbegründenden Prospekts die Wertpapiere erworben haben" müßte.[270]

Zu einem anderen Ergebnis kommt Kort bei Erörterung der alten Rechtslage, um Rückschlüsse für die neue Regelung ziehen zu können. Der Zweiterwerber sei nicht einbezogen gewesen, weil sonst aufgrund der langen Verjährungsregelung von fünf Jahren gemäß § 47 BörsG a. F. unübersehbare Ansprüche auf die Haftungsadressaten zugekommen wären. Der neuen Rechtslage von § 45 I S. 1 BörsG ist aber entgegen seiner Auffassung der Wille des Gesetzgebers zu entnehmen, daß auch der Zweiterwerb in die Prospekthaftung einzubeziehen ist.[271] Dies ist in § 45 I S. 1 BörsG nicht positiv aufgeführt, aber aus § 45 II BörsG zu erschließen. Bei der Schadensberechnung[272] für den Erwerber, der nicht mehr Inhaber der Wertpapiere ist, ist der Erwerbspreis für die Wertpapiere grundsätzlich nur bis zur Höhe des Ausgabepreises zu berücksichtigen. Diese Begrenzung macht nur Sinn, wenn auch der Zweiterwerber in die Haftung eingezogen ist. Nur bei ihm kann es dazu kommen, daß er mehr als den Ausgabepreis für die Wertpapiere bezahlt. Im übrigen läßt sich für die alte Rechtslage solch ein Schluß auch aus der Ersetzungsbefugnis[273] des § 46 II BörsG a. F. ziehen.

An der neuen Rechtslage ändert sich also in bezug auf den Zweiterwerb nichts. Im übrigen sieht auch Kort heute in den Folgen einer langen Verjährung kein Argument mehr, und der Zweiterwerb von Wertpapieren sei demnach in die Prospekthaftung einzubeziehen.[274] Der Grund ist einerseits die neue Verjährungsregel gemäß § 47 BörsG, die vorsieht, daß ein Anspruch sechs Monate nach Kenntnis des Erwerbers vom Prospektmangel geltend gemacht werden muß und spätestens nach drei Jahren seit der Prospektveröffentlichung ausgeschlossen ist.[275] Andererseits muß das Wertpapier gemäß § 45 I S. 1 BörsG sechs Monate nach erstmaliger Einführung erworben worden sein.[276] Durch diese Frist von sechs Monaten ist wohl auch die Forderung Kümpels von enger zeitlicher Nähe zur Veröffentlichung des Prospekts zum Wertpapiererwerb gewahrt.

---

[269] Siehe Vierter Teil A. VI. 2.

[270] Kümpel, Bank- und Kapitalmarktrecht, 1995, RN 11.202. und zustimmend zur neuen Regelung derselbe, Bank- und Kapitalmarktrecht, 2000, RN 9.324 f.

[271] Vgl. Kort, AG 1999, 9, 12.

[272] Siehe zu Details Vierter Teil A. IX.

[273] Siehe dazu Vierter Teil A. IX. 1.

[274] Vgl. Kort, AG 1999, 9, 12.

[275] Siehe Vierter Teil A. XI.

[276] Siehe Vierter Teil A. VII. 2.

Daß die Einbeziehung des Zweiterwerbers notwendig und richtig ist, zeigt sich auch am Beispiel Neuer Markt.[277] Dort haben viele Anleger insbesondere in den ersten zwei Jahren seit Bestehen gehandelt, um Zeichnungsgewinne zu verwirklichen. Der Zeichnungsgewinn beschreibt die Differenz zwischen den ersten festgestellten Kursen als Verkaufskurs und dem Emissionspreis. Aufgrund der häufig um ein mehrfaches überzeichneten Neuemissionen traten die Zeichnungsgewinne mit kalkulierbarer Sicherheit auf. Einem Anleger, der bei der Zuteilung der Neuemission nicht berücksichtigt worden ist, aber ein längerfristiges Engagement eingehen wollte, blieb nur die Möglichkeit, die Wertpapiere am Sekundärmarkt zu erwerben. Schlösse man die Prospekthaftung für den Zweiterwerber aus, wäre er schutzlos. Wenn ein Anleger mit größerem zeitlichem Horizont in einem engen Markt nur über einen Zweiterwerb in den Besitz der Wertpapiere kommen kann und dafür entsprechend mehr als den Emissionspreis zahlen muß, so sollte sein Risiko von Kursverlusten, die unmittelbare Folge einer falschen Preisbildung aufgrund eines mangelhaften Prospekts gewesen sind, zumindest entsprechend der heute geltenden Schadensberechnung auf den Emissionspreis beschränkt sein.[278]

a) Aufgrund Erwerbsgeschäft

Der Erwerber muß Inhaber der Wertpapiere aufgrund eines Erwerbsgeschäfts gemäß § 45 I S. 1 BörsG geworden sein. Ein Erwerbsgeschäft ist jedes Geschäft, mit dem der Besitzer Verfügungsmacht über die Wertpapiere erlangt hat.[279] Der Gesetzgeber schließt den unentgeltlichen Erwerb aufgrund des Fehlens eines Erwerbspreises indes aus.[280]

Dies widerspricht dem bisherigen Verständnis von dem Tatbestandsmerkmal Erwerbsgeschäft. Danach wurden neben dem Erwerb von Treuhandeigentum in Rahmen einer Vermögensverwaltung, die die Verfügung über einzelne Vermögensgegenstände erlaubt, auch der unentgeltliche Erwerb durch Schenkung als genügend verstanden.[281] Die Argumentation des Gesetzgebers überzeugt jedoch nicht. Bei einem unentgeltlichen Erwerb könnte als Erwerbspreis der Preis angesetzt werden, den der durch den erlittenen Wertverlust Geschädigte zum Zeitpunkt seines Erwerbs hätte zahlen müssen.[282]

---

277 Im Ergebnis auch für die Einbeziehung des Zweiterwerbers Groß, AG 1999, 199, 205.

278 Siehe zur Bestimmung des Haftungsumfangs Vierter Teil A. IX.

279 Vgl. Schwark, BörsG, 1994, §§ 45, 46, RN 28; Assmann in Assmann/Schütze, § 7, RN 7.

280 Vgl. BT-Drucks. 13/8933, S. 76.

281 Vgl. Schäfer - Hamann, 1999, BörsG §§ 45, 46 a. F., RN 137.

282 Vgl. ebenda, §§ 45, 46 n. F., RN 19.

Der Übergang von Wertpapieren durch Erbfall i. S. d. §§ 1922 ff BGB sollte die Ersatzpflicht nicht zum Erlöschen bringen.[283] Die Ersatzpflicht gehört bei mangelhaftem Prospekt zum Wertpapier und kann nicht wegen eines Ereignisses entfallen, das mit den Haftungsgründen in keinem Zusammenhang steht. In einem solchem Fall ist zu prüfen, ob der Schadensersatzanspruch beim Erblasser entstanden ist.

aa) Im Inland

Nach § 46 I BörsG a. F. mußte der Anspruchsberechtigte in den Besitz der Wertpapiere aufgrund eines Erwerbsgeschäfts im Inland gelangt sein. Dies wird trotz der Neuregelung von § 45 III BörsG, der heute auch, wie im folgenden dargestellt wird, einen Inlandsbezug ausreichen läßt, der Regelfall in der veränderten Rechtslage von § 45 I BörsG bleiben, bereitet aber im Hinblick auf die Bestimmung weiter keine Schwierigkeiten.

bb) Mit Inlandsbezug

Die frühere Einschränkung auf Geschäfte, die im Inland angeschlossen wurden, wurde häufig kritisiert.[284] Wenn sie auch bis dato wenig praktische Bedeutung hatte, so wurde doch erwartet, daß sie im Zuge der zunehmenden Kapitalmarktverpflechtungen innerhalb und außerhalb Europas mehr Gewicht erlange.[285] Der Gesetzgeber hat richtigerweise durch die Schaffung von § 45 III BörsG darauf reagiert.[286] Für den Fall, daß Wertpapiere eines Emittenten mit Sitz im Ausland nicht nur im Inland zum amtlichen Handel, sondern auch im Ausland zum Handel an einer Börse zugelassen sind, wird für den Fall einer Prospekthaftung ein Inlandsbezug gefordert. Dieser liegt vor, wenn entweder Wertpapiere im Rahmen eines börslichen oder außerbörslichen Geschäfts im Inland oder aufgrund einer Wertpapierdienstleistung, die zumindest teilweise im Inland erbracht wurde, erworben wurden.[287] Eine Legaldefinition der Wertpapierdienstleistung liefert § 2 III WpHG in den sechs dort aufgeführten Varianten.[288] Damit ist ein Rückgriff auf in der Literatur vertretenen Auffassungen[289] sowie auf das deut-

283 Vgl. Schwark, BörsG, 1994, §§ 45, 46, RN 29; Assmann in Assmann/Schütze, 1997, § 7, RN 208 zur alten Rechtslage.

284 Vgl. statt vieler ausführlich Schwark, BörsG, 1994, §§ 45, 46, RN 32.

285 Vgl. Assmann in Assmann/Schütze, 1997, § 7, RN 209.

286 So auch Kort, AG 1999, 9, 14. Im Ergebnis wohl auch zustimmend Sittmann, NZG 1998, 490, 492.

287 Vgl. BT-Drucks. 13/8933, S. 79.

288 Siehe zu Einzelheiten Fünfter Teil C. I.

289 Ein Überblick m. w. N. findet sich bei Schwark, BörsG, 1994, §§ 45, 46, RN 32.

sche Internationale Privatrecht[290] zur Einordnung des Geschäfts als im Inland abgeschlossen nicht mehr notwendig.

b) Zulassung aufgrund eines mangelhaften Prospekts

Der Anleger muß darüber hinaus Wertpapiere erworben haben, die gemäß § 45 I S. 1 BörsG aufgrund eines mangelhaften Prospekts zugelassen worden sind. Diese Wertpapiere werden „junge" Stücke genannt zur Abgrenzung der bereits im Umlauf befindlichen „alten" Wertpapiere.[291] Das Merkmal des Erwerbs der Wertpapiere, die aufgrund des Prospekts zugelassen wurden, hat erhebliche praktische Bedeutung. Es war auch schon Bestandteil der alten Rechtslage nach § 45 I S. 1 BörsG a. F. Eine ganz entscheidende Veränderung im Vergleich zu früher beinhaltet heute Satz 3 von § 45 I BörsG. Unterscheiden sich bereits umlaufende Wertpapiere desselben Emittenten nicht nach Ausstattungsmerkmalen oder in sonstiger Weise von den Wertpapieren, die aufgrund eines mangelhaften Prospekts zugelassen wurden, so erstreckt sich die Haftung auch auf die bereits im Markt befindlichen Wertpapiere. Ausstattungsmerkmal kann z. B. die unterschiedliche Dividendenberechtigung sein, oder eine besondere Kennzeichnung kann durch eine eigene WPK-Nr. für die Emission erfolgen.[292] Im Umkehrschluß folgt aus § 45 I S. 3 BörsG, daß bei Unterscheidbarkeit von alten und jungen Stücken die Prospekthaftung nicht zugleich auf die alten Stücke ausgedehnt wird. Der Emittent entscheidet also durch die Ausstattung seiner zu emittierenden Wertpapiere, wie weit die Prospekthaftung reichen soll.

Fraglich ist indes die Interpretation des Tatbestandmerkmals in sonstiger Weise. Im Fall der Philipp Holzmann AG[293] stimmten die jungen Stücke in allen Ausstattungsmerkmalen mit den Altaktien überein. Allerdings überstieg die Anzahl der durch den Anspruchsteller Gebema N. V. erworbenen Aktien die Anzahl an jungen Stücken. Darüber hinaus lag bei dem Kauf der Aktien noch ein Zwischenerwerb durch die Hochtief AG vor. Da Hochtief nicht an der Neuemission teilgenommen hatte, konnten die durch die Gebema erworbenen Aktien nur Altaktien sein. Darin sehen die Haftungsadressaten Deutsche Bank und Holzmann den Ausschluß der Haftung für die Altaktien. Die speziellen Verhältnisse beim Erwerb lassen demnach einen Rückschluß auf die erworbenen Aktien zu, obwohl die jungen Stücke mit den alten ausstattungsgleich waren.

In der Gesetzesbegründung finden sich keine Anhaltspunkte zur Auslegung des Merkmals in sonstiger Weise. Nur die relative Wertung des Sachverhalts im Fall Hochtief erlaubt einen Rückschluß und damit eine Differenzierung zwi-

[290] Vgl. ebenda, RN 33.

[291] Vgl. Hopt, Verantwortlichkeit der Banken, 1991, RN 142.

[292] Vgl. BT-Drucks. 13/8933, S. 77.

[293] Siehe Erster Teil.

schen den Stücken aus der Neuemission und dem Altbestand. Augenscheinlich hat der Gesetzgeber mit der Formulierung in sonstiger Weise einen Auffangtatbestand schaffen wollen. Bei einer weiten Interpretation des Merkmals in sonstiger Weise verbietet sich die Einschränkung auf eine absolute Wertung. Demnach müßte sich der Anspruchsteller entgegenhalten lassen, daß eine Differenzierung möglich war und er diese auch hätte vornehmen können mit der Konsequenz des Haftungsausschlusses. Letztlich wird die Auslegung dieses Merkmals von den Gerichten geleistet werden müssen.

Die erfolgte Neufassung war dringend geboten und die gefundene Lösung ist trotz der Unschärfe bei dem Merkmal in sonstiger Weise sachgerecht.[294] Der früheren Rechtslage waren Besonderheiten eigen, die die Durchsetzung eines Anspruchs erheblich erschwerten, wenn nicht gar vereitelten.[295] Der Anleger mußte, um sich einen möglichen Prospekthaftungsanspruch zu sichern, eine Auftragsspezifizierung für den Erwerb junger Stücken vornehmen, denn bei alten Stücken war der Prospekthaftungsanspruch ausgeschlossen. Doch auch wenn der Anleger um die Besonderheit der Auftragsspezifizierung wußte, seine erworbenen jungen Stücke aber wie allgemein üblich zur Girosammelverwahrung gab, konnte es sein, daß sein Anspruch leer gelaufen wäre. Die Bestände von alten und jungen Stücken werden zusammengefaßt und nach § 7 DepotG[296] besteht kein Anspruch auf Aushändigung bestimmter Stücke. Deshalb hatte sich im Schrifttum weitgehend der Vorschlag[297] durchgesetzt, den Anleger solange als anspruchsberechtigt zu betrachten, als es überhaupt noch junge Stücke in dem Depot gab.[298]

Grundsätzlich geht es darum, einen Ausgleich zwischen dem Schutzinteresse der Anleger und dem Interesse der Prospekt-Verantwortlichen an einer Risikobegrenzung zu finden. Ein Weg des Ausgleichs berührt die Ebene des Beweisrechts im Zusammenhang mit dem Merkmal Zulassung aufgrund eines mangelhaften Prospekts. In der Literatur wurden verschiedene Vorschläge gemacht, wie es zu einer gerechten Lösung kommen kann. So findet sich der Vorschlag der Beweislastumkehr,[299] was de facto jeden zum Anspruchsberechtigen macht, der Wertpapiere nach Prospektveröffentlichung erwirbt.[300] Das verstieße aber

---

294 Vgl. auch BSK, Stellungnahme, 1997, S. 1; Sittmann, NZG 1998, 490, 491. Ablehnend BDI, Gesetzentwurf, 1997, S. 4.

295 Vgl. zum Folgenden Assmann, Prospekthaftung, 1985, S. 380 ff m. w. N.

296 Gesetz über die Verwahrung und Anschaffung von Wertpapieren (Depotgesetz - DepotG) i. d. F. vom 11.1.1995, siehe BGBl. I 1995, S. 34 - 42, geändert durch Gesetz vom 8.12.1999, siehe BGBl. I 1999, S. 2384 - 2385.

297 Vgl. Canaris, Bankvertragsrecht, 1981, RN 2283; Hopt, Verantwortlichkeit der Banken, 1991, RN 146.

298 Vgl. Grundmann/Selbherr, WM 1996, 985, 990.

299 Vgl. Canaris, Bankvertragsrecht, 1981, RN 2283.

300 Vgl. Hopt, Verantwortlichkeit der Banken, 1991, RN 146.

gegen den Grundsatz, daß sich die Prospekthaftung nicht auf den gesamten Bestand bezieht. Dieser Grundsatz ist auch in anderen Rechtsordnungen zu finden.[301] Nach sec. 11 (a) Securities Act 1933 im amerikanischen Recht muß der Kläger nachweisen, daß seine erworbenen „securities" von dem jeweiligen „registration statement" gedeckt sind. Dies ist auch in Großbritannien nach sec. 150 (1) Financial Services Act 1986 der Fall. Der Grundsatz läßt sich ökonomisch wie folgt rechtfertigen. Die Prospektpflicht leistet neben ihrem individualrechtlichen Schutz auch einen Beitrag zur Funktion des Kapitalmarkts.[302] Sie dient der Schaffung von Transparenz, die eine hinreichende Bedingung für eine effiziente Allokation des Kapitals ist. Mit dem Prospekt werden neue Kapitalgeber geworben. Zahlen diese für die Wertpapiere aufgrund eines mangelhaften Prospekts einen überhöhten Preis, so bleibt der Mehrerlös beim Emittenten. Bei Erstreckung der Haftung auch auf alte Stücke käme der Mehrerlös dem verkaufenden Marktakteur zugute. Dies hätte zwangsweise eine Verteuerung der Emission zur Folge, weil das Risiko stiege, größere Haftungssummen zahlen zu müssen.[303] Folge wäre ein Steigen der Emissionsprovision für die Emissionsbegleiter oder, wenn ihre Anhebung nicht durchzusetzen wäre, der Rückzug vieler Banken aus dem Emissionsgeschäft.[304] Die Verteuerung der Eigenkapitalbeschaffung bei Abweichung von dem Grundsatz sieht auch der Gesetzgeber.[305] Dies stünde einem der Ziele des Dritten Finanzmarktförderungsgesetzes, daß börsliche Kapitalangebot und die unternehmerische Kapitalnachfrage auszuweiten,[306] entgegen. Insgesamt war es deshalb richtig, an der Beschränkung der Haftung auf junge Stücke festzuhalten.

Aber auch die Schutzinteressen der Anleger waren zu berücksichtigen. Um dem Anleger eine Beweisführung zu ermöglichen,[307] wurde in Teilen des Schrifttums die jetzt erfolgte Kennzeichnung junger Stücke gefordert.[308] Kritisch wird dabei gesehen, daß die gesonderte Kennzeichnung einen zusätzlichen

[301] Vgl. zum Folgenden Grundmann/Selbherr, WM 1996, 985, 990 f m. w. N.

[302] Siehe dazu auch Vierter Teil A. VIII. 2.

[303] Hopt, Verantwortlichkeit der Banken, 1991, RN 142, will dies als Kosten der Emission hinnehmen.

[304] Vgl. Schwark, BörsG, 1994, §§ 45, 46, RN 31.

[305] Vgl. BT-Drucks. 13/8933, S. 77.

[306] Siehe Zweiter Teil B. II.

[307] Grundmann/Selbherr; WM 1996, 985, 991 f, sahen einen europarechtlichen Verstoß für den Fall, daß der Anleger hätte beweisen müssen, junge Stücke erworben zu haben mit der nicht gewollten Folge der oben beschriebenen Beweislastumkehr.

[308] Vgl. Schwark, ZGR 1983, 162, 183; derselbe, BörsG, 1994, §§ 45, 46, RN 31; Hoeren, EWiR, § 45 BörsG, 1/95, 1081, 1082; Assmann in Assmann/Schütze, 1997, § 7, RN 211 u. FN 539.

Aufwand in der Geschäftsabwicklung bedeutet.[309] Von größerem Gewicht sind jedoch sicherlich die Bedenken im Hinblick auf die Tatsache, daß sich unterschiedliche Börsenkurse für alte und junge Stücke bilden werden.[310] In der Gesetzesbegründung wird dies angezweifelt, weil der potentielle Prospekthaftungsanspruch nur schwer abschätzbar sei.[311] Aber durch die Neuregelung kann nicht nur der Emittent wählen, ob er eine Kennzeichnung vornimmt oder nicht, sondern auch der Anleger kann sich bewußt dafür entscheiden, alte Stücke zu erwerben. Damit kommt es zu einer Selektion der Anleger in jene, die mehr Risiko tragen möchten und alte Stücke erwerben und die, die eine höhere Risikoaversion aufweisen und junge Stücke kaufen. Der risikofreudigere Anleger wird aber nicht bereit sein, ein größere Risiko zu tragen ohne zugleich eine Risikoprämie dafür zu erhalten, die sich in einem niedrigeren Kaufkurs niederschlägt. Der potentielle Haftungsanspruch wird demnach zu einem höheren Kurs im Marktprozeß führen. Die Tatsache unterschiedlicher Kursbildung ist heute bereits bei Aktien - beispielsweise die Stamm- und Vorzugsaktien der Volkswagen AG - festzustellen, die eine unterschiedliche Dividendenberechtigung haben und insofern nicht außergewöhnlich. Weiterhin ist zu berücksichtigen, daß eine unterschiedliche Preisbildung nur für sechs Monate relevant ist, weil für das Entstehen eines Haftungsanspruchs der Erwerb der Wertpapiere nach Veröffentlichung des Prospekts in diesem Zeitraum erfolgt sein muß.[312] Sollte der Emittent trotz allem einen zu großen Nachteil in bezug auf die Liquidität durch die unterschiedliche Preisbildung befürchten, so kann er auf eine gesonderte Kennzeichnung verzichten. Die neue Regelung stellt deshalb einen ausgewogenen Kompromiß zwischen dem Schutzinteresse der Anleger und dem Interesse der Haftungsadressaten an einer Risikobegrenzung dar.

2. Erwerber ist nicht mehr Inhaber der Wertpapiere

Zu einer weiteren erheblichen Änderung im Vergleich zur alten Rechtslage ist es durch § 45 II BörsG gekommen. Hiernach kann auch der Erwerber, der nicht mehr Inhaber der Wertpapiere ist, einen Anspruch auf Zahlung des Unterschiedsbetrags zwischen dem Erwerbspreis, soweit dieser den Ausgabepreis nicht übersteigt, und dem Veräußerungspreis der Wertpapiere,[313] geltend machen.

---

309 Vgl. Kümpel, Bank- und Kapitalmarktrecht, 1995, RN 11.200. Ohne Differenzierung nunmehr zustimmend derselbe, Bank- und Kapitalmarktrecht, 2000, RN 9.328.

310 Vgl. ebenda; Grundmann/Selbherr, WM 1996, 985, 992 f.

311 Vgl. BT-Drucks. 13/8933, S. 77.

312 Siehe Vierter Teil A. VII. 2.

313 Siehe zu den Unterschieden bei der Schadensberechnung zwischen dem Inhaber der Wertpapiere und dem, der sie schon weiterveräußert hat, Vierter Teil A. IX.

Diese i. S. d. Anlegerschutzes vorteilhafte Ausweitung der Anspruchsberechtigten war geboten.[314] Ein Anleger, der nach Bekanntwerden der Prospektmängel seine Wertpapiere veräußerte, um weitere Schäden zu vermeiden, war nicht mehr anspruchsberechtigt. An dem Merkmal des Besitzerfordernisses scheiterte in der Praxis die Geltendmachung eines Anspruchs häufig und führte de facto zu einer starken Einschränkung der Prospekthaftung.[315] Zuletzt konnte eine Klägerin ihre Ansprüche im Fall der Sachsenmilch AG nicht durchsetzen.[316] Ein Anleger war demnach gezwungen, sich zu entscheiden, entweder seine Wertpapiere zu veräußern oder trotz Wertverlusts zu halten und damit das Risiko zu tragen, seinen Anspruch im Wege einer Klage gemäß §§ 45 ff BörsG a. F. durchzusetzen zu können.[317] Dies wurde zurecht als „(russisches) Roulette" kritisiert.[318]

Richtigerweise erkennt der Gesetzgeber, daß es keine unterschiedliche Schutzbedürftigkeit der Erwerber, die noch Inhaber der Wertpapiere sind, und derjenigen, die sie bereits veräußert haben, gibt.[319] Im übrigen ist die heutige Regelung schon bei der investmentrechtlichen Prospekthaftung verwirklicht.[320] Sie steht im Einklang mit der Dogmatik des allgemeinen Schadensersatzrechts.[321] Bedenken, die z. B. die erste Instanz im Fall der Sachsenmilch AG geäußert hat, daß die Aufgabe des Besitzerfordernisses zu einem nicht mehr übersehbaren Kreis möglicher Anspruchsteller und somit zu einem weitgehend unkalkulierbaren Haftungsrisiko führe,[322] sind heute im Prinzip ausgeräumt.[323] Zum einen hat hier wieder die sechs Monats-Frist gemäß § 45 I S. 1BörsG Bedeutung, in der nach Veröffentlichung des Prospekts der Erwerb der Wertpapiere erfolgt sein muß.[324] Zum anderen und entscheidender ist, daß der Haftungs-

---

314 Vgl. auch BSK, Stellungnahme, 1997, S. 1; Deutsche Börse AG, Stellungnahme, 1997, S. 10; Lutter, Stellungnahme, 1997, S. 2; Sittmann, NZG 1998, 490, 493.

315 Vgl. Schwark, BörsG, 1994, §§ 45, 46, RN 30.

316 Siehe dazu Zweiter Teil D.

317 Vgl. Assmann, Prospekthaftung, 1985, S. 386.

318 Hoeren, EWiR, § 45 BörsG, 1/95, 1081, 1082.

319 Vgl. BT-Drucks. 13/8933, S. 79.

320 Siehe Vierter Teil F. IV.

321 Vgl. Schwark, WuB I G 8. - 2.97, 415, 415; Sittmann, DB 1997, 1701, 1701 f; derselbe, NZG 1998, 490, 493.

322 Vgl. LG Frankfurt a. M., WM 1996, 525, 526. Aber schon die Berufungsinstanz sah das Ergebnis der alten Rechtslage als unbefriedigend an, vgl. OLG Frankfurt a. M., WM 1997, 361, 362.

323 Die Bedenken sind Kort, AG 1999, 9, 13, zufolge nur gemildert.

324 Siehe Vierter Teil A. VII. 2.

adressat nur für einen Schaden einstehen muß, dessen Gesamtsumme den Ausgabepreis i. d. R. nicht überschreitet.[325]

Darüber hinaus sprechen auch rechtsvergleichende Ergebnisse für die neue Regelung. Nach amerikanischen Recht gemäß sec. 11 Securities Act 1933 kann der Anleger seine Wertpapiere verkaufen, ohne seine Klagebefugnis zu verlieren.[326] Dies gilt auch in Großbritannien gemäß sec. 150 (1) und sec. 166 (1) Financial Services Act 1986.[327]

VII. Kausalität

Die börsengesetzliche Prospekthaftung erfordert einen kausalen Zusammenhang zwischen dem veröffentlichten mangelhaften Prospekt und dem Erwerb der Wertpapiere. Dies folgt aus dem deliktsrechtlichen Ursprung der börsengesetzlichen Prospekthaftung.[328] In bezug auf die haftungsbegründende Kausalität sieht die neue Rechtslage einige Konkretisierungen vor, die im folgenden dargestellt werden. Für die haftungsausfüllende Kausalität gelten zwar grundsätzlich die allgemeinen Regeln des Schadensersatzrechts, durch die zum Teil neu gestaltete Schadensberechnung kommt es aber zu Besonderheiten, die an entsprechender Stelle näher ausgeführt sind.[329]

1. Erwerbsgeschäft nach Veröffentlichung des Prospekts

Ein Anspruch aus Prospekthaftung kann nur bestehen, wenn gemäß § 45 I S. 1 BörsG das Erwerbsgeschäft nach Veröffentlichung des Prospekts abgeschlossen wurde. Diese Regelung korrespondiert mit dem mittelbar in § 46 II Nr. 1 BörsG und damit auch in der neuen Fassung der börsengesetzlichen Prospekthaftung enthaltenen Erfordernis der Kausalität zwischen Prospektveröffentlichung und Wertpapiererwerb.[330] Trotzdem muß der Anleger die Kausalität nicht beweisen, sondern die Beweislast dafür wird zugunsten des Anlegers umgekehrt.[331]

---

325 Siehe zur Schadensberechnung Vierter Teil A. IX.

326 Vgl. Gruson, WM 1995, 89, 94.

327 Vgl. Roller, Prospekthaftung, 1991, S. 71.

328 Vgl. BGH, WM 1982, 867, 867 f; Canaris, Bankvertragsrecht, 1981, RN 2282; Assmann in Assmann/Schütze, 1997, § 7, RN 212; eher ablehnend Meyer-Cording, BB 1984, 2092, 2092 f.

329 Siehe dazu Vierter Teil A. IX.

330 Siehe Vierter Teil A. VII. 3. a).

331 Vgl. BT-Drucks. 13/8933, S. 76.

Diese Regelung ist im Kern zu begrüßen.[332] Nach alter Rechtslage oblag die Beweislast für die Kausalität dem Anleger. Da es diesem de facto aber nicht möglich war, einen solchen Beweis zu führen, ging die Rechtsprechung zugunsten des Anlegers davon aus, daß die Veröffentlichung eines Prospekts eine „Anlagestimmung" erzeuge.[333] Dem liegt die Vorstellung zugrunde, daß die Inhalte des Prospekts dem Anleger auch dann bekannt sein werden, z. B. durch Aufbereitung in der Fachpresse und im Wege der Anlageberatung, wenn er den Prospekt selber nicht gelesen hat.[334]

2. Zeitliche Grenzen der Anlagestimmung

Von dem prinzipiellen Erfordernis der durch die Anlagestimmung erzeugten Kausalität zu trennen ist die Frage nach den zeitlichen Grenzen der Anlagestimmung. Zu unterscheiden ist zwischen der maximalen Dauer der Anlagestimmung und ihrem vorzeitigen Ende.

a) Maximale Dauer

Der Gesetzgeber hat sich in § 45 I S. 1 BörsG für die Fiktion einer maximalen Dauer der Anlagestimmung von sechs Monaten entschieden. Bei der Fristberechnung ist auf den Zeitpunkt des schuldrechtlichen Verpflichtungsgeschäfts abzustellen, der sachenrechtliche Vollzug des Erwerbsgeschäfts nach Fristablauf ist unschädlich.[335] Die gesetzlich festgelegte Frist liegt damit nur um einen Monat über dem Zeitraum, den eine in der Rechtsprechung geäußerte Ansicht für zu kurz hält, um vorher einen Ausschluß der Kausalitätsvermutung durch Zeitablauf zu bewirken.[336] Der BGH hat entschieden, daß spätestens ein Jahr nach

---

332 So auch BSK, Stellungnahme, 1997, S. 1; Deutsche Börse AG, Stellungnahme, 1997, S. 10; Kort, AG 1999, 9, 11; Sittmann, NZG 1998, 490, 494. Letztlich im Ergebnis auch zustimmend DAI, Stellungnahme, 1997, S. 10 f. Erwartet werden jedoch zusätzliche Kostenbelastungen infolge der zwangsweisen Zunahme aufwendiger Prüfungen. Diese Belastungen seien zwar unumgänglich aber zugleich zumutbar aufgrund der finanziellen Chancen eines Börsengangs. Ablehnend BDI, Gesetzentwurf, 1997, S. 4.

333 Vgl. BGH, WM 1982, 867, 867 f; OLG Frankfurt a. M., WM 1994, 291, 298; OLG Frankfurt a. M., WM 1996, 1216, 1219. Vgl. zu Nachweisen der Rechtsprechung des Reichsgerichts Schwark, BörsG, 1994, §§ 45, 46, RN 34, FN 137.

334 Diese Rechtsauffassung bestätigte der BGH zuletzt wieder, vgl. BGH, WM 1998, 1772, 1775.

335 Vgl. BT-Drucks. 13/8933, S. 77.

336 Vgl. OLG Düsseldorf, WM 1984, 586, 596. Unter Berufung auf dieses Urteil nahm das LG Frankfurt a. M., WM 1992, 1768, 1773 an, daß eine Anlagestimmung auch bei einem Kursverfall von 20 % noch zwei bis drei Monat nach Prospektveröffentlichung bestehen kann.

Veröffentlichung des Prospekts eine Anlagestimmung nicht mehr bestehen kann.[337] In der Literatur werden zum einen sechs bis zwölf Monate für die Dauer der Anlagestimmung genannt.[338] Zum anderen wird auf die amerikanische Regelung von sec. 11 Securities Act 1933 verwiesen, die eine vergleichbare Vermutung für einen Zeitraum von zwölf Monaten vorsieht.[339]

Dieser Vergleich findet sich auch in der Gesetzesbegründung.[340] Wenig überzeugend sind die dort vorgebrachten Argumente, warum zwölf Monate zu lang seien. So wird zum einen angeführt, daß das amerikanische Recht insgesamt strenger sei, für die Verbesserung des Risikokapitalmarkts in Deutschland aber eine kürzere Frist angezeigt sei. Einen gewissen Widerspruch trägt diese Begründung deshalb in sich, weil es zwar richtigerweise für die Haftungsadressaten um Rechtssicherheit geht, aber auch das Vertrauen eines Anlegers gewonnen werden soll.[341] Wie die neue Regelung Vertrauen bei einem potentiellen Anleger schafft, wenn der Gesetzgeber erklärt, es wäre zwar eine anlegerfreundlichere Regelung denkbar, aber die Haftungsadressaten müßten stärker geschützt werden, ist zumindest fraglich. Daß trotz strenger Anlegerschutzvorschriften Kapitalmärkte bestens funktionieren können, zeigt sich am Beispiel des amerikanischen Markts. Der Börsengang von Unternehmen wird durch eine Beschneidung von Anlegerrechten nicht weniger attraktiv.

Im Kontext der Gesetzesbegründung ist auch das Argument nicht überzeugend, daß die kurze Dauer von sechs Monaten Ausgleich für die Anspruchsberechtigung früherer Inhaber sei[342] und „eine strikte Begrenzung der Haftung auf den Gesamtbetrag der Emission nicht mehr ohne weiteres gewährleistet ist“[343]. Dies wäre zum einen zwar theoretisch möglich, praktisch aber extrem selten und zum anderen könnte die heutige Form der Schadensberechnung zu Fehlanreizen führen.[344]

Überzeugender könnte der Verweis auf die Gesetzessystematik sein. Eine Mehrfachnotierung unter Verwendung desselben Prospekts ist gemäß § 39 IV S. 1 BörsG innerhalb von sechs Monaten möglich.[345] Die für den Anleger positive Verlängerung der Frist für die Anlagestimmung wirft demnach die Frage auf, ob nicht auch der Zeitraum für die Verwendung desselben Prospekts bei

---

[337] Vgl. BGH, WM 1998, 1772, 1775.

[338] Vgl. Schwark, BörsG, 1994, §§ 45, 46, RN 35; derselbe, WuB I G 8. - 3.96, 926, 927.

[339] Vgl. Hopt, Verantwortlichkeit der Banken, 1991, RN 175.

[340] Vgl. BT-Drucks. 13/8933, S. 77.

[341] Siehe zur Bedeutung der Stärkung des Anlegerschutzes auch Vierter Teil A. V.1. a) bb) (2).

[342] Siehe Vierter Teil A. VI. 2.

[343] BT-Drucks. 13/8933, S. 77. So auch Sittmann, NZG 1998, 490, 492.

[344] Siehe zur Schadensberechnung Vierter Teil A. IX.

[345] Siehe zu Details Vierter Teil A. III. 3.

Mehrfachnotierung ausgedehnt werden müßte. Dies ist jedoch nicht zwingend erforderlich. Im übrigen hätte eine Verlängerung des Zeitraums für die Prospekt-Verantwortlichen nur positive Auswirkungen in Hinblick auf die Frage der Haftung für den Fall, daß der Anleger Wertpapiere erst nach einer weiteren Notierung erwirbt. Bei Mehrfachnotierung ist prinzipiell die Tatsache zu beachten, daß der Fristbeginn an den Zeitpunkt der erstmaligen Einführung der Wertpapiere anknüpft, also keine Fristverlängerung durch eine weitere Einführung der Wertpapiere an einer anderen inländischen Börse einsetzt.[346] Keine Wirkung hätte eine Verlängerung des Zeitraums in allen anderen Fällen.

Insgesamt ist festzuhalten, daß es vertretbar gewesen wäre, für die Anlagestimmung einen längeren Zeitraum zu bestimmen. Dies erschließt sich auch aus der Tatsache, daß der Gesetzgeber selber unschlüssig in Hinsicht auf die Dauer der Anlagestimmung gewesen ist. So sah der Referentenentwurf zum Dritten Finanzmarktförderungsgesetz noch die Aufgabe des Kausalitätserfordernisses vor, denn § 46 II BörsG E. fehlte die heutige Nr. 1.[347] So sollten die Überlegungen der Rechtsprechung zur Anlagestimmung verwirklicht werden und das Problem der Bestimmung ihrer Dauer konnte offen gelassen werden.[348] Weiterhin ist zu berücksichtigen, daß es sich um eine Höchstgrenze handelt. Die Anlagestimmung kann durch mehrere denkbare Ereignisse vorzeitig enden, die im folgenden erörtert werden. Insbesondere § 46 II Nr. 4 BörsG, der eine nachträgliche Berichtigung ermöglicht,[349] gibt den Haftungsadressaten ein Instrument an die Hand um einen Wegfall der Anlagestimmung herbeizuführen.

b) Vorzeitiges Ende

Die Beweislastumkehr kann nur gelten, solange auch die Anlagestimmung besteht. Anerkannt ist, daß sie auch vor ihrem zeitlichen Ablauf wegfallen kann.[350] Fraglich ist, ob dies durch negative Pressestimmen erfolgen kann, die eine Emission begleiten. Das OLG Düsseldorf hat den Wegfall in einem konkreten Fall verneint.[351] Begründet wurde diese Auffassung mit dem Argument, daß der Anleger einem Börsenzulassungsprospekt mehr Glauben schenke als

---

346 Vgl. BT-Drucks. 13/8933, S. 77. Bedenken gegen diese Regelung äußert Sittmann, NZG 1998, 490, 492 aufgrund des Schutzgedankens von § 45 BörsG.

347 Vgl. BMF, Entwurf Drittes Finanzmarktförderungsgesetz, 25.3.1997, S. 5.

348 Vgl. ebenda, S. 182.

349 Siehe zu Details Vierter Teil IV. 2. a).

350 Vgl. OLG Frankfurt a. M., WM 1994, 291, 298; OLF Frankfurt a. M., WM 1996, 1216, 1219.

351 Vgl. OLG Düsseldorf, WM 1984, 586, 596. Nur der Nachweis, daß der Anleger Presseberichten mehr Glauben geschenkt hat als dem Prospekt, ließe die Anlagestimmung als nicht kausal für den Erwerb erscheinen.

negativer Presseberichterstattung. Solche Unstimmigkeiten führen dazu, daß das Konstrukt der Anlagestimmung auch kritisch gesehen wird.[352] Aufgrund der heute geltenden Fassung von § 46 II Nr. 4 BörsG[353] ist jedoch eindeutig geklärt, daß die Anlagestimmung erst dann endet, wenn eine Berichtigung des Prospekts mit den dort aufgeführten Möglichkeiten erfolgt.[354] Dies war früher auch schon bei der Veröffentlichung eines neuen Jahresabschlusses der Fall.[355]

3. Ausschluß

Die haftungsbegründende Kausalität zwischen dem mangelhaften Prospekt und dem Erwerb der Wertpapiere ist nicht gegeben, wenn eine der vier Voraussetzungen des § 46 II BörsG gegeben ist, deren Vorliegen der Haftungsadressat beweisen muß.

Danach scheidet ein Anspruch gemäß § 46 II Nr. 1 BörsG aus, wenn die Wertpapiere, wie oben erörtert,[356] nicht aufgrund des Prospekts erworben wurden.

Gemäß Nr. 2 scheidet ein Anspruch aus, wenn der fehlerhafte Prospekt zu keiner Minderung des Börsenpreises geführt hat, es also keinen Schaden gibt.[357] Die Beweislast für diese rechtsvernichtende Einwendung obliegt dem Haftungsadressaten.[358] Dies wird vom Deutschen Aktieninstitut kritisiert.[359] Da eine Beweisführung praktisch nicht möglich sei, wirke sich dies zu Ungunsten des Emittenten aus. Die implizit gestellte Forderung, die Beweislast für das Entstehen eines Schadens den Anleger tragen zu lassen, verbietet sich jedoch. Der Anleger wäre wohl noch weniger zur Beweisführung in der Lage und ein Anspruch könnte mangels nachweisbaren Schadens regelmäßig nicht durchgesetzt werden.

Kannte der Erwerber die Unrichtigkeit bzw. Unvollständigkeit bei dem Erwerb, so scheidet ein Anspruch aufgrund von Nr. 3 aus. Grob fahrlässige Un-

352 Vgl. Assmann in Assmann/Schütze, 1997, § 7, RN 213.

353 Siehe zu Einzelheiten der nachträglichen Berichtigung Vierter Teil A. IV. 2. a).

354 Groß, Kapitalmarktrecht, 2002, §§ 45, 46 BörsG, RN 39, will indes die Beseitigung der Anlagestimmung durch „negative Pressestimmen" oder einen „dramatischen Kurseinbruch" weiterhin im Rahmen von § 46 II Nr. 1 BörsG prüfen. Diese Auffassung wird damit erklärt, daß in der Gesetzesbegründung ausdrücklich angeführt wird, daß die Überlegungen der Rechtsprechung zur Anlagestimmung aufgegriffen worden sind.

355 Vgl. Assmann, Prospekthaftung, 1985, S. 388; Schwark, BörsG, 1994, §§ 45, 46, RN 35.

356 Siehe Vierter Teil A. VII. 1.

357 Die DSW, Stellungnahme, 1997, S. 5, verneint die Erforderlichkeit von Nr. 2, weil die Regelung per se im Schadensbegriff im Rahmen der Schadensursächlichkeit enthalten sei.

358 Vgl. BT-Drucks. 13/8933, S. 80.

359 Vgl. DAI, Stellungnahme, 1997, S. 11.

kenntnis des Anspruchsberechtigten schadet nicht.[360] Dies korrespondiert mit § 20 KAGG und § 12 AuslInvestmG.[361] Ein Mitverschulden außerhalb von § 46 II Nr. 3 BörsG ist nicht möglich, weil es sich um eine gesetzliche Sonderregel des Mitverschuldens des Anspruchsberechtigten handelt. Diese Regelung ist zu begrüßen.[362] Da auf der einen Seite für das Vorliegen von Kausalität der Anleger beim Wertpapierkauf den Prospekt nicht kennen muß,[363] kann auf der anderen Seite eine fahrlässige Unkenntnis vom Prospektmangel seinen Anspruch folgerichtig nicht ausschließen. Zugleich verliert mit dieser Neuregelung die strittige Frage nach dem Maßstab für den Anlegertyp[364] an Bedeutung.

Schließlich fehlt es an der Kausalität, wenn gemäß Nr. 4 eine Berichtigung des Prospekts vor Abschluß des Kaufs der Wertpapiere erfolgte.[365] Dies gilt unabhängig davon, ob der Erwerber die Berichtigung kannte.

VIII. Verschulden

Nach § 46 I BörsG haftet derjenige nicht, der die Unrichtigkeit und Unvollständigkeit des Prospekts nicht gekannt hat und dessen Unkenntnis nicht auf grober Fahrlässigkeit beruht. Im folgenden wird näher auf die heutige Einheitlichkeit des Verschuldensbegriffs eingegangen, die Verteilung der Beweislast dargestellt und die Frage von Kontroll- und Nachforschungspflichten erörtert. Darüber hinaus wird der im Vergleich zur alten Rechtslage unveränderte Verschuldensmaßstab der groben Fahrlässigkeit diskutiert.

1. Keine Unterscheidung in bezug auf Unrichtigkeit und Unvollständigkeit

Ein Anspruch aus § 45 BörsG kann gegen den Haftungsadressaten nicht durchgesetzt werden, wenn dieser gemäß § 46 I BörsG nachweist, daß er die Unrichtigkeit oder Unvollständigkeit der Prospektangaben nicht gekannt hat und die Unkenntnis nicht auf grober Fahrlässigkeit beruht. Damit wird die für die alte Rechtslage von § 45 I BörsG a. F. geltende Unterscheidung des Verschuldensmaßstabs in grobe Fahrlässigkeit in bezug auf Unrichtigkeit und böslichem Verschweigen oder Unterlassen in bezug auf Unvollständigkeit aufgegeben. Die Unvollständigkeit ist Unterfall der Unrichtigkeit,[366] und deshalb ergibt sich daraus kein Anhaltspunkt für eine unterschiedliche Beurteilung des Verschul-

360 Vgl. BT-Drucks. 13/8933, S. 80.

361 Siehe Vierter Teil F. V.

362 Vgl. auch Kort, AG 1999, 9, 14 und Groß, AG 1999, 199, 209.

363 Siehe Vierter Teil A. VII. 1.

364 Siehe Dritter Teil C. II. 3. a).

365 Siehe Vierter Teil A. IV. 2. a).

366 Siehe dazu Vierter Teil A. IV.

dens.[367] Dem ist zuzustimmen und die Aufgabe der Differenzierung ist zu begrüßen.[368] Die Differenzierung des Verschuldensmaßstabs wurde zu Recht kritisiert,[369] hatte aber bereits durch das vom BGH entwickelte Kriterium des Gesamteindrucks[370] als erweiterte Unrichtigkeitskontrolle an Schärfe verloren.

2. Beweislastverteilung

Der neue § 46 I BörsG ordnet eine Umkehr der Beweislast für das Verschulden der Haftungsadressaten an. Dies entspricht der Regelung von § 20 III KAGG und § 12 III AuslInvestmG.[371] Nach den Grundsätzen über die Beweislast nach Gefahrenbereichen ist die Beweislastumkehr notwendig, weil die relevanten Tatbestandsvoraussetzungen ausschließlich in der Sphäre der Haftungsadressaten liegen.[372] Diese Neufassung ist sachgerecht. Zwar sollte schon nach alter Rechtslage wenigen Stimmen zufolge eine Umkehr der Beweislast gemäß §§ 282, 285 BGB analog möglich sein, wenn die Umstände, die den Verschuldensvorwurf im konkreten Fall begründen können, im Einfluß- und Risikobereich der Haftungsadressaten liegen.[373] Das wurde aber von der herrschenden Meinung mit Hinweis auf den klaren Gesetzeswortlaut abgelehnt.[374] Rechtspolitisch sei dies wünschenswert, de lege lata könne dem jedoch nicht zugestimmt werden. Dem Anspruchsteller sollten statt dessen Beweiserleichterungen nach allgemeinen Grundsätzen zugute kommen.[375]

3. Kontroll- und Nachforschungspflichten

Inwieweit neben dem Emittenten auch für die weiteren Prospekt-Verantwortlichen sowie Prospekt-Erlasser Kontroll- und Nachforschungspflichten bestehen, deren Vernachlässigung den Vorwurf der groben Fahrlässigkeit begründen können, ist auch nach neuer Rechtslage nicht eindeutig geklärt. In der Gesetzesbegründung findet sich nur der Hinweis, daß sich die Kontroll- und

---

[367] Vgl. BT-Drucks. 13/8933, S. 89.

[368] Vgl. auch DAI, Stellungnahme, 1997, S. 10.

[369] Vgl. Assmann, Prospekthaftung, 1985, S. 378 ff; Hopt, Verantwortlichkeit der Banken, 1991, RN 169; Schwark, BörsG, 1994, §§ 45, 46, RN 25; Assmann in Assmann/Schütze, 1997, § 7, RN 225.

[370] Siehe Dritter Teil C. II. 3. b).

[371] Siehe Vierter Teil F. VI.

[372] Vgl. BT-Drucks. 13/8933, S. 80.

[373] Vgl. Canaris, Bankvertragsrecht, 1981, RN 2281; Assmann, Prospekthaftung, 1981, S. 380; derselbe, WM 1983, 138, 141; derselbe in Assmann/Schütze, 1997, § 7, RN 227.

[374] Vgl. Schwark, BörsG, 1994, §§ 45, 46, RN 26.

[375] Vgl. zu Details ebenda m. w. N.

Nachforschungspflichten „primär auf die Überprüfung .. [der] vorgelegten Daten in Hinblick auf ihre Richtigkeit und Vollständigkeit" beschränken.[376] Eine dem Emittenten vergleichbare Intensität der Prüfung soll sich für die anderen Haftungsadressaten nur im Einzelfall ergeben, wenn konkrete Anhaltspunkte für die Unrichtigkeit oder Unvollständigkeit der ihnen zur Verfügung gestellten Daten vorliegen. Auch für die alte Rechtslage wurde die Frage von Kontroll- und Nachforschungspflichten unterschiedlich beantwortet. Übereinstimmung besteht nur in Hinblick auf den Ausgangspunkt, daß die Haftungsadressaten sich nicht ohne eigene Kontrollen auf die Richtigkeit und Vollständigkeit der von anderen stammenden Daten verlassen dürfen.[377] Unterschiedliche Ansichten zu Kontrolle und Nachforschung gibt es im Hinblick auf die Art der Angaben.

Liegen keine konkreten Anhaltspunkte vor, die Zweifel an der Richtigkeit und Vollständigkeit der gelieferten Daten wecken, ist der Rechtsprechung und herrschenden Meinung zufolge eine Kontrollverpflichtung bezüglich der Buchführung des Emittenten abzulehnen[378] Dies gilt auch für den Jahresabschluß.[379] Im Revisionsurteil zum Fall der Beton- und Monierbau AG sah der BGH Anhaltspunkte für Zweifel am Datenmaterial und erkannte auf eine Kontrollverpflichtung bei Wertansätzen für bestimmte Forderungen, weil die emissionsbegleitende Bank um die Verbesserung des Bilanzbildes durch den Emittenten wußte.[380] Im Fall der Mode Holding München AG kam das LG Frankfurt a. M. zu dem Ergebnis, daß die emissionsbegleitende Bank die Zahlen zur wirtschaftlichen Lage mit den abweichenden Angaben im ebenfalls abgedruckten "Als-Ob-Konzernabschluß" hätte vergleichen müssen, weil dies „geradezu ins Auge [stach]".[381] Dem stimmte die Berufungsinstanz des OLG Frankfurt a. M zu.[382] Besonders hinsichtlich sonstiger Information wie z. B. von technischen und naturwissenschaftlichen Sachverständigen ergibt sich eine Kontrollpflicht nur, wenn Gründe bzw. Zweifel eine Prüfung geradezu aufdrängen.[383]

---

376 BT-Drucks. 13/8933, S. 80.

377 Vgl. RGZ 80, 196, 198 ff; Frohne, Prospektpflicht, 1974, S. 62 ff; Assmann, WM 1983, 138, 141; Köndgen, AG 1983, 120, 127; Schwark, ZGR 1983, 162, 173; Hopt, Verantwortlichkeit der Banken, 1991, RN 190 ff; Schwark, BörsG, 1994, §§ 45, 46, RN 21; Assmann in Assmann/Schütze, 1997, § 7, RN 218.

378 Vgl. RGZ 80, 196, 198 f; Schwark, BörsG, 1994, §§ 45, 46, RN 21; Assmann in Assmann/Schütze, 1997, § 7, RN 219; Kort, AG 1999, 9, 18; Groß, AG 1999, 199, 206.

379 Vgl. BGH, WM 1982, 862, 864; Schwark, ZGR 1983, 162, 173; Baumbach/Hopt, HGB, 1995, § 45 BörsG, RN 1; Assmann in Assmann/Schütze, 1997, § 7, RN 219; Kort, AG 1999, 9, 18; Groß, AG 1999, 199, 206.

380 Vgl. BGH WM 1982, 862, 864.

381 LG Frankfurt a. M., ZIP 1998, 641, 644. Zustimmend Kort, AG 1999, 9, 17 f.

382 Vgl. OLG Frankfurt a. M., AG 1999, 325, 327.

383 Vgl. Schwark, BörsG, 1994, §§ 45, 46, RN 23; Assmann in Assmann/Schütze, 1997, § 7, RN 221, Groß, AG 1999, 199, 207.

Assmann hält darüber hinaus im Rahmen des vom BGH entwickelten Kriteriums des Gesamteindrucks eine Kontrolle der Schlüssigkeit der aus den Daten gezogenen Folgerungen für erforderlich. Wenn nicht schon in diesem Rahmen eine Überprüfung der Bilanz des Emittenten auf die Wahrnehmung von Bilanzspielräumen sowie von Wertansätzen von besonders bilanzwirksamen Aktiv- und Passivposten erfolge, solle diese Pflicht gesondert angenommen werden.[384]

Für Besonderheiten der Kontroll- und Nachforschungspflichten in Emissionskonsortien sei auf die Darstellung dort verwiesen.[385] Über die bisherigen Ausführungen hinaus besteht für den Emissionsbegleiter Berichtigungspflicht von nachträglich eintretenden Veränderungen in bezug auf die Prospektangaben.[386]

4. Verschuldensmaßstab

Der Verschuldensmaßstab von § 46 I BörsG ist in Übereinstimmung mit der bisherigen Rechtslage grobe Fahrlässigkeit. Grobe Fahrlässigkeit liegt vor, wenn die im Verkehr erforderliche Sorgfalt in besonders schwerem Maße verletzt wird, schon einfachste, ganz naheliegende Überlegungen nicht angestellt werden und daß nicht beachtet wird, was in gegebenen Fall jedem einleuchten muß.[387] Bei der Bestimmung sind auch subjektive Umstände der Verantwortlichen wie deren Wissen um den Sachverhalt und ihre fachlichen Fähigkeiten zu berücksichtigen.

Obschon die Haftungsmilderung grobe Fahrlässigkeit bei Erlaß des Börsengesetzes 1896 umstritten war,[388] ist bei der jetzigen Neuregelung der Prospekthaftung mit teilweiser Zustimmung in der Literatur[389] wieder daran festgehalten worden. Als Begründung führt der Gesetzgeber an, daß der Maßstab der groben Fahrlässigkeit Ausgleich für die Tatsache sei, daß im Rahmen der Prospekthaftung auf das Erfordernis des rechtsgeschäftlichen Kontakts verzichtet wird. Eine Verschärfung des Maßstabs gefährde das Ziel der Förderung der Bereitschaft zur Unterstützung von Risikokapital, weil sich Emissionsbegleiter aus dem Geschäft zurückzögen. Im übrigen entspreche die Beschränkung auf grobe Fahrlässigkeit der investmentrechtlichen Regelung[390] in § 20 III S. 1 KAGG und § 12 III S. 1 AuslInvestmG.[391]

---

[384] Vgl. Assmann in Assmann/Schütze, 1997, § 7, RN 219 f.

[385] Siehe Vierter Teil A. V. I. b) bb).

[386] Siehe dazu Vierter Teil A. IV. 2. b).

[387] Vgl. Palandt - Heinrichs, 1999, § 177, RN 2 m. w. N.

[388] Vgl. zu Details z. B. Assmann, Prospekthaftung, 1985, S. 61 ff m. w. N.

[389] Vgl. Kort, AG 1999, 9, 19 f; Groß, AG 1999, 199, 205 f.

[390] Siehe Vierter Teil F. VI.

[391] Vgl. BT-Drucks. 13/8933, S. 80.

Das Argument der Kompensation für die Ausweitung des Kreises der Anspruchsberechtigten ist auch in der Literatur zu finden.[392] Dabei wird die Prospekthaftung auf ihre individualrechtliche Funktion reduziert. Ihrem marktrechtlichen Verständnis wird dadurch nicht Rechnung getragen. Wenn es richtig ist, daß bei leichter Fahrlässigkeit als Haftungsmaßstab das höhere Haftungsrisiko nicht mehr durch die von den Emissionsbegleitern zu erzielenden Emissionsprovisionen zu decken ist und mithin nicht von den Emissionsbegleitern getragen werden soll, kommt es bei der jetzigen Regelung zu verdeckten Kosten bei den Anlegern. Einem Teil der wirklich entstehenden Kosten bei einer Emission entgeht der Emissionsbegleiter dadurch, daß er eine Haftungsmilderung erhält und somit in seiner Kalkulation eine niedrigere Risikoprämie ansetzen kann. Die Höhe der Kosten, die der Anleger zu tragen hat, entspricht demnach der Differenz des Betrags der geringeren Provision aufgrund der Haftungsmilderung und dem Betrag, der sich bei fairer Berechnung der Provision ergäbe. Richtig wäre hingegen die Offenlegung dieser Kosten in höheren Emissionsprovisionen.[393]

Attraktivität des Kapitalmarkts bedeutet auch Attraktivität für den Emittenten als Kapitalnachfrager. Richtig ist in diesem Zusammenhang, daß die Attraktivität des Kapitalmarkts für den Investor nicht allein von möglichen Haftungsansprüchen an sich abhängt.[394] Aber dem Markt droht neben dem möglichen Wegbleiben der Emittenten auch ein Marktversagen in Form der adverse selection[395] aufgrund der entstehenden Intransparenz durch die nicht verursachungsgerechte Kostenverteilung. Adverse selection beschreibt den Prozeß, daß auf einem Markt mit Informationsasymmetrie die bezüglich der Qualität schlechten Güter die guten vom Markt verdrängen. Grundlegend wurde dies von Akerlof am Beispiel des Gebrauchtwagenmarkts gezeigt.[396]

Die Käufer von Gebrauchtwagen wissen um die Tatsache, daß die angebotenen Autos von unterschiedlicher Qualität sind, die sie vor Vertragsschluß - im Gegensatz zu den jeweiligen Verkäufern - nicht beurteilen können. Sie werden deshalb nur zur Zahlung eines durchschnittlichen Preises bereit sein. Dieser Durchschnittspreis ergibt aus der Gewichtung des fairen Preises der jeweiligen Qualitätsklasse mit ihrem erwarteten jeweiligen Marktanteil. Zu diesem Preis werden die Anbieter von Autos mit hoher Qualität jedoch nicht verkaufen. Auf dem Markt verbleiben demnach nur Verkäufer von Fahrzeugen, deren Qualität

---

392 Vgl. Canaris, Bankvertragsrecht, 1981, RN 2280.

393 Vgl. Hopt, Verantwortlichkeit der Banken, 1991, RN 170; Grundmann/Selbherr, WM 1986, 985, 989.

394 Vgl. Groß, AG 1999, 199, 205.

395 Vgl. dazu mit einer Einordnung in den Bereich Informationsasymmetrie Franke/Hax, Finanzwirtschaft, 1994, S. 409 ff.

396 Vgl. Akerlof, QJE 1970, 488, 488 ff.

dem Durchschnittspreis entsprechen oder noch darunter liegen. Die Käufer antizipieren das und passen dementsprechend den Durchschnittspreis nach unten an. Dies führt wiederum zum Rückzug der Anbieter von Autos mit einer Qualität, die über dem neuen Durchschnittspreis liegt. Über weitere Stufen kann dieser Anpassungsprozeß zum Marktversagen führen, weil grundsätzlich sich lohnende Transaktionen nicht mehr stattfinden.

Übertragen bedeutet dies, daß es dazu kommen kann, daß der Anleger aufgrund des geltenden Maßstabs der groben Fahrlässigkeit bestimmte Wertpapiere aus einer Emission nicht kaufen wird, weil er nicht erkennen kann, mit welcher Sorgfalt der jeweilige Haftungsadressat die Prospekterstellung und -prüfung betrieben hat. Um einem Marktversagen vorzubeugen gilt es, die Informationsasymmetrie zu beseitigen oder zumindest zu mildern. Dazu kann die Statuierung einer Haftung schon bei leichter Fahrlässigkeit einen Beitrag leisten.[397]

In engem Zusammenhang mit den bisherigen Ausführungen zu Emittent und Anleger steht die Sorge, daß sich Emissionsbegleiter aus dem Geschäft zurückziehen könnten. Auch in diesem Verhältnis muß der Kapitalangebotsseite der Anleger ausreichend Rechnung getragen werden. Wie bereits im Rahmen der Kausalität zur Dauer der Anlagestimmung ausgeführt,[398] kann bei dem Ziel, die Bereitschaft zur Unterstützung von Risikokapital zu fördern, das Augenmerk nicht nur auf die Intermediäre gerichtet werden. Die Stärkung des Anlegerschutzes[399] muß ebenfalls berücksichtigt werden, damit die Anlegerseite ausreichend Vertrauen fassen kann. Ansonsten wird sie weiter auf die Anlage in festverzinslichen Wertpapieren, die weniger Qualitätsunsicherheit aufweisen, setzen.

Der Hinweis auf die Parallelregelung der investmentrechtlichen Prospekthaftung ist wenig hilfreich. Die Vergleichbarkeit, die eine Abweichung beim Verschuldensmaßstab zwingend verbietet, ist nicht gegeben. Die investmentrechtliche Prospekthaftung sieht eine Reihe von gesetzlichen Sicherungen vor, die Prospekthaftungsfälle von vornherein minimieren.[400] Dazu zählen insbesondere die Vorschriften zur Risikostreuung. Die Anlage des in den Kapitalanlagegesellschaften eingelegten Geldes ist nach der Art des zu bildenden Sondervermögens gesetzlich bestimmt. Die Wahrscheinlichkeit des Wertverlusts eines Anteilscheins ist aufgrund der Diversifikation entscheidend kleiner als für ein einzelnes Wertpapier. Darüber hinaus ist gemäß § 12 I S. 1 KAGG eine Depotbank mit der Verwahrung von Sondervermögen sowie der Ausgabe und Rücknahme von Anteilscheinen zu beauftragen. Sie handelt bei der Wahrnehmung ihrer

---

397 Vgl. auch Grundmann/Selbherr, WM 1996, 985, 989.

398 Siehe Vierter Teil A. VII. 2. a).

399 Siehe dazu Vierter Teil A. V. 1. a) bb) (2).

400 Vgl. Schwark, Drittes Finanzmarktförderungsgesetz, 1997, S. 7, mit diesen Argumenten gegen die neue Verjährungsregelung.

Aufgaben gemäß § 12 II S. 1 KAGG unabhängig von der Kapitalanlagegesellschaft ausschließlich im Interesse der Anteilscheinsinhaber. Schließlich unterliegen sowohl die Kapitalanlagegesellschaft als auch die Depotbank gemäß § 2 I S. 1 KAAG der Aufsicht der neu geschaffenen Bundesanstalt für die Finanzdienstleistungsaufsicht.

Rechtsvergleichende Ergebnisse legen ebenfalls leichte Fahrlässigkeit als Verschuldensmaßstab nahe. Nach amerikanischen Recht können sich die Haftungsadressaten durch die „due diligence defense“ gemäß sec. 11 (b) (3) Securities Act 1933 mit dem Beweis fehlender leichter Fahrlässigkeit entlasten.[401] In Großbritannien ist eine Entlastung möglich, wenn der Haftungsadressat eine der in sec. 151 Financial Services Act 1986 genannten Ausnahmen geltend machen kann.[402] Da die Prospekthaftung eine Verschuldenshaftung ist, wird eine Haftungsmilderung, „wohl weil es selbstverständlich ist“[403], nicht diskutiert. Auch in Frankreich, wo es an einer spezialgesetzlichen Regelung fehlt,[404] sowie in Belgien ist der Maßstab leichte Fahrlässigkeit.[405] Für die Schweiz gilt ebenfalls leichte Fahrlässigkeit als Maßstab.[406] Aufgrund dieser rechtsvergleichenden Ergebnisse kann leichte Fahrlässigkeit als internationaler Standard für den Verschuldensmaßstab beschrieben werden.[407]

Nicht erfolgversprechend ist der Versuch von Kort, den unterschiedlichen Maßstab in Deutschland mit dem Hinweis auf unterschiedliche Haftungsvoraussetzungen zu retten.[408] In aller Regel ist die Prospekthaftung in anderen Rechtsordnungen strenger als in Deutschland konzipiert. So gibt es nach amerikanischen Recht sogar eine verschuldensunabhängige Garantiehaftung für den Emittenten.[409] Die strengere Ausgestaltung zeigt sich z. B. auch an der Dauer der Anlagestimmung[410] und wird die Erörterung von Haftungsumfang[411] und Verjährung[412] ergeben.

Bedenken, daß die Beibehaltung der groben Fahrlässigkeit ein Verstoß gegen das Europarechtliche Diskriminierungsverbot aus Art. 5 I S. 1 EGV dar-

---

401 Vgl. Grundmann/Selbherr, WM 1996, 985, 986.

402 Vgl. Roller, Prospekthaftung, 1991, S. 88.

403 Ebenda.

404 Vgl. Pabst, Prospektzwang, 1972, S. 306 ff.

405 Vgl. ebenda, S. 382 ff.

406 Vgl. Camenzind, Prospektzwang, 1989, S. 110 ff.

407 Vgl. Grundmann/Selbherr, WM 1996, 985, 987.

408 Vgl. Kort, AG 1999, 9, 20.

409 Vgl. Becker in Hopt/Rudolph/Baum, 1997, S. 755, 861.

410 Siehe Vierter Teil A. VII. 2. a).

411 Siehe Vierter Teil A. IX, insbesondere 1.

412 Siehe Vierter Teil A. X., insbesondere 1.

stellt,[413] sind nicht zu teilen.[414] Dies wäre äußerstenfalls nur dann anzunehmen, wenn die Sachverhalte und Regelungsprobleme der spezialgesetzlich geregelten Prospekthaftung und der bürgerlichrechtlichen Prospekthaftung als vergleichbar betrachtet werden könnten.[415]

Vor dem Hintergrund dieser Ergebnisse und unter Berücksichtigung der vom Gesetzgeber angestrebten Wettbewerbsfähigkeit des deutschen Kapitalmarkts wäre leichte Fahrlässigkeit der richtige Verschuldensmaßstab.[416] Dies gilt im übrigen auch unter dem Gesichtspunkt der Frage des Konkurrenzverhältnisses der spezialgesetzlich geregelten Prospekthaftung zur bürgerlichrechtlichen Prospekthaftung.[417]

IX. Haftungsumfang

Der Umfang des zu ersetzenden Schadens ist davon abhängig, ob der Anspruchsberechtigte noch Inhaber der Wertpapiere ist oder sie bereits veräußert hat. Dies wird im folgenden getrennt erörtert. Darüber hinaus wird dargestellt, daß die mit dem Erwerb und gegebenenfalls der Veräußerung verbundenen Kosten erstattungsfähig sind. Bei Erörterung der Gesamtschadenssumme wird davon ausgegangen, daß die Haftung sich nur auf die neu ausgegebenen Wertpapiere erstreckt, weil der Emittent die Möglichkeit der besonderen Kennzeichnung gemäß § 45 I S. 3 BörsG zur Haftungsbegrenzung genutzt hat.[418]

1. Erwerbspreis

Der Anspruch des Inhabers der Wertpapiere ist gemäß § 45 I BörsG auf die Erstattung des Erwerbspreises gerichtet. Dabei ist die Höhe begrenzt auf den ersten Ausgabepreis.[419] Der Anspruchsteller ist seinerseits verpflichtet, gegen Zahlung des Erwerbspreises die Wertpapiere Zug um Zug an den in Anspruch Genommenen zurückzugeben. Unerheblich ist, ob die Wertpapiere im Rahmen eines Börsengeschäfts oder eines außerbörslichen Geschäfts erworben wur-

---

413 Vgl. Grundmann/Selbherr, WM 1996, 985, 988 f

414 So auch Kort, AG 1999, 9, 20.

415 Vgl. Assmann in FS Kübler, 1997, S. 317, 342.

416 Vgl. Grundmann/Selbherr, WM 1996, 985, 987.

417 Siehe Vierter Teil A. XI 2. d) bb).

418 Siehe zu dieser Möglichkeit Vierter Teil A. VI. 1. b).

419 Wegen der Verwendung des Begriffs „Ausgabebetrag“ in § 36a AktG, der dem niedrigeren Nennbetrag der Aktie entspricht, schlagen Boesebeck Droste Rechtsanwälte, Drittes Finanzmarktförderungsgesetz, 1997, S. 2 f vor, an Stelle des Begriffs Ausgabepreis „Platzierungspreis“ oder „erster Verkaufspreis“ zu verwenden.

den.[420] Maßgeblich ist der tatsächlich entrichtete Erwerbspreis. Der Ausgabepreis ist i. d. R. der Preis, der gemäß § 16 I Nr. 5 und § 17 Nr. 2 BörsZulV im Prospekt als Zeichnungs-, Verkaufs- oder Ausgabepreis angegeben ist. Ist ein Preis nicht angegeben, so ist der Ausgabepreis der Preis, zu dem die Wertpapiere veräußert werden. Wird ein Ausgabepreis nicht festgelegt, wie etwa bei Börseneinführungen ausländischer Aktien, die nicht mit einer Plazierung verbunden sind, so gilt gemäß § 45 I S. 2 BörsG der erste nach Einführung der Wertpapiere festgestellte oder gebildete Börsenpreis als Ausgabepreis. Werden bei mehreren inländischen Börsen gleichzeitig voneinander abweichende Börsenpreise festgestellt oder gebildet, so gilt gemäß § 45 I S. 2 BörsG der höchste Börsenpreis als Ausgabepreis. Bei variablen Ausgabepreisen, die für Daueremissionen typisch sind und in der Praxis z. B. bei der Emission von Pfandbriefen oder Optionsscheinen auftreten, ist der am ersten Tag des Angebots verlangte anfängliche Ausgabepreis maßgeblich.[421]

Im Vergleich zur alten Rechtslage scheint es vordergründig betrachtet zur Streichung der sog. „Ersetzungsbefugnis“ von § 46 II BörsG a. F. gekommen zu sein. Dadurch stand dem Verpflichteten bei der Erfüllung seiner Ersatzpflicht die Wahl zu, entweder den Erwerbspreis oder denjenigen Kurswert zu zahlen, den das Wertpapier zur Zeit seiner Einführung hatte. Begründet wurde die Existenz dieser facultas alternativa des Verpflichteten mit der Verhinderung übertriebener Schadensberechnungen.[422] Bedeutung hatte die Regelung nur bei Zweiterwerb. Richtig ist das Argument der übertriebenen Schadensberechnung für den Zweiterwerber, der die Wertpapiere unterhalb des Ausgabepreises erwarb und nicht bei den Verpflichteten den höheren Ausgabepreis hätte verlangen können sollen. Kaufte hingegen der Zweiterwerber zu Kursen über dem Ausgabepreis konnte dies zu deutlichen Minderungen seines ersatzfähigen Schadens führen. Deshalb wurde die Ersetzungsbefugnis als weitere erhebliche Beschneidung des börsengesetzlichen Prospekthaftungsanspruchs abgelehnt.[423] Schon früh forderte Canaris deshalb für die alte Rechtslage die §§ 20 I KAGG, 12 I AuslInvestmG analog anzuwenden.[424]

Bei näherer Betrachtung der neuen Rechtslage zeigt sich, daß die materielle Regelung der Ersetzungsbefugnis beibehalten worden ist.[425] Dadurch, daß der

420 Vgl. BT-Drucks. 13/8933, S. 78.

421 Vgl. ebenda.

422 Vgl. Schwark, BörsG, 1994, §§ 45, 46, RN 39.

423 Vgl. Assmann, Prospekthaftung, 1985, S. 389; Hopt, Verantwortlichkeit der Banken, 1991, RN 173, Schwark, BörsG, 1994, §§ 45, 46, RN 39; Assmann in Assmann/Schütze, 1997, § 7, RN 229.

424 Vgl. Canaris, Bankvertragsrecht, 1981, RN 2286.

425 Insofern ist widersprüchlich, daß Kort, AG 1999, 9, 11, schreibt, daß die Streichung der Ersetzungsbefugnis zu begrüßen sei.

Anspruchsberechtigte nur den Erwerbspreis geltend machen kann, ist das früher vorgebrachte Motiv der Verhinderung übertriebener Schadensberechnungen für den Fall, daß ein Zweiterwerber unterhalb des Ausgabepreises erwirbt, richtigerweise berücksichtigt. Zur Beschneidung des Ersatzanspruches für den Zweiterwerber, der über dem Ausgabepreis kauft, kommt es aber auch nach neuer Rechtslage.[426]

Der Gesetzgeber begründet die Begrenzung des Schadensersatzes auf den Ausgabepreis mit dem Hinweis, daß Veränderungen des Preises der Wertpapiere von einer Vielzahl anderer Faktoren abhängen, „über die der Prospekt in aller Regel keine Aussage treffen will und vielfach auch nicht kann".[427] Allerdings können durch die Art der Schadensberechnung Kurssteigerungen aufgrund anderer Faktoren zum Nachteil des Anspruchstellers Berücksichtigung finden. Kauft ein Anleger ein Wertpapier, dessen Wert aufgrund eines Prospektmangels eigentlich geringer ist als der Ausgabepreis, steigt aber gleichzeitig der Kurs aufgrund anderer Faktoren, die in der Summe den Wertverlust aufgrund des Prospektmangels überkompensieren und den Kurs nicht unter den Emissionspreis fallen lassen, kann der Anleger keinen Schaden geltend machen. Solche den Wertverlust überkompensierende Kursbewegungen sind z. B. aufgrund von allgemein positiven Marktentwicklungen denkbar. Auch wenn es zu keiner Überkompensation kommt, kann der realisierbare Schaden durch eine Steigerung des Kurses aufgrund anderer Faktoren kleiner sein als der auf dem Prospektmangel beruhende Schaden. Der Anleger kann nicht in dem Maße an einer allgemeinen positiven Entwicklung partizipieren, wie dies bei der Situation ohne einen mangelhaften Prospekt der Fall wäre. Daher ist die Berücksichtigung des Kursanstiegs durch andere Faktoren im Ergebnis die Anrechnung eines Vorteils.[428] Die Rechtfertigung einer solchen Anrechnung muß nach den Grundsätzen der von der Rechtsprechung entwickelten Vorteilsausgleichung bestimmt werden. Voraussetzung einer Vorteilsausgleichung ist zum einen ein adäquater Kausalzusammenhang zwischen dem schädigenden Ereignis und dem Vorteil.[429] Zum anderen muß aus Sicht des Geschädigten die Anrechnung des Vorteils zumutbar sein, den Schädiger nicht unbillig entlasten und dem Zweck des Schadensersatzes entsprechen. All dies ist nicht erfüllt. Der Kausalzusammenhang ist nicht adäquat, weil der Vorteil auf anderen Faktoren beruht. Die Anrechnung ist aus Sicht des Anlegers nicht zumutbar. Die Haftungsadressaten profitierten im Schadensfall von Kurssteigerungen aufgrund andere Faktoren zu Lasten des An-

---

426 Dieser Regelung zustimmend Kort, AG 1999. 9, 11. Im Ergebnis wohl auch Zustimmung bei Groß, AG 1999, 199, 207.

427 BT-Drucks. 13/8933, S. 78.

428 Vgl. dazu auch Roller, Prospekthaftung, 1991, S. 207 f, im Zusammenhang mit der Ersetzungsbefugnis der alten Rechtslage.

429 Vgl. Palandt - Heinrichs, 1999, Vorbem v § 249, RN 120 m. w. N.

legers. Dadurch werden die Schädiger einseitig bevorteilt, und deshalb ist die Entlastung unbillig. Die Anrechnung entspricht nicht dem Zweck des Schadensersatzes. Die Prospekthaftung hat den Sinn, den Anleger so zu stellen, wie er stünde, wenn der Prospekt nicht mangelhaft gewesen wäre. Wird die Wertminderung des Wertpapiers durch den Prospektmangel aufgrund anderer Faktoren verringert oder kompensiert, wird der Anleger nicht so gestellt, wie er stünde, wenn der Prospekt fehlerfrei gewesen wäre. Als Zwischenergebnis ist festzuhalten, daß die Anrechnung eines Vorteils nicht den Grundsätzen der Vorteilsausgleichung entspricht.

Der Gesetzgeber führt zur Begründung der Begrenzung des Schadensersatzes auf den Ausgabepreis weiter aus, daß dies „die Überschaubarkeit der Haftung" fördere und einen Beitrag zur Risikokapitalförderung darstelle.[430] Richtig ist sicher, daß das Haftungsrisiko besser kalkulierbar ist. Daran ändert auch die Tatsache nur wenig, daß die Gesamtschadenssumme theoretisch den Veräußerungserlös übersteigen kann.[431] Prinzipiell ist auch richtig, daß die Nachfrager nach Kapital nicht durch mögliche Haftungsfälle überfordert werden dürfen. Wie bereits an anderer Stelle ausgeführt,[432] hat die Risikokapitalförderung aber auch noch die Seite Anlegerschutz. Der Anleger als Kapitalanbieter muß ebenso berücksichtigt werden. Dies scheint durch die getroffene Regelung nicht ausreichend umgesetzt zu sein.

Rechtsvergleichende Ergebnisse in Bezug auf die Ausgestaltungen der Schadensberechnung liefern kein einheitliches Bild. In Großbritannien gilt beispielsweise die allgemeine „out of the pocket rule".[433] Das bedeutet, daß die Obergrenze des Schadensersatzes in dem Betrag liegt, den der Anleger vorher besessen hat. Dadurch soll verhindert werden, daß versprochener und entgangener Gewinn geltend gemacht wird. Der Schaden ergibt sich aus dem Unterschied zwischen dem objektiven Wert der Wertpapiere und dem bezahlten Preis. Im amerikanischen Recht ist die Höhe des Schadensersatzes gemäß sec. 11 (e) Securities Act 1933 begrenzt auf den Emissionspreis.[434] Allerdings ist das amerikanische Recht insgesamt strenger als die deutsche Prospekthaftung. Während nach deutschem Recht die Anlagestimmung nur sechs Monate beträgt, sind es in den USA zwölf Monate.[435] Der Verschuldensmaßstab ist nicht grobe Fahrläs-

[430] BT-Drucks. 13/8933, S. 78.

[431] Siehe Vierter Teil A. IX. 2. in bezug auf die Geltendmachung des Unterschiedsbetrags, wenn der Anleger die Wertpapiere schon verkauft hat und Vierter Teil A. IX. 3. in bezug auf die Erstattung der mit Erwerb und gegebenenfalls der Veräußerung verbundenen üblichen Kosten.

[432] Siehe Vierter Teil A. VI 1. a) bb) (2) u. VIII. 2. a).

[433] Vgl. Roller, Prospekthaftung, 1991, S. 84.

[434] Vgl. Becker in Hopt/Rudolph/Baum, 1997, S. 755, 861.

[435] Siehe Vierter Teil A. VII. 2. a).

sigkeit, sondern leichte Fahrlässigkeit wie auch in Großbritannien.[436] Darüber hinaus sieht das amerikanische Recht eine verschuldensunabhängige Garantiehaftung für den Emittenten vor.[437]

Beachtung finden sollten die Probleme bei der Schadensberechnung in Hinblick auf festverzinsliche Wertpapiere wie Anleihen. Werden die Wertpapiere unter pari, wie z. B. bei Nullcoupon-Anleihen, ausgegeben, erleiden die Erwerber im Haftungsfall einen Nachteil im Vergleich zu anderen Wertpapierkäufern.[438] Bei Nullcoupon-Anleihen wird auf eine regelmäßige Ausschüttung verzichtet. Die Rückzahlung des Wertpapiers erfolgt zum Nominalwert bei Fälligkeit. Die Verzinsung wird so hinausgezögert und äußert sich in Kurssteigerungen. Dies kann insbesondere unter steuerlichen Gesichtspunkten attraktiv sein, weil Kurssteigerungen nach der Spekulationsfrist von heute einem Jahr steuerfrei sind. In der Tatsache, daß erst am Ende der Laufzeit eine höhere Rückzahlung steht, liegt in bezug auf die Prospekthaftung das Problem. Kommt es vorher zum Haftungsfall, kann der Anspruchsinhaber nur den unter pari Ausgabepreis geltend machen. Der Anleger wird um die Verzinsung seiner Anlage gebracht.

Schließlich sollte beachtet werden, daß mit der Begrenzung des erstattungsfähigen Schadens auf den Ausgabepreis Fehlanreize bei der Bestimmung des Emissionskurses gesetzt werden können. Prinzipiell gilt, daß die maximale Schadenssumme um so kleiner ist, je niedriger der Ausgabepreis angesetzt wird. Wird der Ausgabepreis bewußt unter dem fairen Wert festgelegt, entsteht eine Übernachfrage, die den Kurs steigen läßt. In einer solchen Situation eines Nachfrageüberschusses läßt sich die von den Emissionsbegleitern betriebene Kurspflege zum Halten des Emissionskurses mit geringeren Mitteln verwirklichen. Dies gilt insbesondere unter Beachtung der heute sechs Monate geltenden Anlagestimmung.[439] Sollte es zum Fallen des Kurses aufgrund eines Prospektmangels kommen, ist die Wahrscheinlichkeit eines Ausgleichs dieses Wertverlusts durch andere Faktoren größer, als wenn der Ausgabepreis dem fairen Wert entsprochen hätte.

In diesem Zusammenhang scheint eine Entwicklung insbesondere in den ersten zwei Jahren seit Bestehen des Neuen Markts erwähnenswert. Dort kam es i. d. R. zu großen Zeichnungsgewinnen.[440] Diese sind nicht mehr mit dem sog.

---

[436] Siehe Vierter Teil A. VIII. 2.

[437] Vgl. Becker in Hopt/Rudolph/Baum, 1997, S. 755, 861.

[438] Deshalb fordert die DSW, Stellungnahme, 1997, S. 5, eine Ausnahmeregelung für solche Wertpapiere vorzunehmen.

[439] Siehe Vierter Teil A. VI. 2. a).

[440] Siehe dazu auch Vierter Teil A. VI. 1.

underpricing zu erklären.[441] Darunter versteht man aus einer ex post-Sichtweise die negative Abweichung des Emissionspreises vom ersten Sekundärmarktkurs oder ex ante die negative Abweichung des Emissionskurses vom erwarteten ersten Handelskurs.[442] Die Ursachen für underpricing werden in der Komplexität der Emissionspreisfindung, den Rahmenbedingungen des Emissionsprozesses, institutionell bedingten Ineffizienzen sowohl auf dem Primär- als auch auf dem Sekundärmarkt und im irrationalen Anlegerverhalten gesehen.[443]

Im Neuen Markt ist die Anzahl der Neuemissionen groß und die dort gehandelten Titel stammen größtenteils von kleinen und mittleren Unternehmen in Zukunftsbranchen oder mit innovativen Produkten. Es ist anzunehmen und zu erwarten, daß auch weniger aussichtsreiche Unternehmen die in diesem Segment günstige Situation für einen Börsengang genutzt haben und in Zukunft nutzen werden. Um Interesse bei den Anlegern zu wecken, kann man jedoch nicht in den Aussichten im Vergleich zu anderen Unternehmen zurückbleiben. Die Wahrscheinlichkeit von Prospekthaftungsfällen aufgrund zu optimistischer Prospektangaben, die sich später als nicht gerechtfertigt erweisen, könnte deshalb größer sein als in anderen Marktsegmenten. Aufgrund der Erwartung einer größeren Wahrscheinlichkeit für einen Prospekthaftungsfall könnte deshalb der Emissionspreis niedriger angesetzt werden, um so das Unterschreiten des Emissionskurses besser verhindern und eine mögliche Schadenssumme verringern zu können. Im übrigen erlangen die Überlegungen zu den Fehlanreizen durch die Art der Schadensberechnung größere Relevanz auch in bezug auf die Tatsache, daß heute der Anleger, der seine Wertpapiere schon verkauft hat, den Unterschiedsbetrag geltend machen kann.[444] Dadurch kann die Schadenssumme weiter ansteigen. Dies gilt im besonderen für den Neuen Markt, weil das Umsetzen der einzelnen dort gehandelten Aktien tendenziell häufiger stattfindet als in anderen Segmenten und damit dort die Wahrscheinlichkeit für eine größere Zahl von Zweiterwerbern in einem Titel größer ist.

Als Zwischenergebnis ist festzuhalten, daß die Schadensbegrenzung auf den Ausgabepreis nicht sachgerecht ist. Kurssteigerungen, die auf anderen Faktoren beruhen, werden zwar zum Nachteil des Anlegers berücksichtigt, aber nicht zu seinem Vorteil. Dadurch kommt es zu einer einseitigen Bevorzugung der Kapitalnachfrager. International ist der Verzicht auf eine Schadensbegrenzung nicht unüblich, und es entstünden keine Wettbewerbsnachteile. Für den Käufer von Anleihen, die unter pari emittiert werden, kommt es zum Nachteil im Haftungs-

---

441 Aus diesem Grund erarbeiten Serfling/Pape/Kressin, AG 1999, 289, 295 ff, Maßnahmen, die zumindest das Ausmaß des underpricings verringern sollen und verweisen auf den noch bestehenden Forschungsbedarf.

442 Vgl. ebenda, 294 m. w. N.

443 Vgl. ebenda, 294 f.

444 Siehe Vierter Teil A. IX. 2.

fall im Vergleich zu anderen Wertpapierkäufern. Schließlich kann es zu Fehlanreizen bei der Festsetzung des Ausgabepreises kommen.

Abschließend ist an der neuen Regelung zu kritisieren,[445] daß der Anleger im Gegensatz zur alten Rechtslage nicht mehr die Möglichkeit hat, bei dem Nachweis, daß er auch bei wahrer Sachlage an dem Erwerb der Wertpapiere festgehalten hätte, die Wertpapiere zu behalten. Als Ersatz stand dem Anleger in diesem Fall die Differenz zwischen Erwerbspreis und dem hypothetischen Preis zu, der sich bei mangelfreien Prospekt ergeben hätte.[446] Dies ergibt zwar das Problem, den objektiven Wert zu bestimmen.[447] Die Regelung des Festhaltens an den Wertpapieren hat sich international aber bewährt und ist z. B. im amerikanischen Recht verwirklicht.[448]

2. Unterschiedsbetrag

Ist der Erwerber nicht mehr Inhaber der Wertpapiere, kann er gemäß § 45 II S. 1 BörsG den Unterschiedsbetrag zwischen dem Erwerbspreis und dem Veräußerungspreis der Wertpapiere ersetzt verlangen. Auch für diesen Fall kann der Erwerbspreis nur bis zum Ausgabepreis geltend gemacht werden. Im Ergebnis stellt diese Regelung einen modifizierten Schadenersatzanspruch dar. Die allgemeinen Grundsätze des Schadensersatzrechts gemäß den §§ 249 ff BGB gelten nur, soweit die Sonderregeln nichts anderes bestimmen.[449] Als Veräußerungspreis ist der erzielbare Börsenpreis anzusetzen. Verkauft der Anleger seine Wertpapiere zu einem niedrigeren Preis, verstößt er gegen seine ihm obliegende Schadensminderungspflicht.

Trotz der Begrenzung der Geltendmachung des Erwerbspreises auf den Ausgabepreis kann es dazu kommen, daß die Schadenssumme den Emissionserlös übersteigt. Den Kursverlauf eines Wertpapiers zu einem solchen Fall zeigt beispielhaft die Abbildung auf der nächsten Seite.

Durch die Zuteilung des Wertpapiers an A bei 100 Euro und den Verkauf an B bei 120 Euro macht er einen Gewinn von 20 Euro. B erleidet durch den Kauf von A bei 120 Euro und den Verkauf an C bei 60 Euro einen Verlust von 60 Euro. Er kann aber nur 40 Euro geltend machen, weil der Ansatz des Erwerbspreises auf den Ausgabepreis begrenzt ist. Da C bei 60 Euro von B kauft und bei 80 Euro an D verkauft, macht er einen Gewinn von 20 Euro. D kauft bei 80 Euro von C und behält das Wertpapier bis zur Insolvenz des emittieren-

445 Vgl. auch Kort, AG 1999, 9, 11.

446 Vgl. Schwark, BörsG, 1994, §§ 45, 46, RN 38.

447 Vgl. zu dieser Problematik z. B. Roller, Prospekthaftung, 1991, S. 85 f, in bezug auf die gleiche Frage im englischen Recht.

448 Vgl. Becker in Hopt/Rudolph/Baum, 1997, S. 755, 861 f.

449 Vgl. BT-Drucks. 13/8933, S. 79.

den Unternehmens. Dadurch erleidet er einen Schaden von 80 Euro, den er gänzlich geltend machen kann. Dem vom Unternehmen erzielten Emissionserlös des Wertpapiers von 100 Euro steht also der erstattungsfähige Schaden von 120 Euro gegenüber, der sich aus 40 Euro Schaden von B und 80 Euro Schaden von D zusammensetzt. Damit die Schadenssumme den Emissionserlös übersteigt gilt demnach generell, daß innerhalb des Zeitraums der sechs Monate Anlagestimmung der Kurs des Wertpapiers unter den Ausgabepreis fällt, danach mindestens noch einmal ansteigt und schließlich wieder fällt und entsprechend die Wertpapiere nach der Zuteilung mindestens dreimal den Besitzer wechseln.

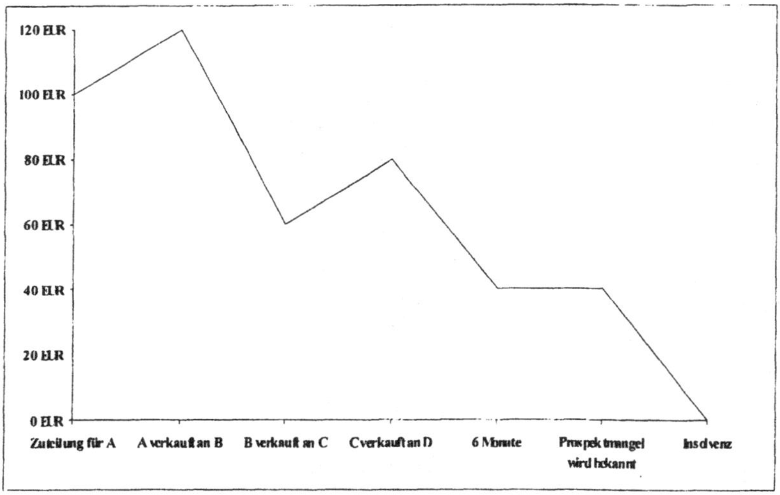

Abbildung 8: Kursverlauf eines Wertpapiers mit Anlegerwechseln, der zu einer Gesamtschadenssumme führt, die größer als der Emissionserlös ist
Quelle: Eigene Erstellung

Solche Kursverläufe mit entsprechenden Wechseln der Anleger sind eher theoretischer Natur.[450] Dies liegt zum einen an der sechs Monats-Frist. Anleihen wechseln in dieser Zeit seltener den Besitzer. Bei Aktien wird i. d. R. von den Emissionsbegleitern Kurspflege betrieben, um zu verhindern, daß der Ausgabekurs unterschritten wird. Zweit- und weitere Erwerber kommen eher im Neuen Markt vor. Das liegt daran, daß bei einem going public die Anleger, die

[450] Die DSW, Stellungnahme, 1997, S. 5, schreibt in diesem Zusammenhang von einer „völlig ‚theoretische[n]' Möglichkeit", die „... in der Praxis als wenig relevant einzustufen" sei.

Zeichnungsgewinne realisieren wollen, schnell nach der Zuteilung verkaufen. Die Anzahl der Aktien eines Unternehmens ist eher klein, und es erfolgt eine entsprechend häufigere Umsetzung. Schließlich gilt es auch zu beachten, daß die Wahrscheinlichkeit für das Eintreten immer größerer Schäden abnimmt. Dies folgt daraus, daß erst das Ansteigen der Zahl der Käufe und Verkäufe in einem Wertpapier den Schaden über den Emissionserlös steigen lassen kann, die Wahrscheinlichkeit für eine immer größere Anzahl von Inhaberwechseln während der Anlagestimmung von sechs Monaten aber kleiner wird.

Ein weiteres Problem stellt sich beim Mitverschulden nach § 254 I BGB. Nach alter Rechtslage der Prospekthaftung war anders als im Rahmen der Haftungsbegründung bei der Berechnung des Schadens im Rahmen der haftungsausfüllenden Kausalität ein mitwirkendes Verschulden gemäß § 254 I BGB zu berücksichtigen.[451] Eine Verkaufspflicht der Wertpapiere bei Wertverlust wurde jedoch verneint, weil dadurch die Klageberechtigung verloren gegangen wäre.[452] Somit stellt sich für die neue Rechtslage die Frage, ob der Anleger die Pflicht hat, zur Schadensminderung seine Wertpapiere zu verkaufen. Dies wird von Sittmann bejaht. Als Zeitpunkt für die Verkaufspflicht schlägt er einen Zeitkorridor vor, in dem eine Abwägung zwischen einer möglichen Kurserholung und einem weiteren Verfall des Kurses den Ausschlag für letzteres gibt. Dabei sei auf einen durchschnittlichen Anleger ohne profunde Spezialkenntnisse abzustellen, der nur gelegentlich den Kursverlauf seiner Wertpapiere beobachtet und der demnach keine Kursbeobachtungspflicht hat. Den Kreditinstituten sollte im Rahmen ihrer Aufklärungspflichten nach § 31 WpHG besondere Bedeutung zukommen. Sie haben dem Anleger das Risikopotential seiner Anlage in Wertpapieren aufzuzeigen und deutlich zu machen, daß diese einer Kursentwicklung unterliegen.[453]

Dieser Ansicht ist nicht zuzustimmen. Der Zweck der Schadensminderung in § 254 II S. 1 BGB kann erst zur Geltung kommen, wenn der Kurs des Wertpapiers unter den Ausgabepreis fällt oder genauer wenn der Kurs um den Betrag unter den Ausgabepreis fällt, den die Kosten für den Verkauf der Wertpapiere ausmachen, denn diese sind, wie im folgenden dargestellt wird, nach neuer Rechtslage ebenfalls zu ersetzen. Vorher entsteht kein erstattungsfähiger Schaden.[454] Würde der Anleger seine Wertpapiere verkaufen, um einer Schadensminderungspflicht nachzukommen, verschiebt sich das Problem auf den Zweiterwerber. Der verkaufende Anleger kann damit zwar den Betrag verringern, der ihm persönlich als Schaden zu ersetzen ist, auf den gesamten Schadensbetrag hat

---

451 Vgl. Frohne, Prospektpflicht, 1974, S. 84; Lehmann, WM 1985, 181, 184; Brondics/Mark, AG 1989, 339, 343; Schwark, BörsG, 1994, §§ 45, 46, RN 40.

452 Siehe dazu Vierter Teil A. VI. 2.

453 Vgl. Sittmann, NZG 1998, 490, 495.

454 Siehe dazu Vierter Teil A. IX. 1.

sein Verkauf keinen Einfluß. Im übrigen steigt mit den Anzahl der Weiterverkäufe bei entsprechenden Kursverlauf wie oben dargestellt das Risiko, daß der Gesamtbetrag des Schadens den Emissionserlös übersteigt. Dies könnte sogar dazu führen, daß der Zweck der Schadensminderung unterlaufen wird. Das ist nicht im Interesse des Anspruchsverpflichteten. Ebenfalls zu bedenken ist, daß es bei dem Vorschlag von Sittmann zu kaum allgemein gültigen Lösungen bei der Bestimmung des Zeitkorridors zur Abwägung der weiteren Kursentwicklung käme und schließlich gibt es Anleger, die ohne Beratung durch ihre Bank Anlageentscheidungen treffen.

Aufgrund dieser Ausführungen ergibt sich, daß der Zweck der Schadensminderung nicht zu erreichen ist. Der Anleger unterliegt somit keiner Pflicht zum Verkauf seiner Wertpapiere, weil er den Gesamtschaden nicht beeinflussen kann. Dies erscheint insbesondere vor dem Hintergrund der Probleme bei der Bestimmung des Zeitpunkts eines möglichen Verkaufs sachgerecht.

3. Erwerbskosten

Ist der Anspruchsteller noch Inhaber der Wertpapiere, kann er neben dem Erwerbspreis auch die mit dem Erwerb verbundenen üblichen Kosten gemäß § 45 I S. 1 BörsG geltend machen. Hat er die Wertpapiere schon veräußert und verlangt den Differenzbetrag ersetzt, kann er gemäß § 45 II S. 1 BörsG auch die mit dem Erwerb und zusätzlich der Veräußerung üblichen Kosten in Rechnung stellen. Zu den üblichen Kosten gehören die für die Maklercourtage und Provision aufgewandten Kosten,[455] sowie die Kosten, die für den gesonderten Erwerb von Bezugsrechten angefallen sind, wenn die betroffenen Wertpapiere mit ihnen erworben wurden.

Die Ersatzpflicht der mit dem Erwerb verbundenen üblichen Kosten ist zu begrüßen. Zwar kann auch dies dazu führen, daß die Gesamtschadenssumme den Emissionserlös übersteigt. Im Vergleich zum Gesamtvolumen einer Emission kann das jedoch vernachlässigt werden.

X. Verjährung

Die vorgenommene Verkürzung der Verjährungsfrist in § 47 BörsG ist der am meisten und strittigsten von den Sachverständigen zur Anhörung des Dritten Finanzmarktförderungsgesetzes diskutierte Punkt zur Änderung des Börsengesetzes. Heute gilt, daß ein Anspruch aus § 45 BörsG sechs Monate nach Kenntnis des Prospektmangels, spätestens drei Jahren nach Veröffentlichung des Prospekts verjährt. Diese beiden Regelungen werden im folgenden erörtert.

---

[455] Vgl. BT-Drucks. 13/8933, S. 78.

1. Sechs Monate seit Kenntnis des Prospektmangels

Ein Anspruch aus § 45 BörsG verjährt gemäß § 47 BörsG in sechs Monaten ab dem Zeitpunkt, zu dem der Anleger von dem Prospektmangel Kenntnis erlangt. Diese Regelung ist § 20 V KAGG bzw. § 12 V AuslInvestmG nachgebildet.[456] Der alten Rechtslage von § 47 BörsG a. F. war eine solche Regelung fremd. Dem Gesetzgeber zufolge ist es für den Anleger zumutbar, in dieser Frist die erforderlichen Schritte einzuleiten, um seine Ansprüche gegen die Haftungsadressaten durchzusetzen.[457] Das Urteil der sich zu diesem Punkt äußernden Sachverständigen fällt zu etwa gleichen Teilen positiv und negativ aus. Während sieben diese Regelung für angemessen halten,[458] lehnen sechs sie ab.[459]

a) Kenntnis

Unklar ist, was der Gesetzgeber unter dem unbestimmten Rechtsbegriff „Kenntnis“ versteht.[460] In der Gesetzesbegründung finden sich dazu keine Ausführungen. Ein Blick auf die Kommentierung zur investmentrechtlichen Regelung hilft ebenfalls nicht weiter. Dort ist zum Begriff Kenntnis nur ausgeführt, daß der Käufer sich nicht selbst darum bemühen muß, sondern daß es ausreicht, die Kenntnis über Informationsdienste zu erlangen.[461] Für Kenntnis im Rahmen der Verjährungsregelung für unerlaubte Handlungen gemäß § 852 BGB genügt es, daß der Geschädigte den Hergang der Schädigung in seinen Grundzügen kennt und weiß, daß der Sachverhalt erhebliche Anhaltspunkte für eine Ersatzpflicht des Verantwortlichen bietet.[462] Es ist nicht Voraussetzung, daß der zu führende Prozeß für den Geschädigten im wesentlichen risikolos erscheint. Die Klage soll bei verständiger Würdigung der dem Geschädigten bekannten Tatsachen soviel Aussicht auf Erfolg haben, daß sie für ihn zumutbar ist. Diese Formel

---

456 Siehe Vierter Teil F. VIII.

457 Vgl. BT-Drucks. 13/8933, S. 81.

458 Vgl. BSK, Stellungnahme, 1997, S. 1; DAI, Stellungnahme, 1997, S. 11 f; Deutsche Börse AG, Stellungnahme, 1997, S. 10; DIHT, Stellungnahme, 1997, S. 2; Gerke, Stellungnahme, 1997, S. 6; Rudolph, Stellungnahme, 1997, S. 1; Zentraler Kreditausschuß, Stellungnahme, 1997, S. 2.

459 Vgl. AgV, Stellungnahme, 1997, S. 3 f; Baums, Anhörung, 1997, S. 3; DSW, Stellungnahme, 1997, S. 2 f; Hopt, Drittes Finanzmarktförderungsgesetz, 1997, S. 4; Lutter, Stellungnahme, 1997, S. 2 f; Schwark, Drittes Finanzmarktförderungsgesetz, 1997, S. 7. Zusätzlich stößt die Regelung bei der Anlegerseite der BSK auf Ablehnung, vgl. BSK, Stellungnahme, 1997, S. 2.

460 Die DSW, Stellungnahme, 1997, S. 3, lehnt aus diesem Grund das Abstellen auf das Kriterium „Kenntnis“ ab.

461 Vgl. z. B. Baur, Investmentgesetze, 1997, § 20 KAGG, RN 20.

462 Vgl. MüKo - Stein, 1997, § 852, RN 9 m. w. N.

bietet bei der Bestimmung der Kenntnis im Rahmen der Verjährung der bürgerlichrechtlichen Prospekthaftung nur Anhaltspunkte, die großzügig auszulegen sind.[463]

Die Ausfüllung des Begriffs wird damit im Einzelfall von den Gerichten geleistet werden müssen. Sollte die Auslegung von Kenntnis „kennen können" ergeben, ist der Zeitraum von sechs Monaten zu kurz bemessen. Deshalb wird gefordert, daß der Haftungsadressat die positive Kenntnis und den Zeitpunkt der Kenntniserlangung des Ersatzberechtigten beweisen muß.[464] Anderenfalls würde schon ein einzelner negativer Bericht in den Medien, den man hätte kennen können, den Beginn der sechs Monats-Frist auslösen. Im übrigen besagt die Kenntnis von einem Prospektmangel noch nicht, daß der Anleger damit auch die Voraussetzungen seines Anspruchs aus § 45 BörsG kennt. Damit der Anleger sein finanzielles Risiko im Falle einer Klageerhebung korrekt einschätzen kann, hat er in bezug auf jeden einzelnen potentiellen Haftungsadressaten die Tatbestandsvoraussetzungen zu prüfen und muß mögliche Einwendungen aus § 46 BörsG berücksichtigen.[465] Dazu sind zeitintensive Tatsachenermittlungen - gegebenenfalls mit Korrespondenz - erforderlich. Verschärft wird diese Problematik, wenn die zu klärenden Sachverhalte internationale Bezüge aufweisen.

b) Sechs Monats-Frist

Der Hinweis auf die Parallelregelung der investmentrechtlichen Prospekthaftung ist als Rechtfertigung für die sechs Monats-Frist wenig hilfreich. Wie bereits zum Punkt Verschulden ausgeführt,[466] fehlt es an der Vergleichbarkeit, die eine Anpassung der Verjährungsregeln rechtfertigen könnte.[467] Auch der Vergleich mit der Verjährungsregelung der bürgerlichrechtlichen Prospekthaftung, die aus einem Analogieschluß zur investmentrechtlichen Prospekthaftung resultierte,[468] legt die sechs Monats-Frist nicht nahe.[469] Die bürgerlichrechtliche Prospekthaftung ist strenger, was besonders für den Verschuldensmaßstab gilt. Während dort schon leichte Fahrlässigkeit schadet, ist es bei der börsengesetzlichen Prospekthaftung grobe Fahrlässigkeit.[470]

---

463 Siehe dazu Dritter Teil C. IX. 1.

464 Vgl. Schäfer - Hamann, 1999, BörsG § 47 n. F., RN 2.

465 Vgl. Baums, Stellungnahme, 1997, S. 3.

466 Siehe Vierter Teil A. IX. 2.

467 Kort, AG 1999, 9, 16, begrüßt hingegen die Einführung der Frist von sechs Monaten in Hinblick auf die erreichte Vereinheitlichung.

468 Siehe dazu Dritter Teil C. IX. 1.

469 Vgl. Schwark, Drittes Finanzmarktförderungsgesetz, 1997, S. 7.

470 Siehe zum Problem des unterschiedlichen Verschuldensmaßstabs Vierter Teil XI. 2. d) bb).

Rechtsvergleichende Ergebnisse sprechen ebenfalls gegen die Verjährung nach sechs Monaten seit Kenntnis des Prospektmangels. Dem englische Recht fehlt eine solche Regelung ganz.[471] Im amerikanischen Recht ist gemäß sec. 13 Securities Act 1933 die Prospekthaftungsklage innerhalb eines Jahres nach Feststellung des Prospektmangels bzw. ein Jahr nach dem Zeitpunkt, zu dem mit der erforderlichen Sorgfalt der Prospektmangel hätte festgestellt werden können, einzureichen.[472]

Im Ergebnis ist die gesetzgeberische Entscheidung der Verjährung nach sechs Monaten seit Kenntnis des Prospektmangels grundsätzlich abzulehnen. Eine Ausnahme von diesem Urteil könnte sich nur ergeben, wenn unter Kenntnis die volle Klärung des Sachverhalts verstanden wird und der Verpflichtete dafür voll beweispflichtig ist.[473] Im übrigen ist diese Frist auch bei der neuen Regelung der Verjährung von Ersatzansprüchen bei fehlerhafter Beratungen im Zusammenhang mit Wertpapierdienstleistungen oder Wertpapiernebendienstleistungen entgegen dem ursprünglichen Entwurf nicht verwirklicht worden.[474]

Mittlerweile plant der Gesetzgeber mit dem Vierten Finanzmarktförderungsgesetz die Frist von sechs auf zwölf Monate gemäß § 45 BörsG E. zu verlängern.[475] Als Grund wird angeführt, daß die Erfahrungen der letzten Jahre gezeigt hätten, daß die Frist zu kurz bemessen gewesen sei, um die Komplexität solcher Sachverhalte aufklären zu können.[476] Dies soll dann einheitlich bei allen prospektrechtlichen Regelungen umgesetzt werden.

2. Drei Jahre nach Prospektveröffentlichung

Der Anspruch aus § 45 BörsG verjährt gemäß § 47 BörsG in drei Jahren seit Veröffentlichung des Prospekts. Auch diese Frist entspricht § 20 V KAGG bzw. § 12 V AuslInvestmG.[477] Der Beginn der Verjährungsfrist stellt auf die Prospektveröffentlichung ab, weil zum einen erstmalig zu diesem Zeitpunkt eine falsche Bewertung des Wertpapiers erfolgt und zum anderen die maximale Verjährungsfrist für alle Erwerber einheitlich bestimmt ist.[478] Wie die alte Rechtslage von § 47 BörsG a. F., die auf den Zeitpunkt der Zulassung abstellte, ist auch die neue Rechtslage eine atypische Verjährungsvorschrift, weil die Verjäh-

---

471 Vgl. Roller, Prospekthaftung, 1991, S. 89.

472 Vgl. Becker in Hopt/Rudolph/Baum, 1997, S. 755, 861. Baums, Stellungnahme, 1997, S. 3, schlägt diese Regelung zur Übernahme in deutsches Recht vor.

473 Vgl. Lutter, Stellungnahme, 1997, S. 3.

474 Siehe dazu Fünfter Teil C. I.

475 Vgl. BMF, Entwurf Viertes Finanzmarktförderungsgesetz, 14.11.2001, ohne Seitenangabe.

476 Vgl. BMF, Entwurf Viertes Finanzmarktförderungsgesetz, 14.11.2001, S. 230.

477 Siehe auch Vierter Teil F. VIII.

478 Vgl. BT-Drucks. 13/8933, S. 81.

rung nicht mit dem Entstehen des Anspruchs einsetzt. Die §§ 194 ff BGB finden auf die Verjährung eines Anspruchs aus § 45 BörsG, insbesondere hinsichtlich der Hemmung und der Unterbrechung, Anwendung.[479] Für mit der Prospekthaftung konkurrierende deliktische Ansprüche[480] gilt die Verjährungsregelung von § 47 BörsG, soweit nicht die deliktsrechtliche Verjährung von § 852 BGB eingreift.[481]

Im Urteil der sich zu diesem Punkt äußernden Sachverständigen findet die Regelung mehr Zustimmung als die Einführung der sechs Monats-Frist.[482] Auf Ablehnung stößt sie bei vier Sachverständigen.[483] In der Verkürzung der Frist von früher fünf auf heute drei Jahre sieht der Gesetzgeber eine Begrenzung der Risiken im Rahmen der Prospekthaftung, die das mit der Neuregelung verfolgte Ziel der Förderung von Risikokapital unterstützt.[484] Richtig ist, daß das Risiko verkleinert wird. Aber die Anlegerseite als Kapitalanbieter könnte vernachlässigt werden. Fraglich ist, ob drei Jahre genügen, um eine ausreichende Sachverhaltsaufklärung herbeiführen zu können. Ansonsten müßte der Anleger eine Klage allein schon deshalb anstrengen, um die Einrede der Verjährung zu verhindern. Dies ist aber weder im Sinne des Anlegers noch der Justiz.[485] Die als Beitrag zur Rechtssicherheit verstandene Verkürzung der Verjährung[486] könnte sich also auch ins Gegenteil verkehren. Die bisher zur Prospekthaftung geführten Fälle lassen Zweifel aufkommen,[487] ob die Frist von drei Jahren ausreichend ist.[488] Insbesondere bei einem Auslandsbezug wie bei den Prospekthaftungsfällen Bond und Fokker ist die Materialsichtung besonders zeitaufwendig und verschärft die aufgezeigte Problematik noch.

---

479 Vgl. Schwark, BörsG, 1994, § 47.

480 Siehe dazu Vierter Teil A. XI. 2. b).

481 Vgl. Schwark, BörsG, 1994, § 47.

482 Vgl. Baums, Stellungnahme, 1997, S. 3; BSK, Stellungnahme, 1997, S. 1; DAI, Stellungnahme, 1997, S. 11 f; Deutsche Börse AG, Stellungnahme, 1997, S. 10; DIHT, Stellungnahme, 1997, S. 2; Gerke, Stellungnahme, 1997, S. 6; Hopt, Drittes Finanzmarktförderungsgesetz, 1997, S. 4; Rudolph, Stellungnahme, 1997, S. 1; Zentraler Kreditausschuß, Stellungnahme, 1997, S. 2.

483 Vgl. AgV, Stellungnahme, 1997, S. 3 f; DSW, Stellungnahme, 1997, S. 2 f; Lutter, Stellungnahme, 1997, S. 2 f; Schwark, Drittes Finanzmarktförderungsgesetz, 1997, S. 7. Zusätzlich wird die Regelung von der Anlegerseite der BSK abgelehnt, vgl. BSK, Stellungnahme, 1997, S. 2.

484 Vgl. BT-Drucks. 13/8933, S. 81.

485 Vgl. Lutter, Stellungnahme, 1997, S. 2.

486 Vgl. Gerke, Stellungnahme, 1997, S. 6.

487 Siehe zu entsprechenden Nachweisen der Sachverhalte Erster Teil.

488 So auch AgV, Stellungnahme, 1997, S. 3, die schon die bisherige Frist von fünf Jahren als „zu kurz und anlegerfeindlich" bezeichnet; DSW, Stellungnahme, 1997, S. 2 f; Lutter, Stellungnahme, 1997, S. 2.

Nicht überzeugend ist das Argument, daß die kürzere Verjährung die Scheu vor einem Börsengang insbesondere für mittelständische und junge Unternehmen nehme.[489] Es ist nicht ersichtlich, warum die Dauer der Verjährung eine wichtige Entscheidungsgröße für ein going public sein soll. Die kurze Frist von drei Jahren ist auch nicht damit zu rechtfertigen, daß „... die Erstellung der Emissionsprospekte in aller Regel sehr sorgfältig und mehrfach geprüft erfolgt"[490]. Wenn dies immer zuträfe, dann bräuchten die Haftungsadressaten keine Sorge vor einem Haftungsanspruch zu haben und die Dauer der Verjährung wäre unbedeutend.

Auch der Verweis auf die Aufgabe des Besitzerfordernisses als Anspruchsvoraussetzung[491] als Ausgleich der beteiligten Interessen führt nicht weiter.[492] Die Anzahl der Anspruchsberechtigten vergrößert sich nur, wenn innerhalb der Anlagestimmung von sechs Monaten[493] ein Besitzerwechsel stattfindet. Die Haftungsadressaten werden bei Erweiterung des Kreises der Anspruchsberechtigten aber nicht unangemessen belastet. Die Schadensberechnung führt dazu, daß die maximale Schadenssumme grundsätzlich den Emissionserlös nicht übersteigt.[494] Deshalb führt die Verkürzung der Verjährung auch nicht zu besser kalkulierbaren Nebenkosten der Emission.[495]

In bezug auf die Vergleichbarkeit mit der investmentrechtlichen und bürgerlichrechtlichen Prospekthaftung gelten die obigen Ausführungen zur sechs Monats-Frist.[496] Auch rechtsvergleichende Ergebnisse legen eine kürzere Verjährung nicht nahe. In Großbritannien beträgt die Verjährung sechs Jahre.[497] Im amerikanischen Recht verjährt ein Anspruch aus Prospekthaftung gemäß sec. 13 Securities Act 1933 zwar auch nach drei Jahren. Allerdings ist die amerikanische Prospekthaftung insgesamt strenger als die deutsche.[498] Die kurze Verjährung stellt dort einen gerechten Ausgleich der Interessen dar.

Der Änderungsantrag[499] der Bundestagsfraktion der SPD zur Verjährungsregelung zur zweiten Beratung des Dritten Finanzmarktförderungsgesetzes führt

---

489 So aber DAI, Stellungnahme, 1997, S. 12, und DIHT, Stellungnahme, 1997, S. 2.

490 DAI, Stellungnahme, 1997, S. 12.

491 Siehe dazu Vierter Teil A. VI. 2.

492 Vgl. Zentraler Kreditausschuß, Stellungnahme, 1997, S. 2.

493 Siehe dazu Vierter Teil A. VII. 2. a).

494 Siehe zur Schadensberechnung Vierter Teil A. IX.

495 So aber DIHT, Stellungnahme, 1997, S. 2.

496 Auch die Einführung der Verjährungsfrist von drei Jahren wird von Kort, AG 1999, 9, 16, mit dem Argument der erreichten Vereinheitlichung begrüßt.

497 Vgl. Roller, Prospekthaftung, 1991, S. 89.

498 Siehe dazu Vierter Teil A. IX. 1.

499 Vgl. BT-Drucks. 13/9920, S. 1. Für eine solche Änderung auch DSW, Stellungnahme, 1997, S. 3 f.

auch nicht weiter. In dem Antrag war eine grundsätzliche Verjährung in drei Jahren nach Veröffentlichung des Prospekts vorgesehen. Sollte die Laufzeit eines Wertpapiers über die Frist hinaus gehen, dann sollte sie automatisch mit dem Zeitpunkt der Endfälligkeit des Wertpapiers beginnen. Diese Regelung wäre weniger transparent und es käme zu einer ungerechtfertigten Bevorzugung von festverzinslichen Wertpapieren. Der Antrag wurde deshalb folgerichtig abgelehnt.[500]

Im Ergebnis ist festzuhalten, daß eine Verkürzung der Verjährung auf drei Jahre nicht notwendig gewesen wäre. Ob dadurch zwangsläufig eine Verschlechterung des Anlegerschutzes folgt, ist heute noch nicht eindeutig abzusehen. Die bisherigen Prospekthaftungsfälle lassen zwar Probleme bei der Einhaltung der Frist vermuten. Aber die Frage, ob die Ansprüche in den bisherigen Fällen auch bei einer dreijährigen Verjährungsfrist durchsetzbar gewesen wären, ist nicht beantworten. Bei der Zeitplanung wurde mit fünf Jahren gearbeitet.

XI. Haftungsbeschränkung und Konkurrenzen

Das Verbot einer Haftungsbeschränkung im voraus sowie die Frage der Konkurrenzen zu den Ansprüchen aus Prospekthaftung sind in § 48 BörsG geregelt. Zu Änderungen ist es in bezug auf weiterführende Ansprüche gekommen. Dies wird im folgenden einzeln dargestellt sowie grundlegend das Verhältnis zur bürgerlichrechtlichen Prospekthaftung erörtert.

1. Kein Haftungsausschluß im voraus

Eine Vereinbarung vor Entstehen eines Anspruchs aus § 45 BörsG über die Beschränkung der Haftung ist gemäß § 48 I BörsG unwirksam. Die Regelung entspricht inhaltlich der alten Rechtslage von § 48 I BörsG a. F. Ist der Anspruch entstanden, können die Beteiligten durch Erlaßvertrag oder Vergleich über die Forderung verfügen.[501]

2. Weitergehende Ansprüche

Neben dem Anspruch aus Prospekthaftung können gemäß § 48 II BörsG weitere Ansprüche treten. Nach dem Wortlaut des Gesetzes sind dies sowohl vertragliche Ansprüche als auch - im Gegensatz zur alten Rechtslage - Ansprüche aus vorsätzlich unerlaubten Handlungen. Weiterhin wird erörtert, ob auch vorvertragliche Ansprüche in Konkurrenz treten könnten. Darüber hinaus wird auf die Frage des Konkurrenzverhältnisses zur bürgerlichrechtlichen Prospekthaftung

---

500 Vgl. Plenarprotokoll 13/220, S. 20124 f.

501 Vgl. BT-Drucks. 13/8933, S. 81.

eingegangen und Position zur Zweigleisigkeit der Prospekthaftung bezogen. Von der börsengesetzlichen Prospekthaftung unberührt bleiben Ansprüche aus Verletzung gesellschaftsrechtlicher Pflichten der Haftungsadressaten.[502]

a) Vertragshaftung

Weitergehende vertragliche Ansprüche können gemäß § 48 II BörsG neben dem Anspruch aus § 45 BörsG geltend gemacht werden. Ihr Rechtsgrund ist der individuelle mit dem Emissionsbegleiter oder bei Selbstbegebung mit dem Emittenten geschlossene Erwerbsvertrag.[503]

b) Deliktische Ansprüche

Weitergehende Ansprüche aus vorsätzlich unerlaubten Handlungen können gemäß § 48 II BörsG neben den Anspruch aus § 45 BörsG treten. Damit ist der Streit beendet, der sich aus der alten Rechtslage von § 48 II BörsG a. F. ergab, weil nur vertragliche Ansprüche expressis verbis genannt wurden. Der Gesetzgeber folgt mit seiner Änderung der wachsenden Anzahl der Stimmen, die eine Anspruchskonkurrenz von vorsätzlichen, nicht aber fahrlässigen Begehungsformen auch nach alter Rechtslage für möglich hielten.[504] Nach früher herrschender Meinung sollte dies ausgeschlossen sein.[505]

Ansprüche aus vorsätzlich deliktischen Handlungen dürfen das haftungsbeschränkende Regelungsanliegen von § 45 BörsG aber nicht unterlaufen.[506] Dies läßt sich für die alte Rechtslage als beiläufige Bemerkung einer Entscheidung des BGH zum Fall der Beton- und Monierbau AG entnehmen,[507] der ansonsten die Frage der Konkurrenz von deliktischen Ansprüchen unbeantwortet gelassen hat. Wegen der Haftungsbeschränkung durch die Prospekthaftung werden vorsätzlich deliktische Ansprüche im Zusammenhang mit der Veröffentlichung von Prospekten nur selten neben einen Anspruch aus § 45 BörsG treten. Werden Ansprüche aus einem deliktischen Verhalten hergeleitet, das unabhängig von der Prospektveröffentlichung ist, gilt das Deliktsrecht uneingeschränkt, also auch bei fahrlässiger Begehung.[508]

---

[502] Vgl. Assmann in Assmann/Schütze, 1997, § 7, RN 236, und zu weiteren Details jeweils m. w. N. ebenda, RN 44 f, und Schwark, BörsG, 1994, §§ 45, 46, RN 46 ff.

[503] Vgl. Schwark, BörsG, 1994, § 48, RN 2.

[504] Vgl. Canaris, Bankvertragsrecht, 1981, RN 2290; Schwark, BörsG, 1994, §§ 45, 46, RN 44.

[505] Vgl. zu Nachweisen Assmann in Assmann/Schütze, 1997, § 7, RN 236, FN 586.

[506] Vgl. Kort, AG 1999, 9, 18.

[507] Vgl. BGH, NJW 1986, 837, 840.

[508] Vgl. Schwark, BörsG, 1994, §§ 45, 46, RN 45; Kort, AG 1999, 9, 18 f.

c) Haftung aus c. i. c.

Nach neuer wie auch schon nach alter Rechtslage von § 48 II BörsG ist unklar, ob neben einen Anspruch aus Prospekthaftung Ansprüche aus c. i. c. treten können. Gleichwohl ist dies unwahrscheinlich, weil es regelmäßig am vorvertraglichen Kontakt zwischen dem Anleger und den Haftungsadressaten der Prospekthaftung fehlt. Sollte es dennoch zu einer solchen Konstellation kommen, hielt das überwiegende Schrifttum zur alten Rechtslage eine Anspruchskonkurrenz für möglich.[509] Auch nach neuer Rechtslage können Ansprüche aus c. i. c. gemäß § 48 II BörsG analog neben die börsengesetzliche Prospekthaftung treten.[510]

d) Bürgerlichrechtliche Prospekthaftung

Im Zusammenhang mit der bürgerlichrechtlichen Prospekthaftung wird zuerst die Anspruchskonkurrenz zur börsengesetzlichen Prospekthaftung dargestellt. Im Anschluß wird die Konkurrenz der bürgerlichrechtlichen und spezialgesetzlichen Prospekthaftung erörtert.

aa) Keine Anspruchskonkurrenz

Wie sich aus den Ausführungen zum Anwendungsbereich der bürgerlichrechtlichen Prospekthaftung[511] und den Darstellungen zur Haftungsgrundlage der börsengesetzlichen Prospekthaftung[512] ergibt, schließen sich beide in ihrer Anwendung gegenseitig aus. Demnach sind auch Ansprüche aus bürgerlichrechtlicher Prospekthaftung neben Ansprüchen aus börsengesetzlicher Prospekthaftung ausgeschlossen. Anderenfalls käme es zum Unterlaufen der Begrenzung des Haftungsrisikos innerhalb der börsengesetzlichen Prospekthaftung.[513]

bb) Nicht erreichte Vereinheitlichung

Die Entstehung eines Nebeneinanders von bürgerlichrechtlicher und spezialgesetzlicher Prospekthaftung hat ihren Ursprung in der historischen Entwicklung des deutschen Kapitalmarkts. Die Schaffung der börsengesetzlichen Prospekthaftung 1896 war eine wenn auch verspätete Reaktion auf die seit 1870 durch

[509] Vgl. Canaris, Bankvertragsrecht, 1981, RN 2289; Schwark, ZGR 1983, 162, 183; derselbe, BörsG, 1994, §§ 45, 46, RN 43; Assmann in Assmann/Schütze, 1997, § 7, RN 235.

[510] Vgl. Kort, AG 1999, 9, 18.

[511] Siehe Dritter Teil C. I.

[512] Siehe Vierter Teil A. II.

[513] Vgl. BT-Drucks. 13/8933, S. 81.

die Aufhebung der Konzessionspflicht für Aktiengesellschaften sprunghaft angestiegenen Zahlen von Gründungsschwindeln und den damit einhergehenden Zusammenbrüchen der bei der Emission von Aktien dieser Unternehmen beteiligten Banken.[514] Der Zusammenbruch der von Bernie Cornfield aufgebauten IOS-Gruppe („Investment Overseas Services") führte 1969 zu einer Prospekthaftung im Investmentrecht durch die Schaffung des Auslandinvestment-Gesetzes und die Angleichung der Regelungen im Gesetz über Kapitalanlagegesellschaften.[515] Das mit IOS aus den Vereinigten Staaten importierte Vertriebssystem überlebte jedoch und fand Anwendung im Absatz von Beteiligungen an Abschreibungsgesellschaften als Urform der steuerbegünstigten Kapitalanlage. Da es auch hier eine Welle von Gründungsschwindeln und Gesellschaftspleiten gab und der Versuch eines Vermögensanlagegesetzes scheiterte,[516] nahm sich die Rechtsprechung dieser Probleme an und schaffte im Rahmen der Rechtsfortbildung die bürgerlichrechtliche Prospekthaftung.[517] Die Prospekthaftung für den Unternehmensbericht war eine Reaktion auf die 1987 erfolgte Einrichtung des Marktsegments geregelter Markt, für den gemäß § 77 BörsG nach den Regeln der börsengesetzlichen Prospekthaftung gehaftet wird. Die vorläufig letzte Etappe in der Entwicklung der Prospekthaftung war 1990 die Schaffung des Verkaufsprospektgesetzes für Wertpapiere, die erstmals öffentlich angeboten werden und die entsprechende verkaufsprospektgesetzliche Haftung gemäß § 13 VerkProspG,[518] für die im wesentlichen auch die Regeln der börsengesetzlichen Prospekthaftung gelten.

Die aus der Zweigleisigkeit der Prospekthaftung und der unterschiedlichen Ausgestaltung der spezialgesetzlichen Prospekthaftung resultierenden Wertungswidersprüche sind auch nach den Änderungen durch das Dritte Finanzmarktförderungsgesetz nicht gänzlich beseitigt. Zwar ist es zur Angleichung der Verjährungsregeln gekommen,[519] weil die börsengesetzlichen Verjährungsregeln und über die entsprechenden Verweisungen auch die Verjährung der anderen Ausprägungen der spezialgesetzlichen Prospekthaftung jetzt der investmentrechtlichen Prospekthaftung entsprechen. Unterschiede bestehen aber weiterhin im Haftungsumfang[520] und insbesondere im Verschuldensmaßstab[521] zwischen

---

[514] Vgl. Assmann, Prospekthaftung, 1985, S. 53 f m. w. N.

[515] Vgl. ebenda, S. 74 f m. w. N.

[516] Vgl. ebenda, S. 75 ff m. w. N.

[517] Siehe dazu Dritter Teil A.

[518] Vgl. Assmann in Assmann/Schütze, 1997, § 7, RN 18.

[519] Siehe Vierter Teil A. X.

[520] Siehe zum Haftungsumfang der bürgerlichrechtliche Prospekthaftung Dritter Teil C. VII. und der börsengesetzlichen Prospekthaftung Vierter Teil A. IX.

[521] Siehe zum Verschuldensmaßstab der bürgerlichrechtliche Prospekthaftung Dritter Teil C. VI. und der börsengesetzlichen Prospekthaftung Vierter Teil A. VIII 4.

der bürgerlichrechtlichen und der spezialgesetzlichen Prospekthaftung. Die im Bereich der Haftungsgrundlage der börsengesetzlichen Prospekthaftung dargestellte Ungleichbehandlung bestimmter Publikationen ist zwar heute erforderlich,[522] überzeugt aber aus grundsätzlichen Überlegungen in bezug auf eine erstrebenswerte Einheitlichkeit ebenfalls nicht. Somit steht auch nach der Reform der spezialgesetzlichen Prospekthaftung durch das Dritte Finanzmarktförderungsgesetz eine konsequente Abstimmung mit der bürgerlichrechtlichen Prospekthaftung aus.[523] Aus diesem Grund wird auch der Frage nachzugehen sein, welche Auswirkungen die geänderte gesetzlich geregelte Prospekthaftung auf die Rechtsprechung zur bürgerlichrechtlichen Prospekthaftung haben könnte.

XII. Gerichtsstand

Für die Entscheidung über einen Anspruch aus § 45 BörsG und möglichen weitergehenden Ansprüchen i. S. v. § 48 II BörsG ist gemäß § 49 S. 1 BörsG ausschließlich das Landgericht zuständig, in dessen Bezirk die Börse ihren Sitz hat, deren Zulassungsstelle den Prospekt gebilligt oder im Falle von § 45 IV BörsG von der Pflicht zur Veröffentlichung eines Prospekts befreit hat. Im Gegensatz zur alten Rechtslage von § 45 BörsG a. F. besteht bei Einführung an mehreren Börsen für den Kläger kein Wahlrecht mehr.[524] Diese Vermeidung von Doppelzuständigkeiten korrespondiert mit dem neuen § 36 IIIa S. 3 BörsG,[525] nach dem der Emittent bei Einführung seiner Wertpapiere an mehreren Börsen nur eine Zulassungsstelle für die Billigung des Prospekts bestimmt.

Auf Vorschlag des Bundesrates wurde der Gesetzentwurf der Bundesregierung durch § 49 S. 2 BörsG ergänzt,[526] wonach bei Bestehen einer Kammer für Handelssachen an dem entsprechenden Landgericht diese zuständig ist. Das entspricht dem alten Recht von § 49 S. 2 BörsG a. F. Zwar sind Ansprüche aus den §§ 45 - 48 BörsG bereits nach § 95 I Nr. 6 GVG[527] Handelssachen, die auf Antrag des Klägers vor der Kammer für Handelssachen verhandelt oder auf Antrag des Beklagten dorthin verwiesen werden können. Durch die gesetzliche Bestimmung ist die funktionelle Zuständigkeit ohne Prozeßhandlungen der Parteien gegeben.

---

522 Siehe dazu Vierter Teil A. II. 1.

523 Vgl. Hopt, Drittes Finanzmarktförderungsgesetz, 1997, S. 4. Die Beseitigung der Divergenz insbesondere in bezug auf den Verschuldensmaßstab fordert Schwark, Drittes Finanzmarktförderungsgesetz, 1997, S. 6. Eine vollkommene Angleichung lehnt Kort, AG 1999, 9, 19, ab.

524 Vgl. zur alten Rechtslage Schwark, BörsG, 1994, § 49, RN 2.

525 Siehe dazu Vierter Teil A. III. 1.

526 Vgl. BR-Drucks. 605/97 (Beschluß), S. 11.

527 Gerichtsverfassungsgesetz i. d. F. vom. 9.5.1975, siehe BGBl. I 1975, S. 1077 - 1101, zuletzt geändert durch Gesetz vom 3.5.2000, siehe BGBl. I 2000, S. 632 - 635.

B. Prospekthaftung für den Unternehmensbericht

I. Anwendungsbereich

Der Unternehmensbericht übernimmt als Teilvoraussetzung für die Zulassung von Wertpapieren zum geregelten Markt die gleiche Funktion wie der Börsenzulassungsprospekt für die Zulassung von Wertpapieren zum amtlichen Markt. Gemäß § 77 BörsG wird für die Richtigkeit und Vollständigkeit des Unternehmensberichts entsprechend den §§ 45 - 49 BörsG gehaftet, so daß hier auf die schon erfolgten Ausführungen verwiesen sei.[524] Auf abweichende Besonderheiten wird weiter unten eingegangen.[525]

II. Haftungsgrundlage

Der Inhalt des Unternehmensbericht ergibt sich aus § 73 I Nr. 2 BörsG. Demnach hat der Unternehmensbericht Angaben zu enthalten, die notwendig sind, dem Publikum ein zutreffendes Urteil über die zu emittierenden Wertpapiere und den Emittenten zu ermöglichen. Im Gegensatz zur alten Rechtslage von § 77 I Nr. 2 BörsG a. F., der Angaben über die Entwicklung des Unternehmens, die laufende Geschäftslage und die Geschäftsaussichten sowie die Aufnahme des letzten veröffentlichten Jahresabschlusses forderte, schreibt § 77 I Nr. 2 BörsG heute vor, daß der Unternehmensbericht mindestens die Angaben enthalten muß, die für einen Verkaufsprospekt nach einer aufgrund von § 7 II u. III VerkProspG erlassenen Rechtsverordnung erforderlich sind.[526] Daraus ergeben sich zwei Konsequenzen.

Erstens wird mit der Vereinheitlichung der Anforderungen an den Unternehmensbericht mit denen an den Verkaufsprospekt ein verbindlicher einheitlicher Mindeststandard geschaffen, der eine Vergleichbarkeit von Unternehmensberichten gewährleistet, die Wertpapiere betreffen, die an unterschiedlichen Börsenplätzen zugelassen werden.[527] Diese Konsequenz aus der getroffenen Maßnahme ist zu begrüßen.[528] Die Vereinheitlichung führt zu größerer Transparenz. Gleichzeitig fällt der Mindeststandard nicht hinter die früher geltenden Anforderungen zurück. Vielmehr wird eine Konkretisierung erreicht, die eine bessere Zuweisung von aufzunehmenden Informationen ermöglicht.

---

[524] Siehe Vierter Teil A.

[525] Siehe Vierter Teil B. IV. u. V.

[526] Siehe dazu Vierter Teil E. IV. 2.

[527] Vgl. BT-Drucks. 13/8933, S. 82.

[528] So auch DAI, Stellungnahme, 1997, S. 13 f, das von einem Beitrag zu einem „Level-Playing-Field" schreibt.

Zweitens wird durch den Verzicht auf die Aufnahme des letzen veröffentlichten Jahresabschlusses das Erfordernis eines Mindestalters des emittierenden Unternehmens aufgegeben. Aus der Pflicht zur Aufnahme des Jahresabschlusses folgte, daß Unternehmen, die vor weniger als achtzehn Monaten gegründet worden waren und deshalb gemäß § 264 I HGB noch nicht zur Aufstellung eines Jahresabschlusses verpflichtet sind, nicht zum geregelten Markt zugelassen werden konnten. Wenn das Unternehmen jünger als achtzehn Monate ist und noch keinen Jahresabschluß offengelegt hat, ist eine Zulassung heute möglich, sofern das Unternehmen gemäß § 14 II VerkProspVO folgendes in den Unternehmensbericht aufnimmt:

- die Eröffnungsbilanz,
- eine Zwischenübersicht, die nicht länger als zwei Monate zurückliegt,
- Angaben über die voraussichtliche Vermögens-, Finanz- und Ertragslage mindestens für das laufende und das folgende Geschäftsjahr und
- Planzahlen des Emittenten zu Investitionen, Produktion, Umsatz und Ergebnis mindestens für die folgenden drei Geschäftsjahre.

Auch diese Konsequenz ist zu begrüßen.[529] Durch das Erfordernis eines Emissionsbegleiters bei der Zulassung gemäß § 71 II BörsG, der durch Verweis auf § 36 II BörsG selbst gewissen Anforderungen genügen muß,[530] ist sichergestellt, daß eine eingehende vorherige Prüfung des Unternehmens erfolgt.[531] Durch die Änderung steht Unternehmen ein möglichst früher Börsengang offen. Das stellt einen Beitrag zur Förderung des Risikokapitalmarkts für junge Unternehmen dar und trägt somit zur Erfüllung der Zielsetzung des Dritten Finanzmarktförderungsgesetzes bei.[532] Bedeutung hat dies insbesondere für den Neuen Markt, weil der Emissionsprospekt für die Zulassung zum Neuen Markt zugleich den Unternehmensbericht umfaßt.[533] Damit wird vor allem den kleinen und mittleren Unternehmen des Neuen Markts der Gang an die Börse und damit die Eigenkapitalbeschaffung erleichtert.

Zur Frage des Inhalts von Unternehmensberichten sind jüngst auch Urteile ergangen, auf die schon in anderem Zusammenhang näher eingegangen worden ist. So entschied der BGH im Fall der Elsflether Werft AG, daß über Widersprüche gegen einen Kapitalerhöhungsbeschluß, die auf der Hauptversammlung geäußert werden, und über die Androhung von Beschlußmängelklagen zu berichten sei.[534] Im Fall Mode Holding München AG entschied das

529 Vgl. auch BSK, Stellungnahme, 1997, S. 3; DAI, Stellungnahme, 1997, S. 13, nach dem sich das Mindestalter als überflüssig erwiesen habe.

530 Siehe dazu Vierter Teil A. V. 1. b).

531 Vgl. BT-Drucks. 13/8933, S. 82.

532 Siehe zur Zielsetzung Zweiter Teil B. II.

533 Siehe Vierter Teil C.

534 Siehe Vierter Teil A. IV. 2. b).

LG Frankfurt a. M., was in der Berufung bestätigt wurde, daß ein richtiger und vollständiger Unternehmensbericht auch die Pflicht umfaßt, einen klaren und eindeutigen Bericht zu verfassen.[535]

Werden neben dem Unternehmensbericht weitere Publikationen veröffentlicht und erfüllen sie die Voraussetzungen des Prospektbegriffs der bürgerlichrechtlichen Prospekthaftung,[536] so findet diese auf sie Anwendung.[537] Eine Ausnahme gilt wie bei der börsengesetzlichen Prospekthaftung heute dann, wenn die Publikation der Berichtigung gemäß § 46 II Nr. 4 BörsG dient.[538]

III. Änderungen bei der Zulassung

Bei der Zulassung von Wertpapieren zum geregelten Markt ist es zu Änderungen gekommen. Sie betreffen die Billigung durch den Zulassungsausschuß, Befreiung von der Veröffentlichungspflicht und eine Vereinfachung bei Mehrfachnotierung.

1. Billigung durch den Zulassungsausschuß

Der neu hinzugefügte § 73 Ia BörsG fordert in Satz 1 vor Veröffentlichung eine Billigung des Unternehmensberichts durch den Zulassungsausschuß. Die Billigung hat innerhalb von fünfzehn Börsentagen nach Eingang gemäß Satz 2 zu erfolgen. Stellt der Emittent seinen Zulassungsantrag gleichzeitig an mehreren Börsen, so hat er gemäß Satz 3 den für die Billigung zuständigen Zulassungsausschuß zu bestimmen. Wird der Unternehmensbericht von einem Zulassungsausschuß gebilligt, so ist er gemäß Satz 4 von den Zulassungsausschüssen der anderen Börsen als den Anforderungen von § 73 II Nr. 2 BörsG entsprechend anzuerkennen. Diese Regelung entspricht § 36 IIIa BörsG für die Zulassung zum amtlichen Markt. Deshalb ist auf die dies bezüglichen Ausführungen zu verweisen.[539]

2. Befreiung von der Veröffentlichungspflicht

Bei der Befreiung von der Pflicht zur Veröffentlichung eines Unternehmensberichts gemäß § 73 II BörsG ist es zu zwei Neuerungen gekommen. Die erste Neuerung ist die Möglichkeit einer Befreiung für jede Art von Wertpapier eines

---

535 Siehe Vierter Teil A. IV. 2. a).

536 Siehe dazu Dritter Teil C. II. 1.

537 Vgl. Schwark, BörsG, 1994, § 77, RN 2; Baumbach/Hopt, HGB, 1995, § 77 BörsG, RN 1; Assmann in Assmann/Schütze, 1997, § 7, RN 242.

538 Siehe dazu Vierter Teil A. IV. 2. a).

539 Siehe Vierter Teil A. III. 1.

Emittenten, das an einer inländischen Börse im amtlichen Markt oder im geregelten Markt zugelassen ist. Nach alter Rechtslage von § 73 II BörsG a. F. war die Befreiung nur für Emittenten von Aktien und Schuldverschreibungen möglich. Voraussetzung ist, daß im Falle eines Antrags auf Zulassung von weiteren Schuldverschreibungen seit der letzten Veröffentlichung des für die Zulassung erforderlichen Prospekts bzw. Unternehmensberichts weniger als drei Jahre vergangen sind. Bei sonstigen Wertpapieren dürfen nicht mehr als sechs Monate vergangen sein. Die zweite Neuerung steht in Zusammenhang mit der Ausweitung der Haftung der börsengesetzlichen Prospekthaftung auf schriftliche Darstellungen.[540] Die Veröffentlichungspflicht entfällt nunmehr auch, wenn statt eines Prospekts eine schriftliche Darstellung in den letzten drei Jahren bzw. sechs Monaten veröffentlicht worden ist.

Beide Neuerungen erleichtern den Zugang zum geregelten Markt. Der Möglichkeit einer Befreiung von der Veröffentlichungspflicht liegt der Gedanke zugrunde, daß auf einen Unternehmensbericht verzichtet werden kann, wenn eine ausreichende Unterrichtung der Anleger bereits auf andrem Wege sichergestellt ist.[541] Somit ist kein Grund ersichtlich, warum eine Befreiung von der Veröffentlichungspflicht nur bei Schuldverschreibungen und Aktien möglich sein sollte, andere Wertpapiere aber ausgeschlossen bleiben. Die anderweitige Unterrichtung ist unabhängig von der Art der zu emittierenden Wertpapiere. Die Ausweitung auf schriftliche Darstellungen ist eine Konsequenz aus ihrer Einbeziehung in die Haftung. Ohne diese Ausweitung käme es zur Benachteiligung der Emittenten, die schriftliche Darstellungen verwenden.

3. Vereinfachung bei Mehrfachnotierung

Der neue Abs. 4 von § 73 BörsG bringt eine Vereinfachung bei Mehrfachnotierung. Abweichend von § 73 I und § 71 II S. 1 BörsG können Wertpapiere, die bereits an einer inländischen Börse im amtlichen Markt oder im geregelten Markt zugelassen sind, auf Antrag des Emittenten zum geregelten Markt zugelassen werden. Diese Neuerung eines vereinfachten Zulassungsverfahrens für den geregelten Markt ist § 36 VI BörsG nachgebildet und deshalb wird auf die Ausführungen dort verwiesen.[542]

Es kommt jedoch zu zwei Abweichungen, die den Besonderheiten des geregelten Markts Rechnung tragen. Erstens ist die Möglichkeit der Inanspruchnahme eines vereinfachten Zulassungsverfahrens nicht nur für die Unternehmen möglich, deren Wertpapiere schon im geregelten Markt zugelassen sind, sondern auch für die, deren Wertpapiere bereits im amtlichen Markt zugelassen sind.

---

540 Siehe dazu Vierter Teil A. II. 2.

541 Vgl. BT-Drucks. 13/8933, S. 82.

542 Siehe Vierter Teil A. III. 2.

Diese Erweiterung ist sachgerecht, weil das Durchlaufen des Zulassungsverfahrens des amtlichen Markts wesentlich strenger ist als das des geregelten Markts. Zweitens entfällt die Möglichkeit der Ablehnung einer Zulassung unter den Voraussetzungen des § 36 V BörsG. Danach kann die Börse den Zulassungsantrag ablehnen, obwohl die Voraussetzung einer Zulassung erfüllt ist, wenn der Emittent seine Pflichten aus der Zulassung zum amtlichen Markt an anderen Börsen verletzt hat. Eine entsprechende Regelung besteht für den geregelten Markt nicht.

IV. Mitunterzeichnung des Emissionsbegleiters

Mit den Veränderungen bei der Haftung für den Unternehmensbericht hat der Gesetzgeber zu der Frage, ob den Emissionsbegleiter auch dann eine Haftung trifft, wenn er den Unternehmensbericht nicht unterzeichnet, keine Position bezogen. In der Gesetzesbegründung zum Börsenzulassungs-Gesetz von 1986 führte er aus, „es [stehe] im Belieben des Antragstellers, .. [den Unternehmensbericht] auch von einem Mitantragsteller unterschreiben zu lassen, der dadurch in die Haftung nach § 77 einbezogen wird"[543]. In der Konsequenz sollten die §§ 45 ff BörsG a. F. nur für die gelten, die den Unternehmensbericht unterschreiben.[544] Der herrschenden Literatur zufolge sollten zu den Haftungsadressaten jedoch nicht anders als beim Börsenzulassungsprospekt auch diejenigen gehören, die den Prospekt in Gestalt des Unternehmensberichts erlassen haben oder von denen sein Erlaß ausgeht.[545] Der BGH schloß sich dieser Ansicht im Fall Elsflether Werft AG an.[546] Er korrigierte damit die Auffassungen der Vorinstanzen.[547]

Nach der Neufassung kann nichts anderes gelten.[548] Die Haftung für den Börsenzulassungsprospekt knüpft wie die für den Unternehmensbericht nicht an der Unterzeichnung an, sondern an der Unrichtigkeit bzw. Unvollständigkeit der Haftungsgrundlage. Für eine Haftung des Emissionsbegleiters ohne Unterzeichnung spricht auch der Sinn und Zweck der Vorschrift. Sie dient dem Anle-

543 BT-Drucks. 10/4296, S. 17.

544 Vgl. ebenda, S. 18.

545 Vgl. Schwark, BörsG, 1994, § 77, RN 1; Baumbach/Hopt, HGB, 1995, § 77 BörsG, RN 1; Assmann in Assmann/Schütze, 1997, § 7, RN 241.

546 Vgl. BGH, WM 1998, 1772, 1773 f.

547 Vgl. LG Bremen, ZIP 1996, 1866, 1867, und OLG Bremen, DB 1997, 1705, 1705.

548 Vgl. auch Krämer/Baudisch, WM 1998, 1161, 1172 m. w. N., mit einer näheren Erläuterung der Gesetzesberatungen zum Börsenzulassungs-Gesetz, die zeigen soll, daß auch die Gesetzesbegründung keine andere Wertung in bezug auf die Haftung des Emissionsbegleiters zuläßt, der den Unternehmensbericht nicht unterzeichnet hat. Zweifel, ob es sich trotz der Systematik der börsengesetzlichen Prospekthaftung nicht doch um eine bewußte Entscheidung des Gesetzgebers handeln könnte, hat Huber, ZIP 1998, 641, 646.

gerschutz. Die Haftung von einer Mitunterzeichnung abhängig zu machen, ergäbe ein sinn- und systemwidriges Ergebnis Ein nicht unterzeichnender Emissionsbegleiter unterläge der bürgerlichrechtlichen Prospekthaftung.[549]

V. Gerichtsstand

Abweichend von der Regelung in § 49 BörsG[550] ist gemäß § 77 BörsG das Gericht ausschließlich zuständig, in dessen Bezirk die Börse ihren Sitz hat, deren Zulassungsausschuß den Unternehmensbericht gebilligt hat. Dieser Unterschied resultiert aus der Tatsache, daß die Billigung der vom Emittenten für eine Zulassung zum geregelten Markt vorzulegenden Unterlagen nicht durch die Zulassungsstelle, sondern gemäß § 73 Ia BörsG durch den Zulassungsausschuß erfolgt.

549 Vgl. BGH, WM 1998, 1772, 1774.

550 Siehe dazu Vierter Teil A. XII.

C. Prospekthaftung im Neuen Markt

Eine Notierung im Neuen Markt erfordert in einem ersten Schritt die Zulassung zum geregelten Markt. In einem zweiten Schritt erfolgt die Einführung in den Neuen Markt durch den Verzicht auf die Einführung in den geregelten Markt.[550] Der Emissionsprospekt für den Neuen Markt umfaßt damit zugleich den Unternehmensbericht i. S. v. § 73 I Nr. 2 BörsG.[551] Somit gilt für die Prospekthaftung im Neuen Markt das gleiche wie für die Prospekthaftung für den Unternehmensbericht und deshalb sei darauf verwiesen.[552] Dieser Verweis findet sich auch im Regelwerk für den neuen Markt,[553] der aber nur deklaratorischen Charakter hat.

550 Siehe dazu Zweiter Teil C. I. 1. c).

551 Vgl. Deutsche Börse AG, Regelwerk Neuer Markt, Abschnitt 4, Satz 1, S. 11.

552 Siehe Vierter Teil B.

553 Vgl. Deutsche Börse AG, Regelwerk Neuer Markt, Abschnitt 2, Satz 3, S. 11.

D. Prospekthaftung im Freiverkehr

Für die Einbeziehung von Wertpapieren in den Freiverkehr i. S. v. § 78 BörsG besteht keine Prospektpflicht. Wird aber bei dem Vertrieb der Wertpapiere ein Prospekt verwendet, findet die bürgerlichrechtliche Prospekthaftung[554] Anwendung, eine analoge Anwendung von § 45 BörsG scheidet aus.[555]

Eine Prospektpflicht kann sich unter bestimmten Voraussetzungen nach den §§ 1 ff VerkProspG ergeben;[556] dann gilt die im folgenden dargestellte verkaufsprospektgesetzliche Haftung.

---

554 Siehe dazu Dritter Teil C.

555 Vgl. BGH, WM 1993, 1787, 1788. Der BGH folgte damit dem LG Frankfurt a. M., WuB I G 5. - 2.87, 693, 693 f mit Anmerkung von Rössner/Lachmair, die gegen die Entscheidung eine Analogie der börsengesetzlichen Prospekthaftung vertraten, und dem OLG Frankfurt a. M., WuB I G 5. - 12.88, 1211, 1211f mit Anmerkung von Assmann, der der Anwendung der bürgerlichrechtlichen Prospekthaftung zustimmte. Dies entsprach sowohl der damals h. M. (Vgl. zu Nachweisen Assmann in Assmann/Schütze, 1990, § 7, RN 2; a. A. Kleinwächter, BB 1987,1541, 1542 f, die jedoch auch eine analoge Anwendung der §§ 45, 46 BörsG a. F. ablehnte.) als auch der heutigen h. M., vgl. Schwark, BörsG, 1994, § 78, RN 6; Baumbach/Hopt, HGB, 1995, § 78 BörsG, RN 2; Assmann in Assmann/Schütze, 1997, § 7, RN 243 u. 5.

556 Vgl. Meyding, DB 1993, 419, 421 f, der eine grundsätzliche Prospektpflicht nach § 1 VerkProspG annimmt, und Assmann in Assmann/Schütze, 1997, § 7, RN 244.

E. Verkaufsprospektgesetzliche Haftung

I. Anwendungsbereich

Die verkaufsprospektgesetzliche Haftung findet Anwendung auf Verkaufsprospekte, aufgrund derer Wertpapiere erstmals im Inland öffentlich angeboten werden, die nicht zum Handel an einer inländischen Börse zugelassen sind. Gemäß § 13 I VerkProspG wird für die Richtigkeit und Vollständigkeit des Verkaufsprospekts entsprechend den §§ 45 - 48 BörsG gehaftet. Deshalb sei auf die schon erfolgten Ausführungen verwiesen.[557] Auf abweichende Besonderheiten wird weiter unten eingegangen.[558]

Bei der Übertragung der börsengesetzlichen Prospekthaftung auf die verkaufsprospektgesetzliche Haftung ist jedoch deren Anknüpfungspunkt, das öffentliche Angebot,[559] zu berücksichtigen. Deshalb ist einerseits darauf zu achten, daß bei der Bemessung der sechs Monats-Frist von § 45 I S. 1 BörsG, innerhalb der das Erwerbsgeschäft nach Einführung der Wertpapiere abgeschlossen sein muß,[560] der Zeitpunkt des ersten öffentlichen Angebots im Inland gemäß § 13 I Nr. 1 VerkProspG maßgeblich ist. Andererseits ist bei Anwendung von § 45 III BörsG, nach dem ein Anspruch aus börsengesetzlicher Prospekthaftung bei einem Wertpapiererwerb ohne Inlandsbezug ausgeschlossen ist,[561] gemäß § 13 I Nr. 2 VerkProspG ebenfalls auf das öffentliche Angebot und nicht etwa die Börsennotierung der ausländischen Wertpapiere abzustellen.

Wird ein Verkaufsprospekt nicht oder nicht rechtzeitig veröffentlicht oder überhaupt kein Prospekt angefertigt und publiziert, kann dies keine verkaufsprospektgesetzliche Haftung auslösen. An die Stelle dieses Anspruchs können indes anderweitige zivilrechtliche Anspruchsgrundlagen treten. Das sind einerseits § 826 BGB und § 823 II i. V. m. §§ 1, 17 VerkProspG als Schutzgesetze zugunsten des Anlegers und andrerseits vorvertragliche Aufklärungspflichten.[562] Bei § 17 VerkProspG handelt es sich um eine Bußgeldvorschrift,[563] die der Befolgung der dort geregelten Pflichten des Anbieters aus Gründen des Anleger-

---

557 Siehe Vierter Teil A.

558 Siehe Vierter Teil E. V. u. VI.

559 Siehe ausführlich dazu Vierter Teil E. II. 1.

560 Siehe dazu Vierter Teil A. VII. 2. a).

561 Siehe dazu Vierter Teil A. VI. 1. a) bb).

562 Vgl. Schäfer, ZIP 1991, 1557, 1565; Assmann in Assmann/Schütze, 1997, § 7, RN 54, FN 123.

563 Durch das Vierte Finanzmarktförderungsgesetz werden die Ordnungswidrigkeitstatbestände erweitert, siehe dazu BMF, Entwurf Viertes Finanzmarktförderungsgesetz, 14.11.2001, Begründung S. 318 ff.

schutzes den angemessenen Nachdruck verleihen soll.[564] Sie hat demnach auch eine individualschützende Funktion. Bei Verstößen gegen die Pflicht, einen Verkaufsprospekt zu veröffentlichen bzw. bei Veröffentlichung eines lückenhaften Prospekts, steigt der Bußgeldrahmen von bisher maximal 100.000 DM auf heute bis zu 500.000 Euro. Verstöße gegen die gesetzlich vorgesehen Form- und Fristbestimmungen können statt wie bisher mit 50.000 DM nunmehr mit 100.000 Euro sanktioniert werden.[565]

Wird bei einer Emission, die dem Verkaufsprospektgesetz unterliegt, ein Prospekt verwendet, der nicht als Verkaufsprospekt bezeichnet ist und weder gebilligt noch hinterlegt wurde, sollte die bürgerlichrechtliche Prospekthaftung Anwendung finden.[566] Eine entsprechende Anwendung der verkaufsprospektgesetzlichen Haftung mit ihren für den Haftungsadressaten günstigeren Voraussetzungen käme diesem ungerechtfertigt zu gute. Wer den Anschein erzeugt, es liege keine prospektpflichtige Kapitalanlage vor, soll sich später nicht darauf berufen können, es habe eine Prospektpflicht nach dem Verkaufsprospektgesetz vorgelegen.

II. Prospektbegriff und Prospektpflicht

Der Haftung nach § 13 I VerkProspG i. V. m. §§ 45 - 48 BörsG unterliegt nur der Verkaufsprospekt i. S. v. § 1 VerkProspG. Dieser ist beim erstmaligen öffentlichen Angebot von Wertpapieren zu veröffentlichen. Bei einem Angebot von Wertpapieren, für die gleichzeitig ein Antrag auf Zulassung für den amtlichen Markt oder den geregelten Markt gestellt wird, ist dies der von der Zulassungsstelle oder dem Zulassungsausschuß gemäß § 6 I VerkProspG genehmigte Prospekt. Bei Wertpapieren, für die keine Zulassung zum amtlichen oder geregelten Markt beantragt wird, ist dies der gemäß § 8 VerkProspG bei der neuen Bundesanstalt für die Finanzdienstleistungsaufsicht hinterlegte und gemäß § 8a I VerkProspG zur Veröffentlichung gestattete bzw. zur Veröffentlichung nicht untersagte Prospekt. Auf die Neuerungen im Zusammenhang mit der Veröffentlichung der Verkaufsprospekte wird weiter unter näher eingegangen.[567]

1. Öffentliches Angebot

Der Begriff öffentliches Angebot ist auch nach der Neufassung durch das Dritte Finanzmarktförderungsgesetz nicht gesetzlich definiert. In Anlehnung an den

---

564 Vgl. BT-Drucks. 13/8933, S. 91.

565 Zustimmung zur Erweiterung des Bußgeldrahmens bei DAI, Stellungnahme, 1997, S. 15.

566 Vgl. Assmann in fAssmann/Schütze, 1997, § 7, RN 55.

567 Siehe Vierter Teil E. III.

Prospektbegriff der bürgerlichrechtlichen Prospekthaftung[568] wird man jede marktbezogene, das heißt an eine unbestimmte Zahl von Personen gerichtete schriftliche Ankündigung des Vertriebs von Wertpapieren als öffentliches Angebot verstehen dürfen.[569] Kann ein Anleger individuelle Maßnahmen ergreifen, die zum Erwerb der Wertpapiere führen, wird eine Prospektpflicht ausgelöst.[570]

Der Begriff des Angebots ist nicht im rechtsgeschäftlichen Sinne zu verstehen, sondern das Verkaufsprospektgesetz enthält einen eigenständigen, vom bisherigen nationalen Recht losgelösten Bedeutungsgehalt.[571] Das alte BAWe sah insbesondere in jeder Form von Werbung in den Medien oder mittels Postwurfsendungen, die sich an jedermann wendet ein Kaufangebot abzugeben, ein öffentliches Angebot.[572] Somit stellt die Weiterleitung von Bezugsrechtsangeboten oder die Benachrichtigung der Aktionäre über die Zubuchung junger Aktien durch die Depotbank kein öffentliches Angebot dar.[573] Kommt es bei Wertpapieren zu einem sog. Resales, bei dem die Wertpapiere zuerst gemäß § 2 Nr. 2 VerkProspG[574] ohne Prospekt privat platziert wurden und danach von ihrem Inhaber öffentlich angeboten werden, handelt es sich um ein öffentliches Angebot.[575]

Besondere Beachtung im Zusammenhang mit dem Merkmal öffentliches Angebot gilt dem zunehmenden Verfahren der Aktienplatzierung über das Internet. Gerade kleine und junge Unternehmen der Softwarebranche nutzen gezielt diesen Weg, um deutsche Privatanleger zum Erwerb von Wertpapieren aufzufordern. Als öffentliches Angebot ist auch hier jede im Geltungsbereich des Verkaufsprospektgesetzes erfolgende Werbung zu qualifizieren, die zielgerichtet zum Erwerb von Wertpapieren auffordert. Die Angebote im Internet unterliegen dann einer Prospektpflicht, wenn Anleger in Deutschland mit dem Angebot zielgerichtet angesprochen oder vom Angebot nicht ausdrücklich ausgeschlossen werden.[576]

---

568 Siehe dazu Dritter Teil C. II. 1.

569 Vgl. Schäfer, ZIP 1991, 1557, 1559 f; Carl/Machunsky, Wertpapier-Verkaufsprospekt, 1992, S. 34, Meyerding, DB 1993, 419, 419; Assmann in Assamnn/Schütze, 1997, § 7, RN 247.

570 Vgl. Grimme/Rirz, WM 1998, 2091, 2095; Kümpel/Hammen/Ekkenga - Gebauer, Kapitalmarktrecht, Stand 4/01, Kennz. 100, S. 14, Assmann/Lenz/Ritz - Ritz, 2001, § 1 VerkProspG, RN 26.

571 Vgl. Hüffer, Wertpapier-Verkaufsprospektgesetz, 1996, S. 13 ff.

572 Vgl. Grimme/Ritz, WM 1998, 2091, 2094.

573 Vgl. Waldeck/Süßmann, WM 1993, 361, 364 f.

574 Siehe zu dieser Art von Ausnahmen Vierter Teil E. II. 3. a).

575 Vgl. Schäfer, ZIP 1991, 1557, 1560 f; Carl/Machunsky, 1992, S. 34 f; Meyding,, DB 1993, 419, 419; Waldeck/Süßmann, WM 1993, 361, 363.

576 Vgl. BAWe, Jahresbericht 1997, S. 15.

Dabei ist die alleinige elektronische Übermittlung des Prospekts an die neugeschaffene Bundesanstalt für die Finanzdienstleistungsaufsicht und die anschließende Veröffentlichung im Internet zur Zeit nicht ausreichend.[577] Allerdings sollte in Zukunft im besonderen unter Berücksichtigung der Bestrebungen auf Europäischer Ebene zumindest die elektronische Übermittlung und Hinterlegung bei der Bundesanstalt ermöglicht werden.[578] Dies wäre konsistent mit der beabsichtigten Regelung, daß bei Einverständnis des Verbrauchers die Vertragsbedingungen beim Fernabsatz von Finanzdienstleistungen statt auf Papier auf „dauerhaften Datenträgern“ übermittelt werden können.[579] Eine alleinige Veröffentlichung im Internet sollte indes einerseits erst möglich sein, wenn jeder interessierte Anleger eine Möglichkeit hat, über dieses Medium den Prospekt zu erlangen.[580] Andererseits wäre dies dann ausreichend, wenn das Angebot ausschließlich über das Internet erfolgt und keine anderen Publikationsmedien benutzt werden.[581]

Unbeachtlich bei einer Platzierung über das Internet ist die Verwendung der Bezeichnung „Private Placement“. Diese dem amerikanischen Recht entstammende Bezeichnung[582] wird zum einen verwendet, um den Eindruck zu vermitteln, es handle sich nicht um ein öffentliches Angebot oder es richte sich nur an einen begrenzten Personenkreis und unterliege deshalb nicht der Prospektpflicht. Zum anderen wird diese Bezeichnung für Aktienplatzierungen verwendet, für die keine Börsenzulassung vorgesehen ist oder die ohne einen Emissionsbegleiter durchgeführt werden soll. In Deutschland unterliegen hingegen alle öffentlichen Angebote von Wertpapieren unabhängig von ihrer Bezeichnung dem Verkaufsprospektgesetz.[583] Um eindeutig den Adressatenkreis des Angebots festzulegen, empfiehlt es sich, einen sog. „disclaimer“ in das Angebot aufzunehmen. Dabei handelt es sich um einen Ausschlußhinweis, mit dem der Zielmarkt bezeichnet wird.[584] Dieser ist an herausgehobener Stelle anzubringen und in deutscher Sprache abzufassen. Darüber hinaus sind angemessene Vorkehrungen zu treffen, damit Anleger von Deutschland aus die Wertpapiere nicht erwerben können wie z. B. interne Anweisungen des Anbieters, Anträge von Absendern

577 Vgl. Lenz/Ritz, WM 2000, 904, 905. Siehe zu den Regelungen der Veröffentlichung von Verkaufsprospekten Vierter Teil E. III.

578 Vgl. auch Lenz/Ritz, WM 2000, 904, 909.

579 Vgl. ebenda, FN 39.

580 Vgl. Assmann in FS Schütze, 1999, S. 15, 30; Lenz/Ritz, WM 2000, 904, 909.

581 Vgl. Assmann in FS Schütze, 1999, S. 15, 39.

582 Dort versteht man unter dieser Bezeichnung die Ausgabe von Aktien ohne Börsennotierung und ohne börsenaufsichtsrechtliche Kontrolle durch die SEC.

583 Vgl. BAWe, Jahresbericht 1997, S. 15.

584 Vgl. Lenz/Ritz, WM 2000, 904, 906.

mit postalischer Anschrift in Deutschland oder bei geplanter Abwicklung über ein deutsches Kreditinstitut nicht zu bearbeiten.[585]

Eine Neuerung, die durch das Vierte Finanzmarktförderungsgesetz vorgenommen werden soll, betrifft eine Klarstellung in bezug auf die Frage der Veröffentlichung eines Prospekts bei einem zweiten Angebot derselben Wertpapiere. In § 1 VerkProspG E. soll der Begriff „erstmals" gestrichen werden und durch den Begriff „soweit noch kein Prospekt nach den Vorschriften dieses Gesetzes veröffentlicht worden ist" ersetzt werden.[586] Dadurch soll für den Fall Klarheit geschaffen werden, in dem ein zweiter Anbieter von Wertpapieren einen Verkaufsprospekt zu veröffentlichen hat, wenn bei einem ersten Angebot der Wertpapiere kein Prospekt hinterlegt worden ist.[587] Eine Berufung auf die reine zeitliche Betrachtung, zum zweiten ein Angebot gemacht zu haben, soll nicht mehr möglich sein.

2. Wertpapierbegriff

Der Wertpapierbegriff von § 1 VerkProspG ist ebenfalls gesetzlich nicht näher beschrieben. Um den Sinn und Zweck des Gesetzes, den Anlegerschutz für möglichst viele Kapitalanlageformen gerecht zu werden, ist der Wertpapierbegriff auf der Basis der weiten allgemeinen Definition zu bestimmen.[588]

Nach dieser Definition ist ein Wertpapier eine Urkunde, deren Innehabung zur Geltendmachung des in ihr verbrieften Rechts erforderlich ist.[589] Fraglich ist, ob nur reine Kapitalmarktpapiere erfasst werden oder auch der bankrechtliche Wertpapierbegriff gilt. Dabei steht die Funktion als Zahlungsmittel oder die Erleichterung des Güterumlaufs im Vordergrund und somit werden z. B. auch Wechsel und Schecks erfaßt.

Orientiert man sich an dem mit dem Gesetz verfolgten Zweck Anlegerschutz, ergibt sich eine Einschränkung auf Wertpapiere, die Kapitalanlagezwekken dienen.[590] Sie müssen Gläubiger- oder Mitgliedschaftsrechte verbriefen, nicht nur bloße Nebenrechte wie z. B. Zinsanteil- und Dividendenscheine; eine Verbriefung in Einzelurkunden ist nicht erforderlich, ein Papierrest wie z. B. eine Sammelurkunde i. S. v. § 9a DepotG genügt.[591] Schließlich soll zur Sicher-

---

585 Vgl. ebenda.

586 BMF, Entwurf Viertes Finanzmarktförderungsgesetz, 14.11.2001, ohne Seitenangabe.

587 BMF, Entwurf Viertes Finanzmarktförderungsgesetz, 14.11.2001, S. 315.

588 Vgl. Groß, Kapitalmarktrecht, 2002, § 1 VerkProspG, RN 9.

589 Vgl. z. B. Zöllner, Wertpapierrecht, 1987, S. 18.

590 Vgl. Schäfer, ZIP 1991, 1557, 1558; Meyding, DB 1993, 419, 419; Hüffer, Wertpapier-Verkaufsprospektgesetz, 1996, S. 37.

591 Vgl. Hüffer, Wertpapier-Verkaufsprospektgesetz, 1996, S. 33 ff.

stellung eines gewissen Maßes an Handelbarkeit eine Anzahl gleichartiger, standardisierter Wertpapiere ausgegeben werden.[592]

3. Ausnahmen

Von der Pflicht zur Veröffentlichung eines Verkaufsprospekts gibt es Ausnahmen. Dies ist der Fall bei Wertpapieren, die zum Zeitpunkt des erstmaligen öffentlichen Angebots bereits zum Handel an einer inländischen Börse zugelassen sind.[593] Der Handel an einer inländischen Börse erfaßt nur die Zulassung zum amtlichen Markt und zum geregelten Markt, nicht aber die Einbeziehung von Wertpapieren in den Freiverkehr.[594] Bei der Zulassung zum Handel erfolgt die Anlegerinformation über den Börsenzulassungsprospekt bzw. den Unternehmensbericht. Eines Verkaufsprospekts bedarf es dann nicht. Auch bei einer Zulassung ohne Börsenzulassungsprospekt oder Unternehmensbericht fehlt es durch die Zulassung an einem die Prospektpflicht nach § 1 VerkProspG auslösenden Tatbestandsmerkmal.[595] Dieses Ergebnis ist richtig, denn ansonsten käme es zu einer Negierung der durch den Gesetzgeber im Börsengesetz getroffenen Wertung, daß eine ausreichende Information des Anlegerpublikums auch ohne Prospekt möglich ist.

Die über die Zulassung zum Handel an einer inländischen Börse hinausgehenden Ausnahmen von der Pflicht zur Veröffentlichung eines Verkaufsprospekts finden sich in den §§ 2 - 4 VerkProspG. In § 2 VerkProspG sind die Ausnahmen im Hinblick auf die Art des Angebots geregelt. Diese Norm ist unverändert geblieben. Veränderungen sind bei den Ausnahmen im Hinblick auf bestimmte Emittenten und im Hinblick auf bestimmte Wertpapiere vorgenommen worden. Diese Änderungen werden im folgenden erörtert.

a) Im Hinblick auf bestimmte Emittenten

In § 3 VerkProspG sind Ausnahmen von der Prospektpflicht im Hinblick auf bestimmte Emittenten geregelt. Hier gibt es zwei Neuregelungen. Diese betreffen einerseits den Emittenten in Nr. 1 und andererseits Änderungen bei der Ausgabe von Schuldverschreibungen in Nr. 2.

---

592 Vgl. Assmann/Lenz/Ritz - Ritz, 2001, § 1 VerkProspG, RN 14.

593 Vgl. Carl/Machunsky, Wertpapier-Verkaufsprospekt, 1992, S. 35; Meyding, DB 1993, 419, 421; Waldeck/Süßmann, WM 1993, 361, 362; Assmann in Assmann/Schütze, 1997, § 7, RN 253; Lenz/Ritz, WM 2000, 904, 905.

594 Vgl. Schäfer, ZIP 1991, 1557, 1559; Waldeck/Süßmann, WM 1993, 361, 362.

595 Vgl. ebenda; ebenda; Assmann in Assmann/Schütze, 1997, § 7, R 253.

aa) Beschränkung des Staatenkreises

Der Kreis der Staaten, die in § 3 Nr. 1 a) und b) VerkProspG genannt sind, ist beschränkt worden. Buchstabe c) betrifft internationale Organisationen des öffentlichen Rechts und entspricht der bisherigen Regelung. Der Kreis der Staaten entspricht den Staaten der Zone A gemäß § 1 Vb KWG, die generell als uneingeschränkt kreditwürdig angesehen werden. Prospektfrei können Wertpapiere heute nur noch ausgegeben werden gemäß a)

- von einen Mitgliedstaat der EU,
- von anderen Vertragsstaaten des Abkommens über den Europäischen Wirtschaftsraum,
- von einem Vollmitgliedstaat der OECD, sofern er nicht innerhalb der letzten fünf Jahre seine Auslandsschulden umgeschuldet oder vor vergleichbaren Zahlungsschwierigkeiten gestanden hat,
- von einem Staat, der mit dem Internationalen Währungsfonds besondere Kreditabkommen im Zusammenhang mit dessen Allgemeinen Kreditvereinbarungen getroffen hat

oder gemäß b) von einer Gebietskörperschaft der genannten Staaten. Erfahrungen aus der Praxis haben gezeigt, daß die vorgenommenen Einschränkungen auf die Staaten, deren Bonität über jeden Zweifel erhaben ist, aus Gründen des Anlegerschutzes erforderlich ist.[596]

bb) Änderungen bei Schuldverschreibungen

Bei der Ausgabe von Schuldverschreibungen gemäß § 3 Nr. 2 VerkProspG ist es zu Änderungen gekommen, die erstens den Emittenten und zweitens die Bedingungen einer Daueremission betreffen. Der Kreis der Emittenten in Buchstabe a), die unter die Ausnahmeregelung fallen, ist um Finanzdienstleistungsinstitute erweitert worden, die Finanzdienstleistungen gemäß § 1 Ia S. 2 Nrn. 1 - 4 KWG erbringen. Diese Erweiterung ist eine Folge der 6. KWG-Novelle, die die Richtlinie 93/22/EWG in deutsches Recht umsetzt. Finanzdienstleistungsinstitute werden dadurch zu Finanzinstituten i. S. v. Art. 5 a) Richtlinie 89/298/EWG und sind deshalb Kreditinstituten gleichzustellen. Durch Buchstabe b) kommt es in Übereinstimmung mit Art. 5 a) Richtlinie 89/298/EWG zur Ausweitung auf vergleichbare Unternehmen mit Sitz in einem anderen Mitgliedsstaat der EU, soweit sie regelmäßig ihre Jahresabschlüsse veröffentlichen.

Durch die bloße Änderung in bezug auf den Emittenten ergibt sich die Anwendbarkeit der Ausnahmebestimmung nicht eindeutig, weil neben dem emittentenbezogenen auch ein produktbezogenes Tatbestandsmerkmal erfüllt sein

[596] Vgl. BT-Drucks. 13/8933, S. 84.

muß. Die Frage, was eine Schuldverschreibung i. S. v. § 3 Nr. 2 VerkProspG ist, hat der Gesetzgeber auch mit der Änderung nicht eindeutig beantwortet.

Hierzu werden zwei Meinungen vertreten. Einige Autoren verwenden einen „weiten Schuldverschreibungsbegriff", unter den alle von einem Kredit- oder Finanzdienstleistungsinstitut ausgegebenen Forderungstitel fallen.[597] Damit gehören dazu auch Anleiheformen, bei denen der Rückzahlungsbetrag nicht fest ist, sondern von variablen Bezugsgrößen abhängt wie z. B. bei Zertifikaten. Die Ausgabe von solchen Schuldverschreibungen wäre demnach nicht prospektpflichtig. Die Vertreter eines „engen Schuldverschreibungsbegriffs" verstehen unter Schuldverschreibungen rückzahlbare, verzinsliche und auf einen Nennwert lautende Anleihen.[598]

Für eine Bestimmung des Begriffs der Schuldverschreibung i. S. v. § 3 Nr. 2 VerkProspG ist einerseits der der Änderung zugrundeliegende Art. 5 a) Richtlinie 89/298/EWG und andererseits die Gesetzessystematik heranzuziehen. In Art. 5 a) Richtlinie 89/298/EWG wird die Ausnahmebestimmung nicht nur auf Schuldverschreibungen, sondern auch auf „andere, Schuldverschreibungen gleichzustellende, handelbare Forderungstitel" erstreckt. Da der Gesetzgeber bei der Umsetzung von Art. 5 a) Richtlinie 89/298/EWG dieses erweiterte Verständnis einer Schuldverschreibung nicht übernommen hat, kann man unter dem Begriff der Schuldverschreibung i. S. v. § 3 Nr. 2 VerkProspG wohl nur solche Schuldverschreibungen verstehen, deren Rückzahlung nicht von variablen Bezugsgrößen abhängig ist. Folglich ist die Ausgabe von Schuldverschreibungen, deren Rückzahlungsbetrag von variablen Bezugsgrößen abhängt, prospektpflichtig. Der Gesetzgeber sieht in den variablen Bezugsgrößen für den Anleger zusätzliche, bedeutsame Risiken, über die dieser mittels eines Verkaufsprospekts informiert werden muß. Dahingehend interpretierte und handhabte auch das alte BAWe den Begriff Schuldverschreibung.[599]

Die zweite Änderung in § 3 Nr. 2 VerkProspG regelt die Voraussetzungen einer Daueremission teilweise neu. Nunmehr ist unter einer Daueremission die dauernde oder wiederholte Ausgabe von Schuldverschreibungen zu verstehen. Diese Regelung ist in § 38 II BörsZulV nachgebildet.[600] Ein dauerndes Angebot liegt vor, wenn Schuldverschreibungen fortlaufend ohne Unterbrechung angeboten werden.[601] Gemäß dem Gesetzeswortlaut liegt eine wiederholte Ausgabe vor, wenn in den letzten zwölf Kalendermonaten vor dem öffentlichen Angebot

---

597 Vgl. Waldeck/Süßmann, WM 1993, 361, 366; Hüffer, Wertpapier-Verkaufsprospektgesetz, 1996, S. 65.

598 Vgl. Carl/Machunsky, Wertpapier-Verkaufsprospekt, 1992, S. 42; Grimme/Ritz, WM 1998, 2091, 2095; Assmann/Lenz/Ritz - Ritz, 2001, § 3 VerkProspG, RN 21 ff.

599 Vgl. Lenz/Ritz, WM 2000, 904, 907.

600 Siehe dazu Vierter Teil A. IV. 3. g).

601 Vgl. BT-Drucks. 13/8933, S. 84.

mindestens eine Emission von Schuldverschreibungen ausgegeben worden ist. Früher waren gemäß § 3 Nr. 2 VerkProspG a. F. drei Emissionen notwendig.

Die Neuregelung wird grundsätzlich begrüßt, doch werden in bezug auf kleinere Kreditinstitute Bedenken geäußert.[607] Während die Änderung des Merkmals wiederholt uneingeschränkte Zustimmung findet, wird vorgeschlagen, an Stelle des neuen Merkmals dauernd die alte Fassung „während längerer Dauer" beizubehalten. Diese Regelung setzte nicht voraus, daß Schuldverschreibungen fortlaufend ohne Unterbrechung angeboten wurden. Für das Daueremittentenprivileg war ausreichend, daß Teile einer bereits begebenen, aber nicht vollständig plazierten Emission vom Kreditinstitut in der zurückliegenden Zeit über mehrere Wochen öffentlich angeboten wurden. Bei kleineren Kreditinstituten sei nicht sichergestellt, daß sie im Abstand von zwölf Monaten jeweils eine Neuemission einer Inhaberschuldverschreibung begeben.

Diese Kritik ist nicht zu teilen. Eine noch weiterreichende Erleichterung der prospektfreien Zulassung als die hier vorgenommene brächte das Verhältnis der Gesichtspunkte des einfachen Marktzugangs mit niedrigen Zugangskosten einerseits und des Anlegerschutzes andererseits aus dem Gleichgewicht. Für den Anleger ginge der Zusammenhang zwischen den einzelnen Teilen der Daueremission verloren, wenn es zur Umsetzung des Vorschlags käme. Dieser dann entstehende Mangel an Transparenz wäre auch nicht im Sinne des Emittenten, weil dadurch ein nachlassendes Interesse der Anlegerseite zu befürchten wäre.

b) Im Hinblick auf bestimmte Wertpapiere

Ausnahmen von der Prospektpflicht im Hinblick auf bestimmte Wertpapiere sind in § 4 VerkProspG geregelt. Hier ist es zu zwei Neuerungen gekommen. Die früher in § 4 I Nr. 7 VerkProspG a. F. vorhandene Möglichkeit, Wertpapiere bei einem öffentlichen Umtauschangebot prospektfrei anzubieten, ist heute gestrichen. Somit unterliegen nun auch Wertpapiere, die erstmals im Inland öffentlich zum Tausch angeboten werden, der Prospektpflicht nach § 1 VerkProspG. Die neue Nr. 7 sieht nur noch das prospektfreie Angebot von Wertpapieren bei einer Verschmelzung von Unternehmen vor. Der Grund für diese Beschränkung war ein in der Praxis zu beobachtender Mißbrauch.[608] Es häuften sich Umtauschangebote, bei denen „dubiose" Wertpapiere, für die kein Verkaufsprospekt erstellt wurde, öffentlich zum Tausch angeboten wurden. Die Änderung führt zu mehr Transparenz und somit zu einer besseren Unterrichtung der Anleger.

---

[607] Vgl. DIHT, Stellungnahme, 1997, S. 4; Zentraler Kreditausschuß, Stellungnahme, 1997, S. 3 f. Vgl. auch die Zustimmung ohne eine Einschränkung bei Grimme/Ritz, WM 1998, 2091, 2092.

[608] Vgl. BT-Drucks. 13/8933, S. 84 f; Grimme/Ritz, WM 1998, 2091, 2092.

Die zweite Änderung betrifft die Erweiterung des Kreises der in § 4 II Nr. 3 VerkProspG genannten Unternehmen, bei denen Wertpapiere gezeichnet oder erstmals erworben werden dürfen, um als Euro-Wertpapiere i. S. v. § 4 I Nr. 1 VerkProspG zu gelten. Diese Erweiterung ist eine Folge der 6. KWG-Novelle, die die Richtlinie 93/22/EWG in deutsches Recht umsetzt. Bei den hinzugekommenen Unternehmen handelt es sich um sonstige Finanzinstitute i. S. v. Art. 3 f) Richtlinie 89/298/EWG.

Zu einer konkreten Bestimmung des Begriffs „für die nicht öffentlich geworben wird" in § 4 I Nr. 1 VerkProspG im Zusammenhang mit Euro-Wertpapieren ist es durch die vorgenommene Änderung nicht gekommen. Aus der Systematik des Verkaufsprospektgesetzes ergibt sich, daß die öffentliche Werbung über das öffentliche Angebot i. S. v. § 1 VerkProspG hinausgeht.[604] Zur Auslegung ist der Blick auf § 1 I S. 1 AuslInvestmG, der beide Begriffe verwendet, wenig hilfreich. Dort hat die Unterscheidung keine besondere rechtserhebliche Bedeutung und das öffentliche Angebot umfaßt in aller Regel zugleich eine Werbung.[605] Der der Regelung von § 4 I Nr. 1 VerkProspG zugrunde liegende Art. 2 Nr. 1 l) Richtlinie 89/298/EWG bezieht sich auf Wertpapiere, „für die keine allgemeine Werbekampagne veranstaltet wird". Daraus folgt, daß nicht jedes verkaufsfördernde Handeln der oben genannten Unternehmen als öffentliche Werbung i. S. v. § 4 I Nr. 1 VerkProspG zu gelten hat. Zur Erfüllung des Merkmals bedarf es vielmehr einer breit angelegten, systematischen Ansprache des Publikums.[606] Somit sind Werbe- und Informationsmaterial, konkrete Anlageempfehlungen an einzelne Kunden und persönliche Anschreiben an Kunden mit dem Angebot der Anlagemöglichkeit keine öffentliche Werbung i. S. v. § 4 I Nr. 1 VerkProspG. Dies gilt auch für die Weitergabe von Informationen an interessierte Anleger in der banküblichen Form eines Informationsmemorandums,[607] wie dies z. B. bei klassischen Euro-Anleihen üblich ist.

III. Veröffentlichung des Prospekts

Bei der Veröffentlichung von Verkaufsprospekten ist danach zu unterscheiden, ob für die Wertpapiere eine Zulassung zum amtlichen bzw. geregelten Markt beantragt ist oder keine Zulassung beantragt wird. Im folgenden werden nur die Änderungen bei beiden Möglichkeiten dargestellt. Darüber hinaus wird auch auf Frist und Form sowie damit zusammenhängende Änderungen eingegangen.

---

604 Siehe zum Begriff des öffentlichen Angebots Vierter Teil E. II. 1.

605 Vgl. Waldeck/Süßmann, WM 1993, 361, 364 m. w. N.

606 Vgl. Grimme/Ritz, WM 1998, 2091, 2096.

607 Vgl. Waldeck/Süßmann, WM 1993, 361, 364.

1. Bei Wertpapieren mit gleichzeitigem Zulassungsantrag

Der die Veröffentlichung von Verkaufsprospekten für Wertpapiere, für die eine Zulassung zum amtlichen oder geregelten Markt beantragt ist, regelnde § 6 VerkProspG hat drei Änderungen erfahren. Erstens schreibt Abs. 1 Satz 1 nun eindeutig vor, daß sich die Regelung, nach der der Verkaufsprospekt von Wertpapieren erst veröffentlicht werden darf, wenn er von der Zulassungsstelle der Börse gebilligt wurde, nur auf die Antragstellung auf Zulassung zum amtlichen Markt bezieht.

Zweitens wird § 6 VerkProspG ein neuer Abs. 4 hinzugefügt. Gemäß seinem Satz 1 wird das Verfahren der Billigung des Verkaufsprospekts für Wertpapiere, für die eine Zulassung zum amtlichen Markt beantragt ist, auch auf Anträge auf Zulassung zum geregelten Markt übertragen. Dabei tritt dann an die Stelle der Zulassungsstelle der Zulassungsausschuß. Jetzt besteht dann ebenfalls in diesen Fällen gemäß § 8 VerkProspG keine Pflicht mehr, den Verkaufsprospekt bei der neune Bundesanstalt für die Finanzdienstleistungsaufsicht zu hinterlegen. Da der Bundesanstalt heute auch eine Prüfung obliegt,[608] wird folgerichtig eine Doppelprüfung durch die Bundesanstalt für die Finanzaufsicht und die Zulassungsausschüsse der Börsen vermieden. Solch eine Doppelprüfung hätte nur unnötigen zusätzlichen Verwaltungsaufwand und erhöhte Kosten für den Emittenten zur Folge,[609] ohne daß ein Mehr an Anlegerschutz zu erzielen wäre.

Wird eine Billigung erteilt, so ist gemäß Satz 2 auf dem Bescheid darauf hinzuweisen, daß damit keine Billigung nach Art. 20 Richtlinie 89/298/EWG verbunden ist. Eine Billigung nach Art. 20 Richtlinie 89/298/EWG ist Grundlage für die gegenseitige Anerkennung von Verkaufsprospekten nach Art. 21 Richtlinie 89/298/EWG. Deshalb ist zu vermeiden, daß die Billigung eines Verkaufsprospekts für Wertpapiere, für die eine Zulassung zum geregelten Markt beantragt ist, irrtümlich in anderen Staaten der EU oder Vertragsstaaten des Abkommens über den Europäischen Wirtschaftsraum nach Art. 21 Richtlinie 89/298/EWG anerkannt wird.[610] Da der Anbieter der Wertpapiere keinen Anspruch auf Ausstellung einer Billigung hat, verweist Abs. 4 Satz 1 auch nur auf die beiden ersten Absätze und nicht auch auf Abs. 3.

Die dritte Änderung fügt § 6 VerkProspG einen neuen Abs. 5 hinzu. Dort wird klargestellt, daß ein Emittent, der an einer oder mehreren inländischen Börsen einen Antrag auf Zulassung zum amtlichen Markt und gleichzeitig an einer oder mehreren anderen inländischen Börsen einen Antrag auf Zulassung zum geregelten Markt für dieselben Wertpapiere stellt, eine Zulassungsstelle und

608 Siehe dazu Vierter Teil E. III. 2. a).

609 Vgl. auch DAI, Stellungnahme, 1997, S. 15.

610 Vgl. BT-Drucks. 13/8933, S. 86.

nicht etwa einen Zulassungsausschuß für die Billigung des Verkaufsprospekts zu bestimmen hat.

2. Bei Wertpapieren ohne gleichzeitigen Zulassungsantrag

Die Vorschriften der Veröffentlichung von Verkaufsprospekten für Wertpapiere, für die keine Zulassung zum amtlichen oder geregelten Markt beantragt ist, finden sich in den §§ 8 - 8e VerkProspG. Dort ist es zu umfangreichen Neuerungen gekommen. Im folgenden wird dabei die Prospektprüfung durch die neue Bundesanstalt für Finanzdienstleistungsaufsicht, die innerhalb von zehn Werktagen zu erfolgen hat, gesondert erörtert sowie auch auf die weiteren Änderungen der Befugnisse der neuen Bundesanstalt eingegangen.[611]

a) Prüfung innerhalb von zehn Werktagen

Durch den neuen § 8a VerkProspG erhält die neue Bundesanstalt für die Finanzdienstleistungsaufsicht die Kompetenz zur formellen Überprüfung der Verkaufsprospekte und zur Untersagung ihrer Veröffentlichung, wenn Angaben nicht enthalten sind, die nach § 7 I VerkProspG oder der Verkaufsprospekt-Verordnung vorgeschrieben sind.[612] § 8a I VerkProspG bestimmt, daß der Anbieter den Verkaufsprospekt nur veröffentlichen darf, wenn die neuen Bundesanstalt für die Finanzdienstleistungsaufsicht die Veröffentlichung ausdrücklich gestattet hat oder seit dem Eingang des Verkaufsprospekts bei der Bundesanstalt zehn Werktage verstrichen sind, ohne das die Veröffentlichung untersagt wurde. Der Umfang der Prüfung ist vergleichbar mit dem Umfang einer Prüfung des Jahres- und Konzernabschlusses durch das Registergericht gemäß § 329 I HGB.[613]

Eine solche Überprüfung ist grundsätzlich sowohl in bezug auf den Anlegerschutz als auch in bezug auf den Wettbewerb der Emittenten zu begrüßen. Aufgrund der besseren Funktionsfähigkeit der Kapitalmärkte und zur Steigerung der Wettbewerbsfähigkeit des deutschen Kapitalmarkts wäre indes eine kürze Frist angezeigt,[614] damit Emittenten schneller auf andere Marktsituationen reagieren können. Vorschläge zur Festsetzung dieser Frist reichen von zwei, höchstens

611 Die AgV, Stellungnahme, 1997, S. 9, meldet generelle Bedenken in bezug auf die Umsetzbarkeit der Inanspruchnahme der erweiterten Befugnisse an, weil das BAWe auch durch die 6. KWG-Novelle (Siehe Zweiter Teil B. I.) umfangreiche neue Aufgaben erfüllen muß.

612 Siehe zum Inhalt des Verkaufsprospekts von Wertpapieren, für die keine Zulassung beantragt ist Vierter Teil E. IV. 2. Zustimmung zur Überprüfungskompetenz bei DAI, Stellungnahme, 1997, S. 15.

613 Vgl. BT-Drucks. 13/8933, S. 87.

614 Vgl. auch DIHT, Stellungnahme, 1997, S. 4, der die Frist ebenso für zu lang hält.

jedoch drei[615] bis zu fünf[616] Werktagen. Eine Zustimmung zu den zehn Tagen könne nur gegeben werden, wenn der Anbieter bei einem berechtigten Interesse an einer unverzüglichen Veröffentlichung des Verkaufsprospekts von der Bundesanstalt auch eine unverzügliche Überprüfung und Herbeiführung einer Entscheidung fordern könne.[617] Dies sollte insbesondere für den Optionsscheinhandel gelten.

Das Problem der zehn Tage entspringt insbesondere bei der Emission von Optionsscheinen, bei der eine schnelle Reaktion auf neue Marktgegebenheiten möglich sein muß. Zwar sieht § 8a I VerkProspG auch jetzt die Möglichkeit vor, daß die neue Bundesanstalt vor Ablauf dieser Frist eine Veröffentlichung des Verkaufsprospekts gestattet. Ob dies aber im Interesse des Emittenten immer schnell erfolgen kann, erscheint zumindest fraglich. Schließlich deutet die Tatsache der Verlängerung der Frist, die im Referentenentwurf des Dritten Finanzmarktförderungsgesetzes noch mit sieben Werktagen gemäß § 8a I VerkProspG E.[618] angesetzt war und eine „effektive Kontrolle" ermöglichen sollte,[619] darauf hin, daß Probleme bei ihrer Einhaltung gesehen wurden. Richtig ist, daß eine effektive Kontrolle gewährleistet werden muß, weil sonst die Regelung von § 8a I VerkProspG leerläuft. Aber eine scheinbar mangelnde Personalausstattung bei den Prüfungsbehörden, die eine schnellere Prüfung verhindert, durch eine Verlängerung der Prüfungsfrist zu kompensieren, scheint nicht der richtige Weg zu sein. So muß die Entwicklung der Handhabung der Regelung durch die Bundesanstalt für die Finanzdienstleistungsaufsicht zeigen, ob damit so wettbewerbsfähig gearbeitet werden kann, daß der Optionsscheinhandel nicht an andere Finanzplätze abwandert.

Die Änderung von § 8a II VerkProspG stellt klar, daß der Nachtrag von einzelnen Angebotsbedingungen gemäß § 10 VerkProspG[620] von der Regelung in § 8a I VerkProspG unberührt bleibt.

b) Weitere Änderungen

Die oben dargestellte Prüfungskompetenz der neuen Bundesanstalt für die Finanzdienstleistungsaufsicht wird durch die Möglichkeit einer Untersagung des öffentlichen Angebots gemäß § 8b VerkProspG ergänzt.[621] Eine Untersagung ist

---

615 Vgl. Goldman, Sachs & Co. OHG, Stellungnahme, 1997, S. 3 f.

616 Vgl. Zentraler Kreditausschuß, Stellungnahme, 1997, S. 4 f.

617 Vgl. Verband der Auslandsbanken, Entwurf, 1997, S. 3 f.

618 Vgl. BMF, Entwurf Drittes Finanzmarktförderungsgesetz, 25.3.1997, S. 14.

619 Vgl. ebenda, S. 208.

620 Siehe dazu Vierter Teil E. III. 3.

621 Zustimmung zur Befugnis der Untersagung des Verkaufsprospekts bei DAI, Stellungnahme, 1997, S. 15.

möglich, wenn die Bundesanstalt für die Finanzdienstleistungsaufsicht Anhaltspunkte dafür hat, daß der Anbieter entgegen § 1 VerkProspG keinen Verkaufsprospekt veröffentlicht hat oder dieser nicht die erforderlichen Angaben enthält. Durch die Regelung soll sichergestellt werden, daß nur solche Wertpapiere öffentlich angeboten werden, für die dem Anleger ein vollständiger Verkaufsprospekt zur Verfügung steht.

In § 8 VerkProspG stellt der neue Satz 2 klar, daß Nachträge zum Verkaufsprospekt i. S. v. § 10 VerkProspG, die nach der Neufassung spätestens am Tag des öffentlichen Angebots veröffentlicht werden müssen,[622] zu diesem Zeitpunkt an die neue Bundesanstalt zur Hinterlegung zu übermitteln sind. Nach dem neuen Satz 3 muß die neue Bundesanstalt dem Anbieter den Eingang des Verkaufsprospekts bestätigen. Dies ist aufgrund des vorher dargestellten § 8a VerkProspG erforderlich. Sind zehn Tage verstrichen, ohne daß die Bundesanstalt weder ausdrücklich die Veröffentlichung des Verkaufsprospekts gestattet noch gemäß § 8b VerkProspG untersagt hat, darf der Anbieter den Verkaufsprospekt veröffentlichen.

Durch das Vierte Finanzmarktförderungsgesetz wird § 8 VerkProspG E. erweitert um die Vorschrift, daß die hinterlegte Verkaufsprospekte von der Bundesanstalt zehn Jahre aufgewahrt werden müssen.[623] Dadurch soll der Anlegerschutz gestärkt werden, weil der Verkaufsprospekt in einem Fall der Prospekthaftung eine Beweisfunktion erfüllen kann.[624]

Damit die Bundesanstalt für die Finanzdienstleistungsaufsicht die neuen Befugnisse wirksam wahrnehmen kann, wird ihm in § 8c I VerkProspG das Recht eingeräumt, vom Anbieter Auskünfte und die Vorlage von Unterlagen zu verlangen.[625] Mit Abs. 2 wird dem Auskunftspflichtigen ein Auskunftsverweigerungsrecht für den Fall zugestanden, daß er sich oder einen nahen Angehörigen belasten würde. Dies ist Ausfluß des rechtsstaatlichen Gedankens der Unzumutbarkeit der Selbstanzeige.[626] Durch das Vierte Finanzmarktförderungsgesetz soll § 8c VerkProspG E. um weitere Möglichkeiten bei der Auskunft ergänzt werden.[627] Danach sollen auch von solchen Unternehmen Auskünfte eingeholt werden können, bei denen Anhaltspunkte bestehen, sie könnten Anbieter im Sinne des Gesetzes sein. Als Begründung für diese Ausdehnung wird angeführt, daß die Klärung der Anbieterschaft häufig erst durch Einsichtnahme in Geschäftsunterlagen möglich ist.[628]

---

622 Siehe dazu Vierter Teil E. III. 3.

623 BMF, Entwurf Viertes Finanzmarktförderungsgesetz, 14.11.2001, ohne Seitenangabe.

624 BMF, Entwurf Viertes Finanzmarktförderungsgesetz, 14.11.2001, S. 315.

625 Zustimmung zu diesen Befugnissen bei DAI, Stellungnahme, 1997, S. 15.

626 Vgl. BT-Drucks. 13/8933, S. 88.

627 BMF, Entwurf Viertes Finanzmarktförderungsgesetz, 14.11.2001, ohne Seitenangabe.

628 BMF, Entwurf Viertes Finanzmarktförderungsgesetz, 14.11.2001, S. 316.

Die Untersagung der Veröffentlichung des Verkaufsprospekts, die Untersagung des öffentlichen Angebots der Wertpapiere sowie das Ersuchen um Auskünfte und die Vorlage von Unterlagen werden durch § 8d VerkProspG für sofort vollziehbar erklärt. Dies erfordert der Schutz der Anleger. Bei aufschiebender Wirkung von Widerspruch und Anfechtungsklage könnte der Verkaufsprospekt veröffentlicht sowie die Wertpapiere öffentlich angeboten werden, und in der Überwachung und Prüfung durch die Bundesanstalt käme es zu entscheidenden zeitlichen Verzögerungen.[629]

Die neue Bundesanstalt für die Finanzdienstleistungsaufsicht kann aufgrund von § 8e VerkProspG die Werbung mit Angaben untersagen, die den Eindruck erwecken, daß mit der Hinterlegung des Verkaufsprospekts eine umfassende inhaltliche Prüfung verbunden sei. Diese Regelung ist eine Reaktion auf entsprechend in der Praxis vorgekommene Fälle.[630]

3. Frist und Form

Die Frist und die Form der Veröffentlichung eines Verkaufsprospekts ist in § 9 VerkProspG geregelt. Die in Abs. 1 vorgesehene Frist zwischen Veröffentlichung des Verkaufsprospekts und dem öffentlichen Angebot wird von drei auf einen Werktag reduziert. Diese Verkürzung entspricht der Frist des § 43 I S. 1 BörsZulV, nach dem der Prospekt vor der Einführung der Wertpapiere einen Werktag vorher veröffentlicht sein muß.[631] Durch die Ergänzungen in Abs. 2 u. 3 Satz 1 wird die Form der Veröffentlichung von Verkaufsprospekten von Wertpapieren, für die eine Zulassung zum amtlichen oder geregelten Markt beantragt ist, einheitlich gestaltet. In § 9 III S. 3 VerkProspG ist die Verpflichtung gestrichen im Bundesanzeiger bekanntzumachen, wo der Verkaufsprospekt zu erhalten ist. Der Emittent hat ohnehin zumindest in einem überregionalen Börsenblatt anzuzeigen, an welchen Zahlstellen der Verkaufsprospekt zur kostenlosen Ausgabe bereit liegt. Deshalb bietet die Bekanntmachung im Bundesanzeiger den Anlegern keine zusätzliche Information und so kann darauf verzichtet werden.[632] Durch das Vierte Finanzmarktförderungsgesetz soll in § 9 III VerkProspG E. festgeschrieben werden, daß bei der Veröffentlichung eines Angebots von Wertpapieren über ein elektronische Informationssystem auch der Prospekt in diesem System zu veröffentlichen ist sowie in dem Angebot auf die Veröffentlichung des Prospekts zu verweisen.[633]

---

[629] Vgl. BT-Drucks. 13/8933, S. 88.

[630] Vgl. Grimme/Ritz, WM 1998, 2091, 2093.

[631] Siehe dazu Vierter Teil A. III. 4.

[632] Vgl. BT-Drucks. 13/8933, S. 88.

[633] BMF, Entwurf Viertes Finanzmarktförderungsgesetz, 14.11.2001, ohne Seitenangabe.

Nachträge zu einem unvollständigem Prospekt sind gemäß § 10 VerkProspG nunmehr spätestens am Tag des öffentlichen Angebots zu veröffentlichen. Diese Regelung steht im Einklang mit Art. 16 Richtlinie 89/298/EWG, nach dem der vollständige Prospekt spätestens bei Beginn des öffentlichen Angebots dem Publikum zur Verfügung stehen muß. Die frühere Pflicht zur Vorabveröffentlichung benachteiligte insbesondere Emittenten von Optionsscheinen oder anderen nicht standardisierten innovativen Finanzprodukten.[634] Sie sind darauf angewiesen, flexibel und kurzfristig auf Marktveränderungen reagieren zu können. Da der Nachtrag in jedem Fall bei Beginn des öffentlichen Angebots zur Verfügung steht, ist der Anlegerschutz ausreichend gewahrt.

Durch die Ergänzung in § 11 S. 1 VerkProspG ist eine wesentliche Veränderung seit Veröffentlichung des Verkaufsprospekts nunmehr unverzüglich in einem Nachtrag zu veröffentlichen. Das gilt auch für eine nachträgliche Erhöhung des Emissionsvolumens.[635] Ein neuer Verkaufsprospekt muß in diesem Fall nicht erstellt werden, weil die Erhöhung als Teil einer Emission i. S. v. § 2 Nr. 5 VerkProspG verstanden wird, die prospektfrei ist. In § 11 S. 2 VerkProspG wird herausgestellt, daß die Regelung der Prüfung nach § 8a VerkProspG keine Anwendung findet. Das Abwarten der Frist von zehn Tagen vor Veröffentlichung der wesentlichen Änderung wäre im Sinne des Anlegerschutzes kontraproduktiv.

Durch das Vierte Finanzmarktförderungsgesetz soll § 11 VerkProspG E. ergänzt werden, so daß Nachträge zum Prospekt auch bei Aktualisierung verlangt werden können.[636] Dies sei heute nicht möglich, weil ein Nachtrag sich nur auf Veränderungen beziehe.[637] Diese Ergänzung ist indes unnötig, weil der Prospekt nicht bloß zum Zeitpunkt der Billigung durch die Bundesanstalt für die Finanzaufsicht richtig und vollständig sein muß, sondern vielmehr zum Zeitpunkt der Veröffentlichung.[638] Eine befürchtete Schutzlücke besteht also nicht.

Schließlich bestimmt der neue Satz 2 von § 12 VerkProspG, daß Veröffentlichungen, in denen das öffentliche Angebot von Wertpapieren angekündigt und auf die wesentlichen Merkmale der Wertpapiere hingewiesen wird, unverzüglich der Zulassungsstelle oder dem Zulassungsausschuß zu übermitteln sind, wenn für die Wertpapiere ein Antrag auf Zulassung zum amtlichen oder geregelten Markt gestellt ist. Diese Neuregelung ist eine Folge der Änderungen des § 9 VerkProspG. Der Anwendungsbereich von § 12 VerkProspG ist stets dann eröffnet, wenn ein öffentliches Angebot noch nicht erfolgen darf, weil bestimm-

---

634 Vgl. ebenda, S. 89.

635 Vgl. Grimme/Ritz, WM 1998, 2091, 2096.

636 BMF, Entwurf Viertes Finanzmarktförderungsgesetz, 14.11.2001, ohne Seitenangabe.

637 BMF, Entwurf Viertes Finanzmarktförderungsgesetz, 14.11.2001, S. 317.

638 Siehe Vierter Teil A. IV. 2. b) bb). So auch Stephan, AG 2002, 3, 13.

te gesetzliche Voraussetzungen dafür noch nicht erfüllt sind, der Anbieter aber über die zukünftige Möglichkeit des Wertpapiererwerbs informieren will.[639]

IV. Prospektinhalt

Der Inhalt des Verkaufsprospekts ist wie auch die vorher dargestellte Veröffentlichung davon abhängig, ob bei den öffentlich angebotenen Wertpapieren gleichzeitig die Zulassung zum amtlichen bzw. geregelten Markt beantragt ist oder keine Zulassung beantragt wird. Diese beiden Fälle werden im folgenden erörtert.

1. Bei Wertpapieren mit gleichzeitigem Zulassungsantrag

Für öffentlich angebotene Wertpapiere, für die gleichzeitig eine Zulassung zum amtlichen Markt oder zum geregelten Markt an einer inländischen Börse beantragt ist, regelt § 5 VerkProspG den Prospektinhalt. Bei einem Antrag auf Zulassung zum amtlichen Markt bestimmt Abs. 1, daß sowohl für den Inhalt als auch neu für die Sprache des Verkaufsprospekts die Vorschriften des § 38 I Nr. 2, II BörsG i. V. m. den §§ 13 - 40 u. 47 BörsZulV entsprechend anzuwenden sind. Die Ausdehnung der Anwendung auch auf die Sprache ist Konsequenz des schon erörterten Verzichts der Abfassung von Prospekten in deutscher Sprache.[640]

Bei einem Antrag auf Zulassung zum geregelten Markt ist gemäß Abs. 2 für den Inhalt des Verkaufsprospekts § 73 I Nr. 2 BörsG entsprechend anzuwenden. Der Verkaufsprospekt muß danach zumindest die Angaben enthalten, die nach der Verkaufsprospekt-Verordnung für Wertpapiere vorgesehen sind, für die weder ein Antrag auf Zulassung zum amtlichen noch zum geregelten Markt gestellt wurde. Dadurch wird erreicht, daß für den Unternehmensbericht und den Verkaufsprospekt vergleichbare inhaltliche Anforderungen gelten.

2. Bei Wertpapieren ohne gleichzeitigen Zulassungsantrag

Für öffentlich angebotene Wertpapiere, für die kein Antrag auf Zulassung zum amtlichen Markt oder zum geregelten Markt an einer inländischen Börse beantragt ist, regelt § 7 VerkProspG den Prospektinhalt. Im folgenden werden die allgemeinen Anforderungen im Überblick und die Änderungen der Verkaufsprospekt-Verordnung dargestellt.

---

639 Vgl. ebenda.

640 Siehe dazu Vierter Teil A. IV. 3. a).

a) Allgemeine Anforderungen

In § 7 I VerkProspG ist in Form einer Generalklausel bestimmt, daß in einem Verkaufsprospekt die notwendigen Angaben enthalten sein müssen, um dem Publikum ein zutreffendes Urteil über den Emittenten und die Wertpapiere zu ermöglichen. Neu ist heute erstens die Einschränkung des Anwendungsbereichs durch die Wertpapiere, für die ein Antrag auf Zulassung zum geregelten Markt gestellt ist. Dies ist eine Folge der neuen Regelung, wonach die Bundesanstalt für die Finanzaufsicht nicht mehr nur eine Hinterlegungsstelle ist, sondern die Verkaufsprospekte auch auf ihre Vollständigkeit prüft.[641] Dadurch wird eine zweifache Prüfung der Unterlagen durch den Zulassungsausschuß und die Bundesanstalt vermieden. Der Inhalt von Verkaufsprospekten für Wertpapiere, für die eine Zulassung zum geregelten Markt beantragt ist, ist nunmehr in § 5 VerkProspG geregelt.[642]

In Abs. 2 wird die Bundesregierung ermächtigt, zur Konkretisierung eine Rechtsverordnung mit Zustimmung des Bundesrates zu erlassen, die Vorschriften über den Inhalt und neu die Sprache des Verkaufsprospekts enthält und in Übereinstimmung mit Abs. 3 auch Ausnahmen von der Aufnahme einzelner Angaben in den Verkaufsprospekt ermöglichen kann. Die Erweiterung der Befugnis, auch die Sprache zu regeln, ist Voraussetzung der im folgenden näher dargestellten Regelung von § 2 I S. 4 VerkProspVO, nach dem die Bundesanstalt für die Finanzaufsicht gestatten kann, daß ein Verkaufsprospekt von einem Emittenten mit Sitz im Ausland ganz oder zum Teil in einer anderen Sprache abgefaßt ist.

Die in der Verkaufsprospekt-Verordnung aufgeführten Angaben des Verkaufsprospekts lassen sich unterteilen in Informationen über Art und Ausstattung der Wertpapiere, über den Emittenten allgemein und seine wirtschaftliche Lage im besonderen. Auf einzelne Details wird hier nicht eingegangen.[643] Zu berücksichtigen ist, daß die Angaben, die die Verkaufsprospekt-Verordnung vorschreibt, nur Mindestanforderungen sind. Zur Erfüllung der Generalklausel von § 7 I VerkProspG kann im Einzelfall ein Mehr an Information erforderlich sein, als dies die Vorgaben der Verkaufsprospekt-Verordnung gebieten.[644] Im folgenden werden nun ihre Neuerungen dargestellt.

---

641 Siehe dazu Vierter Teil E. III. 2. a).

642 Siehe dazu Vierter Teil E. IV. 1.

643 Siehe ausführlich dazu z. B. Hüffer, Wertpapier-Verkaufsprospekt, 1996, S. 85 ff.

644 Vgl. Assmann in Assmann/Schütze, 1997, § 7, RN 257.

b) Änderungen der Verkaufsprospekt-Verordnung

Durch die Änderung in § 1 VerkProspVO wird ihr Anwendungsbereich nicht nur wie früher auf Verkaufsprospekte für Wertpapiere beschränkt, für die ein Antrag auf Zulassung zum amtlichen Markt gestellt ist. Sie gilt jetzt auch für Wertpapiere, für die ein Antrag auf Zulassung zum geregelten Markt gestellt ist. Dies ist eine Folge der vorher dargestellten Änderung in § 7 I VerkProspG.

§ 2 I VerkProspVO wird ein neuer Satz 4 angefügt, nach dem die Bundesanstalt für die Finanzaufsicht gestatten kann, daß ein Verkaufsprospekt von einem Emittenten mit Sitz im Ausland ganz oder zum Teil in einer anderen Sprache abgefaßt ist. Voraussetzung ist, daß diese Sprache im Inland auf dem Gebiet des grenzüberschreitenden Wertpapierhandels nicht unüblich ist. Dies entspricht der Regelung des neuen Satz 2, der jeweils § 15 I u. III VerkProspG ergänzt. § 15 I VerkProspG betrifft das Angebot von Wertpapieren, die von einem Emittenten mit Sitz in der EU oder einem anderen Vertragsstaat des Abkommens über den Europäischen Wirtschaftsraum gleichzeitig oder annähernd gleichzeitig in diesem Staat und im Inland öffentlich angeboten werden und für die gleichzeitig die Zulassung zum amtlichen Markt beantragt ist. Satz 1 schreibt in diesem Fall vorbehaltlich von Abs. 2 der Zulassungsstelle vor, den von der zuständigen Stelle des anderen Staates gebilligten Verkaufsprospekt ohne weitere Prüfung zu billigen. Dies gilt gemäß Satz 3 auch für den Zulassungsausschuß, wenn statt der Zulassung zum amtlichen Markt eine Zulassung zum geregelten Markt beantragt ist. § 15 III VerkProspG regelt das gleiche für die Wertpapiere, für die keine Zulassung zum amtlichen oder geregelten Markt beantragt ist und weist in diesem Fall nicht die Zulassungsstelle bzw. den Zulassungsausschuß an, sondern die Bundesanstalt für die Finanzaufsicht. Die neue Regelung entspricht dem schon erörterten Verzicht auf Prospekte in deutscher Sprache.[645]

§ 4 VerkProspVO schreibt die Angaben über Wertpapiere vor, über die im Verkaufsprospekt zu berichten ist. Die Änderung in Nr. 12 ermöglicht den Verzicht der Nennung des konkreten Ausgabepreises. Statt dessen müssen die Einzelheiten und der Plan seiner Festsetzung angegeben werden. Diese Änderung ermöglicht die Verwendung des Bookbuilding-Verfahrens und entspricht dem schon erörterten § 16 I Nr. 5 BörsZulV.[646]

Die Neufassung von § 5 Nr. 3 VerkProspVO betrifft die Angaben, die über die Struktur des persönlich haftenden Gesellschafters zu machen sind, wenn der Emittent eine KGaA ist. Dies entspricht der Neuerung in § 18 Nr. 3 BörsZulV und für eine Erörterung sei dahin verwiesen.[647]

---

[645] Siehe Vierter Teil A. IV. 3. a).

[646] Siehe Vierter Teil A. IV. 3. b).

[647] Siehe Vierter Teil A. IV. 3. c).

Bei § 12 VerkProspVO, der die Prospektangaben für Wertpapiere mit Umtausch- oder Bezugsrechten regelt, ist es zu zwei Änderungen gekommen, die sich auch auf § 14 V VerkProspVO a. F. auswirken. Nach § 12 II S. 1 VerkProspVO sind bei Wertpapieren, die keine Aktien sind und die ein Umtausch- oder Bezugsrecht einräumen, in den Verkaufsprospekt auch Angaben nach den §§ 5 - 11 VerkProspVO über den Emittenten der zum Umtausch oder Bezug angebotenen Wertpapiere aufzunehmen. Nach Satz 2 können diese Angaben entfallen, wenn die Wertpapiere an einer inländischen Börse zum amtlichen Markt zugelassen sind. Die erste Änderung von § 12 VerkProspVO ist die Hinzufügung eines neuen Satz 3 in Abs. 2. Danach können bei einem Anbieter von Wertpapieren, der nicht zugleich der Emittent ist, die über den Emittenten zu machenden Angaben bei den zum Umtausch oder Bezug angebotenen Wertpapiere auch dann entfallen, wenn der Anbieter über diese Angaben regelmäßig nicht verfügt. Der Anbieter wird i. d. R. dann nicht über diese Angaben verfügen, wenn ausländische Wertpapiere zum Umtausch oder Bezug angeboten werden.[648] Der Verzicht auf diese Angaben steht im Einklang mit Art. 13 II Richtlinie 89/298/EWG. Der neue Satz 3 orientiert sich an der heute gestrichenen Regelung in § 14 V VerkProspVO a. F., die keine Einschränkung auf Wertpapiere zum Umtausch oder Bezug kannte.

Die Änderung erscheint sinnvoll, denn sie berücksichtigt einerseits den wachsenden Bereich der Optionsscheine, die sich ganz oder teilweise auf ausländische Wertpapiere beziehen. Andererseits wird der Anlegerschutz verbessert, weil durch die Ergänzung des § 12 II VerkProspVO bei gleichzeitiger Aufhebung von § 14 V VerkProspVO a. F. die Möglichkeit des Verzichts auf Angaben über den Emittenten auf solche Wertpapiere beschränkt wird, die zum Umtausch oder Bezug angeboten werden.

Die zweite Änderung von § 12 VerkProspVO betrifft die Neufassung von Abs. 3. Danach sind bei Wertpapieren, die ein Recht auf Zahlung eines Geldbetrags einräumen, der durch den Wert eines anderen Wertpapiers oder Rechts oder durch eine sonstige Bezugsgröße bestimmt wird, in den Verkaufsprospekt zusätzlich Angaben über die Ermittlung des Betrags aufzunehmen. Der Anwendungsbereich von § 12 III VerkProspVO a. F. war bislang auf das Angebot solcher Wertpapieren beschränkt, die das Recht auf Zahlung eines Differenzbetrags einräumen, der sich an der Wertentwicklung anderer Wertpapiere oder Rechte bemißt.

Die Neufassung ist zu begrüßen, weil damit nun einerseits auch Optionsscheine erfaßt werden, deren Zahlungsansprüche sich nur für den Fall ergeben, daß sich der Kurs der Bezugsgröße während der Laufzeit der Optionsscheine innerhalb einer bestimmten Bandbreite bewegt wie bei sog. Accrual-, Range- oder Korridor-Optionsscheinen. Andererseits werden jetzt auch Optionsscheine

[648] Vgl. BT-Drucks. 13/8933, S. 158.

erfaßt, die zusätzlich einen Differenzbetrag bei Nichterreichen bestimmter Schwellen während der Laufzeit gewähren wie z. B. Cool-Optionsscheine. Schließlich werden nunmehr auch solche Wertpapiere erfaßt, bei denen der auszuzahlende Geldbetrag durch sonstige Bezugsgrößen bestimmt wird wie bei Optionsscheinen die Indizes, Futures, oder Zinssätze zum Gegenstand haben.[649] Die beschriebenen Finanzprodukte weisen sehr häufig komplexe Strukturen auf. Die Ermittlung des Geldbetrags ist deshalb ähnlich komplex. Eine Darstellung der Ermittlung des Geldbetrags im Verkaufsprospekt kann somit größere Transparenz schaffen und führt zu keiner Überforderung des Emittenten der Wertpapiere.

V. Haftungsadressaten

Adressat der verkaufsprospektgesetzlichen Haftung ist derjenige, der je nach Form der Emission als Anbieter der Wertpapiere den Prospekt veröffentlicht. Grundsätzlich gilt das gleiche wie bei den Haftungsadressaten der börsengesetzlichen Prospekthaftung.[650] Eine Besonderheit ergibt sich bei einem resales. Nach erfolgter Privatplazierung durch den Emittenten werden die Wertpapiere dann von ihrem Inhaber öffentlich angeboten. Der Emittent ist in diesem Fall nicht mehr der Anbieter. Prospektpflichtig ist damit nur noch der Inhaber der Wertpapiere.[651]

VI. Gerichtsstand

Die Gerichtszuständigkeit ist in § 13 II VerkProspG geregelt. Ihr Anknüpfungspunkt ist die Billigung der Verkaufsprospekte. Bei Wertpapieren, für die eine Zulassung zum amtlichen oder geregelten Markt beantragt wird, ist ohne Rücksicht auf den Streitwert das Landgericht zuständig, in dessen Bezirk die Börse ihren Sitz hat, bei deren Zulassungsstelle oder Zulassungsausschuß die Billigung des Verkaufsprospekt beantragt worden ist. Bei Wertpapieren, für die keine Zulassung beantragt wurde, ist das Landgericht zuständig, in dessen Bezirk die Bundesanstalt für die Finanzdienstleistung ihren Sitz hat. Früher war das LG Frankfurt a. M. zuständig, weil das BAWe dort seinen Sitz hatte.[652] Demnach wird wohl weiterhin das LG Frankfurt a. M. zuständig sein, weil die Standorte der in der Bundesanstalt aufgegangenen Aufsichtsämter ihren Sitz

---

[649] Vgl. ebenda.

[650] Siehe Vierter Teil A. V.

[651] Vgl. Schäfer, ZIP 1991, 1557, 1561; Assmann in Assmann/Schütze, 1997, § 7, RN 248; a. A. Hopt, Verantwortlichkeit der Banken, 1991, RN 133; Waldeck/Süßmann, WM 1993, 361, 363.

[652] Vgl. Sittmann, NZG 1998, 490, 496.

beibehalten. Besteht an den jeweils betroffenen Landgerichten eine Kammer für Handelssachen, so gehört die Rechtsstreitigkeit vor diese.

F. Investmentrechtliche Prospekthaftung

I. Anwendungsbereich und Haftungsgrundlage Verkaufsprospekt

Die investmentrechtliche Prospekthaftung hat bei weitgehend gleicher Ausgestaltung ihre Rechtsquellen im Gesetz über Kapitalanlagegesellschaften und im Auslandinvestment-Gesetz. Ihr Anwendungsbereich umfaßt zum einen gemäß § 20 KAGG Verkaufsprospekte, aufgrund derer Anteilscheine an Kapitalanlagegesellschaften verkauft werden. Zum anderen werden gemäß § 12 AuslInvestmG die Verkaufsprospekte für ausländische Investmentanteile erfaßt. Der Inhalt der Verkaufsprospekte ist gemäß § 19 KAGG und § 3 AuslInvestmG zwingend vorgeschrieben.

Vor Vertragsschluß muß dem Erwerber von Anteilscheinen bzw. von ausländischen Investmentanteilen ein Verkaufsprospekt gemäß § 19 I S. 1 KAGG bzw. § 3 I S. 1 AuslInvestmG vorliegen. Die Verpflichtung zur Aushändigung des Verkaufsprospekts trifft neben der Kapitalanlagegesellschaft auch diejenigen, die den Erwerb von Anteilscheinen herbeiführen.[653] Das gilt für Kreditinstitute aber nur insoweit, als sie als öffentlich anbietende und werbende Vertriebsstellen der Anteilscheine angesehen werden können.[654] Bei ausländischen Investmentanteilen sind die Adressaten der Verpflichtung zur Aushändigung des Verkaufsprospekts alle am Vertrieb i. S. v. § 1 I AuslInvestmG Beteiligten.[655] Die Verpflichtung trifft jeweils den, von dem der Investmentanteil erworben wurde.

II. Mängel der Haftungsgrundlage

Die investmentrechtliche Prospekthaftung erfordert gemäß § 20 I KAGG bzw. § 12 I AuslInvestmG die Unrichtigkeit oder Unvollständigkeit solcher Angaben im Verkaufsprospekt, die für die Beurteilung der Anlage von wesentlicher Bedeutung sind. Hierbei ist zu beachten, daß in bezug auf die entsprechenden Angaben trotz derselben Formulierung „von wesentlicher Bedeutung" einerseits in § 19 II S. 2 KAGG und § 20 I S. 1 KAGG und andererseits in § 3 II S. 1 AuslInvestmG und § 12 I S. 1 AuslInvestmG nicht davon ausgegangen werden kann, daß sie stets identisch sind.[656] Vielmehr sind § 20 I S. 1 KAGG und § 12 I S. 1AuslInvestmG die jeweils strengere Vorschrift. Demnach lösen Unrichtigkeit oder Unvollständigkeit des Verkaufsprospekts, die einen Verstoß gegen § 19 II S. 2 KAGG bzw. § 3 II S. 1 AuslInvestmG darstellen, nicht

---

653 Vgl. Assmann in Assmann/Schütze, § 7, RN 184.

654 Vgl. Baur, Investmentgesetze, 1997, § 19 KAGG, RN 13.

655 Vgl. ebenda, § 3 AuslInvestmG, RN 12.

656 Vgl. ebenda, § 20 KAGG, RN 6.

zugleich eine Haftung aus. Dafür müssen sie nach den allgemeinen Grundsätzen zur Beurteilung der Mangelhaftigkeit eines Prospekts ausgelegt werden.[657]

III. Haftungsadressaten

Die primären Haftungsadressaten der investmentrechtlichen Prospekthaftung in bezug auf den Erwerb von Anteilscheinen einer Kapitalanlagegesellschaft sind gemäß § 20 I KAGG die Kapitalanlagegesellschaft selbst und mit dieser als Gesamtschuldner diejenigen, die die Anteilscheine im eigenen Namen gewerbsmäßig verkauft haben. Hinzu kommen gegebenenfalls gemäß § 20 IV KAGG diejenigen, die gewerbsmäßig den Verkauf der Anteilscheine vermittelt oder in fremdem Namen verkauft haben, wenn sie den Prospektmangel kannten. In bezug auf den Erwerb von ausländischen Investmentanteilen haften primär gemäß § 12 I AuslInvestmG die ausländische Investmentgesellschaft, die Verwaltungsgesellschaft und die Vertriebsgesellschaft als Gesamtschuldner. Gemäß § 12 IV AuslInvestmG treten gegebenenfalls diejenigen als Haftungsadressaten hinzu, die gewerbsmäßig den Verkauf der Anteile vermittelt oder die Anteile in fremdem Namen verkauft haben, wenn sie den Prospektmangel kannten.

IV. Anspruchsberechtigte

Anspruchsberechtigt ist gemäß § 20 I S. 1 KAGG derjenige, der Anteilscheine bzw. gemäß § 12 I S. 1 AuslInvestmG ausländische Investmentanteile gekauft hat. Dies bezieht sich in erster Linie auf den Ersterwerber.[658] Anders als bei der börsengesetzlichen Prospekthaftung[659] ist in Hinblick auf den Zweiterwerber zu differenzieren.[660] Hat ein Anteilinhaber seine Anteile nicht zum Rücknahmepreis gemäß 21 V KAGG zurückgegeben, sondern weiterveräußert, fehlt es an einer unmittelbaren Rechtsbeziehung zwischen den Haftungsadressaten und dem Zweiterwerber. Der Zweiterwerber ist dann nicht anspruchsberechtigt. Erwirbt aber z. B. ein Kreditinstitut die Anteile und veräußert sie im eigenen Namen weiter, so zählt der Zweiterwerber zum Kreis der Anspruchsberechtigten.

V. Kausalität

Ein Anspruch aus investmentrechtlicher Prospekthaftung erfordert die Kausalität, daß die Anteilscheine bzw. ausländischen Investmentanteile aufgrund des Verkaufsprospekts erworben wurden. Hierbei reicht es aus, wenn der mangel-

---

657 Siehe zu diesen Grundsätzen Dritter Teil C. II. 3.

658 Vgl. Baur, Investmentgesetze, 1997, § 20 KAGG, RN 17.

659 Siehe zur Regelung dort Vierter Teil A. VII. 2.

660 Vgl. Baur, Investmentgesetze, 1997, § 20 KAGG, RN 18.

hafte Verkaufsprospekt die Kaufentscheidung nur mitbestimmt hat.[661] Prinzipiell beweispflichtig ist der Anleger, aber es spricht eine widerlegbare Vermutung für die Ursächlichkeit, wenn dieser einen mangelhaften Verkaufsprospekt vorlegen kann.[662]

Der Anspruch ist gemäß § 20 III S. 2, IV S. 2 KAGG bzw. § 12 III S. 2, IV S. 2 AuslInvestmG ausgeschlossen, wenn der Erwerber um den Prospektmangel im Zeitpunkt des Kaufs der Anteile wußte. Den Nachweis der Kenntnis des Prospektmangels muß der Anspruchsgegner erbringen.[663] § 20 KAGG ist insoweit lex specialis gegenüber § 254 BGB.

VI. Verschulden

Wie die börsengesetzliche Prospekthaftung[664] ist auch die investmentrechtliche Prospekthaftung eine Verschuldenshaftung. Aus § 20 III S. 1 KAGG bzw. § 12 III S. 1 AuslInvestmG ergibt sich, daß die primären Haftungsadressaten die Beweislast dafür tragen, daß sie die Unrichtigkeit oder Unvollständigkeit nicht gekannt haben und die Unkenntnis nicht auf grober Fahrlässigkeit beruht.[665] Wenn aber die gemäß § 20 IV KAGG bzw. § 12 IV AuslInvestmG gegebenenfalls mit in den Kreis der Haftenden einbezogenen in Anspruch genommen werden sollen, muß der Anleger diesen nachweisen, daß sie den Prospektmangel positiv gekannt haben. Grobe fahrlässige Unkenntnis reicht nicht aus.

VII. Haftungsumfang

Hinsichtlich des Haftungsumfangs der investmentrechtlichen Prospekthaftung ist dahingehend zu unterscheiden, ob der Erwerber der Anteilscheine bzw. der ausländischen Investmentanteile noch Inhaber ist, oder ob er die Anteilscheine bzw. die Investmentanteile schon weiter veräußert hat. Dieser Regelung ist die heutige börsengesetzliche Prospekthaftung nachgebildet worden.[666]

1. Erwerber ist Inhaber

Ist der Anspruchsberechtigte noch Inhaber der Anteilscheine bzw. Investmentanteile, so kann er gemäß § 20 I S. 1 KAGG bzw. § 12 I S. 1 AuslInvestmG von

---

661 Vgl. ebenda, RN 14.

662 Vgl. Assmann in Assmann/Schütze, 1997, § 7, RN 188; Baur, Investmentgesetze, 1997, § 20 KAGG, RN 16.

663 Vgl. Baur, Investmentgesetze, 1997, § 20 KAGG, RN 28.

664 Siehe dazu Vierter Teil A. IX 1.

665 Vgl. Assmann in Assmann/Schütze, 1997, § 7, RN 191.

666 Siehe dazu Vierter Teil A. VII.

den Anspruchsgegnern Übernahme der Anteilscheine bzw. der Investmentanteile Zug um Zug gegen Erstattung des von ihm gezahlten Betrags verlangen. Auch gegenüber dem Vertragspartner handelt es sich bei Geltendmachung des Anspruchs nicht um ein Rücktrittsrechts i. S. d. §§ 346 ff, 462 BGB.[667]

2. Erwerber ist nicht mehr Inhaber

Erlangt der Anspruchsteller Kenntnis von dem Prospektmangel zu einem Zeitpunkt, zu dem er die Anteilscheine bzw. die ausländischen Investmentanteile nicht mehr besitzt, so kann er gemäß § 20 I S. 2 KAGG bzw. § 12 I S. 2 AuslInvestmG die Zahlung des Betrags verlangen, um den der von ihm gezahlte Betrag den Rücknahmepreis des Anteils im Zeitpunkt der Veräußerung übersteigt. Ausgeschlossen ist somit der Anspruch für den Fall, daß der Anleger sich seiner Anteile nach Kenntniserlangung des Prospektmangels begibt.[668] Diese Regelung dient der Verhinderung des Mißbrauchs in bezug auf die Angabe des zu Berechnung des Schadens heranzuziehenden Verkaufspreises. Die Form der rechtsgeschäftlichen Begebung ist unbeachtlich.[669]

VIII. Verjährung

Die investmentrechtlichen Prospekthaftungsansprüche verjähren gemäß § 20 V KAGG bzw. § 12 V AuslInvestmG nach sechs Monaten seit dem Zeitpunkt, in dem der Käufer von dem Mangel des Verkaufsprospekts erfährt, spätestens jedoch nach drei Jahren seit dem Abschluß des Kaufvertrags.

Durch das Vierte Finanzmarktförderungsgesetz soll die Frist von sechs Monate auf zwölf Monate in § 20 V KAGG E. und § 12 V AuslInvestmG E. ausgedehnt werden.[670] Dies erfolgt entsprechend den beabsichtigten Änderungen der börsengesetzlichen Prospekthaftung.[671]

IX. Konkurrenzen

Ersatzansprüche aufgrund der allgemeinen Anspruchsgrundlagen des bürgerlichen Rechts sind neben der investmentrechtlichen Prospekthaftung nicht ausge-

---

667 Vgl. Assmann in Assmann/Schütze, 1997, § 7, RN 193; Baur, Investmentgesetze, 1997, § 20 KAGG, RN 3, § 12 AuslInvestmG, RN 1.

668 Vgl. Assmann in Assmann/Schütze, 1997, § 7, RN 194.

669 Vgl. ebenda; Baur, Investmentgesetze, 1997, § 20 KAGG, RN 23, § 12 AuslInvestmG, RN 9.

670 Vgl. BMF, Entwurf Viertes Finanzmarktförderungsgesetz, 14.11.2001, ohne Seitenangaben.

671 Siehe Vierter Teil A. X. 1. b).

schlossen.[672] Ein Rückgriff auf die bürgerlichrechtliche Prospekthaftung ist nicht möglich.[673]

[672] Vgl. BGH, WM 1978, 611, 611.

[673] Vgl. Assmann in Assmann/Schütze, § 7, RN 196.

Fünfter Teil: Auswirkungen auf die Rechtsprechung zur bürgerlichrechtlichen Prospekthaftung

A. Ausgangspunkt

Der Ausgangspunkt der Überlegung möglicher Auswirkungen der veränderten börsengesetzlichen Prospekthaftung auf die Rechtsprechung zur bürgerlichrechtlichen Prospekthaftung ist deren parallele Entwicklung zu einem eigenständigen Rechtsinstitut. Wie bereits dargestellt wurde,[1] ist dem BGH bei seiner Rechtsprechung zur bürgerlichrechtlichen Prospekthaftung trotzdem an einer weitgehenden Übereinstimmung mit der börsengesetzlichen Prospekthaftung gelegen. Zum Anwendungsbereich der bürgerlichrechtlichen Prospekthaftung ist ausgeführt worden,[2] daß der BGH ihre Regeln neben dem prospektvermittelten Vertrieb von Kommanditanteilen an Publikumsgesellschaften auch bei weiteren Formen der Kapitalanlage anwendet. Darüber hinaus ist davon auszugehen, daß er sie auf alle Formen der Beteiligungs-Kapitalanlage anwenden wird, die keiner spezialgesetzlichen Prospekthaftung unterliegen und bei denen der Prospekt die wichtigste Informationsquelle ist. Schließlich ist zum Konkurrenzverhältnis der börsengesetzlichen Prospekthaftung zur bürgerlichrechtlichen Prospekthaftung dargelegt worden,[3] daß trotz der Änderungen durch das Dritte Finanzmarktförderungsgesetz nicht alle Wertungswidersprüche beseitigt worden sind und eine wünschenswerte Vereinheitlichung somit nicht gänzlich erreicht wurde.

Eine andere Frage stellt sich in Zusammenhang mit der Kodifizierung der c. i. c. in § 311 II u. III BGB, die mit der Schuldrechtsreform vorgenommen worden ist. Zwar soll sich an der bisherigen Rechtslage zur c. i. c. nichts ändern, aber die Frage nach der Berechtigung der Ausgestaltung der bürgerlichrechtlichen Prospekthaftung könnte sich durch die Kodifizierung erneut stellen.[4] Der Gesetzgeber hat dadurch schließlich noch einmal die strikte Trennung von vertraglichen und deliktischen Schadensersatzansprüchen festgeschrieben. Bei der Ausgestaltung der bürgerlichrechtlichen Prospekthaftung hat der BGH durch die Anbindung der Haftung an ein typisiertes Vertrauen der eigentlich deliktischen Natur der Prospekthaftung Rechnung getragen, dabei aber entgegen den Regeln des Schadenersatzes im Deliktsrecht eine Haftung für Vermögensschäden statuiert. Diese Durchbrechung der Grundsätze bei der Ermittlung des zu ersetzenden Schadens könnte im Lichte der Kodifizierung der c. i. c. neu zu bewerten sein. Unabhängig von diesen Überlegungen wird bei den folgenden Aus-

1 Siehe Zweiter Teil A. I.

2 Siehe Dritter Teil C. I.

3 Siehe Vierter Teil A. XI. 2. d) bb).

4 Siehe zu diesem Punkt die Kritik der Literatur an der Entwicklung des BGH im Dritten Teil A. II.

führungen weiter bei der Frage nach der dogmatischen Grundlage auf die c. i. c. zurückgegriffen. Die durch die Schuldrechtsreform geänderten Verjährungsvorschriften werden indes in die weiteren Überlegungen einbezogen.

Voraussetzung der Auswirkungen der neuen Fassung der börsengesetzlichen Prospekthaftung auf die Rechtsprechung zur bürgerlichrechtlichen Prospekthaftung ist die Möglichkeit ihrer Veränderung. Aufgrund der vom BGH gewählten dogmatischen Fundierung im Bereich der Vertrauenshaftung und ihrer Verselbständigung zu einem eigenständigen Rechtsinstitut ist sie indes offen genug, einen Erkenntnis- und Wertungstransfer zu ermöglichen.[5] Noch vor den Veränderungen der börsengesetzlichen Prospekthaftung durch das Dritte Finanzmarktförderungsgesetz wurde deshalb auch die Erwartung geäußert, daß die Rechtsprechung je nach Art und Umfang einer gesetzlichen Reform ermutigt oder gar gezwungen sein könnte, die Grundlagen und die Ausgestaltung der bürgerlichrechtlichen Prospekthaftung neu zu bestimmen.[6] Von den Sachverständigen zur öffentlichen Anhörung des Dritten Finanzmarktförderungsgesetzes wurde ebenfalls die Überzeugung geäußert, daß die neuen §§ 45 ff BörsG Auswirkungen auf die bürgerlichrechtlichen Prospekthaftung haben werden. Die unterschiedlichen Tatbestandsvoraussetzungen, die Folge der alten Fassung der börsengesetzlichen Prospekthaftung waren, ließen sich nach der Neufassung „nur schwer rechtfertigen".[7]

So wird im folgenden der Frage nachgegangen, welche Auswirkungen die neue Fassung der börsengesetzlichen Prospekthaftung auf die Rechtsprechung zur bürgerlichrechtlichen Prospekthaftung haben könnte. Darüber hinaus werden die sich ergebenden Änderungen bei der Verjährung der bürgerlichrechtlichen Prospekthaftung durch die neuen Verjährungsregeln im BGB erörtert. Die Darstellung folgt der Unterscheidung der bürgerlichrechtlichen Prospekthaftung im engeren und im weiteren Sinne. Auf Abweichungen, die schon bei der alten Fassung der börsengesetzlichen Prospekthaftung nicht mit der bürgerlichrechtlichen Prospekthaftung überstimmten wie z. B. der Verschuldensmaßstab oder der Haftungsumfang, wird nicht eingegangen, weil keine Änderung der Rechtsprechung zu erwarten ist.

---

5 Vgl. Assmann in Assmann/Schütze, 1997, RN 25.

6 Vgl. ebenda, RN 40.

7 Vgl. Schwark, Drittes Finanzmarktförderungsgesetz, 1997, S. 6.

B. Bürgerlichrechtliche Prospekthaftung im engeren Sinne

I. Prospektinhalt

Für Prospekte der bürgerlichrechtlichen Prospekthaftung gibt es, wie bereits ausgeführt worden ist,[8] keine gesetzlichen Mindestanforderungen. Aus diesem Grunde sind von verschiedenen Institutionen Prospektinhaltskataloge erstellt worden, um gewisse Standards zu sichern. Solche Prüfungsgrundsätze haben zwar keine Rechtsnormqualität, ihre Anwendung wird aber durchaus Einfluß auf die richterliche Konkretisierung von Prospektinhalten haben. Darüber hinaus ist an entsprechender Stelle dargestellt worden, daß sich die gesetzliche Prognosepublizität auch auf Prospekte für den grauen Kapitalmarkt übertragen läßt. Daraus erschließt sich die Annahme, daß die bei der Unvollständigkeit von Börsenzulassungsprospekten dargestellten Änderungen[9] zumindest mittelbare Auswirkungen auf den Inhalt der Prospekte für den grauen Kapitalmarkt haben könnten.

Solche mittelbaren Auswirkungen sind nicht im einzelnen zu konkretisieren. Bei den Überarbeitungen der Prospektinhaltskataloge, mit denen regelmäßig auf neue Gegebenheiten reagiert wird, ist aber zu erwarten, daß sie von den neuen gesetzlichen Bestimmungen beeinflußt werden. So ist beispielsweise die Zielsetzung, die mit dem Erfordernis von Prospektangaben zur Struktur der persönlich haftenden Gesellschafter gemäß § 18 Nr. 3 BörsZulV verfolgt wird, von besonderem Interesse. Die darin zur Geltung kommende Wertung einer möglichst umfangreichen Information der Anleger über den Emittenten erlangt insbesondere auch im Bereich des grauen Kapitalmarkts Bedeutung. Dort sind die gesellschaftsrechtlichen Konstruktionen des Emittenten i. d. R. weitaus komplexer als bei den Emittenten, die auf den organisierten Kapitalmärkten agieren. Eine möglichst genaue Darstellung des Unternehmensaufbaus ist dort also besonders angezeigt. Wenn sich die Rechtsprechung beim Prospektinhalt an den neuen börsengesetzlichen Bestimmungen orientierte, käme es auf diesem Weg zu einer weiteren, wenn in ihren Wirkungen auch begrenzten, wünschenswerten Vereinheitlichung der beiden Zweige der Prospekthaftung.

II. Haftungsadressat Kapitalanlagegesellschaft

Die Haftungsadressaten der bürgerlichrechtlichen Prospekthaftung lassen sich in die Gruppen der Prospektherausgeber und Prospektverantwortlichen, die Hintermänner und die Sachwalter einteilen.[10] Die Haftung der Gesellschaft selbst

---

8 Siehe Dritter Teil C. II. 3. c).

9 Siehe Vierter Teil A. IV. 3.

10 Siehe dazu Dritter Teil C. III.

wird aus gesellschaftsrechtlichen Gründen abgelehnt.[11] Vor der Neufassung der Prospekthaftung durch das Dritte Finanzmarktförderungsgesetz wurde die Inanspruchnahme des Emittenten, wenn dieser eine AG war, von der h. M. bei Erwerb von Aktien durch Zeichnung oder in Ausübung eines Bezugsrechts aufgrund der Kapitalerhaltungsvorschriften des Aktiengesetzes abgelehnt.[12] Lediglich bei Erwerb der Aktien durch ein Umsatzgeschäft stünde einer Haftung nichts entgegen. Diese Differenzierung ist nach dem Willen des Gesetzgebers heute hinfällig und eine AG kann sich dem Anspruchsteller gegenüber nicht auf die aktienrechtlichen Verbote berufen.[13] Wie die materielle Erörterung ergeben hat, besteht in den Kapitalerhaltungsvorschriften auch kein Grund gegen den Vorrang der Prospekthaftung als lex specialis.[14] Fraglich ist nun, ob diese Änderung der Haftungsadressaten der börsengesetzlichen Prospekthaftung die Rechtsprechung dazu bewegen könnte, den Kreis der Haftungsadressaten auf die Publikums-KG auszuweiten.

Von einer solchen Ausweitung ist indes aus zwei Gründen nicht auszugehen. Erstens wäre dazu eine gravierende Änderung der Rechtsprechung zum Personengesellschaftsrecht, die sich seit Jahrzehnten entwickelt hat, notwendig. Die Durchsetzung eines Anspruch aus Prospekthaftung käme der Rückzahlung einer Einlage gleich. Dies widerspräche indes der Lehre von der fehlerhaften Gesellschaft, die sowohl für das Außen- als auch das Innenverhältnis gilt. Demnach hindert die Anfechtbarkeit des Gesellschaftsvertrags nicht dessen Wirksamkeit.[15] Der Gesellschafter bliebe deshalb zur Zahlung seiner Einlage verpflichtet. Ein Anspruch auf Rückzahlung der geleisteten Einlage aus Prospekthaftung durchbräche diese Schutzvorschrift für den Rechtsverkehr. Zudem wäre dem Gesellschafter, der seine Einlage zurückerhält, nicht wirklich geholfen. Bei einer Rückzahlung käme es zum Wiederaufleben seiner persönlichen Haftung als Kommanditist gemäß § 172 IV i. V. m. § 171 I HGB. Insofern bedürfte es auch dahingehend einer Änderung.

Zweitens besteht für eine solche Ausweitung der Haftung auf die Personengesellschaft anders als bei Einbeziehung der AG in den Kreis der Haftungsadressaten der börsengesetzlichen Prospekthaftung keine Notwendigkeit. Durch den umfangreichen Kreis der Haftungsadressaten der bürgerlichrechtlichen Prospekthaftung kann es nicht dazu kommen, daß ein Anspruch nicht durchgesetzt werden kann, weil der Haftungsadressat fehlt. Durch die Einbeziehung der sog. Hintermänner in die Haftung sind auch diejenigen zu erfassen, die ansonsten nicht den anderen Gruppen der Haftenden zuzuordnen sind.

---

11 Siehe Dritter Teil C. III. 1. a).

12 Siehe Vierter Teil A. V. 1. a) aa).

13 Siehe Vierter Teil A. V. 1. a).

14 Siehe Vierter Teil A. V. 1. a) bb).

15 Vgl. Schwark in FS Raisch, 1995, S. 269, 280.

III. Anspruchsberechtigte

Anspruchsberechtigt aus bürgerlichrechtlicher Prospekthaftung ist derjenige, der eine Kapitalanlage gekauft hat und dazu durch den unrichtigen oder unvollständigen Prospekt veranlaßt worden ist.[16] Nicht anspruchsberechtigt war bisher der Zweiterwerber und derjenige, der seine Kapitalanlage schon weiterverkauft hat. In der neuen Fassung der börsengesetzlichen Prospekthaftung gemäß § 45 II BörsG hat im Gegensatz zur alten Rechtslage auch der Erwerber, der nicht mehr Inhaber der Wertpapiere ist, einen Anspruch auf Zahlung des Unterschiedsbetrags zwischen dem Erwerbspreis und dem Veräußerungspreis der Wertpapiere. Fraglich ist deshalb, ob diese neue spezialgesetzliche Ausgestaltung die Rechtsprechung dazu bewegen könnte, den Kreis der Anspruchsberechtigten der bürgerlichrechtlichen Prospekthaftung zu erweitern.

Diese Veränderung in der zukünftigen Rechtsprechung zur bürgerlichrechtlichen Prospekthaftung ist zu erwarten. Zwar bereitet die Herleitung der bürgerlichrechtlichen Prospekthaftung i. e. S. aus einer Rechtsfortbildung der c. i. c. dogmatische Schwierigkeiten in der Begründung einer Anspruchsberechtigung desjenigen, der nicht mehr Inhaber der Wertpapiere ist. Dies liegt darin begründet, daß in diesem Ansatz die Prospekthaftung als Haftung für die Verletzung von Aufklärungspflichten in vorvertraglichen und vertraglichen Beziehungen gesehen wird.[17] Solche vor- oder vertraglichen Bindungen bestehen indes nicht mehr, wenn der Anleger die Wertpapiere schon veräußert hat. In der Einschränkung des Kreises der Anspruchsberechtigten ließ sich die Rechtsprechung indes von der alten Ausgestaltung der Prospekthaftung leiten, die nur den Wertpapierinhabern einen Anspruch zusprach. Insofern dürfte das vom BGH selbst erklärte Interesse an einer Übereinstimmung der beiden Zweige der Prospekthaftung die dogmatischen Probleme überwiegen. Da sich die bürgerlichrechtliche Prospekthaftung zu einem eigenständigen Rechtsinstitut entwickelt hat, sollte sie, wie zu Beginn dieser Überlegungen dargestellt,[18] für eine solche wünschenswerte Änderung offen genug sein.

Ob es auch zu einer Änderung in der Frage der Anspruchsberechtigung der Zweiterwerber kommt, ist indes unklar. Zwar wäre dies unter dem Gesichtspunkt denkbar, daß bei der notwendigen Ausweitung der dogmatischen Grundlagen zur Einbeziehung derjenigen, die nicht mehr Inhaber der Wertpapiere sind, ebenfalls die dogmatischen Hürden für die Einbeziehung der Zweiterwerber genommen werden. So bereitet denn auch die Einbeziehung der Zweiterwerber in den Kreis der Anspruchsberechtigten bei den Prospekthaftungsansätzen dogmatisch keine Schwierigkeiten, die auf deliktischer Grundlage basieren. Bei-

16 Siehe Dritter Teil C. IV.

17 Vgl. Assmann, Prospekthaftung, 1985, S. 359.

18 Siehe Fünfter Teil A.

spielsweise sei hier der Ansatz der Verletzung von Informationsverkehrspflichten genannt.[19] Für eine umfassende und effiziente Kapitalmarktinformation gelten die auf Prospektangaben bezogenen Informationsverkehrspflichten unabhängig von der Art der Kapitalanlage grundsätzlich gegenüber allen Anlegern, die ihre Anlage aufgrund des fehlerhaften Prospekts erworben haben. Die Frage nach einem solchen Transfer aus den deliktischen Lösungsansätzen in das Rechtsinstitut der bürgerlichrechtlichen Prospekthaftung wird indes erst von der Rechtsprechung zu beantworten sein, wenn eine konkrete Entscheidung ansteht. Dies ist aufgrund der mangelnden Handelbarkeit der Anlagen auf dem grauen Kapitalmarkt jedoch eher unwahrscheinlich,[20] auch wenn sich am grauen Kapitalmarkt sekundärmarktähnliche Strukturen herauszubilden beginnen wie z. B. der sog. Zweitmarkt für geschlossene Immobilienfonds.[21]

IV. Kausalität

Zur haftungsausfüllenden Kausalität im Bereich der bürgerlichrechtlichen Prospekthaftung ist ausgeführt worden,[22] daß es für den Nachweis des Ursachenzusammenhangs zwischen einem mangelhaften Prospekt und der darauf beruhenden Kaufentscheidung ausreichend ist, daß der Anleger behauptet, bei Kenntnis der Prospektfehler die Kapitalanlage nicht erworben zu haben. Im Rahmen der freien Beweiswürdigung gemäß § 286 ZPO wird nach der Lebenserfahrung zugunsten des Anlegers davon ausgegangen, daß ein in wesentlichen Angaben unrichtiger oder unvollständiger Prospekt für den Kauf der Kapitalanlage ausschlaggebend war. Eine Aussage dazu, wie lange ein fehlerhafter Prospekt für eine Kaufentscheidung kausal sein kann, hat der BGH nicht gemacht. In der börsengesetzlichen Prospekthaftung hat der Gesetzgeber in § 45 I S. 1 BörsG bestimmt,[23] daß die von der Rechtsprechung entwickelte Anlagestimmung maximal sechs Monate andauern kann. Fraglich ist nun, ob dies Auswirkungen auf die Kausalitätsbestimmung im Rahmen der bürgerlichrechtlichen Prospekthaftung haben kann.

Davon ist zukünftig auszugehen. Dem steht auch nicht der Einwand entgegen, daß der Prospekt beim Vertrieb von Anteilen an einer Publikums-KG nur einem begrenzten Kreis von Kaufinteressenten zur Kenntnis gebracht wird und in sofern sein Inhalt keine Verbreitung im Markt erlangt. Denn bei allen anderen Formen des prospektvermittelten Vertriebs von Kapitalanlagen im grauen Kapitalmarkt wird dies sehr wohl der Fall sein. So gibt es heute beispielsweise

19 Vgl. Assmann, Prospekthaftung, 1985, S. 359.

20 Vgl. Assmann in Assmann/Schütze, 1997, § 7, RN 136.

21 Vgl. Weimann, Prospekthaftung, 1998, § 8, RN 4.

22 Siehe Dritter Teil C. V. 1.

23 Siehe dazu Vierter Teil A. VII. 2. a).

den oben erwähnten sog. Zweitmarkt für geschlossene Immobilienfonds.[24] Dort werden die erstellten Prospekte auch für den weiteren Handel in den Fondsanteilen genutzt werden. Damit erfüllen sie eine ähnliche Funktion wie der Börsenzulassungsprospekt als Publizitätsinstrument. Deshalb wird die Rechtsprechung, wenn sie mit einem entsprechenden Fall konfrontiert wird, eine zeitliche Grenze für die Dauer einer derartigen Wirkung der Prospekte auch im grauen Kapitalmarkt bestimmen müssen. Naheliegend ist somit, daß sie sich für einen solchen Fall an der gesetzlichen Dauer der Anlagestimmung für die organisierten Märkte orientieren wird.

V. Verjährung

Die Rechtsprechung zur Verjährung von Ansprüchen aus bürgerlichrechtlicher Prospekthaftung i. e. S. in Bezug auf den Vertrieb von Bauherrenmodellen wird sich aufgrund der Änderungen der Verjährungsregeln durch die Schuldrechtsreform ändern. Wenn der VII. und VIII. Senat des BGH an anderen Verjährungsregeln für Bauherrenmodelle im Rahmen der bürgerlichrechtlichen Prospekthaftung i. e. S. festhalten wollen, werden sie die Regelverjährung von nunmehr drei Jahren des neuen § 195 BGB anwenden müssen. Diese beginnt gemäß § 199 I BGB mit dem Ende des Jahres, indem entweder der Anspruch entstanden ist oder der Anspruchsgläubiger von den Anspruch begründenden Umständen und von der Person des Schuldners Kenntnis erlangt bzw. ohne grobe Fahrlässigkeit hätte erlangen müssen. Da bei einem Prospekthaftungsfall ein Vermögensschaden vorliegt, bestimmt sich die gültige Höchstfrist nach § 199 III BGB für sog. sonstige Schadensersatzansprüche, die nicht auf der Verletzung der absoluten Rechtsgüter Leben, Körper, Gesundheit und Freiheit beruhen. Dies bedeutet einerseits, daß die Verjährung unabhängig von der Kenntnis zehn Jahre nach Entstehung des Anspruchs eintritt. Andererseits beträgt sie dreißig Jahre nach der Begehung der Handlung, der Pflichtverletzung oder dem sonstigen, den Schaden auslösenden Ereignis. Dabei ist die früher endende Frist maßgeblich.

Indes wäre es auch denkbar, daß der BGH die Änderungen der Verjährungsregeln des BGB zum Anlaß nimmt, bei der bürgerlichrechtlichen Prospekthaftung i. e. S. die Verjährung einheitlich nach den allgemeinen Regeln von sechs Monaten nach Kenntnis des Prospektmangels, spätestens jedoch nach drei Jahren anzuwenden. Schließlich war die Herausbildung einer unterschiedlichen Verjährung für Ansprüche aus Prospekthaftung im Fall von Bauherrenmodellen schon unter dem Regime der alten Verjährungsregeln des BGB nicht überzeugend. Denn obwohl ein Anspruch aus Prospekthaftung wegen einer vergleichbaren Interessenlage auch beim Bauherrenmodell gegeben ist, soll bei der Ver-

[24] Siehe Fünfter Teil B. III.

jährung keine vergleichbare Interessenlage vorliegen.[25] Darüber hinaus liegt ein Widerspruch darin, daß der BGH das Bauherrenmodell zwar überwiegend durch das Werkvertragsrecht geprägt sieht und somit nicht die allgemeinen Regeln der Verjährung der bürgerlichrechtlichen Prospekthaftung i. e. S. für einschlägig hält, aber auch nicht den § 638 BGB a. F. mit einer Verjährung von fünf Jahren anwenden wollte, wenn Mängel des Prospekts sich nicht im Bauwerk niederschlagen.[26] Dies liege darin begründet, daß es einen Unterschied zwischen einerseits der Gewährleistung und andererseits der Prospekthaftung gäbe.[27] Demnach ist auch der Rückgriff auf den neuen § 634a BGB versperrt, der in Abs. 2 als längste Frist der Verjährung im Werkvertrag fünf Jahre vorsieht, wenn es sich bei dem Werk um ein Bauwerk handelt.

---

[25] Vgl. Kiethe, ZIP 2000, 216, 224.

[26] Vgl. Schmidt/Weidert, DB 1998, 2309, 2313.

[27] Vgl. BGH, WM 1994, 1371, 1373 f.

C. Bürgerlichrechtliche Prospekthaftung im weiteren Sinne

I. Verjährung bei fehlerhafter Anlageberatung

Bevor mögliche Auswirkungen auf die Rechtsprechung zur bürgerlichrechtlichen Prospekthaftung i. w. S. aufgezeigt werden können, gilt es, die veränderte Verjährung bei fehlerhafter Anlageberatung darzustellen. Gemäß dem neuen § 37a WpHG verjähren Ansprüche gegen ein Wertpapierdienstleistungsunternehmen wegen Verletzung der Pflicht zur Information und wegen fehlerhafter Beratung im Zusammenhang mit einer Wertpapierdienstleistung oder Wertpapiernebendienstleistung in drei Jahren von dem Zeitpunkt an, in dem der Anspruch entstanden ist. Maßgeblicher Zeitpunkt für die Bestimmung der Entstehung ist der Abschluß des auf die Beartung folgenden Kommissions-, Eigenhändler- oder Festpreisgeschäfts, auch wenn der Kursverlust erst später eintritt.[28] Wertpapierdienstleistungsunternehmen gemäß § 2 IV WpHG sind folgende Unternehmen:

1. ein Kreditinstitut,
2. ein Finanzdienstleistungsinstitut und
3. ein nach § 53 I S. 1 KWG tätiges Unternehmen, das Wertpapierdienstleistungen allein oder zusammen mit Wertpapiernebendienstleistungen gewerbsmäßig oder in einem Umfang erbringt, der einen in kaufmännischer Weise eingerichteten Geschäftsbetrieb erfordert.

Wertpapierdienstleistungen gemäß § 2 III WpHG sind:

1. die Anschaffung und Veräußerung von Wertpapieren, Geldmarktinstrumenten oder Derivaten im eigenen Namen für fremde Rechnung,
2. die Anschaffung und Veräußerung von Wertpapieren, Geldmarktinstrumenten oder Derivaten im Wege des Eigenhandels für andere,
3. die Anschaffung und Veräußerung von Wertpapieren, Geldmarktinstrumenten oder Derivaten im fremden Namen für fremde Rechnung,
4. die Vermittlung oder der Nachweis von Geschäften über die Anschaffung und die Veräußerung von Wertpapieren, Geldmarktinstrumenten oder Derivaten,
5. die Übernahme von Wertpapieren, Geldmarktinstrumenten oder Derivaten für eigenes Risiko zur Plazierung oder die Übernahme gleichwertiger Garantien und
6. die Verwaltung einzelner in Wertpapieren, Geldmarktinstrumenten oder Derivaten angelegter Vermögen für andere mit Entscheidungsspielraum.

Wertpapiernebendienstleistungen gemäß § 2 IIIa WpHG sind:

---

28 Vgl. Schäfer in FS Schimansky, 1999, S. 699, 706 ff, 710; MüKo – Ekkenga, 2001, Effektengeschäfte, RN 248.

1. die Verwahrung und die Verwaltung von Wertpapieren für andere, sofern nicht das Depotgesetz anzuwenden ist,
2. die Gewährung von Krediten oder Darlehen an andere für die Durchführung von Wertpapierdienstleistungen durch das Unternehmen, das den Kredit oder das Darlehen gewährt hat,
3. die Beratung bei der Anlage in Wertpapieren, Geldmarktinstrumenten oder Derivaten und
4. die in § 2 III Nrn. 1 - 4 WpHG genannten Tätigkeiten, soweit sie Devisengeschäfte oder Devisentermingeschäfte, die nicht von der Definition der Derivate in § 2 II WpHG erfaßt werden, zum Gegenstand haben und im Zusammenhang mit Wertpapierdienstleistungen stehen.

Nach dem Willen des Gesetzgebers ist es bei der Entstehung eines Anspruchs aus der Verletzung der Informationspflicht unerheblich, ob sie sich unmittelbar aus dem Vertragsverhältnis zwischen dem Wertpapierdienstleistungsunternehmen und dem Kunden ergibt oder gesetzlich gemäß den §§ 31, 32 WpHG vorgegeben ist. Ebenso ist es unerheblich, ob die Wertpapierdienstleistung oder die Wertpapiernebendienstleistung im Anschluß an die fehlerhafte Information oder Beratung tatsächlich erbracht wurde. Dadurch werden auch solche Sachverhalte erfaßt, in denen der Kunde aufgrund fehlerhafter Information oder Beratung den Kauf oder Verkauf von Wertpapieren unterlassen hat.[29] Die neue Verjährungsvorschrift erfaßt demnach jeden Aufklärungs- und Beratungsfehler einschließlich Fehlern bei der Informationsvermittlung.[30] Ob die kurze Verjährung auch bei Anspruchskonkurrenz gilt, bestimmt sich nach den allgemeinen Grundsätzen. Danach gilt bei vorsätzlicher Verletzung von Informationspflichten und fehlerhafter Anlageberatung, d. h. dem Anlagebetrug, die Regelverjährung für deliktische Ersatzansprüche.[31]

Der Gesetzgeber verfolgt das Ziel, das Hemmnis einer langen Verjährung, das sich in der Praxis insbesondere bei der Beratung bei Aktienanlagen gezeigt habe, zu beseitigen. Bisher galt mangels spezialgesetzlicher Regelung die Regelverjährung von dreißig Jahren gemäß § 195 BGB a. F. Diese Frist sei insbesondere im Vergleich zu anderen beratenden Berufen wie Rechtsanwälten, Steuerberatern und Wirtschaftsprüfern unangemessen lang. Die Begrenzung der Regelung auf Wertpapierdienstleistungsunternehmen folge aus der Tatsache, daß diese Unternehmen einer besonderen wertpapierhandelsrechtlichen Aufsicht unterliegen.[32]

---

29 Vgl. BT-Drucks. 13/8933, S. 96 f.

30 Vgl. Assmann/Schneider - Koller, 1999, § 37a, RN 4; MüKo - Ekkenga, 2001, Effektengeschäfte, RN 248.

31 Vgl. BT-Drucks. 13/8933, S. 97.

32 Vgl. ebenda, S. 96.

Mittlerweile beträgt die Regelverjährung gemäß § 195 BGB nur mehr drei Jahre.[33] Die Höchstgrenzen betragen gemäß § 199 III BGB abhängig von der jeweils kürzeren Frist zehn Jahre nach Entstehung des Anspruchs oder dreißig Jahre nach der Begehung der Handlung, der Pflichtverletzung oder dem sonstigen, den Schaden auslösenden Ereignis. Diese Fristen sind damit immer noch länger, als in § 37a WpHG festgelegt.

Obwohl § 37a WpHG nicht unmittelbar die Prospekthaftung betrifft, wird im folgenden die neue Vorschrift erörtert. Da sie zumindest mittelbare Auswirkungen auf die bürgerlichrechtliche Prospekthaftung i. w. S. haben könnte,[34] ist eine Bewertung ihres Regelungsgehalts angezeigt. Die Analyse der Verkürzung der Verjährung im Bereich der fehlerhaften Anlageberatung steht im engen Zusammenhang mit der heute gleich langen Verjährungsfrist bei den spezialgesetzlich geregelten Ausprägungen der Prospekthaftung. Wesentlicher Unterschied ist der Verzicht auf die Verjährung in sechs Monaten seit Kenntnis des Kunden von der fehlerhaften Anlageberatung. Diese Frist sah zwar noch der Gesetzentwurf der Bundesregierung vor,[35] auf Vorschlag des Bundesrates wurde sie aber nicht eingeführt.[36] Als Grund dafür wurde der für den Geschädigten aus der sechs Monats-Frist erwachsende Zwang zur Ergreifung von gerichtlichen Maßnahmen angeführt, was eine Mehrbelastung der Gerichte zur Folge hätte.[37] Da zur Klärung der Frage der Schlechterfüllung bei Dienstleistungsverhältnissen regelmäßig eine Vorkorrenzpondenz zwischen dem anspruchstellenden Kunden und dem Wertpapierdienstleistungsunternehmen als Haftungsadressaten notwendig sein wird, die einen gewissen Zeitraum in Anspruch nimmt, käme es zum Verstreichen des größten Teils der sechs Monats-Frist. Um die Einrede der Verjährung zu verhindern, hätte Klage erhoben werden müssen, obwohl deren Aussichten nicht ausreichend geklärt gewesen wären. Dieser Argumentation schloß sich die Bundesregierung in ihrer Gegenäußerung zur Stellungnahme des Bundesrates an.[38] Dem Verzicht auf die sechs Monats-Frist ist zuzustimmen.[39] Dies korrespondiert mit der in der Arbeit vertretenden Ablehnung dieser Frist bei der spezialgesetzlichen Prospekthaftung und deshalb sei für eine weitere Erörterung dorthin verwiesen.[40]

---

33 Siehe dazu auch Fünfter Teil B. V.

34 Siehe dazu Fünfter Teil C. II.

35 Vgl. BT-Drucks. 13/8933, S. 15.

36 Vgl. BR-Drucks. 605/97 (Beschluß), S. 19.

37 Vgl. ebenda, S. 19 f.

38 Vgl. BT-Drucks. 13/8933, S. 183.

39 Auf Ablehnung stößt die Nichteinführung der sechs Monats-Frist beim Zentralen Kreditausschuß, Stellungnahme, 1997, S. 7 f.

40 Siehe Vierter Teil A. X. 1.

Bei den sich zum Punkt der Verkürzung der Verjährung der Anlageberatung äußernden Sachverständigen findet die Regelung von drei Jahren mehrheitlich Zustimmung.[41] Auf Kritik stößt sie indes bei zwei Sachverständigen.[42] Als Alternative wird eine Verjährungsfrist von sechs bis zehn Jahren in Anlehnung an die handels- und steuerrechtlichen Aufbewahrungsfristen vorgeschlagen.[43] Diesen Vorschlag brachte die Bundestagsfraktion der SPD als Änderungsantrag zur zweiten Beratung des Dritten Finanzmarktförderungsgesetzes ein.[44]

Grundsätzlich ist die Verkürzung der Verjährung ein notwendiger Schritt. Die Anwendung der Regelverjährung von früher dreißig Jahren gemäß § 195 BGB a. F. und den heutigen Regelungen der §§ 195, 199 III BGB aufgrund des Fehlens einer spezialgesetzlichen Regelung bei fehlerhafter Anlageberatung ist unverhältnismäßig. Die Bewertung der neuen drei Jahresfrist fällt jedoch nicht eindeutig aus. Zwar ist die grundsätzliche Frage zu stellen, ob der Vergleich eines Wertpapierberaters mit anderen beratenden Berufen wie Rechtsanwälten, Steuerberatern und Wirtschaftsprüfern eine Anpassung der Verjährungsregelungen rechtfertigen kann.[45] Dabei gilt es zu berücksichtigen, daß Ansprüche gegen Personen der verschiedenen beratenden Berufe nicht einer einheitlichen Verjährung unterliegen. Ob aber aus der Verkürzung der Verjährung auf drei Jahre zwangsläufig eine Verschlechterung des Anlegerschutzes folgt, ist wie auch bei der heute kürzeren Verjährung der börsengesetzlichen Prospekthaftung nicht eindeutig abzusehen.[46] Erst zukünftige Fälle von fehlerhafter Anlageberatung werden zeigen, ob die Anleger ihre Ansprüche werden durchsetzen können.

II. Verjährung

Wie bereits zur bürgerlichrechtlichen Prospekthaftung i. w. S. ausgeführt wurde,[47] unterlagen daraus hergeleitete Ansprüche vor der Schuldrechtsreform der Regelverjährung von dreißig Jahren gemäß § 195 BGB a. F. Dies sind heute drei Jahre nach Kenntnis gemäß § 195 BGB und längsten zehn oder dreißig Jah-

---

[41] Vgl. BSK, Stellungnahme, 1997, S. 2 f, ablehnend aber die Anlegerseite, ebenda, S. 3; DAI, Stellungnahme, 1997, S. 16 f; DIHT, Stellungnahme, 1997, S. 4 f; Zentraler Kreditausschuß, Stellungnahme, 1997, S. 7 f.

[42] Vgl. AgV, Stellungnahme, 1997, S. 4 ff; DSW, Stellungnahme, 1997, S. 7 ff.

[43] DSW, Stellungnahme, 1997, S. 8. Für sechs Jahre auch die Anlegerseite der BSK, Stellungnahme, 1997, S. 3.

[44] Vgl. BT-Drucks. 13/9919, S. 1 und die Ablehnung des Änderungsantrags im Plenarprotokoll 13/220, S. 20124.

[45] Vgl. AgV, Stellungnahme, 1997, S. 5 f; DSW, Stellungnahme, 1997, S. 9 f.

[46] Siehe dazu Vierter Teil A. X. 2.

[47] Siehe Dritter Teil D.

re gemäß § 199 III BGB.[48] Ausnahmen ergeben sich aber unter besonderen Voraussetzungen dann, wenn der Haftungsadressat einer gesonderten Berufsgruppe angehört, die eigene Verjährungsregeln kennt wie bei Rechtsanwälten, Steuerberatern und Wirtschaftsprüfern. Liegen Anspruchskonkurrenzen mit vertraglichen Ansprüchen vor, werden die Verjährungsregeln des vertraglichen Rechtsverhältnisses angewendet. Bei konkurrierenden Ansprüchen aus einem Anlageberatungs- und Anlagevermittlungsvertrag fand bisher die Regelverjährung Anwendung.

Die Anlageberatung ist eine Wertpapiernebendienstleistung i. S. v. § 2 IIIa WpHG. Die Anlagevermittlung ist eine Wertpapierdienstleistung i. S. v. § 2 III WpHG. Somit verjähren Ansprüche, die aus einem Anlageberatungs- und Anlagevermittlungsvertrag hergeleitet werden, nach drei Jahren gemäß § 37a WpHG. Kommt es zu einer Konkurrenz von Ansprüchen aus Prospekthaftung i. w. S. und aus Anlageberatungs- und Anlagevermittlungsvertrag, werden die Ansprüche aus der Prospekthaftung nicht erst nach früher dreißig Jahren und heute drei Jahre nach Kenntnis und längsten zehn oder dreißig Jahre, sondern wie die Ansprüche aus dem Vertragsverhältnis endgültig nach drei Jahren verjähren.

Daß es de facto unabhängig von den neuen Verjährungsregeln durch die Schuldrechtsreform eine neue Verjährungsfrist für Ansprüche aus Prospekthaftung i. w. S. gibt, hat drei Gründe. Erstens kommt es zur Anwendung der Verjährungsregeln von besonderen Berufsgruppen für den Fall, daß die Prospekterklärung dem jeweiligen Berufsbild zuzuordnen ist oder der angebahnte Vertrag von dem Berufsbild erfaßt wird. Zweitens gelten die Verjährungsregeln der Berufsgruppen bei vorvertraglichen Pflichtverletzungen, wenn der Haftungsadressat seine Prospektverantwortlichkeit in seiner beruflichen Eigenschaft begründet hat. Drittens ist die Anwendung der Verjährungsregelung bei Anlageberatung und Anlagevermittlung zu erwarten. Es kann zwar prinzipiell jeder Haftungsadressat der bürgerlichrechtlichen Prospekthaftung i. w. S. sein, wenn er sich die fehlerhaften Prospektangaben inhaltlich zu eigen macht. Aber neben den Angehörigen der beratenden Berufe verwenden i. d. R. nur Personen im Rahmen der Anlageberatung und -vermittlung Prospekte.

Die so erreichte de facto Verkürzung der Verjährung im Bereich der bürgerlichrechtlichen Prospekthaftung i. w. S. scheint auch im Sinne der Rechtsprechung zu sein. Wie bereits ausgeführt wurde,[49] muß der Anspruchsteller unter besonderen Bedingungen damit rechnen, daß seinem Anspruch eventuell die Einwendung der Verwirkung entgegengehalten wird. Durch die Verkürzung bestünde für die Rechtsprechung jetzt keine Notwendigkeit mehr, zur Korrektur

48 Siehe zu Details Fünfter Teil B. V.

49 Siehe Dritter Teil D.

der langen Verjährung der Ansprüche aus bürgerlichrechtlicher Prospekthaftung i. w. S. auf die Verwirkung zurückzugreifen.

Sechster Teil: Schlußbetrachtung

A. Zusammenfassung

Die einzelnen Ergebnisse der Darstellung der neuen Fassung der spezialgesetzlichen Prospekthaftung sowie deren rechtliche und wirtschaftliche Betrachtung und die Erörterung ihrer möglichen Auswirkungen auf die Rechtsprechung zur bürgerlichrechtlichen Prospekthaftung werden im folgenden zusammengefaßt. Finden sich zu einzelnen Punkten keine Wertung oder weitergehende Ausführungen, bedeutet dies Zustimmung zur neuen Fassung.

Als Haftungsgrundlage der börsengesetzlichen Prospekthaftung gelten neben den Börsenzulassungsprospekten als Schriftstücke i. S. d. §§ 36 III Nr. 2 u. 38 I Nr. 2 BörsG i. V. m. §§ 13 ff BörsZulV auch der Jahresabschluß, der Zwischenbericht, eine Mitteilung i. S. d. Ad hoc-Publizität oder eine vergleichbare Bekanntmachung, wenn diese gemäß § 46 II Nr. 4 BörsG der nachträglichen Berichtigung des Börsenzulassungsprospekts dienen. Weiterhin gelten als Haftungsgrundlage gemäß § 45 IV BörsG sog. schriftliche Darstellungen i. S. d. §§ 45 Nr. 1 u. 45a I Nrn. 3 - 5 BörsZulV, die auch als Informationsmemoranden bezeichnet werden. Von § 45 IV BörsG werden auch solche Informationsmemoranden erfaßt, die bei der Umplazierung bereits an der Börse zugelassener Wertpapiere erstellt werden.

Für eine Befreiung von der Prospektpflicht gemäß § 45 Nr. 2 b) BörsZulV reicht bei einer bedingten Kapitalerhöhung die Eintragung des Hauptversammlungsbeschlusses in das Handelsregister. Eine prospektfreie Zulassung von Aktien zum amtlichen Markt kann gemäß § 45 Nr. 4 BörsZulV dann gestattet werden, wenn diese seit zwei Jahren im geregelten Markt gehandelt werden. Bei einer grenzüberschreitenden Zulassung zum amtlichen Markt kann der Emittent gemäß § 45a I Nr. 1 BörsZulV von der Prospektpflicht befreit werden, wenn seine Aktien oder die sie verbriefenden Zertifikate mindestens seit drei Jahren in einem Mitgliedstaat der EU oder einem anderen Vertragsstaat des Abkommens über den Europäischen Wirtschaftsraum in einem amtlichen Markt gehandelt wurden, seine national zuständige Zulassungsstelle bestätigt, daß er in dieser Zeit seine kapitalmarktrechtlichen Informationspflichten erfüllt hat, und er einen vereinfachten Dokumentensatz gemäß § 45a I Nrn. 3 - 5 BörsZulV veröffentlicht.

Im Zulassungsverfahren schreibt § 36 IIIa BörsG vor, daß der Prospekt erst veröffentlicht werden darf, wenn er von der Zulassungsstelle binnen fünfzehn Börsentagen gebilligt worden ist. Sollen Wertpapiere gleichzeitig an mehreren Börsen notiert werden, hat der Emittent eine Zulassungsstelle für die Billigung zu bestimmen. Bei einer Mehrfachnotierung bedarf es gemäß § 36 VI BörsG bei der Zulassung nicht der Mitwirkung eines Emissionsbegleiters, wenn die Wertpapiere schon an einer inländischen Börse im amtlichen Markt notiert sind.

Nunmehr dürfen gemäß § 39 IV S. 1 BörsG auch ausländische Emittenten bei einer angestrebten Mehrfachnotierung den von einer anderen Zulassungsstelle gebilligten Prospekt verwenden, wenn dieser nicht älter als sechs Monate ist. Der Prospekt muß gemäß § 43 I S. 1 u. 2 BörsZulV nur noch einen Tag vor Einführung der Wertpapiere veröffentlicht werden.

Die Mangelhaftigkeit eines Prospekts wird nicht durch die Zulassung des Prospekts ausgeschlossen, auch wenn die Zulassungsstelle seine Veröffentlichung billigen muß. Ist der Prospekt fehlerhaft, trifft sowohl den Emittenten als auch den Emissionsbegleiter eine Berichtigungspflicht. Diese folgt aus § 46 II Nr. 4 BörsG, weil nur so der Prospekt als Publizitätsinstrument auf dem Kapitalmarkt seiner Funktion bei veränderter Datenlage gerecht werden kann. Die mit der Berichtigung verbundene Folge des Haftungsausschlusses einerseits und die in § 46 II Nr. 4 BörsG genannten Berichtigungsformen andererseits beeinträchtigen den Anlegerschutz nicht.

Der Prospekt wird nicht dadurch unvollständig, daß Angaben nicht in deutscher Sprache abgefaßt sind. Als weitere Sprache wird jedoch nur Englisch möglich sein. Deutsche Emittenten profitieren indes von der Möglichkeit der Verwendung der englischen Sprache in Prospekten nicht. Ein Emittent mit Sitz im Inland, der ein Dual Listing an einer inländischen und einer ausländischen Börse anstrebt, muß für die Zulassung an der deutschen Börse in jedem Fall den Prospekt in deutscher Sprache abfassen. Aufgrund von § 16 I Nr. 5 BörsZulV kann auf die Angabe des Verkaufspreises im Prospekt verzichtet werden. An seine Stelle treten dann die Einzelheiten und der Zeitplan seiner Festsetzung. Dadurch wird den Bedürfnissen des Bookbuilding-Verfahrens Rechnung getragen. Ist der Emittent der Wertpapiere eine KGaA, sind im Prospekt gemäß § 18 Nr. 3 BörsZulV Angaben über die Struktur des persönlich haftenden Gesellschafters aufzunehmen. In § 21 I Nr. 1 BörsZulV ist nun ausdrücklich der Lagebericht zur Aufnahme in den Prospekt genannt. Bei der Emittierung von Aktien, die dem Altaktionär aufgrund seines Bezugsrechts zugeteilt werden, erfordert § 33 III BörsZulV die Beifügung des letzten festgestellten Jahresabschlusses oder konsolidierten Jahresabschlusses zum Prospekt. Statt der Beifügung wäre das Verfahren der „incorporation by reference", die Einbeziehung von Dokumenten in den Prospekt durch Verweisung, genauso gut geeignet zur Sicherstellung ausreichender Information über den Emittenten. Die Belastung für diesen und den Emissionsbegleiter wäre indes geringer. Eine Entscheidung für dieses Verfahren statt der Beifügung müßte eine entsprechende Änderung von § 34 BörsZulV, der heute statt der früheren Einfügung die Beifügung des letzten Jahresabschlusses genügen läßt, und des unverändert gebliebenen § 22 BörsZulV nach sich ziehen. Eine Daueremission von Schuldverschreibungen gemäß § 38 BörsZulV liegt heute vor, wenn sie dauernd, d. h. fortlaufend ohne Unterbrechung, oder wiederholt, d. h. mindestens eine Emission jährlich, ausgegeben werden. Die Möglichkeit der Veröffentlichung von unvollständigen

Prospekten gemäß § 44 S. 1 BörsZulV wird dahingehend erweitert, daß medium term note Programme erfaßt werden, bei denen die Ausstattungsmerkmale Laufzeitende, Mindesttranchenvolumen, Mindeststückelung und -ordergröße erst später festgelegt werden.

Haftungsadressaten der börsengesetzlichen Prospekthaftung sind einerseits die Prospekt-Verantwortlichen gemäß § 45 I S. 1 Nr. 1 BörsG. Dazu gehört neben den Emissionsbegleitern gemäß § 36 S. 1 BörsG auch uneingeschränkt der Emittent. Auch wenn dieser eine AG ist, soll sie nach dem Willen des Gesetzgebers in die Haftung einbezogen sein. Materielle Gründe der Kapitalerhaltungsvorschriften im Aktiengesetz sprechen nicht gegen die Einbeziehung in die Haftung. Im Gegenteil erfordern das Ziel der Stärkung des Anlegerschutzes sowie rechtsvergleichende Ergebnisse die Einbeziehung sogar. Andererseits gehören zu den Haftungsadressaten auch die Prospekt-Erlasser gemäß § 45 I S. 1 Nr. 2 BörsG. Damit werden die tatsächlichen Urheber des Prospekts erfaßt. Prospekt-Verantwortliche und Prospekt-Erlasser haften als Gesamtschuldner. Eine Haftung der Zulassungsstelle kommt nur unter dem Gesichtspunkt der Haftung aus § 839 BGB i. V. m. Art. 34 GG in Betracht. Der Wirtschaftsprüfer bleibt auch weiterhin von der börsengesetzlichen Prospekthaftung ausgeschlossen.

Anspruchsberechtigt ist zum einen gemäß § 45 I S. 1 BörsG derjenige, der aufgrund eines Erwerbsgeschäfts im Inland oder neu mit Inlandsbezug Inhaber der Wertpapiere ist. Das ist sowohl der Ersterwerber als auch weitere Zweiterwerber. Die Wertpapiere müssen aufgrund des mangelhaften Prospekts zugelassen worden sein. Unterscheiden sie sich nicht von bereits umlaufenden Wertpapieren desselben Emittenten, so erstreckt sich die Haftung auch auf die bereits im Markt befindlichen Wertpapiere. Zum anderen ist gemäß § 45 II BörsG auch derjenige anspruchsberechtigt, der seine Wertpapiere schon veräußert hat.

Die börsengesetzliche Prospekthaftung erfordert einen kausalen Zusammenhang zwischen dem veröffentlichten Prospekt und dem Erwerb der Wertpapiere. Die Beweislast dafür wird aber durch die Annahme einer sog. Anlagestimmung zugunsten des Anlegers umgekehrt. Deren maximale Dauer ist in § 45 I S. 1 BörsG auf sechs Monate begrenzt worden. Überzeugend ist die Argumentation für die Begrenzung nicht und ein längerer Zeitraum z. B. von einem Jahr wäre durchaus vertretbar. Die Anlagestimmung endet, wenn eine Berichtigung des Prospekts gemäß § 46 II Nr. 4 BörsG erfolgt. Die Kausalität ist darüber hinaus dann nicht gegeben, wenn der fehlerhafte Prospekt zu keiner Minderung des Börsenpreises geführt hat und der Erwerber die Unrichtigkeit bzw. Unvollständigkeit des Prospekts beim Erwerb kannte.

Die Haftung ist gemäß § 46 I BörsG ausgeschlossen, wenn derjenige, der in Anspruch genommen werden soll, nachweisen kann, daß er die Unrichtigkeit bzw. Unvollständigkeit des Prospekts nicht gekannt hat und seine Unkenntnis nicht auf grober Fahrlässigkeit beruht. Für das Verschulden wäre der Maßstab der leichten Fahrlässigkeit besser geeignet. Dadurch könnte ein größerer Beitrag zur Funktionsfähigkeit des Kapitalmarkts erbracht werden. Die Wettbewerbsfähigkeit könnte vergrößert werden, weil leichte Fahrlässigkeit einen internationalen Standard für das Verschulden darstellt und dem Maßstab des Verschuldens der bürgerlichrechtlichen Prospekthaftung entspricht.

Der zu ersetzende Schaden ist davon abhängig, ob der Anspruchsberechtigte noch Inhaber der Wertpapiere ist. Für diesen Fall ist der Anspruch gemäß § 45 I BörsG auf die Erstattung des Erwerbspreises gerichtet. Die Höhe ist indes auf den Ausgabepreis begrenzt. Diese Regelung widerspricht den Grundsätzen der Vorteilsausgleichung. Inhaber von festverzinslichen Wertpapieren, deren Ausgabe unter pari erfolgt, werden gegenüber anderen Wertpapierinhabern benachteiligt. Durch die Art der Schadensberechnung kann es zu Fehlanreizen bei der Bestimmung des Emissionskurses kommen. Schließlich ist negativ zu bewerten, daß der Anleger nicht mehr die Möglichkeit hat, bei dem Nachweis, daß er auch bei Kenntnis der wahren Sachlage die Wertpapiere erworben hätte, diese zu behalten. Hat der Anleger die Wertpapiere schon weiterveräußert, kann er gemäß § 45 II S. 1 BörsG den Unterschiedsbetrag zwischen dem Erwerbspreis und dem Veräußerungserlös als Schaden geltend machen. Dadurch ist es theoretisch möglich, daß die Gesamtschadenssumme den Emissionserlös übersteigt. Praktisch ist diese Möglichkeit jedoch unbedeutend. Der Anleger unterliegt keiner Verkaufspflicht der Wertpapiere aus Gründen der Schadensminderung, weil er trotz seines Verkaufs die Gesamtschadenssumme nicht beeinflussen kann, und es nur zur Verlagerung des Problems auf den Zweiterwerber käme. Neben dem Erwerbspreis bzw. dem Unterschiedsbetrag kann der Anleger gemäß § 45 I S. 1 BörsG auch die mit dem Erwerb und gegebenenfalls der Veräußerung der Wertpapiere verbundenen üblichen Kosten ersetzt verlangen.

Ansprüche aus Prospekthaftung verjähren in sechs Monaten ab dem Zeitpunkt, zu dem der Anleger Kenntnis vom dem Prospektmangel erlangt. Diese Regelung sollte aufgrund der Schwierigkeiten bei der Bestimmung der Kenntnis und der zu kurzen Zeitspanne gestrichen werden. Darüber hinaus verjähren Ansprüche in drei Jahren seit Veröffentlichung des Prospekts. Diese Verkürzung wäre nicht notwendig gewesen, ob dadurch jedoch zwangsläufig eine Verschlechterung des Anlegerschutzes folgt, ist nicht eindeutig zu bestimmen.

Ein Haftungsausschluß im voraus ist gemäß § 48 I BörsG unwirksam. Neben Ansprüchen aus Prospekthaftung können gemäß § 48 II BörsG vertragliche Ansprüche und deliktische Ansprüche aus vorsätzlich unerlaubten Handlungen geltend gemacht werden. Ansprüche aus c. i. c. können gemäß § 48 II BörsG analog geltend gemacht werden. Eine Anspruchskonkurrenz zu Ansprüchen aus bürgerlichrechtlicher Prospekthaftung besteht nicht. Negativ ist die nicht erreichte Vereinheitlichung mit der bürgerlichrechtlichen Prospekthaftung zu bewerten.

Gerichtsstand für Entscheidungen über Ansprüche aus Prospekthaftung und möglichen weitergehenden Ansprüchen i. S. v. § 48 II BörsG ist gemäß § 49 S. 1 BörsG ausschließlich das Landgericht, in dessen Bezirk die Börse ihren Sitz hat, deren Zulassungsstelle den Prospekt gebilligt oder von der Pflicht zur Veröffentlichung eines Prospekts befreit hat. Besteht an dem Landgericht eine Kammer für Handelssachen, ist diese gemäß § 49 S. 2 BörsG zuständig.

Für die Prospekthaftung für den Unternehmensbericht gilt gemäß § 77 BörsG, daß entsprechend den §§ 45 - 49 BörsG gehaftet wird. Der Unternehmensbericht als Teilvoraussetzung für die Zulassung zum geregelten Markt muß heute gemäß § 77 I Nr. 2 BörsG mindestens die Angaben enthalten, die für einen Verkaufsprospekt nach einer aufgrund von § 7 II u. III VerkProspVO erlassenen Rechtsverordnung erforderlich sind. Unternehmen, die vor weniger als achtzehn Monaten gegründet wurden und deshalb noch keinen Jahresabschluß veröffentlicht haben, wird der Zugang zur Börse ermöglicht. Die Billigung des Unternehmensberichts erfolgt gemäß § 73 Ia BörsG durch den Zulassungsausschuß innerhalb von fünfzehn Börsentagen. Die Möglichkeit der Befreiung von der Prospektveröffentlichung wird gemäß § 73 II BörsG auf jede Art von Wertpapier, das an einer inländischen Börse im amtlichen Markt oder im geregelten Markt zugelassen ist, erweitert. Die fehlende Mitunterzeichnung des Emissionsbegleiters im Prospekt verhindert nicht dessen Haftung. Für die Gerichtszuständigkeit folgt aus § 77 BörsG, daß das Gericht zuständig ist, in dessen Bezirk die Börse ihren Sitz hat, deren Zulassungsausschuß den Unternehmensbericht genehmigt hat.

Für die Prospekthaftung im Neuen Markt gilt die Prospekthaftung für den Unternehmensbericht, weil der Emissionsprospekt für den Neuen Markt den Unternehmensbericht umfaßt. Für die Einbeziehung von Wertpapieren in den Freiverkehr besteht keine Prospektpflicht. Werden beim Vertrieb Prospekte verwendet, findet auf diese die bürgerlichrechtliche Prospekthaftung Anwendung. Unter bestimmten Voraussetzungen kann auch die verkaufsprospektgesetzliche Haftung greifen.

Für die verkaufsprospektgesetzliche Haftung gilt gemäß § 13 I VerkProspG, daß entsprechend den §§ 45 - 48 BörsG gehaftet wird. Sie findet Anwendung auf Verkaufsprospekte, aufgrund derer Wertpapiere erstmals im Inland öffentlich angeboten werden, die nicht zum Handel an einer inländischen Börse zugelassen sind. Wird ein Verkaufsprospekt nicht oder nicht rechtzeitig veröffentlicht oder überhaupt kein Prospekt angefertigt und publiziert, wird keine verkaufsprospektgesetzliche Haftung ausgelöst. Bei einer verkaufsprospektpflichtigen Emission, bei der ein Prospekt verwendet wird, der nicht als Verkaufsprospekt bezeichnet ist und weder gebilligt noch hinterlegt wurde, kommt es zur Anwendung der bürgerlichrechtlichen Prospekthaftung.

Bei den vermehrten Aktienplazierungen über das Internet handelt es sich trotz gegenteiliger Bezeichnungen dann um ein öffentliches Angebot, das eine

Prospektpflicht auslöst, wenn im Geltungsbereich des Verkaufsprospektgesetzes Werbung erfolgt, die zielgerichtet Anleger in Deutschland anspricht oder vom Angebot nicht ausdrücklich ausschließt, Wertpapiere zu erwerben. Bei den Ausnahmen von der Pflicht zur Veröffentlichung eines Verkaufsprospekts gemäß § 3 VerkProspG ist der Kreis der in Nr. 1 genannten Staaten eingeschränkt worden. Der in Nr. 2 genannte Kreis der Emittenten ist um Finanzdienstleistungsinstitute erweitert worden. Eine Daueremission i. S. v. Nr. 2 liegt nunmehr vor, wenn Schuldverschreibungen dauernd, d. h. fortlaufend ohne Unterbrechung, oder wiederholt, d. h. mindestens einmal jährlich, ausgegeben werden. Bei der Ausnahme von der Pflicht zur Veröffentlichung eines Prospekts gemäß § 4 VerkProspG ist zum einen die frühere Möglichkeit des öffentlichen Umtauschangebots von Wertpapieren gestrichen worden. Zum anderen ist der Kreis der Unternehmen, bei denen Wertpapiere gezeichnet oder erstmals erworben werden können, um als Euro-Wertpapiere zu gelten, um sonstige Finanzinstitute i. S. v. Art. 3 f) Richtlinie 89/298/EWG erweitert worden.

Bei der Veröffentlichung von Verkaufsprospekten für Wertpapiere, für die gleichzeitig eine Zulassung zum amtlichen oder geregelten Markt beantragt ist, schreibt § 6 VerkProspG jetzt vor, daß sie erst veröffentlicht werden dürfen, wenn sie von der Zulassungsstelle bzw. dem Zulassungsausschuß gebilligt worden sind. Bei der Veröffentlichung von Verkaufsprospekten für Wertpapiere, für die keine Zulassung beantragt ist, erhält die neue Bundesanstalt für die Finanzdienstleistungsaufsicht gemäß § 8a VerkProspG die Kompetenz zur Überprüfung und zur Untersagung ihrer Veröffentlichung. Die Frist von zehn Werktagen zur Überprüfung ist jedoch zu lang bemessen, was sich insbesondere bei der Emission von Optionsscheinen äußert. Die Prüfungskompetenz der neuen Bundesanstalt wird gemäß § 8a VerkProspG um die Möglichkeit zur Untersagung des öffentlichen Angebots ergänzt. Nachträge zum Verkaufsprospekt i. S. v. § 10 VerkProspG, die spätestens am Tag des öffentlichen Angebots veröffentlicht werden müssen, sind gemäß § 8 VerkProspG der Bundesanstalt zur Hinterlegung zu übermitteln. Der Eingang ist zu bestätigen. Um die neuen Befugnisse wirksam wahrnehmen zu können, kann die Bundesanstalt für die Finanzdienstleistungsaufsicht gemäß § 8c VerkProspG vom Anbieter der Wertpapiere Auskünfte und die Vorlage von Unterlagen verlangen. Die Untersagung der Veröffentlichung des Verkaufsprospekts, die Untersagung des öffentlichen Angebots sowie das Ersuchen um Auskünfte und die Vorlage von Unterlagen sind gemäß § 8d VerkProspG sofort vollziehbar. Die Bundesanstalt für die Finanzdienstleistungsaufsicht kann gemäß § 8e VerkProspG Werbung mit Angaben untersagen, die den Eindruck erwecken, daß mit der Hinterlegung des Verkaufsprospekts eine umfassende inhaltliche Prüfung verbunden sei.

Die Verkaufsprospekt-Verordnung ist in mehren Punkten verändert worden, die wesentlich mit den Änderungen der Börsenzulassungs-Verordnung korrespondieren. Die Bundesanstalt für die Finanzdienstleistungsaufsicht kann dem

Emittenten mit Sitz im Ausland gemäß § 2 I VerkProspVO gestatten, den Verkaufsprospekt ganz oder teilweise in einer anderen Sprache abzufassen. Dies entspricht auch der Regelung in § 15 VerkProspG. § 4 Nr. 12 VerkProspVO ermöglicht den Verzicht der Nennung des Ausgabepreises, um das Bookbuilding-Verfahren zur Emissionspreisfindung nutzen zu können. Ist der Emittent eine KGaA, muß der Verkaufsprospekt gemäß § 5 Nr. 3 VerkProspVO Angaben über den persönlich haftenden Gesellschaften enthalten. Gemäß § 12 II S. 1 VerkProspVO sind bei Wertpapieren, die keine Aktien sind und die ein Umtausch- oder Bezugsrecht einräumen, in den Verkaufsprospekt auch Angaben nach den §§ 5 - 11 VerkProspVO üben den Emittenten der zum Umtausch oder Bezug angebotenen Wertpapiere aufzunehmen. Bei Wertpapieren, die ein Recht auf Zahlung eines Geldbetrags einräumen, der durch den Wert eines anderen Wertpapiers oder Rechts oder durch eine sonstige Bezugsgröße bestimmt wird, sind in den Verkaufsprospekt zusätzlich Angaben über die Ermittlung des Betrags aufzunehmen.

Bei Wertpapieren, für die eine Zulassung zum amtlichen oder geregelten Markt beantragt ist, ist unabhängig vom Streitwert gemäß § 13 II VerkProspG das Landgericht zuständig, in dessen Bezirk die Börse ihren Sitz hat, bei deren Zulassungsstelle oder Zulassungsausschuß die Billigung des Prospekts beantragt wurde. Ist für Wertpapiere keine Zulassung beantragt, ist das Landgericht zuständig, in dessen Bezirk die neue Bundesanstalt für die Finanzdienstleistungsaufsicht ihren Sitz hat. Die Zuständigkeit wird beim LG Frankfurt a. M bleiben. Besteht an den jeweils betroffenen Gerichten eine Kammer für Handelssachen, gehört die Streitigkeit vor diese.

Die möglichen Auswirkungen der neuen Fassung der spezialgesetzlichen Prospekthaftung auf die Rechtsprechung zur bürgerlichrechtlichen Prospekthaftung betreffen nur wenige Punkte. Die Änderungen der Börsenzulassungs-Verordnung könnten mittelbar Auswirkungen auf die bürgerlichrechtliche Prospekthaftung i. e. S. haben, weil davon auszugehen ist, daß die von verschiedenen Institutionen erstellten Prospektinhaltskataloge davon beeinflußt werden. Eine Ausweitung des Kreises der Haftungsadressaten ist nicht zu erwarten. Die neue Gruppe der Anspruchsberechtigten, die die Wertpapiere schon verkauft haben, könnte die Rechtsprechung zur Ausweitung des Kreises der Anspruchsberechtigten der bürgerlichrechtlichen Prospekthaftung i. e. S. bewegen. Die gesetzlich bestimmte maximale Dauer der Anlagestimmung dürfte die Rechtsprechung auch bei Prospekten im grauen Kapitalmarkt anwenden. Die Regeln der Verjährung im Fall von Bauherrenmodellen werden sich aufgrund der geänderten Verjährungsregeln durch die Schuldrechtsreform ändern. Die Verjährung im Bereich der bürgerlichrechtlichen Prospekthaftung i. w. S. wird de facto verkürzt. Neben den schon früher angewandten Verjährungsregeln der beratenden Berufe der Rechtsanwälte, Steuerberater und Wirtschaftsprüfer wird zukünftig die neue dreijährige Verjährung von Ansprüchen gemäß § 37a WpHG bei Anlageberatung und -vermittlung treten. Da Prospekte i. d. R. nur von Personen dieser Berufsgruppen verwendet werden, bleibt praktisch kein Raum mehr für die Anwendung der neuen Verjährungsregeln des BGB.

B. Ausblick

Betrachtet man nicht die einzelnen Änderungen, sondern die neuen Fassungen der spezialgesetzlichen Ausprägungen der Prospekthaftung als ganzes, ist festzuhalten, daß der Gesetzgeber einen Schritt in die richtige Richtung gemacht hat. Wichtige Hemmnisse für die praktische Durchsetztbarkeit von Ansprüchen aus Prospekthaftung wie z. B. das Besitzerfordernis[1] sind aufgegeben worden. Trotzdem gilt es, bei entscheidenden Punkten weiterhin auf eine Änderung zu drängen. Dies sind insbesondere der Verschuldensmaßstab[2] der leichten Fahrlässigkeit und die Rücknahme der Verjährungsregelung in bezug auf die Frist von sechs Monaten seit Kenntnis[3], die mit dem Vierten Finanzmarktförderungsgesetz verwirklicht werden soll. Dadurch könnten heutige Regelungen wie z. B. die Begrenzung des erstattungsfähigen Schadens auf den Ausgabepreis[4] und die damit verbundene einseitige Bevorzugung der Haftungsadressaten in einer Gesamtbewertung zu rechtfertigen sein.

Die heutige Fassung der Prospekthaftung mit den aufgezeigten weiterhin bestehenden Schwächen und den negativ zu bewertenden Neuerungen wird ihre praktische Bedeutung nicht wesentlich vergrößern können. Beachtung könnte dieser Umstand dann erlangen, wenn es insbesondere bei der großen Anzahl von Neuemissionen im Neuen Markt in den Jahren 1999 und 2000 zu noch weiteren Firmenzusammenbrüchen kommen sollte. Exemplarisch aus der Aufzählung von Unternehmen in der Einleitung[5], die in Zusammenhang mit möglichen Prospekthaftungsfällen genannt werden, sei hier die Aktie des Internetproviders Gigabell AG erwähnt. Schon kurz nach der Einführung in den Neuen Markt gab Gigabell Warnungen vor höheren Verlusten als geplant heraus. Als Grund hierfür werden unter anderem Gerüchte genannt, daß in dem Emissionsprospekt zu hohe Kundenzahlen angegeben worden sind, die zu einer Fehlbewertung der Aktie geführt haben. Nach dem der Kurs von seinen Höchstständen, die weit über dem Emissionspreis lagen, rapide abgestürzt war, ist mit Ablauf des 23. Februar 2001 das Listing eingestellt worden und Gigabell zählt zu den ersten drei Unternehmen des Neuen Markts, die insolvent geworden sind.

Der Ausgang solcher Fälle sowie möglicher Rechtsstreitigkeiten um Prospekthaftung mit den in der Einleitung aufgeführten Unternehmen wird ein wesentlicher Prüfstein für die geltenden Normen sein. Grundsätzlich gilt, daß das Vertrauen in den Finanzplatz Schaden nehmen wird, wenn Anleger ihren erlittenen Schaden nicht ersetzt bekommen, weil sie ihre Ansprüche aufgrund der auf-

---

1 Siehe Vierter Teil A. VI. 2.

2 Siehe Vierter Teil A. VIII. 4.

3 Siehe Vierter Teil A. X. 1.

4 Siehe Vierter Teil A. IX. 1.

5 Siehe Erster Teil.

gezeigten Schwächen in der Konstruktion der Prospekthaftung nicht geltend machen können. Dadurch würden alle Anstrengungen, die der Bedeutung des Finanzplatzes als wichtigem Wirtschaftsfaktor Rechnung tragen sollen, negativ beeinträchtigt.

Zu solchen Anstrengungen gehören auch die neuen Going-Public-Grundsätze der Deutschen Börse AG, die ab dem 1. Juni gelten sollen.[6] Dadurch soll eine erhöhte Transparenz des Emissionsprospekts erreicht werden und ein einheitliches Informationsniveau der Anleger bei zukünftigen Börsengängen sichergestellt werden. Diese Grundsätze haben keine Gesetzesqualität und sollen für den Neuen Markt durch eine Änderung des Regelwerks verwirklicht werden. In den anderen Marktsegmenten soll den Grundsätzen über die Verwaltungspraxis der Zulassungsstellen Geltung verschafft werden. Wenn das Verhaben der Deutschen Börse AG Erfolg zeigen wird, dann wird der Prospekt zur einzig maßgeblichen Informationsquelle.

Auch von Seiten des Gesetzgebers ist in Zukunft weiterer Handlungsbedarf in bezug auf die Ausgestaltung der kapitalmarktrechtlichen Bedingungen zu erkennen. So sind von der Europäischen Kommission zwei Vorschläge zu Richtlinien vorgestellt worden. Das ist einerseits eine Richtlinie zu einem einheitlichen europäischen Prospekt und andererseits eine Richtlinie gegen den Marktmißbrauch.[7] Diese Regelungen werden die nationale Gesetzgebung beeinflussen.

Darüber hinaus wirft der künftige Corporate-Governance-Kodex die Frage auf, ob er eine Grundlage für eine Art allgemeiner Prospekthaftung von Vorstand und Aufsichtsrat gegenüber den Aktionären bietet. Diese Ansicht wurde von Marcus Lutter und Uwe H. Schneider auf einer Veranstaltung des DAI vertreten.[8] Dem gegenüber steht die Ansicht von Theodor Baums, daß der Kodex die Haftung nicht verschärft.[9] Es Bedarf demnach der Beschäftigung mit der Prospekthaftung auch in der näheren Zukunft.

Dies gilt insoweit auch für die bürgerlichrechtliche Prospekthaftung in bezug auf die Kodifizierung der c. i. c. in § 311 II u. III BGB. Durch die Reform des Schuldrechts hat der Gesetzgeber die Grundsätze der c. i. c. in das Gesetz aufgenommen, ohne indes die Absicht zu haben, an der bisherigen Rechtslage etwas zu ändern. Aber durch die Kodifizierung stellt sich die Frage, ob die Rechtsprechung bei der Ausgestaltung der bürgerlichrechtlichen Prospekthaftung an den entwickelten Regeln wird festhalten können.[10] Der BGH statuiert schließlich

---

6 Vgl. o. V., FAZ 8.5.2002, S. 29

7 Vgl. dazu mit Nachweisen Ilberg/Neises, WM 2002, 635, 635 ff.

8 Vgl. Lutter und Schneider zitiert in o. V., FAZ 22.2.2002, S. 20.

9 Vgl. Baums zitiert in o. V., FAZ 23.2.2002, S. 14.

10 Siehe dazu auch Fünfter Teil A.

eine Haftung für Vermögensschäden, obwohl er sich durch die Anbindung der Haftung an ein typisiertes Vertrauen eigentlich im Deliktsrecht bewegt.

Literaturverzeichnis

AgV [Stellungnahme, 1997], Stellungnahme der AgV zum Entwurf der Bundesregierung eines Gesetzes zur weiteren Fortentwicklung des Finanzplatzes Deutschland (Drittes Finanzmarktförderungsgesetz), Bonn November 1997

Akerlof, George A. [QJE 1970], The Market for „Lemons": Quality Uncertainty and the Market Mechanism, QJE 1970, Vol. 84, S. 488 - 500

Assmann, Heinz-Dieter [WM 1983], Entwicklungstendenzen der Prospekthaftung, WM 1983, 37. Jg., S. 138 - 144

derselbe [Prospekthaftung, 1985], Prospekthaftung als Haftung für die Verletzung kapitalmarktbezogener Informationsverkehrspflichten nach deutschem und US-amerikanischem Recht, Köln 1985

derselbe [WuB IV A. § 242 BGB - 2.85], Anmerkung zu OLG Frankfurt a. M., WuB IV A. § 242 BGB - 2.85, S. 341 - 342

derselbe [WuB I G 5. - 12.88], Anmerkung zu OLG Frankfurt a. M., WuB I G 5. - 12.88, S. 1211 - 1212

derselbe [ZHR 152 (1988)], Zur Haftung von Konsorten für das rechtsgeschäftliche Handeln ihrer Vertreter, ZHR 152. Band 1988, S. 371 - 385

derselbe [in FS Lange, 1992], Der Inhalt des Schadensersatzanspruchs fehlerhaft informierter Kapitalanleger, in FS für Hermann Lange zum 70. Geburtstag am 24. Januar 1992, herausgegeben von Dieter Medicus / Hans-Joachim Mertens / Kurt Wolfgang Nörr / Wolfgang Zöllner, Stuttgart, Berlin, Köln 1992, S. 345 - 372

derselbe [AG 1996], Die Befreiung von der Pflicht zur Veröffentlichung eines Börsenzulassungsprospekts nach § 45 Nr. 1 BörsZulVO und die Prospekthaftung: Eine Lücke im Anlegerschutz?, AG 1996, 41. Jg., S. 508 - 515

derselbe [in Assmann/Schütze, 1997, § 1], in Heinz-Dieter Assmann / Rolf A. Schütze, (Hrsg.), Handbuch des Kapitalanlagerechts, 2. Aufl. München 1997, § 1 1. Teil. Allgemeine Regelungsprobleme des Kapitalmarkts und der Kapitalanlagegeschäfte, S. 1 - 57

derselbe [in Assmann/Schütze, 1997, § 7], in Heinz-Dieter Assmann / Rolf A. Schütze, (Hrsg.), Handbuch des Kapitalanlagerechts, 2. Aufl. München 1997, § 7 Prospekthaftung, S. 241 - 316

derselbe [in FS Kübler, 1997], Entwicklungslinien und Entwicklungsperspektiven der Prospekthaftung, in Wirtschafts- und Medienrecht in der offenen Demokratie, Freundesgabe für Friedrich Kübler zum 65. Geburtstag, herausgegeben von Heinz-Dieter Assmann / Tomas Brinkmann / Georgios Gounalakis / Helmut Kohl / Rainer Walz, Heidelberg 1997, S. 317 - 354

derselbe [in FS Schütze, 1999], Neuemissionen von Wertpapieren über Internet, Initial Public Offerings (IPO´s) als Gegenstand des deutschen Kapitalmarktrechts, in FS für Rolf A. Schütze zum 65. Geburtstag, Wege zur Globalisierung des Rechts, herausgegeben von Reinhold Geimer, München 1999, S. 15 - 47

Assmann, Heinz-Dieter / Schneider, Uwe H. [- Bearbeiter, 1999], Wertpapierhandelsgesetz, Kommentar, 2. Aufl. Köln 1999

Assmann, Heinz-Dieter / Lenz, Jürgen / Ritz, Corinna [- Bearbeiter, 2001, RN], Verkaufsprospektgesetz, Verkaufsprospekt-Verordnung, Verkaufsprospektgebühren-Verordnung, Kommentar, Köln 2001

Bar von, Christian [Verkehrspflichten, 1980], Verkehrspflichten, Köln e. a. 1980

derselbe [ZGR 1983], Vertrauenshaftung ohne Vertrauen, Zur Prospekthaftung bei der Publikums-KG in der Rechtsprechung des BGH, ZGR 1983, 12. Jg., S. 476 - 512

Barkam, Detlev [Informations- und Prospektpflicht, 1992], Informations- und Prospektpflicht sowie Prospektprüfung bei Anlagen auf dem grauen Kapitalmarkt, Bochum 1992, zugl. Diss. Universität Bochum 1991

Bauer, Jürgen [Investmentgesetze, 1997], Investmentgesetze, 1. Teilband Einleitung nebst Länderübersicht; §§ 1 - 25 KAGG, 2. Teilband §§ 26 -55 KAGG, AuslInvestmG; Anhang; Stichwortverzeichnis, 2. Aufl. Berlin, New York 1997

Bauer, Markus [Gläubigerschutz, 1995], Gläubigerschutz durch formelle Nennkapitalziffer, Kapitalgesellschaftsrechtliche Notwendigkeit oder überholtes Konzept?, Frankfurt a. M. 1995

Baumbach, Adolf / Hopt, Klaus J. [HGB, 1995], Handelsgesetzbuch mit GmbH & Co., Handelsklauseln, Bank- und Börsenrecht, Transportrecht (ohne Seerecht), 29. Aufl. München 1995

Baums, Theodor [AG 1997, Sonderheft August], Stellungnahme zur Aktienrechtsreform 1997, AG 1997, Sonderheft August, 42. Jg., S. 26 - 38

derselbe [Anhörung, 1997], Anhörung zum 3. Finanzmarktförderungsgesetz, Osnabrück 11.11.1997

BAWe [Jahresbericht 1997], Jahresbericht 1997, Frankfurt a. M. 1998

BDI [Gesetzentwurf, 1997], Gesetzentwurf für ein Drittes Finanzmarktförderungsgesetz, Köln 31.10.1997

Beck, Heiko [WM 1998], Das neue elektronische Handelssystem Xetra der Frankfurter Wertpapierbörse, WM 1998, 52. Jg., S. 417 - 430

Becker, Michael [in Hopt/Rudolph/Baum, 1997], Börsen- und Kapitalmarktrecht der Vereinigten Staaten, in Klaus J. Hopt / Bernd Rudolph / Harald Baum (Hrsg.), Börsenreform, Eine ökonomische, rechtsvergleichende und rechtspolitische Untersuchung, Stuttgart 1997, S. 755 - 904

Bilanzkommentar [- Bearbeiter, 1995], Der Jahresabschluß nach Handels- und Steuerrecht, Das Dritte Buch des HGB, 3. Aufl. München 1995

BIS [Central Bank Survey 1998], Central Bank Survey Of Foreign Exchange And Derivatives Market Activity 1999, Basel 1999

Black, Fisher [JoF 1986], Noise, JoF 1986, Vol. 41, S. 529 - 543

BMF [Entwurf Drittes Finanzmarktförderungsgesetz, 25.3.1997], Entwurf eines Gesetzes zur weiteren Fortentwicklung des Finanzplatzes Deutschland (Drittes Finanzmarktförderungsgesetz), 25. März 1997

dasselbe [Diskussionsentwurf Drittes Finanzmarktförderungsgesetz, 3.4.1997], Drittes Finanzmarktförderungsgesetz, Diskussionsentwurf eines Gesetzes zur weiteren Fortentwicklung des Finanzplatzes Deutschland, 3. April 1997

dasselbe [Entwurf Viertes Finanzmarktförderungsgesetz, 14.11.2001], Entwurf eines Gesetzes zur weiteren Fortentwicklung des Finanzplatzes Deutschland (Viertes Finanzmarktförderungsgesetz), 14. November 2001

dasselbe [Pressemitteilung 22.3.2002 a], „Grünes Licht für neue integrierte Finanzdienstleistungsaufsicht", 22. März 2002, http://www.bundesfinanzministerium.de/Aktuelles/Pressemitteilungen-.395.11220/Gruenes-Licht-fuer-neue-integrierte-Finanzdienst...htm, 28. März 2002

dasselbe [Pressemitteilung 22.3.2002 b], „Bundesbankstrukturreform auf den Weg gebracht", 22. März 2002, http://www.bundesfinanzministerium.de/-Aktuelles/Pressemitteilungen-.395.11222/Bundesbank-strukturreform-auf-den-Weg-gebracht.htm, 28. März 2002

BMW [Bericht Umsetzung, 20.3.1996], Bericht über den Stand der Umsetzung des Aktionsprogramms für Investitionen und Arbeitsplätze, 20. März 1996

Boesebeck Droste Rechtsanwälte [Drittes Finanzmarktförderungsgesetz, 1997], Anhörung zum Dritten Finanzmarktförderungsgesetz am 12. November 1997, Frankfurt a. M. 7.11.1997

Bosch, Ulrich [BuB 12/97], Zehnter Teil: Emissionsgeschäft, in BuB, herausgegeben von Thorwald Hellner / Stephan Steuer, Stand 12/97

BR-Drucks. [605/97], Bundesrat, Gesetzentwurf der Bundesregierung, Entwurf eines Gesetzes zur weiteren Fortentwicklung des Finanzplatzes Deutschland (Drittes Finanzmarktförderungsgesetz), 15. August 1997

BR-Drucks. [605/97 (Beschluß)], Bundesrat, Stellungnahme des Bundesrates, Entwurf eines Gesetzes zur weiteren Fortentwicklung des Finanzplatzes Deutschland (Drittes Finanzmarktförderungsgesetz), 17. Oktober 1997

Bremer, Heinz [ZGR 1973], Grauer Kapitalmarkt und Anlegerschutz, ZGR 1973, 2. Jg., S. 410 - 426

Brondics, Klaus / Mark, Jürgen [AG 1989], Die Verletzung von Informationspflichten im amtlichen Markt nach der Reform des Börsengesetzes, AG 1989, 34. Jg., S. 339 - 347

BSK [Stellungnahme, 1997], Stellungnahme zum Dritten Finanzmarktförderungsgesetz, Anhörung im Finanzausschuß des Deutschen Bundestages am 12. November 1997, Frankfurt a. M. 31.10.1997

BT-Drucks. [10/4296], Deutscher Bundestag, 10. Wahlperiode, Entwurf eines Gesetzes zur Einführung eines neuen Marktabschnitts an den Wertpapierbörsen und zur Durchführung der Richtlinien des Rates der Europäischen Gemeinschaft vom 5. März 1979, vom 17 März 1980 und vom 15. Februar 1982 zur Koordination börsenrechtlicher Vorschriften (Börsenzulassungs-Gesetz), 22. November 1985

BT-Drucks. [13/8164], Deutscher Bundestag, 13. Wahlperiode, Gesetzentwurf der Abgeordneten Hans Martin Bury, Ernst Schwanhold, Anke Fuchs (Köln), Hans Berger, Rolf Hempelmann, Uwe Hiksch, Jelena Hoffmann (Chemnitz), Dr. Uwe Jens, Volker Jung (Düsseldorf), Sabine Kaspereit, Werner Labsch, Herbert Meißner, Siegmar Mosdorf, Christoph Müller (Zittau), Hermann Rappe (Hildesheim), Dr. Sigrid Skarpelis-Sperk, Wieland Sorge, Dr. Dietrich Sperling, Dr. Peter Struck, Wolfgang Weiermann, Verena Wohlleben, Rudolf Scharping und der Fraktion der SPD, 2. Juli 1997

BT-Drucks. [13/8933], Deutscher Bundestag, 13. Wahlperiode, Gesetzentwurf der Bundesregierung, Entwurf eines Gesetzes zur weiteren Fortentwicklung des Finanzplatzes Deutschland (Drittes Finanzmarktförderungsgesetz), 6. November 1997

BT-Drucks. [13/9712], Deutscher Bundestag, 13. Wahlperiode, Gesetzentwurf der Bundesregierung, Entwurf eines Gesetzes zur Kontrolle und Transparenz im Unternehmensbereich (KonTraG), 28. Januar 1998

BT-Drucks. [13/9874], Deutscher Bundestag, 13. Wahlperiode, Beschlußempfehlung und Bericht des Finanzausschusses (7. Ausschuß) a) zu dem Gesetzentwurf der Bundesregierung - Drucksache 13/8933 - Entwurf eines Gesetzes zur weiteren Fortentwicklung des Finanzplatzes Deutschland (Drittes Finanzmarktförderungsgesetz) b) zu dem Gesetzentwurf der Abgeordneten Hans Martin Bury, Ernst Schwanhold, Anke Fuchs (Köln), weiterer Abgeordneter und der Fraktion der SPD - Drucksache 13/8164 - Entwurf eines Gesetzes zur Regelung von Unternehmensübernahmen (Übernahmegesetz), 11. Februar 1998

BT-Drucks. [13/9919], Deutscher Bundestag, 13. Wahlperiode, Änderungsantrag der Fraktion der SPD zu der zweiten Beratung des Gesetzentwurfes der Bundesregierung - Drucksachen 13/8933, 13/9874 - Entwurf eines Gesetzes zur weiteren Fortentwicklung des Finanzplatzes Deutschland (Drittes Finanzmarktförderungsgesetz), 12. Februar 1998

BT-Drucks. [13/9920], Deutscher Bundestag, 13. Wahlperiode, Änderungsantrag der Fraktion der SPD zu der zweiten Beratung des Gesetzentwurfes der Bundesregierung - Drucksachen 13/8933, 13/9874 - Entwurf eines Gesetzes zur weiteren Fortentwicklung des Finanzplatzes Deutschland (Drittes Finanzmarktförderungsgesetz), 12. Februar 1998

BT-Drucks. [13/9923], Deutscher Bundestag, 13. Wahlperiode, Entschließungsantrag der Fraktionen der CDU/CSU und der F.D.P. zu der dritten Lesung des Gesetzentwurfs der Bundesregierung - Drucksachen 13/8933, 13/9874 - Entwurf eines Gesetzes zur weiteren Fortentwicklung des Finanzplatzes Deutschland / Drittes Finanzmarktförderungsgesetz), 12. Februar 1998

BT-Drucks. [13/10038], Deutscher Bundestag, 13. Wahlperiode, Beschlußempfehlung und Bericht des Rechtsausschusses (6. Ausschuß), 4. März 1998

Büschgen, Hans E. [Bankbetriebslehre, 1998], Bankbetriebslehre, Bankgeschäft und Bankmanagement, 5. Aufl., Wiesbaden 1998

derselbe [Das kleine Börsenlexikon, 1998], Das kleine Börsenlexikon, 21. Aufl. Düsseldorf 1998

BVI [Stellungnahme, 1997], Stellungnahme zum Dritten Finanzmarktförderungsgesetz, Anlage 1 „Warum der Begriff ‚Pensions'-Sondervermögen", Anlage 2 „Steuerreformgesetz 1999 / Drittes Finanzmarktförderungsgesetz (BT-Drucksache Nr. 13/7480), hier: Besteuerung von innerhalb von 12 Monaten auf der Fondsebene realisierter Veräußerungsgewinne", Frankfurt a. M. 31. Oktober 1997

Camenzind, Christian A. [Prospektzwang, 1989], Prospektzwang und Prospekthaftung bei öffentlichen Anleihensobligationen und Notes, Zürich 1989

Canaris, Claus-Wilhelm [Vertrauenshaftung, 1971], Die Vertrauenshaftung im deutschen Privatrecht, München 1971

derselbe [Bankvertragsrecht, 1981], Bankvertragsrecht, Zweiter Teil, 2. Aufl. Berlin, New York 1981

derselbe [in FS Larenz, 1983], Schutzgesetze - Verkehrspflichten - Schutzpflichten, in FS für Karl Larenz zum 80. Geburtstag am 23. April 1983, herausgegeben von Claus-Wilhelm Canaris / Uwe Diederichsen, München 1983, S. 27 - 110

Carl, Dieter / Machunsky, Jürgen [Wertpapier-Verkaufsprospekt, 1992], Der Wertpapier-Verkaufsprospekt, Göttingen 1992

Claussen, Carsten Peter [DB 1998], Wie ändert das KonTraG das Aktiengesetz?, DB 1998, 51. Jg., S. 177 – 186

derselbe [Bank- und Börsenrecht, 2000], unter Mitarbeit von Roland Erne, Bank- und Börsenrecht, Handbuch für Lehre und Praxis, 2. Aufl. München 2000

Coing, Helmut [WM 1980], Haftung aus Prospekthaftung für Kapitalanlagen in der neueren Rechtsprechung des Bundesgerichtshofes, WM 1980, 34. Jg., S. 206 - 212

Crezelius, Georg [BB 1985], Grauer Kapitalmarkt und Rechtsordnung, BB 1985, 40. Jg., S. 209 - 217

DAI [Stellungnahme, 1997], Stellungnahme zum Entwurf eines Gesetzes zur weiteren Fortentwicklung des Finanzplatzes Deutschland (Drittes Finanzmarktförderungsgesetz), Frankfurt a. M. November 1997 dasselbe [Factbook 1998], DAI-Factbook 1998, Frankfurt a. M. 1998

dasselbe [Intratest Burke-Umfrage, 2000], Durchbruch bei der Aktienakzeptanz, DAI-Kurzstudie 2 / 2000, Infratest Burke-Umfragen im Auftrag des Deutschen Aktieninstituts, Frankfurt a. M. 2000

De Meo, Francesco [Bankenkonsortien, 1994], Bankenkonsortien, München 1994

Deutsch, Erwin [JZ 1963], Entwicklung und Entwicklungsfunktion der Deliktstatbestände, JZ 1963, 18. Jg., S. 385 - 391

Deutsche Börse AG [DTB, 1996], DTB, Die Deutsche Terminbörse, 2. Aufl. Frankfurt a. M. 1996

dieselbe [Stellungnahme, 1997], Stellungnahme der Deutschen Börse AG zum Dritten Finanzmarktförderungsgesetz, Anhörung im Finanzausschuß des Deutschen Bundestages am 12.11.1997, mit Anhang Weitere Vorschläge der Deutschen Börse AG zum Dritten Finanzmarktförderungsgesetz, Frankfurt a. M. 30.10.1997

dieselbe [Der Neue Markt, 1998], Der Neue Markt der Frankfurter Wertpapierbörse, Ein Jahr Neuer Markt im Spiegel der Börsen-Zeitung, Frankfurt a. M. 1998

dieselbe [Historical Statistics, Cash Market, 2000], Historical Statistics, Cash Market, 2000, Frankfurt a. M. 2000

dieselbe [Regelwerk Neuer Markt], Regelwerk Neuer Markt, FWB09, Stand 18. Oktober 2001, Frankfurt a. M. 2001

dieselbe [http://deutsche-boerse.com/listingcenter], http://deutsche-boerse.com/listingcenter, 28. März 2002

Deutsche Bundesbank [Monatsbericht April 1998], Monatsbericht April 1998, 50. Jg., Frankfurt a. M. 1998

dieselbe [Kapitalmarktstatistik März 2002], Kapitalmarktstatistik März 2002, Statistisches Beiheft zum Monatsbericht 2, 54. Jg., Frankfurt a. M. 2002

DIHT [Stellungnahme, 1997], Gesetzentwurf für ein Drittes Finanzmarktförderungsgesetz, Köln 31.10.1997

DSW [Stellungnahme, 1997], Stellungnahme der Deutschen Schutzvereinigung für Wertpapierbesitz e. V. (DSW) zu dem Regierungsentwurf eines 3. Finanzmarktförderungsgesetzes, Düsseldorf 21.10.1997

dieselbe [Risken und Erfolgsaussichten, 2001], Deutsche Telekom AG, Risiken und Erfolgsaussichten einer Klage, Düsseldorf 17. Juli 2001

Ebke, Werner F. [Wirtschaftsprüfer, 1983], Wirtschaftsprüfer und Dritthaftung, Bielefeld 1983

derselbe [JZ 1998], Abschlußprüfer, Bestätigungsvermerk und Drittschutz, JZ 1998, 53. Jg., S. 991 - 997

Ebke, Werner / Scheel, Hansjörg [WM 1991], Die Haftung des Wirtschaftsprüfers für fahrlässig verursachte Vermögensschäden Dritter, WM 1991, 45. Jg., S. 389 - 398

Eichel, Hans [WM 2000], Steuerreform 2000 - Ein Signal für Deutschland -, WM 2000, 54. Jg., S. 407 - 408

Eickhoff, Wolfgang [WM 1988], Der Gang an die Börse - und kein Weg zurück?, WM 1988, 42. Jg., S. 1713 - 1717

Ekkenga, Jens [WM 1996, Sonderbeilage Nr. 3], Die Fahrlässigkeitshaftung des Jahresabschlußprüfers für Insolvenzschäden Dritter, WM 1996, 50. Jg., Sonderbeilage Nr. 3

derselbe [WM 1997], Vorzüge und Nachteile der nennwertlosen Aktie, WM 1997, 51. Jg., S. 1645 - 1650

derselbe [Anlegerschutz, 1998], Anlegerschutz, Rechnungslegung und Kapitalmarkt, Eine vergleichende Studie zum europäischen, deutschen und britischen Bilanz- Gesellschafts- und Kapitalmarktrecht, Tübingen 1998

derselbe [NZG 2001], Kapitalmarktrechtliche Aspekte der Investor Relations, NZG 2001, 4. Jg., S. 1 - 8

derselbe [WM 2002], Kurspflege und Kursmanipulation nach geltendem und künftigem Recht, WM 2001, 56. Jg., S. 317 - 325

Elle, Horst [ZHR 128 (1994)], Über die Verantwortlichkeit der Zulassungsstelle einer deutschen Börse gegenüber dem Publikum, ZHR 128. Band 1964, S. 273 - 296

Ellenberger, Jürgen [Prospekthaftung, 2001], Prospekthaftung im Wertpapierhandel, Berlin New York 2001, zugl. Diss. Universität Marburg 2000

Eurex AG [Eurex, 1997], Eurex, X-pand into the Future, Zürich 1997

dieselbe [newsletter Nr. 1 1997], newsletter Nr. 1, September 1997, 1. Jg.

Feddersen, Christoph [WM 1999], Die Dritthaftung des Wirtschaftsprüfers nach § 323 HGB, Zugleich eine Anmerkung zum Urteil des LG Hamburg vom 22.6.1998 (WM 1998, 139 ff), WM 1999, 53. Jg., S. 105 - 116

Finanzausschuß [Protokoll Öffentliche Sitzung Finanzausschuß, 19.3.1997], Öffentliche Sitzung des Finanzausschusses am Mittwoch, dem 19. März 1997, Öffentliche Anhörung zur Umsetzung von EG-Richtlinien zur Harmonisierung bank- und wertpapieraufsichtsrechtlicher Vorschriften einschließlich Begleitgesetz und zu den Vorlagen zum Recht auf ein Girokonto, Deutscher Bundestag, 13. Wahlperiode, 7. Ausschuß, AZ.: 2450, Protokoll Nr. 64

derselbe [Protokoll Öffentliche Anhörung des Finanzausschusses, 12.11.1997], Öffentliche Anhörung des Finanzausschusses zum Dritten Finanzmarktförderungsgesetz (Gesetzentwurf der Bundesregierung) und zum Übernahmegesetz (Gesetzentwurf der SPD-Fraktion) am Mittwoch, dem 12. November 1997, Deutscher Bundestag, 13. Wahlperiode, 7. Ausschuß, Az.: 2401, Protokoll Nr. 93

Fluck, Jürgen [WM 1995], Zum Verzicht des Begünstigten auf Rechte aus einem Verwaltungsakt am Beispiel der Börsenzulassung, WM 1995, 49. Jg., S. 553 - 560

Fokker [Informationsmemorandum 8.1993], Informationsmemorandum August 1993, DM 150.000.000,- 6 ½ % Inhaber-Teilschuldverschreibung von 1993/98, Verkaufskurs 101,5 %, N. V. Koninklijke Nederlandse Vliegtuigenfabriek Fokker, Amsterdam, Niederlande

dieselbe [Informationsmemorandum 11.1993], Informationsmemorandum November 1993, DM 500.000.000,- 6 ¼ % Inhaber-Teilschuldverschreibung von 1993/98, Verkaufskurs 101,75 %, N. V. Koninklijke Nederlandse Vliegtuigenfabriek Fokker, Amsterdam, Niederlande

Forberg, Kurt [ZfgK 1972], Problematischer „Nebenkapitalmarkt", ZfgK 1972, 25. Jg., S. 754

Forster, Karl-Heinz [AG 1999], Zum Zusammenspiel von Aufsichtsrat und Abschlußprüfer nach dem KonTraG, AG 1999, 44. Jg., S. 193 - 198

Franke, Günter / Hax, Herbert [Finanzwirtschaft, 1994], Finanzwirtschaft des Unternehmens und Kapitalmarkt, 3. Aufl. Berlin e. a. 1994

Frohne, Ronald [Prospektpflicht, 1974], Prospektpflicht und Prospekthaftung in Deutschland, Frankreich und den USA, Eine rechtsvergleichende Studie, München 1974

Garz-Holzmann, Karin / Gurke, Michael [DB 1983], Anlegerschutz am grauen Kapitalmarkt, Eine Analyse der neueren Rechtsprechung des Bundesgerichtshofs, DB 1983, 36. Jg., S. 29 - 35

Geibel, Stephan / Süßmann, Rainer (Hrsg.) [Geibel/Süßmann - Bearbeitet, 2002], Wertpapiererwerbs- und Übernahmegesetz (WpÜG), Kommentar mit WpÜG-Angebotsverordnung und den geänderten Vorschriften in AktG, WpHG, KAGG, AuslInvestmG, KWG, VerkProspG, VerkProspVO, GKG, BRAGO, München 2002

Gerke, Wolfgang [Stellungnahme, 1997], Schriftliche Stellungnahme zur öffentlichen Anhörung zum Dritten Finanzmarktförderungsgesetz, Nürnberg 3.11.1997

Gernhuber, Joachim [in FS Nikisch, 1958], Drittwirkung im Schuldverhältnis kraft Leistungsnähe, Zur Lehre von den Verträgen mit Schutzwirkung für Dritte, in FS für Arthur Nikisch, ohne Angabe der Hrsg., Tübingen 1958, S. 249 - 274

Geßler, Ernst / Hefermehl, Wolfgang / Eckhardt, Ulrich / Kropff, Bruno [- Bearbeiter, 1994], Aktiengesetz, Band IV §§ 179 - 240, München 1994

GK-HGB [- Bearbeiter, 1997], Gemeinschaftskommentar zum Handelsgesetzbuch, herausgegeben von Jürgen Ensthaler, 5. Aufl. Neuwied, Kriftel, Berlin 1997

Goldman, Sachs & Co. OHG [Stellungnahme, 1997], Stellungnahme zum Entwurf des Dritten Finanzmarktförderungsgesetzes, Frankfurt a. M. 3.11.1997

Gonella, Robert / Mikic, Sanja [AG 1998], Die Kapitalgesellschaft & Co. KGaA als „Einheitsgesellschaft", AG 1998, 43. Jg., S. 508 - 514

Grießenbeck Freiherr von, Armin [BB 1988], Zur Anwendbarkeit des § 98 HGB auf Emissionsgehilfen beim Vertrieb von Anteilen einer Publikums-KG, BB 1988, 43. Jg., S. 2188 - 2192

Grimme, Leoni / Ritz, Corinna [WM 1998], Die Novellierung verkaufsprospektrechtlicher Vorschriften durch das Dritte Finanzmarktförderungsgesetz, AG 1998, 52. Jg., S. 2091 - 2096

Groß, Wolfgang [BuB 12/97], Zehnter Teil: Emissionsgeschäft, in BuB, herausgegeben von Thorwald Hellner / Stephan Steuer, Stand 12/97

derselbe [ZHR 162 (1998)], Bookbuilding, ZHR 162. Band 1998, S. 318 - 339

derselbe [AG 1999], Die börsengesetzliche Prospekthaftung, AG 1999, 44. Jg., S. 199 - 209

derselbe [Kapitalmarktrecht, 2002, §§, RN], Kapitalmarktrecht, Kommentar zum Börsengesetz, zur Börsenzulassungs-Verordnung, zum Verkaufsprospektgesetz und zur Verkaufsprospekt-Verordnung, 2. Aufl. München 2002

derselbe [WM 2002], Haftung für fehlerhafte oder fehlende Regel- oder ad-hoc-Publizität, WM 2002, 56. Jg., S. 477 - 486

Grotherr, Siegfried [DB 1988], Die Bedeutung der Prospektprüfung als Instrument des Anlegerschutzes, DB 1988, 41. Jg., S. 741 - 746

Grundmann, Stefan [in Schimansky/Bunte/Lwowski, 1997, § 112], Das Emissionsgeschäft, in: Herbert Schimansky / Hermann-Josef Bunte / Hans-Jürgen Lwowski (Hrsg.), Bankrechts-Handbuch, Band III §§ 104 - 141, München 1997, § 112. Das Emissionsgeschäft, S. 2921 - 2995

Grundmann, Stefan / Selbherr, Benedikt [WM 1996], Börsenprospekthaftung in der Reform, WM 1996, 50. Jg., S. 985 - 993

Grupp, Alexander [Börseneintritt, 1995], Börseneintritt und Börsenaustritt, Individuelle und institutionelle Interessen, Berlin 1995

Gruson, Michael [WM 1995], Prospekterfordernisse und Prospekthaftung bei unterschiedlichen Anlageformen nach amerikanischen und deutschen Recht, WM 1995, 49. Jg., S. 89 - 98

Häuser, Karl [in Gerke/Steiner, 1995], Kapitalmarkt, in Wolfgang Gerke / Manfred Steiner (Hrsg.), Handwörterbuch des Bank- und Finanzwesens, Band 6 der Enzyklopädie der Betriebswirtschaftslehre, 2. Aufl., Stuttgart 1995, Sp. 1123 - 1135

Hammen, Horst [WM 2001], Börsen- und kreditwesengesetzliche Aufsicht über börsenähnliche Handelssysteme, Wertpapierbörsen und Börsenträger, WM 2001, 55. Jg., S. 929 - 940 derselbe [AG 2001], Börsenorganisationsrecht im Wandel, AG 2001, 46. Jg., S. 549 - 567

Hammen, Horst / Kümpel, Siegfried [Arbeitspapier 2001], Zur Regelung des Freiverkehrs im 4. Finanzmarktförderungsgesetz, Arbeitspapier Nr. 1, Universität Gießen 2001

Hartmann, Haymo [Haftung für Vermögensschäden, 1989], Haftung für Vermögensschäden im Zusammenhang mit der Herausgabe von Prospekten über Abschreibungsgesellschaften, Passau 1989, zugl. Diss. Universität Passau 1989

Heider, Karsten [AG 1998], Einführung der nennwertlosen Aktie in Deutschland anläßlich der Umstellung des Gesellschaftsrechts auf den Euro, AG 1998, 43. Jg., S. 1 - 10

Heymann von, Ekkehardt [NJW 1990], Die neuere Rechtsprechung zur Bankenhaftung bei Kapitalanlagen, NJW 1990, 43. Jg., S. 1137 - 1149

Hirte, Heribert [Berufshaftung 1996], Berufshaftung, Ein Beitrag zur Entwicklung eines einheitlichen Haftungsmodells für Dienstleistungen, München 1996

Hoeren, Thomas [EWiR, § 45 BörsG, 1/95], LG Frankfurt/M., Urteil v. 26.6.1985 - 3/01 O 222/94 (nicht rechtskräftig), DB 1995, 2004, Kurzkommentar, EWiR 1995, 11. Jg., § 45 BörsG 1/95, S. 1081 - 1082

Hoffmann-Becking, Michael [in FS Lieberknecht, 1997], Neue Formen der Aktienemission, in FS für Otfried Lieberknecht zum 70. Geburtstag, herausgegeben von Ernst Niederleithinger / Rosemarie Werner / Gerhard Wiedemann, München 1997, S. 25 - 43

Hommelhoff, Peter / Mattheus, Daniela [AG 1998], Corporate Governance nach dem KonTraG, AG 1998, 43. Jg., S. 249 - 259

Hopt, Klaus J. [Gutachten, 1976], Inwieweit empfiehlt sich eine allgemeine gesetzliche Regelung des Anlegerschutzes, Gutachten G für den 51. Deutschen Juristentag, in: Verhandlungen des einundfünfzigsten Deutschen Juristentages 1976, Ständige Deputation des Deutschen Juristentages (Hrsg.), Band I (Gutachten), S. G1 - G133

derselbe [in FS Fischer, 1979], Berufshaftung und Berufsrecht der Börsendienste, Anlageberater und Vermögensverwalter, in FS für Robert Fischer, herausgegeben von Marcus Lutter / Walter Stimpel / Herbert Wiedemann, Berlin, New York 1979, S. 237 - 261

derselbe [AcP 1983], Nichtvertragliche Haftung außerhalb von Schadens- und Bereichungsausgleich, Zur Theorie und Dogmatik des Berufsrechts und der Berufshaftung, AcP 1983, 183. Band, S. 608 - 720

derselbe [in FS Pleyer, 1986], Die Haftung des Wirtschaftsprüfers, Rechtsprobleme zu § 323 HGB (§ 168 AktG a. F.) und zur Prospekt- und Auskunftshaftung, in FS für Klemens Pleyer zum 65. Geburtstag, herausgegeben von Paul

Hofmann / Ulrich Meyer-Cording / Herbert Wiedemann, Köln e. a. 1986, S. 341 - 369
derselbe [Verantwortlichkeit der Banken, 1991], Die Verantwortlichkeit der Banken bei Emissionen, Recht und Praxis in der EG, in Deutschland und in der Schweiz, München 1991
derselbe [AG 1997, Sonderheft August], Stellungnahme zur Aktienrechtsreform 1997, AG 1997, Sonderheft August, 42. Jg., S. 42 - 48
derselbe [Drittes Finanzmarktförderungsgesetz, 1997], Drittes Finanzmarktförderungsgesetz: hier Börsenrecht, Stellungnahme für den Finanzausschuß des Bundestages 12.11.1997, Hamburg 6.11.1997
Hopt, Klaus J. / Rudolph, Bernd / Baum, Harald (Hrsg.) [Börsenreform, 1997], Börsenreform, Eine ökonomische, rechtsvergleichende und rechtspolitische Untersuchung, Stuttgart 1997
dieselben [WM 1997], Empfehlungen zur Börsenreform in Deutschland, WM 1997, 51. Jg., S. 1637 - 1640
dieselben [WM 1997, Sonderbeilage Nr. 4], Börsenrechtsreform: Überlegungen aus vergleichender Perspektive, WM 1997, 51. Jg., Sonderbeilage Nr. 4
Huber, Herwart [ZIP 1998], Anmerkung zu LG Frankfurt a. M., ZIP 1998, 19. Jg., S. 641 - 646
Hüffer, Uwe [Wertpapier-Verkaufsprospektgesetz, 1996], Das Wertpapier-Verkaufsprospektgesetz, Prospektpflicht und Anlegerschutz, Köln e. a. 1996
derselbe [AktG, 1999], Aktiengesetz, 4. Aufl. München 1999

Ihrig, Hans-Christoph [ZHR 158 (1994)], Diskussionsbericht zu Wolfgang Zöllner / Martin Winter, ZHR 158. Band 1994, S. 97 - 100
Ilberg von, Philipp / Neises, Michael [WM 2002], Die Richtlinien-Vorschläge der EU Kommission zum „Einheitlichen Europäischen Prospekt" und zum „Marktmissbrauch" aus Sicht der Praxis, WM 2002, 56. Jg., S. 635 - 647

Jaath, Karl-Ernst [in FS Dünnebier, 1982], Zur Strafbarkeit der Verbreitung unvollständiger Prospekte über Vermögensanlagen, in FS für Hanns Dünnebier zum 75. Geburtstag am 12. Juni 1982, herausgegeben von Ernst-Walter Hanack / Peter Rieß / Günter Wendisch, Berlin, New York 1982, S. 583 - 609

Kersting, Oliver [AG 1997], Der Neue Markt der Deutschen Börse AG, AG 1997, 42. Jg., S. 222 - 228
Kiethe, Kurt [ZIP 2000], Prospekthaftung und grauer Kapitalmarkt, ZIP 2000, 21. Jg., S. 216 - 224
KK [- Bearbeiter, Jahr der Bearbeitung], Kölner Kommentar zum Aktiengesetz, Band 1 §§ 1- 75 AktG, 2. Aufl. Köln e. a. 1988, Band 2 §§ 148 -290 AktG, 2. Aufl. Köln e. a. 1996

Kleinwächter, Karin [BB 1987], Die Prospekthaftung der Bank für Aktienplatzierungen außerhalb des amtlichen Börsenhandels, BB 1987, 42. Jg., S. 1541 - 1546

Klenke, Hilmar [WM 1995], Der Rückzug mehrfach notierter Unternehmen von den deutschen Regionalbörsen, WM 1995, 49. Jg., S. 1089 - 1100

Koeble, Wolfgang [EWiR, § 675 BGB 6/85], Kurzkommentar zu OLG Celle, EWiR 1985, 1. Jg., § 675 BGB 6/85, S. 762

Köndgen, Johannes [JZ 1978], Die Haftung von Börseninformationsdiensten: Lücken im Anlegerschutz?, JZ 1978, 33. Jg., S. 389 - 394

derselbe [Selbstbindung, 1981], Selbstbindung ohne Vertrag, Zur Haftung aus geschäftsbezogenem Handeln, Tübingen 1981

derselbe [AG 1983], Zur Theorie der Prospekthaftung Teil I u. Teil II, AG 1983, 28. Jg., S. 85 - 99 u. S. 120 - 132

derselbe [WuB I G 9. - 1.93], Anmerkung zu LG Frankfurt a. M., WuB I G 9. - 1.93, S. 25 - 28

derselbe [WuB I G 4. - 4.93], Anmerkung zu OLG Braunschweig, WuB I G 4. - 4.93, S. 475 - 480

derselbe [NJW 1996], Die Entwicklung des privaten Bankrechts in den Jahren 1992 - 1995, NJW 1996, 51. Jg., S. 558 - 570

Köndgen, Johannes / Mues, Jochen [WM 1998], Zwangslizenz für Xetra?, WM 1998, 52. Jg., S. 53 - 62

Kohl, Helmut / Kübler, Friedrich / Walz, Rainer / Wüstrich, Wolfgang [ZHR 138 (1974)], Abschreibungsgesellschaften, Kapitaleffizienz und Publizitätszwang, Plädoyer für ein Vermögensanlagegesetz, ZHR 138. Band 1974, S. 1 - 49

Kohlhaussen, Martin [WM 1998], Der Finanzplatz Deutschland im Wettbewerb, WM 1998, 52. Jg., S. 20 - 21

Kollar, Axel [in Gerke/Steiner, 1995], Kapitalmarkt, in Wolfgang Gerke / Manfred Steiner (Hrsg.), Handwörterbuch des Bank- und Finanzwesens, Band 6 der Enzyklopädie der Betriebswirtschaftslehre, 2. Aufl., Stuttgart 1995, Sp. 500 - 511

Kort, Michael [AG 1999], Neuere Entwicklungen im Recht der Börsenprospekthaftung (§§ 45 ff BörsG) und der Unternehmensberichtshaftung (§ 77 BörsG), AG 1999, 44. Jg., S. 9 - 21

Krämer, Lutz / Baudisch, Matthias [WM 1998], Neues zur Börsenprospekthaftung und zu den Sorgfaltsanforderungen beim Unternehmenskauf, Zugleich eine Anmerkung zum Urteil des LG Frankfurt a. M. vom 7. Oktober 1997 (WM 1998, 1181), WM 1998, 52. Jg., S. 1161 - 1174

Kübler, Friedrich [Aktie, 1989], Aktie, Unternehmensfinanzierung und Kapitalmarkt, Köln 1989

derselbe [AG 1994], Aktienrechtsreform und Unternehmensverfassung, AG 1994, 39. Jg., S. 141 - 148 derselbe [AG 1997, Sonderheft August], Stellungnahme zur Aktienrechtsreform 1997, AG 1997, Sonderheft August, 42. Jg., S. 48 - 52

Kümpel, Siegfried [WM 1990], Inter-Banken-Informations-System (IBIS), Rechtliche und betriebliche Aspekte, WM 1990, 44. Jg., S. 45 - 49

derselbe [WM 1991, Sonderbeilage Nr. 4], Zur Aufnahme des elektronischen Handels an der Frankfurter Wertpapierbörse, WM 1991, 45. Jg., Sonderbeilage Nr. 4

derselbe [Wertpapierhandelsgesetz, 1996], Wertpapierhandelsgesetz, Eine systematische Darstellung, Berlin 1996

derselbe [WM 1997], Die öffentlichrechtliche Börsenorganisation im Lichte der Reformvorschläge, WM 1997, 51. Jg., S. 1917 - 1923

derselbe [Bank- und Kapitalmarktrecht, 1995], Bank- und Kapitalmarktrecht, Köln 1995

derselbe [Bank- und Kapitalmarktrecht, 2000], Bank- und Kapitalmarktrecht, 2. Aufl. Köln 2000

Kümpel, Siegfried / Hammen, Horst / Ekkenga, Jens (Hrsg.) [- Bearbeiter, Stand der Bearbeitung, Kennz.], Kapitalmarktrecht, Ergänzbares Rechtshandbuch für die Praxis, Berlin

Kunz, Jürgen [Börsenprospekthaftung, 1991], Die Börsenprospekthaftung nach Umsetzung der EG-Richtlinien in innerstaatliches Recht, Berlin 1992, zugl. Diss. Universität Berlin 1991

Lammel, Siegbert [AcP 1979], Zur Auskunftshaftung, AcP 1979, 179. Band, S. 337 - 366

Lange, Barbara, [AG 2000], Financial Services and Markets Act 2000 ersetzt Financial Services Act 1986, AG 2000, 45. Jg., S. R316 - R318

Larenz, Karl [Methodenlehre, 1991], Methodenlehre der Rechtswissenschaft, 6. Aufl. Berlin e. a. 1991

Lehmann, Michael [Vertragsanbahnung, 1981], Vertragsanbahnung durch Werbung, Eine juristische und ökonomische Analyse der bürgerlich-rechtlichen Haftung für Werbeangaben gegenüber dem Letztverbraucher, München 1981

derselbe [WM 1985], Die zivilrechtliche Haftung der Banken für informative Angaben im deutschen und europäischen Recht, WM 1985, 39. Jg., S. 181 - 187

Lenz, Jürgen / Ritz, Corinna [WM 2000], Die Bekanntmachung des Bundesaufsichtsamts für den Wertpapierhandel zum Wertpapierverkaufsprospektgesetz und zur Verordnung über Wertpapier-Verkaufsprospekte, WM 2000, 54. Jg., S. 904 - 910

Littbarski, Sigurd [NJW 1984], Die Berufshaftung - eine unerschöpfliche Quelle richterlicher Rechtsfortbildung?, NJW 1984, 37. Jg., S. 1667 - 1670

Loritz, Karl-Georg [WM 1998], Die freien Kapitalmärkte und die Defizite der Juristen, WM 1998, 52. Jg., S. 685 - 693

Lutter, Marcus [in FS Bärmann, 1975], Zur Haftung des Emissionsgehilfen im grauen Kapitalmarkt, in FS für Johannes Bärmann zum 70. Geburtstag, herausgegeben von Marcus Lutter / Helmut Kollhosser / Winfried Trusen, München 1975, S. 605 - 629

derselbe [AG 1997, Sonderheft August], Stellungnahme zur Aktienrechtsreform 1997, AG 1997, Sonderheft August, 42. Jg., S. 52 - 57

derselbe [Stellungnahme, 1997], Stellungnahme zum Regierungsentwurf eines Gesetzes zur weiteren Fortentwicklung des Finanzplatzes Deutschland (3. Finanzmarktförderungsgesetz), Bonn 28.10.1997

Martens, Klaus-Peter [ZGR 1972], Die Anzeigepflicht des Verlustes des Garantiekapitals nach dem AktG und dem GmbHG, ZGR 1972, 1. Jg., S. 254 - 288

derselbe [AG 1997, Sonderheft August], Eigene Aktien und Stock-Options in der Reform, AG 1997, Sonderheft August, 42. Jg., S. 83 - 90

Mattes, Helmut [in Gerke/Steiner, 1995], Securitization, in: Wolfgang Gerke / Manfred Steiner (Hrsg.), Handwörterbuch des Bank- und Finanzwesens, Band 6 der Enzyklopädie der Betriebswirtschaftslehre, 2. Aufl., Stuttgart 1995, Sp. 1702 - 1709

Medicus, Dieter [WuB I G 9. - 4.92], Anmerkung zu BGH, WuB I G 9. - 4.92, S. 383 - 384

Meixner, Rüdiger [WM 1998], Die Änderungen des Börsenrechts anläßlich der Sechsten KWG-Novelle, WM 1998, 52. Jg., S. 431 - 438

Meyding, Bernhard [DB 1993], Zweifelsfragen bei Anwendung des Wertpapier-Verkaufsprospektgesetzes, DB 1993, 46. Jg., S. 419 - 422

Meyer-Cording, Ulrich [BB 1984], Die Börsenprospekthaftung heute?, BB 1984, 39. Jg., S. 2092 - 2093

Mielk, Holger [WM 1997], Die wesentlichen Neuerungen der 6. KWG-Novelle Teil I u. Teil II, WM 1997, 51. Jg., S. 2200 - 2010 u. 2237 - 2244

Möller, Andreas [WM 2001], Das Vierte Finanzmarktförderungsgesetz, Der Regierungsentwurf, WM 2001, 55. Jg., S. 2405 - 2415

derselbe [WM 2002], Die Neuregelung des Verbots der Kurs- und Marktpreismanipulation im Vierten Finanzmarktförderungsgesetz, WM 2002, 56. Jg., S. 309 - 317

Möllers, Thomas M. J. / Leisch, Franz Clemens [WM 2001], Haftung von Vorständen gegenüber Anlegern wegen fehlerhafter Ad-hoc-Meldungen nach § 826 BGB, WM 2001, 55. Jg., S. 1648 - 1662

Moritz, Gundolf [Börsen-Zeitung 10.2.1996], Moral der Fokker-Anleihen, Börsen-Zeitung, 10. Februar 1996, o. Jg., S. 4

MüKo [- Bearbeiter, 1997], Münchner Kommentar zum Bürgerlichen Gesetzbuch, Band 5 Schuldrecht, Besonderer Teil III (§§ 705 - 853), Partnerschaftsgesellschaftsgesetz, Produkthaftungsgesetz, 3. Aufl. München 1997

MüKo [- Bearbeiter, 2000], Münchener Kommentar zum Handelsgesetzbuch, Band 5 Viertes Buch, Handelsgeschäfte, Erster Abschnitt, Allgemeine Vorschriften §§ 343 - 372, Recht des Zahlungsverkehrs, Effektengeschäft, Depotgeschäft, Ottawa Übereinkommen über Internationales Factoring, München 2001

Mues, Jochen [ZBB 1997], Hundert Jahre deutsches Börsengesetz, ZBB 1997, 9. Jg., S. 15 - 24

Neye, Hans-Werner [AG 2000], Der gemeinsame Standpunkt des Rates zur 13. Richtlinie - ein entscheidender Schritt auf den Weg zu einem europäischen Übernahmerecht, AG 2000, 45. Jg., S. 289 - 301

Otto, Hans-Jochen / Mittag, Jochen [WM 1996], Die Haftung des Jahresabschlußprüfers gegenüber Kreditinstituten Teil I u Teil II, WM 1996, 50. Jg., S. 325 - 333 u. 377 - 384

o. V. [WP 1984], Wie die Aktionäre ihr Geld verloren, WP 1984, 42. Jg., S. 210 - 211

o. V. [WP 1994], Bond-Urteil ist jetzt endgültig, WP 1994, 52. Jg., S. 76

o. V. [FAZ 2.3.1998], Mittelständler meiden Beratungsaufwand, FAZ 2. März 1998, o. Jg., S. 26

o. V. [Die Bank 1998], Geldvermögen um fast 400 Milliarden DM gestiegen, Die Bank 1998, 38. Jg., S. 511 - 512

o. V. [FAZ 3.3.1998], Eine Entschädigung für die Fokker-Anleihen, FAZ 3. März 1998, o. Jg., S. 33

o. V. [FAZ 1.4.1998], Der Finanzplatz Frankfurt hat Chancen im europäischen Wettbewerb, FAZ 1. April 1998, o. Jg., S. 31

o. V. [FAZ 11.2.1999], Betrug in Milliardenhöhe am Grauen Kapitalmarkt, FAZ 11. Februar 1999, o. Jg., S. 27 u. 28

o. V. [FAZ 22.2.2002], Der Verhaltenskodex bringt unglaubliche Haftungsrisiken", FAZ 22. Februar 2002, o. Jg., S. 20

o. V. [FAZ 23.2.2002], Keine Haftung für neuen Verhaltenskodex, FAZ 23. Februar 2002, o. Jg., S. 14

o. V. [FAZ 8.5.2002], Veröffentlichung beim Börsengang eingeschränkt, FAZ 8. Mai 2001, o. Jg., S. 29

Pabst, Reinhart, [Prospektzwang, 1972], Prospektzwang und Prospekthaftung in den sechs Gründerstaaten der EWG und in der Schweiz, München 1972, zugl. Diss. Uni Mainz 1972

Palandt [- Bearbeiter, 1999], Bürgerliches Gesetzbuch, 58. Aufl. München 1999

Papendick, Ulric [Welt am Sonntag 2.3.1997], „Die heutige Prospekthaftung ist ein Papiertiger", Welt am Sonntag 2. März 1997, o. Jg., S. 58

Peffekoven, Rolf [WM 2000], Steuerreform: Richtiges Ziel - falscher Weg, WM 2000, 54. Jg., S. 1140

Picker, Eduard [AcP 1983], Positive Forderungsverletzung und culpa in contrahendo, Zur Problematik der Haftungen „zwischen" Vertrag und Delikt, AcP 1983, 183. Band, S. 369 - 520

Plenarprotokoll [13/220], Deutscher Bundestag, Stenographischer Bericht, 220. Sitzung, Bonn, Freitag, den 13. Februar 1998

Plenarprotokoll [722], Bundesrat, Stenographischer Bericht, 722. Sitzung, Bonn, Freitag, den 6. März 1998

Pleyer, Klemens / Hegel, Thomas [ZIP 1985], Die Prospekthaftung bei der Publikums-KG, ZIP 1985, 6. Jg., S. 1370 - 1379

dieselben [ZIP 1986], Zur Grundlage der Prospekthaftung bei der Publikums-KG in der Literatur, ZIP 1986, 7. Jg., S. 681 - 691

Pluskat, Sorika [WM 2001], Das Scheitern der europäischen Übernahmerichtlinie, WM 2001, 55. Jg., S. 1937 - 1942

Pötzsch, Thorsten [AG 1997], Der Diskussionsentwurf des Dritten Finanzmarktförderungsgesetz, AG 1997, 42. Jg., S. 193 - 206

derselbe [WM 1998], Das Dritte Finanzmarktförderungsgesetz, WM 1998, 52. Jg., S. 949 - 966

Poll, Jens [DZWiR 1995], Die Verantwortlichkeit des Abschlußprüfers nach § 323 HGB, DZWiR 1995, 5. Jg., S. 95 - 101

Potthoff, Volker / Stuhlfauth, Jutta [WM 1997, Sonderbeilage Nr. 3], Der Neue Markt: Ein Handelssegment für innovative und wachstumsorientierte Unternehmen, kapitalmarktrechtliche Überlegungen und Darstellung des Regelwerkes, WM 1997, 51. Jg., Sonderbeilage Nr. 3

Presse- und Informationsamt der Bundesregierung [Bulletin Nr. 13, 12.2.1996], Aktionsprogramm für Investionen und Arbeitsplätze, Bulletin Nr. 13, 12. Februar 1996, S. 146 - 152

Rössner, Michael-Christian / Lachmair, Wilhelm [WuB I G 5. 2.87], Anmerkung zu LG Frankfurt a. M., WuB I G 5. 2.87, S. 694

Rohr, Andreas [Emissionsrecht, 1990], Grundzüge des Emissionsrecht, Zürich 1990

Roller, Horst [Prospekthaftung, 1991], Die Prospekthaftung im englischen und im deutschen Recht, Berlin 1991

Rudolph, Bernd [Stellungnahme, 1997], Stellungnahme zum Entwurf eines Gesetzes zur weiteren Fortentwicklung des Finanzplatzes Deutschland (Drittes Finanzmarktförderungsgesetz), München 3.11.1997

derselbe [WM 1999], Zur Diskussion um die Börsenreform, WM 1999, 53. Jg, S. 371 - 372

RWB [Stellungnahme, 1997], Stellungnahme der Rheinisch-Westfälischen Börse zu Düsseldorf zum Entwurf eines Gesetzes zur weiteren Fortentwicklung des Finanzplatzes Deutschland (Drittes Finanzmarktförderungsgesetz), Düsseldorf 29.10.1997

Schäfer, Frank A. [ZIP 1987], Grundzüge des neuen Börsenrechts, ZIP 1987, 8. Jg., S. 953 - 959

derselbe [ZIP 1991], Emission und Vertrieb von Wertpapieren nach dem Wertpapierverkaufsprospektgesetz, ZIP 1991, 12. Jg., S. 1557 - 1565

derselbe [in FS Schimansky, 1999], Die Verjährung von Ersatzansprüchen nach § 37a WpHG, in FS für Herbert Schimansky, Bankrecht - Schwerpunkte und Perspektiven, herausgegeben von Horn, Norbert / Lwowski, Hans-Jürgen / Nobbe, Gerd, Köln 1999, S. 699 - 716

derselbe [Schäfer - Bearbeiter, 1999], Wertpapierhandelsgesetz, Börsengesetz mit BörsZulV, Verkaufsprospektgesetz mit VerkProspV, Kommentar, hrsg. von Frank A. Schäfer, Stuttgart, Berlin, Köln 1999

Schiessl, Maximilian [AG 1999], Ist das deutsche Aktienrecht kapitalmarkttauglich?, AG 1999, 44. Jg., S. 442 - 452

Schlund, Gerhard [BB 1984], Schadensersatzansprüche von Kapitalanlegern in „steuerbegünstigte" Anlagen und deren Verjährung, BB 1984, 39. Jg., S. 1437 - 1445

Schmidt, Detlef / Weidert, Stefan [DB 1998], Zur Verjährung von Prospekthaftungsansprüchen bei geschlossenen Immobilienfonds, DB 1998, 51. Jg., S. 2309 - 2315

Scholze, Herbert [Konsortialgeschäft, 1973], Konsortialgeschäft der deutschen Banken, 1. Halbband, Berlin 1973

Schüppen, Matthias [DB 1998], Aktuelle Fragen der Wirtschaftsprüfer-Haftung, DB 1998, 51. Jg., S. 1317 - 1319

Schulz, Wolfgang [Das deutsche Börsengesetz, 1994], Das deutsche Börsengesetz, Die Entstehungsgeschichte und wirtschaftlichen Auswirkungen des Börsengesetzes von 1896, Frankfurt a. M. 1994

Schuster, Peter [AG 1998], Gesetzliches Garantiekapital als Problem europäischer und deutscher Rechtspolitik, AG 1998, 43. Jg., S. 379 - 381

Schwark, Eberhard [Anlegerschutz, 1979], Anlegerschutz durch Wirtschaftsrecht, München 1979

derselbe [BB 1979], Die Haftung aus dem Prospekt über Kapitalanlagen, BB 1979, 34. Jg., S. 897 - 903

derselbe [ZGR 1983], Zur Haftung der Emissionsbank bei Aktienemissionen, börsen-, bilanz- und gesellschaftsrechtliche Aspekte, ZGR 1983, 12. Jg., S. 162 - 188

derselbe [in FS Stimpel, 1985], Gesellschaftsrecht und Kapitalmarktrecht, in FS für Walter Stimpel zum 68. Geburtstag am 29. November 1985, herausgegeben von Marcus Lutter / Hans-Joachim Mertens / Peter Ulmer, Berlin, New York 1985, S. 1087 - 1111

derselbe [NJW 1987] Das neue Kapitalmarktrecht, NJW 1987, 40. Jg., S. 2041 - 2048

derselbe [Börsengesetz, 1994], Börsengesetz, Kommentar zum Börsengesetz und zu den börsenrechtlichen Nebenbestimmungen, 2. Aufl. München 1994

derselbe [WuB I G 9. - 2.94], Anmerkung zu OLG Frankfurt a. M., WuB I G 9. - 2.94, S. 511 - 512

derselbe [in FS Raisch, 1995], Prospekthaftung und Kapitalerhaltung in der AG, in Unternehmen, Recht und Wirtschaftsordnung, FS für Peter Raisch zum 70. Geburtstag, herausgegeben von Karsten Schmidt / Eberhard Schwark, Köln e. a., S. 269 - 290

derselbe [WuB I G 8. - 3.96], Anmerkung zu OLG Frankfurt a. M., WuB I G 8. - 3.96, S. 926 - 928

derselbe [Drittes Finanzmarktförderungsgesetz, 1997], Drittes Finanzmarktförderungsgesetz, Anhörung am 12.11.1997, Berlin 4.11.1997

derselbe [WM 1997], Börsen und Wertpapierhandelsmärkte in der EG, WM 1997, 51. Jg., S. 293 - 307

derselbe [WuB I G 8. - 2.97], Anmerkung zu OLG Frankfurt a. M., WuB I G 8. - 2.97, S. 415 - 416

Schwark, Eberhard / Geiser, Frank [ZHR 161 (1997)], Delisting, ZHR 161. Band 1997, S. 739 - 773

Seibert, Ulrich [WM 1997], Kontrolle und Transparenz im Unternehmensbereich (KonTraG), Der Referenten-Entwurf zur Aktienrechtsnovelle, WM 1997, 51. Jg., S. 1 - 9

Serfling, Klaus / Pape, Ulrich / Kressin, Thomas [AG 1999], Emissionspreisfindung und Underpricing im Rahmen des Börsengangs junger Wachstumsunternehmen, AG 1999, 44. Jg., S. 289 - 298

Shleifer, Andrei / Summers, Lawrence H. [JEP 1990], The Noise Trader Approach to Finance, JEP 1990, Vol. 4 No. 2, S. 19 - 33

Sieger, Jürgen J. / Gätsch, Andreas [BB 1998], BB-Kommentar zu BGH, Urteil vom 2.4.1998, III ZR 245/96, BB 1998, 53. Jg., S. 1408 - 1409

Siol, Joachim [in Schimansky/Bunte/Lwowski, 1997, § 45], Anlagevermittlung und Prospekthaftung der Banken, in: Herbert Schimansky / Hermann-Josef Bunte / Hans-Jürgen Lwowski (Hrsg.), Bankrechts-Handbuch, Band I §§ 1 - 68, München 1997, § 45. Anlagevermittlung und Prospekthaftung der Banken, S. 805 - 819

Sittmann, Jörg W. [DB 1997], Die Aktivlegitimation bei der börsengesetzlichen Prospekthaftung - Anmerkung zum Urteil des OLG Frankfurt vom 17.12.1996, DB 1997, S. 264, DB 1997, 50. Jg., S. 1701 - 1703

derselbe [NZG 1998], Die Prospekthaftung nach dem Dritten Finanzmarktförderungsgesetz, NZG 1998, 1. Jg., S. 490 - 496

Spannagel, Wolfgang [ZfgK 1981], Kapitalanlagen, ZfgK 1981, 34. Jg., S. 1080 - 1084

Spindler, Gerald [AG 1998], Deregulierung des Aktienrechts?, AG 1998, 43. Jg., S. 53 - 74

Steck, Kai-Uwe [AG 1998], „Going private" über das UmwG, Das Gesellschaftsrecht des „kalten Delisting", AG 1998, 43. Jg., S. 460 - 466

Steder, Karl-Heinz [AG 1978], Zum Entwurf eines Gesetzes über den Vertrieb von Anteilen an Vermögensanlagen, AG 1978, 23. Jg., S. 173 - 186

Stephan, Klaus-Dieter [AG 2002], Prospektaktualisierung, AG 2002, 47. Jg., S. 3 - 14

Stoll, Hans [in FS Flume I, 1978], Vertrauensschutz bei einseitigen Leistungsversprechen, in FS für Werber Flume zum 70. Geburtstag 12. September 1978, herausgegeben von Horst Heinrich Jacobs / Brigitte Knobbe-Keuk / Eduard Picker / Jan Wilhelm, Band I, Köln 1978, S. 741 - 773

Strenger, Christian [WM 2000], Das deutsche Übernahmegesetz, Ausgewogenheit zwischen Unternehmens- und Anlegerinteressen als Pflichtprogramm, WM 2000, 54. Jg., S. 952 - 953

Symmank, Rudolf W. [WM 1998], Betriebsfonds in Deutschland, Auf den Spuren erfolgreicher angelsächsischer Vorbilder, WM 1998, 52. Jg., S. 2011 - 2012

Technau, Konstantin [AG 1998], Rechtsfragen bei der Gestaltung von Übernahmeverträgen („Underwriting Agreements") im Zusammenhang mit Aktienemissionen, AG 1998, 43. Jg., S. 445 - 459

Teuffel von, Nikolai [DB 1985], Zur Zulässigkeit der Prospekthaftung als eigenständiges Rechtsinstitut, DB 1985, 38. Jg., S. 373 - 375

Thode, Reinhold [in Reithmann/Meichssner/Heymann, 1995], Haftung für Prospektangaben, in: Christoph Reithmann / Claus Meichssner / Ekkehardt von Heymann (Hrsg.), Kauf vom Bauträger, Rechtliche und steuerliche Gestaltung von Erwerbsverträgen, 7. Aufl. Köln 1995, Teil N, S. 491 - 546

Timm, Wolfram / Schöne, Torsten [ZGR 1994], Zwingende gesamtschuldnerische Haftung der Mitglieder eines Übernahmekonsortiums?, ZGR 1994, 23. Jg., S. 113 - 143

Unser, Matthias / Oehler, Andreas [WiSt 1998], Das Börsenhandelssystem XETRA, WiSt 1998, 27. Jg., S. 463 - 468

Verband der Auslandsbanken [Entwurf, 1997], Entwurf eines Gesetzes zur weiteren Fortentwicklung des Finanzplatzes Deutschland (Drittes Finanzmarktförderungsgesetz) - Drucksache 605/97, Frankfurt a. M. 3.11.197

verschiedene Verfasser [Die Aktienrechtsreform 1997, AG 1997, Sonderheft August], Die Aktienrechtsreform 1997 nach den Vorschlägen des Referentenentwurfs eines Gesetzes zur Kontrolle und Transparenz im Unternehmensbereich (KonTraG), AG 1997, 42. Jg., Sonderheft August

verschiedene Verfasser [Schwerpunktheft WpÜG, AG 2002], Schwerpunktheft zum Wertpapiererwerbs- und Übernahmegesetz (WpÜG), AG März 2002, 47. Jg.

Vortmann, Jürgen (Hrsg.) [Vortmann - Bearbeiter, 2000], Prospekthaftung und Anlageberatung, Stuttgart Berlin Köln 2000

Wagner, Klaus-R. [WM 1997], Aktuelle Entwicklungen bei steuerorientierten Kapitalanlagen 1996, Auswirkungen auf vorhandene und künftige Kapitalanlagemodelle, WM 1997, 51. Jg., S. 849 - 863

derselbe [WM 1998], Aktuelle Entwicklungen bei steuerorientierten Kapitalanlagen 1997, Auswirkungen auf vorhandene und künftige Kapitalanlagemodelle, WM 1998, 52. Jg., S. 694 - 704

derselbe [NZG 1999], Neue Entwicklungen steuerorientierter Fonds von 1996 - 1998, NZG 1999, 2. Jg., S. 229 - 238

derselbe [BFuB 2000], Prospektprüfung und Prospekthaftung bei Wirtschaftsprüfern, BFuB 2000, 52. Jg., S. 594 - 606

Walter, Bernhard [AG 1998], Gesetzliches Garantiekapital und Kreditentscheidung der Banken, AG 1998, 43. Jg., S. 370 - 372

Waldeck, Michael / Süßmann, Rainer [WM 1993], Die Anwendung des Wertpapier-Verkaufsprospektgesetzes, WM 1993, 47. Jg., S. 361 - 367

Wastl, Ulrich [DB 1997], Erwerb eigner Aktien nach dem Referentenentwurf zur Änderung des AktG und des HGB, DB 1997, 50. Jg., S. 461 - 466

derselbe [WM 1999], Die juristische Organisationsstruktur deutscher Börsen- bzw. Finanzplätze und deren Optimierung, WM 1999, 53. Jg., S. 620 - 630

Weber, Martin [NZG 1999], Die Haftung des Abschlußprüfers gegenüber Dritten, NZG 1999, 2. Jg., S. 1 - 12

Weimann, Martin [Prospekthaftung, 1998], Prospekthaftung, Bonn 1998

Weisgerber, Thomas [Die Bank 1998], Das Dritte Finanzmarktförderungsgesetz, Die Bank 1998, 38. Jg., S. 200 - 205

Wenger, Ekkehard [AG 1997, Sonderheft August], Stellungnahme zur Aktienrechtsreform 1997, AG 1997, Sonderheft August, 42. Jg., S. 57 - 64

Westermann, Harm Peter [AG 1967], Das Emissionskonsortium als Beispiel der gesellschaftsrechtlichen Typendehnung, AG 1967, 12. Jg., S. 285 - 292

Wichert, Joachim [AG 2000], Die GmbH & Co. KGaA nach dem Beschluß BGHZ 134, 392, AG 2000, 45. Jg., S. 268 - 276

Wiedemann, Herbert [BB 1975], Der Kapitalanlegerschutz im deutschen Gesellschaftsrecht, BB 1975, 30. Jg., S. 1591 - 1598

Wiedemann, Herbert / Schmitz, Erich [ZGR 1980], Kapitalanlegerschutz bei unrichtiger oder unvollständiger Information, Besprechung der Entscheidung BGHZ 71, 284 und BGHZ 72, 382, ZGR 1980, 9. Jg., S. 129 - 145

Witt, Carl-Heinz [WM 1998], Die Änderungen der Mitteilungs- und Veröffentlichungspflichten nach §§ 21 ff. WpHG und §§ 20 f. AktG durch das Dritte Finanzmarktförderungsgesetz und das „KonTraG“, WM 1998, 52. Jg., S. 1153 - 1161

derselbe [AG 2001], Die Änderungen der Mitteilungs- und Veröffentlichungspflichten nach §§ 21 ff. WpHG durch das geplante Wertpapiererwerbs- und Übernahmegesetz, AG 2001, 46. Jg., S. 233 - 241

Wittmann, Arno [DB 1980], Zivilrechtliche Prospekthaftung beim Vertrieb von steuerbegünstigten Kapitalanlagen, DB 1980, 33. Jg., S. 1579 - 1586

Worms, Alexander [Anlegerschutz, 1987], Anlegerschutz durch Strafrecht, Köln 1987

Wunderlich, Wolfgang [DStR 1975], Haftungsfragen im Zusammenhang mit öffentlich angebotenen Vermögensanlagen, DStR 1975, 13. Jg., S. 688 - 695

Zentraler Kreditausschuß [Stellungnahme, 1997], Anhörung zum Dritten Finanzmarktförderungsgesetz, Stellungnahme, mit Anlage Börsenzulasungs-Verordnung, Bonn 31.10.1997

Zinser, Alexander [WM 2002], Das neue Gesetz zur Regelung von öffentlichen Angeboten zum Erwerb von Wertpapieren und von Unternehmensübernehmen vom 1. Januar 2002, WM 2002, 56. Jg., S. 15 - 22

Zöllner, Wolfgang [Wertpapierrecht, 1987], Wertpapierrecht, 14. Aufl. München 1987

Zöllner, Wolfgang / Winter, Martin [ZHR 158 (1994)], Folgen der Nichtigerklärung durchgeführter Kapitalerhöhungsbeschlüsse, ZHR 158. Band 1994, S. 59 - 96

Peter Lang · Europäischer Verlag der Wissenschaften

Frank Richter

Kapitalmarktorientierte Unternehmensbewertung

Konzeption, finanzwirtschaftliche Bewertungsprämissen und Anwendungsbeispiel

Frankfurt/M., Berlin, Bern, Bruxelles, New York, Oxford, Wien, 2002.
392 S., zahlr. Abb.
Regensburger Beiträge zur betriebswirtschaftlichen Forschung.
Herausgegeben vom Institut für Betriebswirschaftslehre an der Universität Regensburg. Bd. 29
ISBN 3-631-38416-5 · br. € 50,10*

In der Arbeit wird gezeigt, welche Bewertungsprobleme bei kapitalmarktbezogenen Unternehmenstransaktionen wie zum Beispiel Erstemission, Übernahmeangebot oder Grenzpreisbestimmung für Geschäftsbereiche bestehen und wie diese gelöst werden können. Unter der Prämisse arbitragefreier Kapitalmärkte wird ein leistungsfähiger Bewertungsansatz vorgestellt, der institutionelle Normen und Handlungsoptionen der Kapitalgeber und Manager berücksichtigt. Auf praxisrelevante Detailprobleme wie etwa die Berücksichtigung der Einkommensteuer wird ebenfalls eingegangen. Anhand einer realen Fallstudie wird die Anwendung des Ansatzes demonstriert.

Frankfurt/M · Berlin · Bern · Bruxelles · New York · Oxford · Wien
Auslieferung: Verlag Peter Lang AG
Moosstr. 1, CH-2542 Pieterlen
Telefax 00 41 (0) 32 / 376 17 27

*inklusive der in Deutschland gültigen Mehrwertsteuer
Preisänderungen vorbehalten

Homepage http://www.peterlang.de